U0894093

国家社科基金
GUOJIA SHEKE JIJIN HOUQI ZIZHU XIANGMU
后期资助项目

唐代孟子学研究

Research on Mencius Learning of Tang Dynasty

兰 翠 著

北京大学出版社
PEKING UNIVERSITY PRESS

图书在版编目(CIP)数据

唐代孟子学研究/兰翠著. —北京:北京大学出版社, 2014.12
ISBN 978-7-301-25234-5

I. ①唐… II. ①兰… III. ①孟轲(前390~前305)—哲学思想—思想史—研究—中国—唐代 IV. ①B222.55

中国版本图书馆CIP数据核字(2014)第293209号

书　　名：唐代孟子学研究
著作责任者：兰　翠　著
责 任 编 辑：张文礼
标 准 书 号：ISBN 978-7-301-25234-5/I · 2845
出 版 发 行：北京大学出版社
地　　址：北京市海淀区成府路205号　100871
网　　址：http://www.pup.cn
新 浪 微 博：@北京大学出版社
电 子 信 箱：pkuwsz@126.com
电　　话：邮购部62752015　发行部62750672　编辑部62756467
出版部62754962
印　刷　者：北京大学印刷厂
经　销　者：新华书店
730毫米×1020毫米　16开本　18.25印张　336千字
2014年12月第1版　2014年12月第1次印刷
定　　价：48.00元

未经许可,不得以任何方式复制或抄袭本书之部分或全部内容。

版权所有,侵权必究

举报电话:010-62752024　电子信箱:fd@pup.pku.edu.cn

国家社科基金后期资助项目
出版说明

后期资助项目是国家社科基金设立的一类重要项目，旨在鼓励广大社科研究者潜心治学，支持基础研究多出优秀成果。它是经过严格评审，从接近完成的科研成果中遴选立项的。为扩大后期资助项目的影响，更好地推动学术发展，促进成果转化，全国哲学社会科学规划办公室按照“统一设计、统一标识、统一版式、形成系列”的总体要求，组织出版国家社科基金后期资助项目成果。

全国哲学社会科学规划办公室

目　　录

导　言

一

在我国传统文化中，孟子仅次于孔子被称为亚圣，而孔孟之道作为儒家文化的根本，深入影响着中国历史与社会的各个阶层。冯友兰曾这样评价孔孟两位先圣的地位："孔子在中国历史中之地位，如苏格拉底之在西洋历史，孟子在中国历史中之地位，如柏拉图之在西洋历史，其气象之高明亢爽亦似之。"①然而，孟子的地位经历了一个由微到显的过程，研究中国文化史、思想史，尤其是经学史的学者公认，孟子及其著作的地位是在北宋以后明显提高的，其显著标志之一就是《孟子》由先前的子部上升为经部。因此，他的思想对我国封建社会特别是后期的意识形态与学术思想产生了极大影响。正是因为孟子这种由微而显的地位变迁，引起人们的极大关注，不少学者都对孟子和《孟子》文本，倾注了很大的研究热情，也由此产生了蔚为大观的孟子学。

一般而言，孟子学是指以《孟子》为文献基础，对孟子的理论学说予以关注、阐释、研究或继承的论说或学术活动。仅就近代以来孟子学的成果看，董洪利、方麟选编的《孟子二十讲》从宏观上概括了 20 世纪孟子研究的全貌。编者选择了这一时期产生的二十种著名的孟子研究成果进行了提炼汇总，如早期的康有为、梁启超、章太炎、胡适、冯友兰、钱穆等，新时期的杨国荣、杨泽波、董洪利等，以及台湾地区学者黄俊杰、李明辉，新加坡学者林徐典等。编者在序中总结说："二十世纪的孟子研究，以 1949 年为限，可大致分为两期。前期主要涉及资产阶级改良运动、中国哲学史学科的建立和唯物史观的运用，各家可谓筚路蓝缕，多所发明；后期既有大陆学者的集体研究，又有港台学者的个人探索，断代史、专人研究、专题研究领域的开辟以及方法论的探索，将问题引入更深的层面，各家可谓沉潜往复，从容含玩。"②由于孟子思想的博大精深，孟子学很受儒家文化圈特别是东亚区域学者的重视，台湾大学历史学系黄俊杰教授在其《二十一世纪孟子学研究的新展望》一文中，对此就有很详审的总结：

---

① 冯友兰《中国哲学史》，中华书局 1947 年版，第 140 页。

② 康有为、梁启超等著，董洪利、方麟选编《孟子二十讲》序，华夏出版社 2008 年版，第 1 页。

> 在儒学研究的众多领域中,孟子学研究自1990年代以降颇获海内外学者之重视。除了大陆所出版数量可观的专书之外,台湾及海外研究孟子学的著作也如雨后春笋,或从孟子解释史入手析论中国经典解释学之特质,或比较孟子与康德之伦理学,或通论孟子思想之哲学内涵及其历史发展,或分析孟子哲学重要概念及其与早期儒学思想关系,或探讨北宋二程对孟子学之发挥,或以孟子为中心析论儒家身体哲学,或比较孟子与王阳明之伦理学,或从现代观点分析孟子的修养工夫论、政治思想与心性论,或析论德川时代(1600—1868)日本古学派对孟子政治思想之论辩,或析论朝鲜时代(1392—1910)朝鲜儒者对孟子"四端"之说的辩论,不论就研究的深度或广度而言,都已为孟子学研究开拓新的境界。①

黄俊杰教授还将20世纪中外学术界关于孟子的研究理路大致分为"内在研究进路"和"外在研究法"两类,从方法论上对二者的优劣予以了分析。认为前者是将"《孟子》视为与社会、政治、经济变迁无关的哲学文献,并有意无意间假定孟子思想体系内各个观念或概念具有某种自主性,在这个假设上解剖孟子学中的重要概念"②,这种研究理路以哲学家或以擅长概念分析的思想史家为主,如唐君毅、徐复观、牟宗三、李明辉、信广来和英国学者李查兹(Ivor Armstrong Richards)等。后者"常将孟子及其思想放在历史或文化史脉络中加以考虑,尤其注意分析孟子学在思想史中之浮沉变化","而使孟子学中的诸多概念或理念(尤其是政治思想),取得了鲜活的具体感,而不再只是抽象的概念",③徐复观、黄俊杰和日本学者近藤正则等人的研究接近此种研究理路。

由此可见,20世纪孟子学研究可谓高手如林,成果如山。然而,学海无涯,近十年来,孟子学在断代研究方面又有新的突破。如专著就有李峻岫的《汉唐孟子学述论》(齐鲁书社,2010年)、周淑萍的《两宋孟学研究》(人民出版社,2007年)、赵庆伟的《清代孟学研究》(华中师范大学,2002级博士论文)、刘瑾辉的《清代〈孟子〉学研究》(社会科学文献出版社,2007年)、李畅然的《清代〈孟子〉学史大纲》(北京大学出版社,2011年)等。④ 不难看出,在这些孟子学断代研究成果中,除李峻岫的《汉唐孟子学述论》外,人们更多着眼于宋代以后,即孟子地位升迁以后的孟子学。事实上,孟子地位的升迁变

---

① 黄俊杰《二十一世纪孟子学研究的新展望》,《文史哲》2006年第5期。
② 同上。
③ 同上。
④ 参见梁涛、杨海文《20世纪以来的孟学史研究》,《文史哲》2012年第6期。

化肇始于唐代,然而,因为唐代有影响的孟子研究专著较少,学界对于唐代孟子学的关注就相对不够,甚至于有些忽视和遮蔽。

二

概括检视一下已有的关于唐代孟子学的研究成果,其特点大致如下:其一是体现在一些思想史、哲学史等著作中。具有代表性的前贤论著如侯外庐的《中国思想通史》(人民出版社,1995 年)、萧公权的《中国政治思想史》(辽宁教育出版社,1998 年)、冯契的《中国古代哲学的逻辑发展》(上海人民出版社,1995 年)、葛兆光的《中国思想史》(复旦大学出版社,2001 年)等。这些著作都以其深厚的理论学养,严谨的治学态度和扎实的材料功夫,在学术界产生过并会继续产生巨大的影响。然而限于创作体例,这些论著多是着眼于儒学的角度,对唐代的重要儒学思想进行评述,并没有对唐代的孟子学作专门的研究。如萧公权的《中国政治思想史》叙述晚周以来二千五百年间的政治思想,从纷繁的材料中抓住关键,理清头绪,善于概括,精于辨析。在第十二章叙唐代儒学的复兴,仅列韩愈、柳宗元和林慎思。冯契的《中国古代哲学的逻辑发展》也是在儒释道的相互作用与合流的背景下,评述韩愈、李翱、柳宗元等的哲学思想。此外,近年来出现了一些关于中唐士人对儒学贡献的专门研究,特别是在近几年的博士论文中,这一研究势头较强。如李伏清的《论柳宗元与儒学复兴》①,在其第二章中,论述柳宗元发展孔孟荀的圣人观,认为柳宗元的人性思想是"明"和"志"的辩证结合,他发展了"大中之道",提出了"圣人与人无异"的观点,是人道原则在理想人格中的体现。李小山的《李翱生平与思想新论》②第三章论述李翱复性思想,认为李翱复性思想,是以孟学为底蕴、以荀学为辅翼、以《乐记》为发端、以《易传》为桥梁、以《中庸》为骨架、以《大学》为标的,融通儒道,兼及佛学,而万流归宗,宗于孔门,万象朝圣,朝于孔子。

其二是包含在一些通论和通史性研究孟子的论著中。20 世纪末期以后,关于孟子的专门研究成果大量出现③,显示了孟子学研究的深化,但是通

① 李伏清《论柳宗元与儒学复兴》,华东师范大学中国哲学专业,2008 级博士论文。

② 李小山《李翱生平与思想新论》,西北大学中国古代文学专业,2009 级博士论文。

③ 从不同角度对孟子进行研究解读的如杨泽波的《孟子性善论研究》、黄绳《从文学的角度看〈孟子〉》、贺荣一《孟子之王道主义》、张奇伟《亚圣精蕴:孟子哲学真谛》、李幼蒸《仁学解释学:孔孟伦理学结构分析》、戴兆国《心性与德性:孟子伦理思想的现代阐释》等。同时,学者们围绕着孟子的家世和生平也做了大量工作,产生了不少相关著作。如王轩编著《孟子家世》、曲春礼《孟子传》、曹尧德《孟子传》、杨国荣《孟子评传:走向内圣之境》、杨泽波《孟子评传》、邹县政协文史资料委员会编的《孟子家世》、刘培桂《孟子与孟子故里》、刘鄂培《孟子大传》等。

论和通史性的孟子学成果相对较少,其中涉及唐代的部分就很少了。如黄俊杰的《中国孟学诠释史论》(社会科学文献出版社,2004 年)属于孟子学通史方面的力著,作者通过“外在研究法”,“将孟子及其思想放在历史或文化史脉络中加以考虑”,在方法论上具有重要启迪之功。然而其研究的重心在于“(1) 在中国思想史上,历代思想家何以以及如何注孟、阐孟、释孟或攻孟、排孟、斥孟？此种孟学诠释史之发展,透露何种思想史的涵意？(2) 从孟学诠释史之具体发展经验中,体显出何种具有中国文化与思想特质的中国诠释学？”[①]因此,作者“并不企图巨细靡遗地搜罗二千年来涉及孟子或《孟子》这部经典的所有著作”,“也无意于对历代儒者关于孟子所留下的片言只语,进行书目史的整理”。[②] 此书所涉及的只有先秦的荀子和宋以后的孟子学内容,唐代则没有专章论述。再如董洪利的《孟子研究》(江苏古籍出版社,1997 年),上编以孟子的政治思想、性善论、文学思想和教育思想为主,从孟子思想体系的内在理路入手进行研究,下编对自汉代至清代的孟子研究进行了较全面的评述,勾勒出了自汉至清孟子学的大致框架面貌,可谓内外方法的交融。但是其中唐代的孟子学内容所占比例极小,只在第八章中有“隋唐时期孟子研究概述”和“韩愈‘道统说’对孟子学术地位的影响”两节以及唐代《孟子》注本的简单介绍。作者认为:“隋唐时期的《孟子》研究,基本上是沿着东汉形成的训诂辞章之学的老路走过来的。因此,尽管中唐以后有韩愈等人的极力推崇,使孟子的政治、学术地位有了较大的提高,但对《孟子》思想内容的研究没有取得新的进展。”[③]对唐代孟子研究的总体评价也比较低。

关于唐代孟子学的研究,李峻岫的《汉唐孟子学述论》是目前对之考察较前人最为详尽的专著。因为作者研究视野的“文献资料并不局限在几部汉唐《孟子》研究专著上,而是力图囊括汉唐间举凡与孟子相关之文献”[④],所以该著作在第四章中考察了孟子的王道仁政思想对初唐贞观君臣的影响;中唐儒学研究的新取向,韩愈、李翱的孟子学思想及其尊孟扬孟对宋代孟子学发展的影响;晚唐皮日休、陆龟蒙对孟子的表彰以及唐代的《孟子》注本等。尤其是对唐代《孟子》注本的专题考察,对《孟子》诠释史的研究颇有助益。但是著者考察的眼光是自汉至唐,因此,整个隋唐部分只占四章架构之一,内容不足全书的三分之一,作者所用力的重点明显在两汉的孟子学考察,唐代孟子学中的许多问题特别是初盛唐时期并未触及,也就留下了许多须待研究

---

① 黄俊杰《孟学思想史论》第二卷,第一章《序论·引言》,第 1 页。台北中研院文哲所,1997 年。《中国孟学诠释史论》是此书的简体字版。

② 同上。

③ 董洪利《孟子研究》,江苏古籍出版社 1997 年版,第 192 页。

④ 李峻岫《汉唐孟子学述论》,齐鲁书社 2010 年版,第 11 页。

的空间。

其三是一些研究唐代孟子学的专篇论文,如徐洪兴的《唐宋间的孟子升格运动》(《中国社会科学》1993 年第 5 期)、李传印的《孟子在唐宋时期社会和文化中地位的变化》(《中国文化研究》2001 年第 3 期),与杨逊的《略论唐代孟学复兴的历史背景和封建统治思想的演变》(《湘潭大学社会科学学报》2001 年第 4 期)等,都是从宏观上论析孟子地位的抬升,偏重从唐宋文化历史现状讨论孟子学。此外,学者们的注意力多集中于中晚唐个别的尊孟士人身上,主要是韩愈与孟子的研究,这些成果细致而微,如专就韩愈的孟子学思想而论的有台湾学者方介的《韩愈〈对禹问〉析义——兼论韩愈与孟子政治理念之歧异》(《汉学研究》11 卷 1 期,1993 年 6 月)、《韩愈〈伯夷颂〉析论》(《唐代文化研讨会论文集》,文史哲出版社,1991 年),宋鼎宗的《韩愈"扬孟抑荀"说》(《成功大学中文学报》1996 年第 4 期)等。讨论林慎思的孟子学思想的有李葆华的《林慎思〈续孟子〉对孟子的解读》(《北方论丛》2005 年第 3 期)等。

毫无疑问,上述成果对唐代孟子学进一步的研究都奠定了很好的学术基础,并有重要的启发作用,但是要较详细、全面、系统地展示唐代孟子学的面貌,还有许多工作要做。唐代虽然没有像宋代以后那样,产生影响较大的孟子研究专著,但是散见于唐人著述中的孟子资料却也值得一观,特别是从韩愈对孟子的尊崇开始。而迄今为止,学界还没有产生系统地对唐代孟子学进行断代研究的学术成果,这对于整个孟子学的发展史而言,无疑造成了一个断代的缺憾。

三

本书以唐代士人特别是文人关于孟子的引述、评价、阐释、继承等内容作为研究对象,较全面系统地收集与梳理了散见于唐代文献中涉及孟子的资料,较细致地分析了在不同时代学术背景下,唐代士人对孟子思想的继承、发挥乃至批判,总结他们对孟子的态度,较详细地揭示了唐代孟子学的面貌。主要分五部分:

第一,初唐时期的孟子学。这一时期把它视为起步阶段,主要表现特征就是对孟子理论的征引。初唐士人如魏徵、孔颖达、刘知幾、崔融、卢照邻、王勃、李善等都在不同领域对孟子的观点有所征引和评价。这些征引,一方面显示了孟子思想传播的广泛性,另一方面也为后代的士人接受孟子思想提供了辅助载体的方便。尤其是以孔颖达为代表的初唐儒者,他们在编定《五经正义》时，为诠释经典对《孟子》内容有大量的引述，随着《五经正义》在科举领域权威地位的确立和影响作用的广泛与扩大，孟子的思想也自然会借助这一载体在很大程度上得到士人的重视，从而激发士人对《孟子》的阅读兴趣，带动孟子思想在士林中的传播普及。

第二，盛唐时期的孟子学。这一时期我们把它视为以实践为主的发展阶段。张九龄作为开元中后期政坛上的一位核心人物，他以社稷为己任，其直谏的个性和一些重要治政理念，与孟子的相关思想和精神有着明显的承继性，在开元政坛上很好地发扬光大并实践了孟子的理论。盛唐士人虽然没有在理论上对孟子有所研究，然而，由于《五经正义》在科考上的权威作用，加之另一种对《孟子》内容也有较广泛引述的《文选》李善注开始盛行，因此，盛唐士人对孟子接受的途径更加畅通而广泛了。盛唐及其以后的士人受李善注沾溉都很大，以李白杜甫为代表的盛唐士人较多地表现出对孟子思想在精神上的继承和在行动上的践行。同时，盛唐孟子学的亮点是杨绾和赵匡在关于科考改革的上疏中对孟子的大力提倡，他们试图通过官方制度这一有力的巨大推手，自上而下地在全社会推广孟子的思想，这在唐代尊孟的呼吁声中，可谓是响亮的第一声，对以后《孟子》从子部到经部的提升，无疑是起到了先行者的作用。到中唐时期，在进士考试的策问中，就多次出现以《孟子》内容命题的现象。此外，这一时期还产生了唐代第一部《孟子》的注本——陆善经的《孟子注》。

第三，中唐时期的孟子学。中唐是唐代孟子学发展的鼎盛时期，其表现是多方面的。首先，这一时期对《孟子》一书的注解诠释比前期明显增多，产生了张镒的《孟子音义》、丁公著的《孟子手音》以及刘轲的《翼孟》三种；其次，在哲学与思想领域，以韩愈为代表的中唐士人开始对孟子的一些重要思想进行了广泛的专题讨论。如韩愈的道统论、心性理论、君臣观，柳宗元的守道论，李翱的性情观，皇甫湜的人性论，李宗闵的王霸之说等。尽管他们的这些讨论还未能构建起自己完整的理论体系，但是，这种对孟子的广泛性积极关注，对扩大孟子思想的影响，提升孟子的地位，都大有助益。同时，中唐思想界的丰富，对文坛和诗坛的影响也很明显，中唐文学思辨性特点的增强，在很大程度上缘于或者得益于士人们的这种理论思考。

第四，晚唐时期的孟子学。晚唐是对中唐孟子学的延续。这一时期士人对孟子的研究，上承中唐韩愈发起的尊孟运动，下启北宋政治变革所带来的孟子升格运动，是孟子在唐宋时期地位提升过程中重要的一环。在理论上，如杜牧的性情辩对孟子心性说的讨论；皮日休、陆龟蒙对孟子思想的继承；皮日休在科举制度上对孟子的推崇等，都对孟子地位的上升产生了不可忽视的助力作用。同时,晚唐还出现了研究孟子的专著——林慎思的《续孟子》。

第五,唐代的《孟子》注本。唐代关于《孟子》的注本见于文献著录的有三种,分别是产生于盛唐时期的陆善经《孟子注》,产生于中唐时期的张镒《孟子音义》和丁公著《孟子手音》。陆善经是唐代第一个对《孟子》予以注释的学者。张镒的《孟子音义》以注音为主,兼能释义,是唐代第一部为《孟子》注音的著述。丁公著的《孟子手音》则不仅为《孟子》注音,还为东汉赵岐注文的内容注音。同时,在释义方面也比陆善经注和张镒注更为详赡,是最能代表唐代《孟子》注本成就的一种。唐代的这三种《孟子》注本均已散佚,清人马国翰根据孙奭《孟子音义》中的相关引述,为唐人的《孟子》注本分别辑佚了一卷,保存在《玉函山房辑佚书》经编孟子类中。

四

从孟子学发展的整个历程看,孟子地位的变迁与儒学的兴衰进程有着密切的关联,在很大程度上彰显了中国学术思想变迁的趋势。有唐一代,孟子学的发展同样体现出这一规律。因此,本书在借鉴前人研究成果的基础上,将散见于唐人著述中关于孟子的资料,与唐代文化与学术思想融通结合,以学科交叉的基本思路和研究方法,对其进行较为全面细致地收集分析,以时代为线索,构筑唐代孟子学的整体架构。

通过引述孟子的言论来佐证自己的观点是初唐时期士人关注孟子的主要方式。初唐孟子学的这一特点,与当时应儒学发展的需要,官方组织大量编撰经学典籍的学术氛围有着重要的关联。唐太宗尊崇儒学的措施之一就是统一教材,如令颜师古考订《五经》,诏孔颖达与诸儒撰定《五经》义疏等。初唐儒者在整理经典时对孟子思想的采纳,虽然是比较零散的,但是这种学术环境,如同温床一般,对培养并影响唐代士人对孟子思想的接受,会是十分有益的。然而,尽管同样是对《孟子》的征引,也能反映出初唐学术风气的细微变化。刘知幾在其《史通》中对《孟子》的征引,就不再像前人那样较严格地遵循《孟子》原文,多处场合是取孟子言论的大意要旨。这一变化,在一定程度上折射出唐代当时的学术开始由章句之学逐渐向义理之学转变的趋势。

初唐士人在经学、文学、史学等领域的学术著作中多向度地征引《孟子》内容,为盛唐时期孟子学的发展打下了较为广博的学术基础。张九龄在开元中后期政坛上,秉持君子大节,敢于谏诤,体现出鲜明的谠直之风。他在选拔与使用人才上,在教育与教化的问题上,在军事问题上,与孟子的相关思想和精神都有着明显的承继性。开元天宝时期出现的以李白和杜甫为代表的一批士人,志向高远,以“帝王师”自期,在精神风貌上也明显继承了孟子的人格精神。尽管他们在儒学理论思考上缺少建树,但是,在李白作品中所表现出的大丈夫之气,杜甫作品中所流露出的仁政和民本思想,无疑都践行了孟子的思想与精神。在中国学术史上,学者们一般把以注疏为主的章句之学称为汉学,把以阐扬义理精神为主的学风称为宋学①。盛唐孟子学最引人注意的就是杨绾和赵匡建议将《孟子》列入科举考试内容的呼吁,他们都是崇尚实学的儒者,赵匡与其老师啖助更被时人称为“异儒”,助、匡的“春秋”学派“采取空言说经、以经驳传等非传统的解经方法,热心于阐发经文中的微言大义,与汉儒章句之学完全不同”②。盛唐孟子学的特征尽管不十分显著,但是以李杜为主的士人鄙夷那种“白发死章句”的学风,杨绾和赵匡反对浮华而共同倡导《孟子》,与盛唐学术逐渐崇尚学以致用,倡导义理之学的风气是相一致的。而杨绾和赵匡在盛唐经学背景下的崇孟,也显露出科举制度给经学学术发展带来的弊端。

韩愈尊孟对中唐孟子学的繁荣是一个有力推动,韩愈自身的儒教学养及其欲自振一代的抱负和理想是其崇孟的学缘基础,同时,改革现实的时代需求,加上韩愈树立门户意识,促成了唐代士人关注孟子的空前热潮,他们开始对孟子的政治思想、哲学思想等进行了较为广泛的专题研究。如围绕着孟子的“性善论”产生了韩愈的《原性》、李翱的《复性书》、皇甫湜的《孟子荀子言性论》等论文;结合着孟子的政治思想,有韩愈的《原道》、柳宗元的《六逆论》《天爵论》、李翱的《平赋书》等论文;针对孟子的成圣观,有柳宗元的《观八骏图说》等讨论;这些专题讨论,已经抛开章句训诂的纠缠与争论,完全是从义理层面上展开思想与理论的交锋。中唐孟子学发展的盛况,不仅为孟子以后的升经奠定了比较厚实的理论基础,还在学风上开启了一个新的时代。张国刚总结说:“韩愈、李翱和柳宗元、刘禹锡等对天道、人伦等思想的探索,对心性问题的讨论,它预示了儒学今后的发展方向,开启了宋明理学的先河。”③

晚唐的士人延续了中唐对孟子思想和理论的关注,也创作了不少思辨性的论文,如杜牧的《三子言性辩》探讨心性,针对孟子的成圣观,有皮日休的《鹿门隐书》、陆龟蒙的《象耕鸟耘辨》等文章。晚唐孟子学的建树以皮日休最为突出。他承继了韩愈尊孟的旗帜,大力倡导孟子的学说。同时,他上书强烈呼吁有司将孟子列入科考内容,把孟子之文视同经传,这是继前期杨绾

---

① 参见陈植锷《北宋文化史述论》,中国社会科学出版社 1992 年版。邓广铭《略谈宋学》,《邓广铭治史丛稿》,北京大学出版社 1997 年版。漆侠《宋学的发展和演变》,河北人民出版社 2002 年版。

② 张国刚《略论唐代学术史的时代特征》,《史学月刊》2003 年第 6 期。

③ 同上。

和赵匡之后,唐人再一次提升孟子地位的努力。从整个孟子学思想史看,皮日休的这一倡议,是从韩愈尊孟到北宋孟子终于被列入科考的一个重要连接点。此外,这一阶段,还产生了现存唐代唯一的孟子研究专著——林慎思的《续孟子》。林慎思是借用模仿《孟子》的形式,通过对孟子思想的个别解读,表达他复兴儒学、匡世救俗的强烈愿望。他的续孟,不仅在内容上丰富了晚唐孟子学思想的研究,在形式上也为宋儒的订正经文和以意说经,开启了无限法门。

五

唐代孟子学的发展,不仅与唐代儒学的发展,以及唐代学术史有着密切的关联,与唐代诗文的走向趋势也有着相应的联系。以往对孟子的研究,即使是断代的孟子学成果,也多拘于儒学一端,相对孤立地看待孟子学。孟子学作为一个朝代的文化表现之一,它无法脱离与其他文化现象的关联。事实上,唐代许多继承孟子精神或理论的士人,尤其是中晚唐的士人,本身就是一学多能,如韩愈、柳宗元、杜牧、皮日休等,都是一些学者型的文人。他们不仅在学术上有诸多建树,同时又是著名的文学家。因此,笔者不揣浅陋,试图打破学术史与文学史的界限,将唐代的孟子学与文学联系起来,探讨二者之间的内在关联。

初盛唐时期的孟子学,因为在理论上缺乏建树,与文坛产生的关联还不大。李白和杜甫的诗作中,所流露出来的对孟子思想或精神的继承,并没有对诗坛整体的风尚产生明显的影响。但是到唐代中后期,孟子学的热潮对士人的文学创作却产生了不小的影响。中唐古文运动的产生及兴盛,与以韩愈尊孟为主的儒学发展的密切关联已成为学界的共识。① 即便是对于以抒情为主的诗歌而言,中唐孟子学兴盛所带来的影响,也是显而易见的。

中唐诗坛的风尚与盛唐有着明显的不同,所表现出的新变除了思辨特点的增强之外,最主要的就是派别的分立。而这两个方面都可以让我们从中捕捉到孟子学的学术风气与诗坛交融的文化信息。围绕着孟子丰富的思想,中唐士人的辩论比较激烈。这些学术争论,自然有利于他们思辨思维的培养。因此,不论是以浅易为主的元白诗派,还是以奇险为主的韩孟诗派,他们作品中的议论化倾向都很明显。同时,这两大诗派所形成的不同风格,也与当时孟子学的兴盛有着一定的关系。针对孟子关于伯夷和柳下惠的评价,在中唐

---

① 参见葛晓音《论唐代的古文革新与儒道演变的关系》,《中国社会科学》1987 年第 1 期。

士人中出现了不同出处观的讨论，如在理论方面就产生了韩愈的《伯夷颂》、皇甫湜的《夷惠清和论》、李德裕的《夷齐论》等不同观点的论文。他们对伯夷、柳下惠的不同认知态度，实际反映出当时人们不同的人生价值取向，这种价值取向对他们的诗歌创作影响很大。中唐之所以会产生以韩愈为代表的崇尚奇警的诗派，与他们认同伯夷的清高，个性耿介，追求特立独行的盛大之气有着十分密切的关系。同样，以白居易为代表的崇尚坦易的诗派风格，也与他否定伯夷的行为，追求随和心性不无关联。从这一意义上说，讨论中唐孟子学的兴盛，能较深入地描述中唐诗坛的新变的学术背景，进而为探索唐代文学发展走向的重要文化原因打开另一扇窗户。

随着中晚唐士人对孟子重视程度的提高，孟子的思想与散文风格对中晚唐文学的影响也凸显出来。韩愈的诗文受孟子的影响自然很大，他极力推尊孟子，促使他的诗文创作淘选吸收了先秦两汉经史百家中大量的语料，建立起了一个丰富的、古雅又显生新的语料库。韩愈诗歌中频繁使用的"气"字，以及他全以气力驱使、结构诗篇，在整体风格上呈现出豪猛气势的特点，与受孟子浩然之气的影响关系也很大。韩愈对孟子心性理论的继承与弘扬，则使他在诗歌创作中表现出了强烈的主观性。

晚唐杜牧、皮日休的散文也都在一定程度上受到孟子文风的沾溉。杜牧的散文在内容上有不少灵感得之于孟子的思想；在艺术上，他议论纵横，善于运用层层推演的表现手法，也多取法于《孟子》。皮日休散文的"光彩和锋芒"，一方面取决于他崇孟尊圣的内涵，另一方面则主要来源于他的善于驳辩和犀利之风。皮日休散文的驳辩性和锋芒犀利之特点，虽然是他广泛学习前人的结果，但是得自于孟子散文的风格更多一些。

通过考察唐代孟子学的发展，我们可以说，从中唐韩愈尊孟开始，这种由士人在民间学术层面上发起的对《孟子》的关注，最终变成了封建国家的意志，《孟子》终于在宋代被列入了科考范围①，并逐渐从子学上升至经学。可以推断的是，如果没有唐人对《孟子》长期的学术关注为基础，《孟子》地位的提升可能就不会在宋代如此迅速地实现。因此，对唐代孟子学的发展进行较为深入的梳理与阐述，不仅让我们较详细地了解了《孟子》升经前的漫长进程，补充了《孟子》学史上唐代研究这一较为薄弱的一环。而且，对揭示中晚唐文学特征的形成原因，也提供了可兹借鉴的多视角文化背景，因此，对唐代文学史的研究也会产生比较重要的学术参考价值。

---

① 参见杜泽逊《〈孟子〉入经和〈十三经〉汇刊》，《文献学研究的回顾与展望》，台湾学生书局2002年版。

第一章　初唐孟子学

——以征引为主的初始阶段

第一节　初唐孟子学概述

初唐时期的孟子学还处于起步阶段，孟子及其著作还没有受到士人足够的重视。但是，“边族出身的李氏入主中原，建国大唐，思想开放，加之开国大臣魏徵等人的影响，故而实行包容各家各派学说的宽容政策，儒、道、墨、阴阳、法乃至佛教、道教思想都获得发展契机，各种思想都在发展、传播”①。伴随着当时儒学的兴盛，孟子实际上并没有受到太多冷落。

初唐儒学的兴起得益于君臣相得的共同努力。唐初的几位国君都比较重视儒学，唐“高祖建义太原，初定京邑，虽得之马上，而颇好儒臣”②。“天下略定，即诏有司立周公、孔子庙于国学，四时祠”③。唐太宗更是“锐情经术”，推尊儒学。他强调说：“朕今所好者，惟在尧、舜之道，周、孔之教，以为如鸟有翼，如鱼依水，失之必死，不可暂无耳。”④他曾召名儒十八人为学士，讨论天下大事，即位后，又设置弘文馆，“悉引内学士番宿更休，听朝之间，则与讨古今，道前王所以成败，或日昃夜艾，未尝少息”⑤。唐太宗不仅让名儒们为自己日夜“恶补”儒学，他还十分重视儒学的普及教育。因为儒学经典文献去圣久远，文字讹谬较多，他诏令前中书侍郎颜师古考定《五经》，又因儒学门派较多，章句繁杂，诏令国子祭酒孔颖达与诸儒撰定《五经》义疏。他奖掖前代名儒，遴选历代鸿儒配享孔子庙堂⑥，采取了多种有效措施尊崇儒道。此

---

① 郑杰文《中国墨学通史》，人民出版社 2006 年版，第 263 页。

② 《旧唐书》卷一百八十九上，中华书局 1975 年版，第 4940 页。

③ 《新唐书》卷一百九十八，中华书局 1975 年版，第 5635 页。

④ 吴兢《贞观政要》卷六，上海古籍出版社 1978 年版，第 195 页。

⑤ 《新唐书》卷一百九十八，中华书局 1975 年版，第 5636 页。

⑥ 《旧唐书》载：（贞观）十四年，诏曰：“梁皇侃、褚仲都，周熊安生、沈重，陈沈文阿、周弘正、张讥，隋何妥、刘炫等，并前代名儒，经术可纪。加以所在学徒，多行其疏，宜加优异，以劝后生。可访其子孙见在者，录名奏闻，当加引擢。”二十一年，又诏曰：“左丘明、卜子夏、公羊高、穀梁赤、伏胜、高堂生、戴圣、毛苌、孔安国、刘向、郑众、杜子春、马融、卢植、郑玄、服虔、何休、王肃、王弼、杜元凯、范宁等二十一人，并用其书，垂于国胄。既行其道，理合褒崇。自今有事太学，可与颜子俱配享孔子庙堂。”卷一百八十九上，中华书局 1975 年版，第 4941—4942 页。

外,唐初的名臣也多奉行儒道。如魏徵、房玄龄等,他们都是隋末大儒王通的门生。王通隐居后广泛教授生徒,他续诗书,正礼乐,修元经,赞易道,弟子盈门,为初唐儒学的兴盛培养储备了一批中坚力量。

在这样的儒学背景下,唐初时期的魏徵、孔颖达,其后的崔融、卢照邻、王勃、李善、刘知幾等人,在其文章或著述中都涉及了《孟子》的内容。他们的主要共同点是通过引述《孟子》的内容来佐证自己的观点,因此,对孟子理论的征引就成为初唐孟子学的主要表现特征。

魏徵在其给唐太宗的上书中经常引述孟子的理论。他继承了孟子敢为王者师的独立人格精神,成为孟子之后少有的敢于"数犯龙鳞",抗颜为帝王师的士人。他也很好地实践了孟子的君臣思想,主张君臣职责分明,强调国君须以礼待臣。他成为践行孟子君臣观的成功范例,为封建时代知识分子树立了一个光辉典范。

孔颖达受命主持编撰的《五经正义》,也引述了很多《孟子》中的内容。此外,贾公彦的《周礼注疏》《仪礼注疏》和杨士勋的《春秋穀梁传注疏》对《孟子》也有所引证。他们或者借助《孟子》用于训诂,或者考证古史古制,或者引证释义,引用广泛而娴熟。初唐儒者在诠释经典时对《孟子》内容的大量引述,在很大程度上会激发士人对《孟子》的阅读兴趣,尤其是《五经正义》到高宗朝被确定为科举考试的教科书后,更成为士人的必读书目。随着《五经正义》权威地位的形成,它将成为一个传播孟子思想的重要载体,对促进《孟子》在士林中的普及,其影响是深广而持久的。

在初唐士人中,以文学才华著称的四杰对孟子也有不少评议,其中尤以王勃和卢照邻为最多。他们都有深厚的儒学学术背景,博学而有文采。王勃出身于儒学渊源醇厚的仕宦家庭,祖父王通为隋代大儒。卢照邻虽然没有王勃那样优越的儒学家传,但他能自我砥砺,十余岁就拜著名的儒学家曹宪为师学习训诂音义之学,又跟随博通《五经》的王义方学习经史,他师从的都是当时的名儒,这为他成为一个博学能文的文儒打下了很好的学术基础。

王勃和卢照邻对孟子的评价有着极大的相似,他们都对孟子不遇于时的命运产生了强烈的共鸣。以文士的眼光去看待孟子,这是王勃和卢照邻能对孟子命运产生共鸣的主要原因。他们也都从儒家诗教传统的角度立论,把孟子视为孔子之后儒学诗教最醇正的继承者。他们的这一观点,一方面来自于维护儒家诗教正统地位的责任,一方面也是对当时文坛上流行的"上官体"的一种挑战。

崔融则主要继承了孟子的经济思想。他的《谏税关市疏》引述并继承了孟子不少的经济观点来反对当时收取关市赋税。他以《孟子·尽心下》中

“古之为关也，将以御暴；今之为关也，将以为暴”的观点为理论依据，反对“行者皆税”的主张。此外，崔融对社会分工的认识也与孟子的观点相同。孟子多次阐明并肯定社会分工的必要性。崔融也认为士农工商各司其职，各营其业，共同促进了社会经济的繁荣发展，因此，他反对向工商业加大税收，以防引起社会的动荡不安。

李善注《文选》时对《孟子》的大量征引，对《孟子》的传播也起到了重要的推动作用。李善注《文选》时征引书目遍及前人文化典籍中的经、史、子、集，他征引《孟子》的内容达三百多次。其中，除少量引用了汉代赵岐《孟子注》、刘熙《孟子注》的内容外，大量的是从《孟子》原文直接引述内容，可以看出，他对《孟子》的内容是十分熟悉的。李善的《文选》注对李白、杜甫等盛唐士人的影响较大，虽然唐代士人通过《文选》注而接受孟子这一途径是间接的，但是，李善的《文选》注对孟子地位在唐代士人中的提升，在客观上也发挥了重要的推动作用。

初唐史学家刘知幾在其《史通》中也多次引述孟子的言论，在一定程度上显示了孟子在初唐史学领域的学术地位。刘知幾评价孟子的品格是“行仁”，而其命运却是“不遇”。《孟子》中不乏对前朝历史及人物的评价，这些观点遂成为刘知幾阐发自己史学主张的力证。但是，刘知幾并不迷信孟子，在认同的同时他也敢于对孟子的个别观点予以批评。孟子因为继承孔子之学，对孔子的褒扬很多，对孔子所撰《春秋》也多加肯定。刘知幾秉承着“不掩恶，不虚美”的直笔史学观点，反对为了拘于礼法，限以师训，而导致史实真相不明的做法。因此，他认为孟子对孔子《春秋》的评价有虚美之处。值得注意的是，刘知幾对《孟子》的征引，不再像前人那样较严格地遵循《孟子》原文，他多是取孟子言论的大意要旨。这一变化，在一定程度上折射出唐代学术开始由章句之学向义理之学逐渐转变的趋势。

总之，初唐时期的孟子学虽然处于起步阶段，士人们对孟子还没有进行专门的研究，但是，在政治、经济、文学、史学各个领域，都初步显示出了孟子思想的光辉。初唐士人这种多向度的征引《孟子》内容，为盛唐时期孟子学的发展打下了较为广博的学术基础。对唐代孟子学的发展，无疑是一个良好的开端。

第二节　魏徵与孟子的政治思想

一、魏徵继承孟子思想的政治环境和学术渊源

孟子的政治思想对初唐的国家治理产生了较大的影响，这在很大程度上

得力于魏徵对孟子思想的继承和实践。魏徵是深得唐太宗器重的佐政大臣,《旧唐书·魏徵传》载:魏徵字玄成,少孤贫,落拓有大志,好读书,多所通涉,见天下渐乱,尤属意纵横之说。“太宗新即位,励精政道,数引徵入卧内,访以得失。徵雅有经国之才,性又抗直,无所屈挠,太宗与之言,未尝不欣然纳受。徵亦喜逢知己之主,思竭其用,知无不言。”①

唐太宗是历史上著名的开明君主,他从善如流,虚心纳谏,多次手诏魏徵,很虚心地向魏徵请教,表示自己不精学业,对先王之道不甚了解,肯定并鼓励魏徵勇于进谏的作为。如《答魏徵手诏》曰:

> 省频抗表,诚极忠款,言穷切至,披览忘倦,每达宵分。非公体国情深,匪躬义重,岂能示以良图,救其不及。朕在衡门,尚惟童幼,未渐师保之训,罕闻先达之言。值隋祚分离,万邦涂炭,慄慄黔黎,庇身无所。朕自二九之年,有怀拯溺,发愤投袂,便提干戈。蒙犯霜露,东西征伐,日不暇给,居无宁岁。
>
> 氛埃静息,于兹十有一载矣。盖股肱罄帷幄之谋,爪牙竭熊罴之力,协德同心。以致于此。自惟寡薄,厚享斯休,每以大宝神器,忧深责重,尝惧万几多旷,四聪不达,何尝不战战兢兢,坐以待旦。询于公卿,以至隶皂,推以赤心,庶几刑措。
>
> 公之所谏,朕闻过矣。当置之几案,事等弦韦,必望收彼桑榆,期之岁暮,不亦康哉良哉!独惭于往日,若鱼若水;遂爽于当今,迟复嘉谋。犯而无隐,朕将虚衿靖志,敬伫德音。②

唐太宗这份答复魏徵谏书的手诏态度真诚而恳切。他先肯定了魏徵频频进谏的行为,表彰他是“诚极忠款”“体国情深”,再虚心地检讨自己因为干戈之事,忙于东西征讨,无暇学习先儒之书,导致学业疏浅,对先达之言闻之不多。但是他深知作为一国之君对黎民万邦的责任,因此每日战战兢兢如履薄冰,以一颗赤心“虚衿靖志,敬伫德音”,并对延迟答复魏徵的上书表示了歉意。在《答魏徵上群书理要手诏》中唐太宗又表彰魏徵说:

> 朕少尚威武,不精学业,先王之道,茫若涉海。览所撰书,博而且要,见所未见,闻所未闻,使朕致治稽古,临事不惑。其为劳也。不亦

---

① 《旧唐书·魏徵传》,中华书局 1975 年版,第 2547 页。
② 唐太宗《答魏徵手诏》,《全唐文》卷六,中华书局 1983 年版,第 72 页。

大哉!①

"群书理要"又名《群书治要》,是魏徵及虞世南、褚遂良等大臣受命对前人著述所作的辑录,他们博采经、史、子等典籍六十五种,目的是为唐太宗"偃武修文"治国安邦提供匡政的警示。唐太宗称赞此书为"博要",可帮助他"致治稽古,临事不惑"。有这样"虚己外求,披衷内省"②的国君,魏徵才能充分展示自己的学问才华与忠诚。

魏徵学问广博,但其思想仍以儒学为核心。据杜淹《文中子世家》所言,魏徵曾师事隋朝大儒王通。王通定居万春乡甘泽里时期,续诗书,正礼乐,修元经,赞易道,教授生徒。当时"门人自远而至,河南董恒、太山姚义、京兆杜淹、赵郡李靖、南阳程元、扶风窦威、河东薛收、中山贾琼、清河房元龄、巨鹿魏徵、太原温大雅、颍川陈叔达等咸称师,北面受王佐之道焉,其往来受业者不可胜数,盖将千余人。故隋道衰,而文中子之教兴于河汾之间,雍雍如也"③。师从名儒王通,自然为魏徵打下了深厚的学缘基础,使他能对儒家典籍运用得十分娴熟。他在进谏时言必称儒家先哲的学说,经常引用《礼记》《尚书》《春秋左氏传》《诗经》等儒家典籍,以及孔子、孟子、荀子等大儒的名言,其中孟子对魏徵的思想影响尤为明显。

二、魏徵对孟子独立人格精神的继承

孟子的思想及理论丰富而深厚,但是,他敢为王者师的独立人格精神,对魏徵的影响最为关键。魏徵敢于"数犯龙鳞",抗颜为帝王师的作为,就是直接继承了孟子的人格精神。孟子认为"天降下民,作之君,作之师"④,即君王和师傅都是上天降生的,因此他们具有等同的地位。同时,孟子认为依靠自己的仁义道德完全可以和拥有财富和爵位的君王相抗衡,自己并不比君王缺少什么,更不比君王地位低下。所以,孟子始终以独立的自尊人格与君王相处,当君王对自己稍有不敬时,他就弃君而去,决不迁就于君王。《公孙丑下》中记载了他与齐王的一次交锋,就很能体现他自尊的人格力量:

孟子将朝王,王使人来曰:"寡人如就见者也,有寒疾,不可以风。朝,将视朝,不识可使寡人得见乎?"对曰:"不幸而有疾,不能造朝。"明

① 唐太宗《答魏徵上群书理要手诏》,《全唐文》卷九,中华书局1983年版,第106页。
② 唐太宗《求直言手诏》,《全唐文》卷八,第98页。
③ 杜淹《文中子世家》,《全唐文》卷一百三十五,第1369页。
④ 《孟子·梁惠王下》,杨伯峻《孟子译注》卷二,中华书局1988年版,第31页。

日,出吊于东郭氏。公孙丑曰:“昔者辞以病,今日吊,或者不可乎?”曰:“昔者疾,今日愈,如之何不吊?”王使人问疾,医来。孟仲子对曰:“昔者有王命,有采薪之忧,不能造朝。今病小愈,趋造于朝,我不识能至否乎?”使数人要于路,曰:“请必无归,而造于朝!”不得已而之景丑氏宿焉。景子曰:“内则父子,外则君臣,人之大伦也。父子主恩,君臣主敬。丑见王之敬子也,未见所以敬王也。”曰:“恶!是何言也!齐人无以仁义与王言者,岂以仁义为不美也?其心曰,‘是何足与言仁义也’云尔,则不敬莫大乎是。我非尧舜之道,不敢以陈于王前,故齐人莫如我敬王也。”①

孟子本来计划去见齐王,但是齐王因感风寒,就派使者告诉孟子:如果孟子能到朝廷来见他,他就临朝接见孟子。孟子听说后,就马上托词称自己也得了病,所以不能去朝见齐王。但是第二天他却大大方方出门到东郭家吊丧。为此,朋友们认为他对齐王不敬,而孟子却认为在齐国再没人能比他更尊敬齐王了。因为他向齐王进言的都是仁义之道,是尧舜之道,他是把世间最有价值的东西奉献给齐王的。而这些仁义之道,足以与君王的财富和爵位匹敌。所以当别人指责他故意躲避不见君王时,他理直气壮地说:“彼以其富,我以吾仁;彼以其爵,我以吾义,吾何慊乎哉?”②

孟子在人格上敢于抗衡君王的这种独立精神,在魏徵身上得到了很好的传承。《旧唐书·魏徵传》载,“徵状貌不逾中人,而素有胆智,每犯颜进谏,虽逢王赫斯怒,神色不移”③。魏徵本着维护和巩固李唐王朝统治的忠诚,知无不言,言无不尽,曾先后向唐太宗陈谏二百多次,大到劝诫引导唐太宗以历史的教训为鉴,励精图治,施行仁政,任贤纳谏;小到阻止唐太宗纳妃④,干预皇帝的私生活。而且魏徵进谏时常常是据理抗争,从不委曲求全。如果说,唐太宗的虚怀与大度为魏徵的直谏提供了客观环境的话,那么,在当时朝廷诸多大臣中,唯有魏徵一人能够数次对唐太宗抗颜规谏,颇有些谆谆教诲的意味,则是他本人敢于为帝王师的胆智与个性所致。

---

① 《孟子·公孙丑下》,杨伯峻《孟子译注》卷四,中华书局1988年版,第88页。

② 同上书,第89页。

③ 《旧唐书·魏徵传》,中华书局1975年版,第2562页。

④ 《新唐书·魏徵传》载:郑仁基息女美而才,皇后建请为充华,典册具。或言许聘矣。徵谏曰:“陛下处台榭,则欲民有栋宇;食膏粱,则欲民有饱适;顾嫔御,则欲民有室家。今郑已约昏,陛下取之,岂为人父母意!”帝痛自咎,即诏停册。中华书局1975年版,第3869页。

三、魏徵对孟子君臣观的实践

在孟子的君臣思想中,他认为衡量君臣关系的融洽,关键在于君王能否虚心礼贤大臣,而礼贤大臣的关键,又在于君王能否尊大臣之言,并且践行其道。《孟子·告子下》记载了一段孟子与陈臻讨论关于出仕的对话:

> 陈子曰:"古之君子何如则仕?"孟子曰:"所就三,所去三。迎之致敬以有礼;言,将行其言也,则就之。礼貌未衰,言弗行也,则去之。其次,虽未行其言也,迎之致敬以有礼,则就之。礼貌衰,则去之。其下,朝不食,夕不食,饥饿不能出门户,君闻之,曰:'吾大者不能行其道,又不能从其言也,使饥饿于我土地,吾耻之。'周之,亦可受也,免死而已矣。"①

在孟子看来,最理想的君臣关系就是君王既能对臣子敬以礼,又能行其言。如果有这样的君王,他一定会积极出仕。而对于那种表面虽然能礼敬大臣,但却不遵行大臣进言的国君,则要弃之不仕。他认为,一个大有作为的国君,一定是"尊德乐道"的:

> 故将大有为之君,必有所不召之臣;欲有谋焉,则就之。其尊德乐道,不如是,不足与有为也。故汤之于伊尹,学焉而后臣之,故不劳而王;桓公之于管仲,学焉而后臣之,故不劳而霸。②

孟子以历史上商汤礼敬伊尹,齐桓公礼敬管仲为例,树立了君臣关系的标杆。然而,我们不难发现,要想实现这种和谐的君臣关系,孟子对国君的要求远比大臣高。魏徵在辅佐唐太宗执政期间,时刻要面对的就是如何处理好君臣关系问题。对待这一问题,魏徵最有力的思想武器就是孟子的君臣观,他继承并实践了孟子的君臣思想,主张君臣职责分明,但是强调国君必须以礼待臣。他在《论治道疏》中就引用孟子的名言作为理论依据,论证君臣关系若要达到齐契同心的境界,关键因素在于国君,所以他提出"为人上者,安可以无礼于下"的观点:

> 臣闻君为元首,臣作股肱,齐契同心,合而成体,已成不备,为未成

① 《孟子·告子下》,杨伯峻《孟子译注》卷十二,中华书局 1988 年版,第 297 页。
② 《孟子·公孙丑下》,杨伯峻《孟子译注》卷四,第 89 页。

人。然则首虽尊高，必资手足以成体；君虽明哲，必资股肱以致治。《礼》云："人以君为心，君以臣为体。心庄则体舒，心肃则容敬。"《书》云："元首明哉，股肱良哉，万事康哉。元首丛脞哉，股肱惰哉，万事堕哉。"……孟子曰："君视臣如手足，臣视君如腹心。君视臣如犬马，臣视君如国人。君视臣如土芥，臣视君如寇仇。"虽臣之事君，无有二志，至于去就之节，尚缘恩施厚薄。然则为人上者，安可以无礼于下哉？①

值得注意的是，魏徵在这里先后引述了《礼记》《尚书》和《孟子》来反复说明君臣关系，《礼记》和《尚书》在当时都属于儒家经典的范围，魏徵把《孟子》与它们并列，虽不能就此断定这是他在借此抬高《孟子》的地位，但至少可以肯定，在魏徵的眼中，孟子关于君臣关系的观点与儒家经典一样，都是被他所认可接受的，甚至可以说，魏徵所提出的上要礼于下，君要礼于臣的观点就是直接源于孟子的君臣观。

魏徵不仅引经据典地劝谏唐太宗要遵循君臣相处的原则，还为唐太宗制定出了礼待臣下的具体措施。他在其《论御臣之术》中劝诫唐太宗，礼臣的前提是要"知臣"："臣闻知臣莫若君，知子莫若父。父不能知其子，则无以睦一家。君不能知其臣，则无以齐万国。"要做到"知臣"，就要"以公平为规矩，以仁义为准绳，考事以正其名，循名以求其实，则邪正莫隐，善恶自分。然后取其实，不尚其华，处其厚，不居其薄。则不言而化，期月而可知矣"。② 相反，"若徒爱美锦，而不为人择官，有至公之言，无至公之实，爱而不知其恶，憎而不知其善，徇私情以近邪佞，背公道而远忠良，则夙夜不怠，劳神苦思，将求至理，不可得也"③。可见魏徵给唐太宗开出的这份礼待臣下的良方不仅十分具体，而且切实可行。

魏徵之所以如此频繁，如此苦口婆心地规诫唐太宗处理好君臣关系，当然不全是为自己创造一个良好的政治环境，更主要的是他秉承着儒家事君以忠的道德，以身许国，直道而行。他深刻认识到，君臣关系的好坏不但影响到大臣的节义、社会的名教风气，甚至关系到国家的太平根基：

窃观在朝群臣，当枢机之寄者，或地邻齐晋，或业预经纶，并立事立功，皆一时之选，处之衡轴，为任重矣。任之虽重，信之未笃。信之不笃，则人或自疑。人或自疑，则心怀苟且。心怀苟且，则节义不立。节义不

① 魏徵《论治道疏》，《全唐文》卷一百三十九，中华书局1983年版，第1414页。
② 魏徵《论御臣之术》，同上书，第1417页。
③ 同上。

立,则名教不兴。名教不兴,而可与固太平之基,保七百之祚,未之有也。

夫以一介愚夫,结为交友,以身相许,死且不渝,况君臣契合,实同鱼水。若君为尧舜,则臣为稷契,岂有遇小事则变志,见小利则易心哉?此虽下之立忠,未能明著,亦由上怀不信,待之过薄之所致也。此岂君使臣以礼,臣事君以忠乎?以陛下之圣明,以当今之功业,诚能博求时俊,上下同心,则三皇可追而四,五帝可俯而六矣。夏殷周汉,夫何足数焉?①

魏徵以普通人交友的常识作比,从正反两个方面论述了"君使臣以礼,臣事君以忠"的结果。如果国君对大臣不信任,君臣不谐,则难保国家的太平根基;反之,如果君王能"博求时俊,上下同心",君臣契合得如同鱼水,那么大唐帝国则"三皇可追""五帝可俯"了。

值得庆幸的是,魏徵遇上了唐太宗这样的开明君主,他基本上能够接受魏徵从孟子那里继承来的君臣观,从而使魏徵实现了要成为一个"身获美名,君受显号。子孙传世,福禄无疆"②良臣的愿望。他们君臣相得益彰,如鱼得水,共同谱写了中国历史上和谐君臣的佳话,成为后代君臣关系的楷模。中唐时期唐德宗在其《君臣箴》中如此肯定魏徵的佐政之功:"在昔稷契,实匡舜禹;近兹魏徵,佑我文祖。君臣协德,混一区宇。"③可以说,唐太宗的"贞观之治",在很大程度上有魏徵的功劳在,唐太宗曾这样评价魏徵辅政的功绩:"贞观初,人皆异论,云当今必不可行帝道、王道,惟魏徵劝我。既从其言,不过数载,遂得华夏安宁,远戎宾服。突厥自古以来,常为中国勍敌,今酋长并带刀宿卫,部落皆袭衣冠,使我遂至于此,皆魏徵之力也。"④唐太宗的评价是很客观的,历史证明,魏政劝诫唐太宗奉行帝道、王道的治国方略是完全正确的。所以,唐太宗把魏徵比喻成一个善于雕琢美玉的良工,把当时"华夏安宁,远戎宾服"的盛世成就归功于魏徵的辅佐:

(太宗)谓徵曰:"玉虽有美质,在于石间,不值良工琢磨,与瓦砾不别。若遇良工,即为万代之宝。朕虽无美质,为公所切磋,劳公约朕以仁义,弘朕以道德,使朕功业至此,公亦足为良工尔。"⑤

当然,魏徵辅佐唐太宗实行的"王道"和"仁政",也是源自孟子的思想。

---

① 魏徵《论治道疏》,《全唐文》卷一百三十九,中华书局1983年版,第1414—1416页。
② 吴兢《贞观政要·直谏》,上海古籍出版社1978年版,第69页。
③ 唐德宗《君臣箴》,《全唐文》卷五十五,第592页。
④ 吴兢《贞观政要·政体第二》,第18页。
⑤ 同上。

但是笔者认为,魏徵对孟子的继承,最主要的是他以凛然独立的人格精神,成功地实践了孟子的君臣思想。在此基础上,他又能灵活地运用儒家经典来恳谏唐太宗戒骄戒奢,培养仁义、德礼、诚信的思想。在封建君主制度下,魏徵既保全了自己的生命,又施展了自己的治国才能,成就了良臣的美名,为封建时代知识分子树立了一个光辉典范。

第三节　孔颖达《五经正义》与孟子

一、《五经正义》的编定与引书研究概述

《五经正义》为初唐著名经学家孔颖达奉太宗之命主持整理的经学著作,这项工作前后历时长达三十余年,参与编撰的著名学者有五十多位。《五经正义》的编定,是唐太宗实施崇儒方略的措施之一。《旧唐书·儒学传上》批评"近代重文轻儒,或参以法律,儒道既丧,淳风大衰,故近理国多劣于前古。自隋氏道消,海内版荡,彝伦攸斁,戎马生郊,先代之旧章,往圣之遗训,扫地尽矣!"然而历史证明,儒学对于社会的治理"可以正君臣,明贵贱,美教化,移风俗","故前古哲王,咸用儒术之士;汉家宰相,无不精通一经。朝廷若有疑事,皆引经决定,由是人识礼教,理致升平"。① 因此,善于以史为鉴的唐太宗在为秦王时就"锐意经籍,于秦府开文学馆。广引文学之士",即位后,又在正殿之左设置弘文学馆,精心挑选天下文儒之士,令他们更日宿直。太宗在听朝之暇,将他们"引入内殿,讲论经义,商略政事,或至夜分乃罢"。②

唐太宗一方面能自己虚心向文儒们求教学习经义,一方面又利用其至高无上的权力大力推行儒学:

> 贞观二年,停以周公为先圣,始立孔子庙堂于国学,以宣父为先圣,颜子为先师。大征天下儒士,以为学官。数幸国学,令祭酒、博士讲论。毕,赐以束帛。学生能通一大经已上,咸得署吏。又于国学增筑学舍一千二百间,太学、四门博士亦增置生员,其书算各置博士、学生,以备艺文,凡三千二百六十员。其玄武门屯营飞骑,亦给博士,授以经业,有能通经者,听之贡举。是时四方儒士,多抱负典籍,云会京师。俄而高丽及百济、新罗、高昌、吐蕃等诸国酋长,亦遣子弟请入于国学之内。鼓箧而

---

① 《旧唐书》卷一百八十九上,中华书局 1975 年版,第 4939 页。
② 同上书,第 4941 页。

升讲筵者，八千余人。济济洋洋焉，儒学之盛，古昔未之有也。①

太宗又以经籍去圣久远，文字多讹谬，诏前中书侍郎颜师古考定《五经》，颁于天下，命学者习焉。又以儒学多门，章句繁杂，诏国子祭酒孔颖达与诸儒撰定《五经》义疏，凡一百七十卷，名曰《五经正义》，令天下传习。②

从《旧唐书》这段记载中我们不难看出，唐太宗推行儒学的方略是一步步有序展开的。第一，他先在国学修建孔子庙，把先圣的称号由周公改为孔子，树立了孔子这面旗帜，确定了方向；第二，在师资人才上进行充足的储备，广征天下儒士，奖励学官；第三，在物质基础上为扩大受教育的范围做好准备，扩展国学，增筑学舍，增加生员，甚至对那些"屯营飞骑"之辈，也传授经业；第四，以身作则，亲自督学，多次视察国学，听学官讲论。第五，就是统一教材，令颜师古考订《五经》，诏孔颖达与诸儒撰定《五经》义疏。

唐太宗指定让孔颖达主持编撰《五经》义疏这项浩大的工程，自然有他识人的明智。据《旧唐书·孔颖达传》记载："颖达八岁就学，日诵千余言。及长，尤明《左氏传》、《郑氏尚书》、《王氏易》、《毛诗》、《礼记》，兼善算历，解属文。"③可见孔颖达是一位十分博学的儒士。他在隋代以明经及第后，曾于炀帝组织的诸郡儒官与国子秘书学士的辩论中有令人瞩目的表现，以至于因为年少而遭到先辈宿儒们的妒忌。入唐后，他先为秦府文学馆学士，后擢国子博士、国子司业、国子祭酒，其间，又迁太子右庶子，并侍讲东宫。孔颖达对经学有极高的造诣，他善于解疑释惑，这使他成为当时儒者的翘楚，受到诸儒与朝贤的尊重："与诸儒议历及明堂，皆从颖达之说。""又与朝贤修定《五礼》，所有疑滞，咸谘决之。""承乾令撰《孝经义疏》，颖达因文见意，更广规讽之道，学者称之。"④唐太宗曾向孔颖达咨询《论语》的内容，孔颖达的解释令太宗十分满意：

太宗尝问曰："《论语》云：'以能问于不能，以多问于寡，有若无，实若虚。'何谓也？"颖达对曰："圣人设教，欲人谦光。己虽有能，不自矜大，仍就不能之人求访能事。己之才艺虽多，犹以为少，仍就寡少之人更求所益。己之虽有，其状若无。己之虽实，其容若虚。非唯匹庶，帝王之

---

① 《旧唐书》卷一百八十九上，中华书局 1975 年版，第 4941 页。
② 同上。
③ 《旧唐书》卷七十三，第 2601 页。
④ 同上书，第 2602 页。

德,亦当如此。夫帝王内蕴神明,外须玄默,使深不可测,度不可知。《易》称'以蒙养正,以明夷莅众',若其位居尊极,炫耀聪明,以才凌人,饰非拒谏,则上下情隔,君臣道乖。自古灭亡,莫不由此也。"太宗深善其对。①

因此,当孔颖达与诸儒撰定出了一百八十卷的《五经正义》后,唐太宗给予了充分的肯定,认为此书"博综古今,义理该洽,考前儒之异说,符圣人之幽旨,实为不朽"②。

《五经正义》的编撰体例是不仅解释经文,还对前人的注文进行疏讲。为了清楚地证说注文,往往需要对古籍进行旁征博引,这样一来,在"正义"的疏讲内容中,儒者们所引用的典籍就非常丰富,从而形成了其体大思精、资料富赡的突出特点。因此,《五经正义》引书的研究逐渐引起了学界的关注,台湾叶程义的《礼记正义引书考》③就是较早开展此类研究的著作。此外,近年来在研究生的论文选题中,学子们也有许多这方面的研究成果。如孙福国的《〈五经正义〉引〈说文〉研究》,"通过对孔颖达《五经正义》所引《说文》与徐铉《说文解字》和徐锴《说文解字系传》进行比较,归纳整理出《正义》所引《说文》的特点、意义、价值等"④。郜同麟的《〈春秋左传正义〉引经研究》,对《左传正义》引《十三经》文句的情况作了较为系统的研究,在第二章中,列出了《左传正义》引用经部书籍的目录,并对其引用经部书的特点作了归纳。⑤张靖伟的《〈尚书正义〉引书考》,通过统计《尚书正义》引书情况,"对引书作进一步的量化和比较研究,对各条引文及原书作一定的考证辨析,考察《尚书正义》的疏证特点"⑥。此外,马萃泽的论文《〈五经正义〉引〈说文〉考》,也"对《五经正义》孔颖达疏中所引《说文》各条进行了穷尽式辑录,所辑引文285条"⑦。在这些研究中,不论是从文字学、文献学还是历史学角度,大家都关注到了《五经正义》引书的丰富资料价值,然而要穷尽《五经正义》的引书研究,还有很大的空间需要人们不断地去开拓。在此,笔者仅对《五经正义》引述《孟子》情况作一番较为详尽的梳理考察。

---

① 《旧唐书》卷七十三,中华书局1975年版,第2602页。
② 同上。
③ 叶程义《礼记正义引书考》,台北义声出版社1981年版。
④ 孙福国《〈五经正义〉引〈说文〉研究》,山东师范大学汉语言文字学专业,2007年硕士论文。
⑤ 郜同麟《〈春秋左传正义〉引经研究》,浙江大学中国古典文献学专业,2008年硕士论文。
⑥ 张靖伟《〈尚书正义〉引书考》,上海社会科学院中国古代史专业,2011年硕士论文。
⑦ 马萃泽《〈五经正义〉引〈说文〉考》,《吉林师范大学学报》(人文社会科学版)2005年第5期。

二、《五经正义》引用《孟子》概况

在《五经正义》各部经书中，从引用《孟子》的数量来看，最少的为《周易正义》，只有卷九中的 1 条。引用最多的为《毛诗正义》，共 41 条，其次为《尚书正义》，共 24 条，此外《春秋左传正义》18 条，《礼记正义》15 条。①

从引用《孟子》的章节范围看，除掉《周易正义》不计，其他各部经书引用《孟子》的内容都很广泛，几乎遍及《孟子》所有章节。具体而言，《毛诗正义》中引用《梁惠王上》5 次，《梁惠王下》7 次；《公孙丑上》4 次，《公孙丑下》2 次；《滕文公上》9 次，《滕文公下》2 次；《离娄下》2 次；《万章上》1 次，《万章下》1 次；《告子上》1 次，《告子下》6 次；《尽心上》1 次；还有 1 条今本《孟子》无此内容。

《尚书正义》中引用《梁惠王下》1 次；《滕文公上》3 次，《滕文公下》4 次；《离娄下》1 次；《万章上》8 次，《万章下》2 次；《告子下》1 次；《尽心上》1 次，《尽心下》2 次。

《春秋左传正义》中引用《梁惠王上》1 次，《梁惠王下》2 次；《公孙丑上》1 次，《公孙丑下》1 次；《滕文公上》3 次，《滕文公下》2 次；《离娄上》1 次，《离娄下》3 次；《万章上》1 次，《万章下》1 次；《告子上》1 次，《告子下》1 次。

《礼记正义》中引用《梁惠王下》3 次；《公孙丑上》3 次；《滕文公上》3 次；《离娄上》2 次，《离娄下》2 次；《万章上》1 次；《告子下》1 次。

由以上统计看出，在《孟子》七卷十四篇中，《五经正义》引用最频繁的是《梁惠王》和《滕文公》两卷，最少的是《尽心》卷。推究其中原因，大概由于《五经正义》各部经书主要偏于历史和礼仪方面的内容，而《孟子》中《梁惠王》和《滕文公》各卷主要内容涉及孟子推行的“王道”和“仁政”，包括主张减轻刑罚赋敛，民贵君轻的民本思想，以及实行井田制，强调划分田界的均匀公正的养民措施等，这些内容与疏止经传的需求比较契合。《孟子》中的《尽心》篇则以知性知天的自身道德修养内容为主，所以，以孔颖达为主的儒者们选择引用《梁惠王》和《滕文公》这两卷的内容来进行疏正诠释的可能性就会多一些。

从引用《孟子》的目的看，可以分为以下几类：

第一，用于训诂。《五经正义》中征引《孟子》用于训诂的情况相对较少。如《尚书正义》卷三：

① 本文《五经正义》所依据的版本为阮元校刻《十三经注疏》，中华书局影印，1980 年版。引用次数为最低统计数据，其中有些相近的引用合并为一条。《孟子》的版本为杨伯峻译注《孟子译注》，中华书局 1988 年版。

正义曰:王者所为巡守者,以诸侯自专一国,威福在己,恐其拥遏上命,泽不下流,故时自巡行,问民疾苦。《孟子》称晏子对齐景公云:"天子适诸侯曰巡守。巡守者,巡所守也。"是言天子巡守主谓巡行诸侯,故言诸侯为天子守土,故称守,而往巡行之。①

此处引用《孟子》内容见《梁惠王下》,是对"巡守"的解释。

《尚书正义》卷七:

正义曰:《孟子》称舜弟象见舜云:"思君正郁陶。""郁陶",精神愤结积聚之意,故为哀思也。②

此处引用《孟子》内容见《万章上》,是对"郁陶"的解释。

又如《毛诗正义》卷六:

正义曰:作《驷驖》诗者,美襄公也。……囿者,域养禽兽之处。其制诸侯四十里,处在于郊。孟子对齐宣王云"臣闻郊关之内有囿焉,方四十里",是在郊也。③

此处引用《孟子》内容见《梁惠王下》,是对"囿"的解释。

《毛诗正义》卷十七:

正义曰:《说文》云:"淅,汰米也。"《孟子》曰:"孔子去齐,接淅而行",谓洮米未炊,漉之而去,言其疾也。④

此处引用《孟子》内容见《万章下》,是对传文中"淅"的进一步解释。

再如《春秋左传正义》卷二十:

正义曰:恺,和也。言其和于物也。《孟子》曰:"柳下惠,圣人之和者也。"⑤

---

① 阮元校刻《十三经注疏》,中华书局影印,1980年版,第127页。
② 同上书,第157页。
③ 同上书,第369页。
④ 同上书,第531页。
⑤ 同上书,第1862页。

此处引用《孟子》内容见《万章下》,是对"八恺"的解释。

第二,用于考证古史。引用《孟子》来考证古代历史中的人物和事件,是《五经正义》较为常见的征引目的。以下仅列举几例:

《尚书正义》卷三:

> 正义曰:知"舜服尧丧三年毕,将即政"者,以尧存且摄其位,尧崩谦而不居。《孟子》云:"尧崩,三年丧毕,舜避丹朱于南河之南。天下诸侯朝觐者不之尧子而之舜,狱讼者不之尧子而之舜,讴歌者不之尧子而讴歌舜。曰:'天也。'然后之中国践天子位。"①

此处引用《孟子》内容见《万章上》,是对传文中"舜服尧丧三年毕,将即政"的进一步考证。

《尚书正义》卷八:

> 正义曰:汤臣大贤惟有伊尹,故知"大圣陈力,谓伊尹"也。……《孟子》云:"伯夷圣人之清者也,伊尹圣人之任者也,柳下惠圣人之和者也,孔子圣人之时者也。"是谓伊尹为圣人者也。②

此处引用《孟子》内容见《万章下》,是对传文中"大圣陈力,谓伊尹" 中伊尹的进一步考证。

又如《毛诗正义》卷十九:

> 正义曰:文当如此。《孟子》云,齐王以孟子辞病,使人问。医来,孟仲子对。赵岐云:"孟仲子,孟子从昆弟,学于孟子者也。"《谱》云:"孟仲子者,子思弟子,盖与孟轲共事子思,后学于孟轲,著书论《诗》,毛氏取以为说。"言此诗之意,称天命以述制礼之事者,叹"大哉,天命之无极",而嘉美周世之礼也。③

此处引用《孟子》内容见《公孙丑下》,是对传文中"孟仲子曰:'大哉!天命之无极,而美周之礼也。'" 中孟仲子其人的进一步考证。

《毛诗正义》卷十九:

---

① 阮元校刻《十三经注疏》,中华书局影印,1980 年版,第 130 页。
② 同上书,第 162 页。
③ 同上书,第 584 页。

正义曰:以武王之业因于文王,养纣不伐,是文王之事,此说大武功成,文宜本之于父,故以为美文王之师。养者,承事之辞,故云"率殷之叛国以事纣"……

《孟子》说"伯夷避纣,居北海之滨。太公避纣,居东海之滨。闻文王作,兴而归之。二老者,天下之大老也,而归之,是天下父归之也。天下父归之,其子焉往"也。是天下归往之也。①

此处引用《孟子》内容见《尽心上》,是对笺文中"率殷之叛国以事纣"这一史实的进一步印证。

《礼记正义》卷四十三:

正义曰:按《孟子》云:"鲁穆公时,公仪子为政。子柳、子思为臣,鲁之削也滋甚,若是乎,贤者之无益于国也。"彼子柳即此泄柳也,故云"鲁穆公时贤人"。②

此处《孟子》引文见《告子下》,是对注文中"泄柳,鲁穆公时贤人也"的考证。

《春秋左传正义》卷二十九:

正义曰:家众,谓羿之家众人,反羿以从浞,为浞而杀羿也。《孟子》云:"逄蒙学射于羿,尽羿之道,思天下唯羿为愈己,于是杀羿。"则杀羿者,逄蒙也。③

此处《孟子》引文见《离娄下》,是对"家众杀而亨之"的进一步考证。

《春秋左传正义》卷三十二:

正义曰:《孟子》云:"郑人使子濯孺子侵卫,卫使庾公之斯追之。子濯孺子疾作,庾公之斯至曰:'夫子何为不执弓?'曰:'今日我疾作,不可以执弓。'庾公之斯曰:'小子学射于尹公之佗,尹公之佗学射于夫子。我不忍以夫子之道,反害夫子。虽然,今日之事,君事也,我不敢废。'抽矢叩轮,去其金,发乘矢而后反。"其姓名与此略同,行义与此正反。不

---

① 阮元校刻《十三经注疏》,中华书局影印,1980年版,第604页。

② 同上书,第1566页。

③ 同上书,第1933页。

> 应一人之身，有此二行。《孟子》辨士之说，或当假为之辞。此传应是实也。①

这段《孟子》引文见《离娄下》，此处引用《孟子》的目的虽然也是为了印证史实，但是与他处稍有不同的是，编撰者还根据孟子的辨士特点，推断《孟子》中的这段相关内容是"或当假为之辞"，是孟子虚拟出来的。

第三，用于考证古制。借助《孟子》来考证经典中的古代制度，是《五经正义》引孟最为多见的现象。其中，以考证古代税制引用频率最高，此外，在考证古代爵位制度，考证农事制度，考证风俗制度，考证苑囿、建筑制度，考证婚俗等方面，也都引用了《孟子》中的相关内容。

如《尚书正义》卷十一：

> 正义曰：爵五等，地三品，武王于此既从殷法，未知周公制礼亦然以否。《孟子》曰："北宫锜问于孟子曰：'周之班爵禄如何？'孟子曰：'其详不可得闻矣，尝闻其略。天子之制，地方千里，公侯方百里，伯七十里，子男五十里也。'"②

此处引《孟子》文见于《万章下》，是对传文中"列地封国，公侯方百里，伯七十里，子男五十里，为三品"这一古代爵禄制度的考证。

《尚书正义》卷十九：

> 正义曰：《孟子》云，"方里为井，井九百亩"，使民"死徙无出乡，乡田同井，出入相友，守望相助，疾病相扶持，则百姓亲睦"。然则先王制之为井田也，欲使民相亲爱，生相佐助，死相殡葬。不循道教之常者，其人不可亲近，与善民杂居，或染善为恶，故殊其井田居界，令民不与来往。犹今下民有大罪过不肯服者，则摈出族党之外，吉凶不与交通，此之义也。亦既殊其井田，必当思自改悔，使其能畏为恶之祸，慕为善之福，所以沮止为恶者，劝勉为善者。③

此处引《孟子》文见于《滕文公上》，是针对传文中"其不循教道之常，则殊其井居田界，使能畏为恶之祸，慕为善之福，所以沮劝"的内容，来印证古制的乡

---

① 阮元校刻《十三经注疏》，中华书局影印，1980年版，第1957页。
② 同上书，第185页。
③ 同上书，第245页。

里公约。不仅如此,为便于读者更好地理解经文,“正义”中还进一步用唐朝当时民间教育犯有罪过之人的做法,进行对照,以今释古。

《毛诗正义》卷五:

> 正义曰:魏君薄于公税,乃是人君美事,而刺之者,公家税民有常,不得过度,故《孟子》曰:“欲轻之于尧舜,大貉小貉;欲重之于尧舜,大桀小桀。”十一而税,下富上尊,是税之不得薄也。①

此处引文见于《孟子·告子下》,是结合笺文中“魏君薄公税”的内容,对古代税制的考证。

《毛诗正义》卷十六:

> 正义曰:《春秋》成十八年筑鹿囿。昭九年筑郎囿。则囿者,筑墙为界域而禽兽在其中,故云“囿,所以域养禽兽也”。天子百里,诸侯四十里,解正礼耳。其文王之囿,则七十里,故《孟子》云:“齐宣王问于孟子曰:‘文王之囿方七十里,有诸?’孟子曰:‘《书传》有之。’曰:‘若是其大乎?’‘民犹以为小也。’曰:‘寡人之囿方四十里,民犹以为大,何也?’”是宣王自以为诸侯而问,故云“诸侯四十里”。以宣王不举天子而问及文王之七十里,则以为文王非天子之制,明天子不止七十里,故宜为百里也。②

此处引《孟子》文见于《梁惠王下》,是对传文中涉及的古代君王苑囿制度的考证。

《礼记正义》卷七:

> 正义曰:云“舜不告而娶”者,按《孟子》:万章问孟子云:“舜不告而娶,何也?”孟子曰:“告则不得娶,父母终不为娶妻,是绝其后也。”③

此处引《孟子》文见于《离娄上》,是对注文中“至舜不告而取”的上古帝王婚配制度的考证。

《礼记正义》卷二十九:

---

① 阮元校刻《十三经注疏》,中华书局影印,1980年版,第358页。
② 同上书,第525页。
③ 同上书,第1281页。

正义曰:《孟子》云:"齐宣王问曰:'人皆谓我毁明堂。'孟子对曰:'夫明堂者,王者之堂也。王欲行王政,则勿毁之矣。'"是王者有明堂,诸侯以下皆有庙,又知明堂非庙也。①

此处所引《孟子》文见于《梁惠王下》,是对注文中"天子明堂"以及古代建筑等级制度的考证。

《春秋左传正义》卷三十六:

正义曰:《方言》云:"围棋谓之弈,自关东齐、鲁之间皆谓之弈。"……《孟子》称奕秋善奕,秋人自以善奕而著名也。②

此处引文见于《孟子·告子上》,是用来考证古代地方风俗的。

第四,引证释义。《五经正义》引用《孟子》的目的,除了以上所列举的三种比较集中的情况外,用于引证释义的场合也比较多,尤其是在《毛诗正义》中,这种现象最常见。以下列举两例:

《毛诗正义》卷五:

正义曰:言人君有美德,以下言百姓所以悦君之意。孟子谓齐宣王曰:"今王田猎于此,百姓闻王车马之音,见羽旄之美,举疾首蹙頞而相告曰:'吾王好田猎,夫何使我至于此极也?父子不相见,兄弟妻子离散。'此无他,不与民同乐也。今王田猎于此,百姓闻王车马之音,见羽旄之美,举欣欣然有喜色而相告曰:'吾王庶几无疾病与,何能田猎也?'此无他,与民同乐也。"则百姓悦之也。③

此处引《孟子》内容见《梁惠王下》,以印证对"卢令令,其人美且仁"诗意的诠释。

《毛诗正义》卷十二:

正义曰:毛意嫌子不当怨父以诉天,故引舜事以明之。言舜之怨慕父母之时,日往于田,号泣诉于旻天,于我之父母也。言为我父母而不爱我,故怨之。《孟子》云:"万章问曰:'舜往于田,号泣于旻天,何为然

① 阮元校刻《十三经注疏》,中华书局影印,1980年版,第1473页。
② 同上书,第1986页。
③ 同上书,第353页。

> 矣？'孟子曰：'怨慕也。'长息问于公明高曰：'舜往于田，则吾既得闻命矣。号泣于旻天，于父母，则吾不知之矣。'公明高曰：'非尔知也。'我竭力耕田，供为子职而已，父母不我爱，于我何哉？大孝终身慕父母。五十而慕者，予于大舜见之矣。"引此者，言大舜尚怨，故太子亦可然也。①

此处引《孟子》文见于《万章上》，是对传文中"舜之怨慕，日号泣于旻天、于父母"的引证释义。

三、《五经正义》对传播孟子思想的作用

《五经正义》于唐太宗贞观十六年(642)编成。后来又经过马嘉运、长孙无忌、于志宁等儒者的校定与增删，于唐高宗永徽四年(653)颁行，确定为科举考试中必需的教科书。这部对传统"五经"的注疏著作，是公认的空前集大成之作。在笔者看来，其集大成的标志除了它广泛采摭旧文，融贯包罗古义，汇总了唐前著名经学家的研究成果外，还有一个重要标志就是成于众儒之手，它汇集了初唐诸多著名儒者的智慧。皮锡瑞在其《经学历史》中论说道："以其杂出众手，未能自成一家。……其时同修《正义》者，《周易》则马嘉运、赵乾叶，《尚书》则王德韶、李子云，《毛诗》则王德韶、齐威，《春秋》则谷那律、杨士勋，《礼记》则朱子奢、李善信、贾公彦、柳士宣、范义頵、张权。标题孔颖达一人之名者，以年辈在先，名位独重耳。"②皮锡瑞这里也只是罗列了编者的代表，实际参加编纂《五经正义》的人数远不止这些。由此，我们可以明确的是，在"正义"中对《孟子》的引用不是孔颖达独家所为，而是诸多儒者们不约而同的共同做法，这也充分说明《孟子》在初唐儒者们的视野中所具有的重要地位。

如上所列，《五经正义》中引用了许多《孟子》中的内容，可以推见的是，随着《五经正义》在科考中权威地位的稳定和影响作用的广泛与扩大，《孟子》的一些思想也自然会借助这一权威在很大程度上引起士人们的重视，这也就意味着，《五经正义》在唐代对传播孟子的思想起到了不可替代的重要载体的作用。

首先，《五经正义》在官学层面的权威地位为推动孟子思想的传播发挥了重要作用。唐代的教育体制是在继承隋代的基础上建立起来的，从官学层面看，朝廷在中央设有国子学、太学、四门学、书学、算学、律学六学。这六学中，前三学属于普通学校，都要学习儒家经典，后三学属于专科学校。此外，

---

① 阮元校刻《十三经注疏》，中华书局影印，1980 年版，第 452 页。
② 皮锡瑞《经学历史》，周予同注释，中华书局 1981 年版，第 202 页。

中央还设有崇文馆和弘文馆,这“二馆”的主要功能是研究教授儒家经典以及收藏、校理书籍,可谓是一个融教育、收藏、整理三位一体的场所。同时在地方上,各府、州、县还分别设有府学、州学、县学,地方学校主要都是传授儒家经典。① 这样一来,就形成了遍及全国上下的教育机构网络。这些上上下下的官学机构,主要任务就是以教授传播儒家经典为主导,通过科举考试,为国家培养输送各级官吏。

唐高宗永徽四年“三月壬子朔,颁孔颖达《五经正义》于天下,每年明经令依此考试”②。自此,《五经正义》遂成为唐代士人踏入仕途必须要学习的教科书。皮锡瑞在其《经学历史》中,就多次强调了《五经正义》在科举考试中的权威性:

> 永徽四年,颁孔颖达《五经正义》于天下,每年明经依此考试。自唐至宋,明经取士,皆遵此本。③

> 自《正义》、《定本》颁之国胄,用以取士,天下奉为圭臬。唐至宋初数百年,士子皆谨守官书,莫敢异议矣。故论经学,为统一最久时代。④

唐代科举考试制度所设立的常科有六类:“凡举试之制,每岁仲冬,率与计偕。其科有六:一曰秀才(试方略策五条。此科取人稍峻,贞观已后遂绝),二曰明经,三曰进士,四曰明法,五曰书,六曰算。凡此六科,求人之本,必取精究理实,而升为第。其有博综兼学,须加甄奖,不得限以常科。”⑤其中秀才科“有唐已来无其人”⑥,书学、算学、律学则都是选拔专门人才,所以,六科中最受士人重视的就是明经和进士两科,而这两科都要考试经文。

按照规定,唐代“明经各试所习业,文、注精熟,辨明义理,然后为通。正经有九:《礼记》、《左传》为大经,《毛诗》、《周礼》、《仪礼》为中经,《周易》、《尚书》、《公羊》、《穀梁》为小经。通二经者,一大一小,若两中经;通三经者,大、小、中各一;通五经者,大经并通。”⑦可见,明经科考试的内容完全属于经

---

① 参见兰翠《从唐人墓碑文看士女风尚及社会教化》,《齐鲁学刊》2007 年第 4 期。
② 《旧唐书》卷四,中华书局 1975 年版,第 71 页。
③ 皮锡瑞《经学历史》,周予同注释,中华书局 1981 年版,第 198 页。
④ 同上书,第 207 页。
⑤ 《旧唐书》卷四十三,第 1829 页。
⑥ 《旧唐书》卷四十二,第 1804 页。又《旧唐书》卷一百九十上:“张昌龄,冀州南宫人。弱冠以文词知名。本州欲以秀才举之,昌龄以时废此科已久,固辞。乃充进士贡举及第。”第 4995 页。
⑦ 李林甫《唐六典》,陈仲父校点,中华书局 1992 年版,第 45 页。

学范围。进士科在考试杂文和时务策之外,也要"帖一小经"①,并且是经、注兼帖。同时,弘文馆和崇文馆的诸生"各依所习业随明经、进士例"②。据《新唐书·选举志》记载:"凡弘文、崇文生,试一大经、一小经,或二中经,或《史记》、《前后汉书》、《三国志》各一,或时务策五道。经史皆试策十道。经通六,史及时务策通三,皆帖《孝经》、《论语》共十条通六,为第。"③

明经和进士科作为唐代选拔高级人才的主要科目,都以习经为必考内容。而比较这两类考试,虽然是"大抵众科之目,进士尤为贵"④,但是从录取人数看,明经科每年要比进士科多出好几倍。"一般情况下无论诸州上贡或礼部录取,都规定数字,明经的人数总要比进士多。如武宗会昌五年(845),规定国子监可送明经三百人,进士只三十人。""明经从所取人数说不仅比进士多,而且在中唐以前,在官位的升迁速度上,有时也并不在进士之下。"⑤因此,明经科又比进士科更容易为广大士子所接受,每年参加考试的人数为最多。

明经考试要求士人精熟儒家经典及其注疏,由于唐代当时的印刷条件还十分有限,恐怕多数"唐朝读书人念书,就只有靠手抄"。"经书既以抄写流传,文字就难免会有异同,甚至错误,而明经试又是要求背诵经书的文字,不许有差错,这就需要有经过校正的由官方颁发的统一的文本。孔颖达的《五经正义》就是根据这一需要而产生的。"⑥傅璇琮的这一分析,很客观也很有见地。可以想见,有贯通中央和地方的官学体制的依托和保障,又借助科举考试这一只有力而巨大的推手,成千上万的士子将年复一年日复一日地抄写、记诵《五经正义》的精义,这其中自然也包括被"正义"引用的《孟子》内容。因此,依托于《五经正义》在官学中的权威地位,孟子思想的传播就成为必然。

其次,《五经正义》借助发达的私学推动了孟子思想在民间层面的传播。唐代的官学制度尽管很完善,但是还远远"不能满足对社会成员普及教育的要求,实际上靠官学接受教育的范围是很小的部分,因为这些教育机构的入学条件很高,如'二馆'的学生限于皇亲贵戚和高官功臣的子弟,太学的学生限于五品以上官员的子孙等。因此作为对官学的一种补充,私学,包括乡间

---

① 《唐六典》与《新唐书》说法不一,《新唐书》卷四十四,进士科为"贴一大经"。
② 李林甫《唐六典》,陈仲父校点,中华书局 1992 年版,第 44 页。
③ 《新唐书》卷四十四,中华书局 1975 年版,第 1162 页。
④ 同上书,第 166 页。
⑤ 傅璇琮《唐代科举与文学》,陕西人民出版社 1986 年版,第 124 页。
⑥ 同上书,第 122 页。

私塾、族学与家教等，就成为一股不可忽视的支撑社会教化的力量”①。在唐代形式多样的私学教育中，《五经正义》的广泛传播不仅仅是围绕着“学而优则仕”这一科考指挥棒转，它对唐代全社会普及文化知识也有较大的促动功能。葛兆光在其《中国思想史》中对于《五经正义》等的注疏功用评价得十分精当：

> 至于注疏，由于它是对经典的解释，无疑象征着对最具权威的知识与思想的理解，在古代中国，经典不仅意味着主流的思想，而且还是普遍的知识。大凡受教育的人都首先接受着这种经典的教育，他们的知识最初就是从这里开始，多识草木鱼虫之名和懂得忠孝礼智之义，是童蒙之学，也是注疏的目的，也是大部分古代文化人的知识和思想的底色。注疏给从小学习它的人们提供了相当丰富的知识与思想，也借用经典的权威，无形中规定了知识与思想合理的边界。②

《五经正义》的编者们选择了前人较好的经学注本，对前代繁杂的注释进行统一整理，并引用了大量的文献资料，对传、注的难解之处加以详细地疏通解释，这些疏解包含了丰富的政治、经济、思想、文化等方面的内容和知识，是对汉代以来经学著作较全面的一次总结，为唐人研读经书提供了极大的方便。人们不仅是为了科举考试寻求定解而重视它，也可以为了“多识草木鱼虫之名和懂得忠孝礼智之义”而重视它。在唐代，那些自少小就熟通“五经”的童蒙教育已成为全社会的一种崇尚。如《旧唐书·郭承嘏传》称道郭承嘏：

> 生而秀异，乳保之年，即好笔砚。比及成童，能通《五经》。元和四年，礼部侍郎张弘清知其才，擢升进士第。③

《旧唐书·辛秘传》赞扬辛秘：

> 少嗜学。贞元年中，累登五经、开元礼科。④

---

① 兰翠《从唐人墓碑文看士女风尚及社会教化》，《齐鲁学刊》2007 年第 4 期。

② 葛兆光《中国思想史》第 1 卷，复旦大学出版社 2001 年版，第 451 页。

③ 《旧唐书》卷一百六十五，中华书局 1975 年版，第 4319 页。

④ 《旧唐书》卷一百五十七，第 4150 页。

《旧唐书·韦处厚传》夸美韦处厚：

幼有至性，事继母以孝闻。居父母忧，庐于墓次。既免丧，游长安。通《五经》，博览史籍，而文思赡逸。元和初，登进士第。①

正是因为人们重视了像此类在幼年儿童时期就精通《五经》的童蒙教育，所以，在唐代我们才可以随处见到因年少通五经而成功的人士。如《唐才子传·李峤传》载："峤字巨山，赵州人。十五通五经，二十擢进士，累迁为监察御史。"②被称为"谪仙人"的李白，虽然没有走科举之路，但是他也"十岁通五经，自梦笔头生花，后天才赡逸"③，名闻天下。那些年龄很小就以明经及第的士人，更是这种受到《五经》童蒙教育的成功榜样：

《旧唐书·徐浩传》载：

徐浩字季海，越州人。父峤，官至洛州刺史。浩少举明经，工草隶，以文学为张说所器重，调授鲁山主簿。④

《新唐书·元稹传》载：

元稹字微之，河南河内人。六代祖岩，为隋兵部尚书。稹幼孤，母郑贤而文，亲授书传。九岁工属文，十五擢明经，判入等，补校书郎。⑤

《新唐书·张志和传》载：

张志和字子同，婺州金华人。……十六擢明经，以策干肃宗，特见赏重，命待诏翰林，授左金吾卫录事参军，因赐名。⑥

我们知道，能载入史册的人固然是少数，但是，上述记载却能反映出唐代学子们习经的普遍现象。他们这些少小年龄就因为学习"五经"而成功的个

---

① 《旧唐书》卷一百五十九，中华书局1975年版，第4182页。

② 《唐才子传》卷一，傅璇琮校笺，中华书局1987年版，第119页。

③ 《唐才子传》卷二，第380页。

④ 《旧唐书》卷一百三十七，第3759页。又据徐松《登科记考》记载，徐浩十五岁明经及第。参见傅璇琮《唐代科举与文学》，陕西人民出版社1986年版，第123页。

⑤ 《新唐书》卷一百七十四，中华书局1975年版，第5223页。

⑥ 《新唐书》卷一百九十六，第5608页。

例,也能成为其他人的榜样,进而潜移默化地影响着社会群体的价值观念和行为方式,这对于当时社会形成良好的习经文化氛围,将会起到十分积极的促进和带动作用。

唐代社会对儿童开始的《五经》童蒙教育,有相当一部分是由母亲们来完成的。唐代社会所崇尚的女性典范标准,除了"称道女子们相夫宜家的恭敬、敦睦、和惠、孝悌等妇德外,一反'女子无才便是德'的传统观念,更加倡导女子的才学"。因此,"唐代私学中母仪母教是很被重视的。从一个人的成长过程看,母亲是人生的第一位老师,她的品德教养、言行举止对孩子的熏陶化育影响最大。钱穆《略论魏晋南北朝学术文化与当时门第之关系》一文就从门第观念强调了母亲教育的重要性:'女子教育不同,则家风门规颇难维持。此正当时门第所重,则慎重婚配,亦理所宜。'在一定程度上,可以说母亲所具备的良好品格与学养,是承绪家学,光大门楣的重要条件"。①

上述元稹的母亲郑氏对他"亲授书传"的教育就是比较典型的,类似现象,在唐史中也有不少记载。如盛唐时期,士人薛播的伯母济南林氏,博涉《五经》,颇有才学,在其丈夫去世后,独自承担起教育薛家子弟的责任,并且,她的家庭教育效果十分显著,在开元至天宝中的二十年间,薛家一族子弟中,有七人皆考中进士,是历史上最为流传的母教佳话:

> 薛播,河中宝鼎人,中书舍人文思曾孙也。父元晖,什邡令,以播赠工部郎中。播,天宝中举进士,补校书郎,累授万年县丞、武功令、殿中侍御史、刑部员外郎、万年令。
>
> 初,播伯父元暖终于隰城丞,其妻济南林氏,丹阳太守洋之妹,有母仪令德,博涉《五经》,善属文,所为篇章,时人多讽咏之。元暖卒后,其子彦辅、彦国、彦伟、彦云及播兄据、揔并早孤幼,悉为林氏所训导,以至成立,咸致文学之名。开元、天宝中二十年间,彦辅、据等七人并举进士,连中科名,衣冠荣之。②

又如,卒于贞元年间的河南少尹清河崔徵的夫人卢氏,知书达理,成为女子的楷模。她"阅《诗》《易》之义,以修所职。妇仪母训,垂五十年,不一日违仁,不须臾忘礼"③。朗州员外司户薛君之妻崔氏,"三岁知让,五岁知戒,七

① 兰翠《从唐人墓碑文看士女风尚及社会教化》,《齐鲁学刊》2007 年第 4 期。
② 《旧唐书》卷一百四十六,中华书局 1975 年版,第 3955 页。
③ 穆员《崔少尹夫人卢氏墓志铭》,《全唐文》卷七百八十五,中华书局 1983 年版,第 8216 页。

岁能女事。善笔札,读书通古今,其暇则鸣弦桐讽诗骚以为娱。始简以文雅清秀重于当世”①。柳宗元的母亲也是一位才女,她也善于教育子女,“旧史及诸子书,夫人闻而尽知之无遗者”,“以诗礼图史及剪制缕结授诸女,及长,皆为名妇”。② 像这样的一些才女母亲们在家庭中对子女进行的经学教育,不仅对官学教育是一个很好的补充,更有利于带动全社会形成一种学习经典的风气,而在这种习经的过程中,对当时像《孟子》一类非经典的文化知识的传播和普及无疑是有积极帮助的。

再次,《五经正义》颁布后,带动起唐人对经学著作的注释风气,也促动了孟子地位的提升。《五经正义》被朝廷定为科考统一教科书后,对唐代社会普及经学的教育作用是不可低估的。尽管在这一过程中,不乏有人把它作为追求功名利禄的敲门砖,甚至有一些轻浮之徒借此邀宠,如《新唐书·宦者上》记载“(鱼)朝恩好引轻浮后生处门下,讲《五经》大义,作文章,谓才兼文武,徼伺误宠”③。但从另一方面来看,在这些不纯的动机支配之下,唐代士人努力学习经典的客观社会效应却得以达成了。

《五经正义》在科考中的这种权威一统性,固然使“五经”得到了空前的普及,却也成为不少学者批评唐代经学衰微的依据,他们认为恰恰是这样的一统专制,窒息了唐代经学研究的学术发展。“如文廷式认为:‘唐人以诗赋为重,故《五经正义》既定,而经学遂荒,一代谈经之人,寥寥可数。’又谢无量《中国哲学史》、冯友兰《中国哲学史》、侯外庐《中国思想通史》、萧公权《中国政治思想史》等近现代富有影响的著作,在描述这一段思想史时,基本都是从隋代的王通跳到中唐的韩愈,中间加上一段隋唐佛教史。”④张国刚在《略论唐代学术史的时代特征》一文中也认为:“《五经正义》作为经学定于一统的标志,在唐代官私学校里被读书人奉为圭臬,逐渐成为限制读书人思考的桎梏。因此《五经正义》之后的唐经学,总体说来处于衰颓的过程中,研治经学而且学有所成的学者寥若晨星。”但是他同时也肯定了“有一些有识之士对儒家经传注疏提出怀疑。唐代中后期逐渐形成了一股试图挑战官方经学的思潮,其中以啖、赵、陆的《春秋》学最具影响力和代表性”。⑤

在笔者看来,唐代的经学发展远不是这样一言以蔽之的现状。事实上,在任何时代专注于学术研究的毕竟都是少数人的事业。尽管《五经正义》在

---

① 柳宗元《朗州员外司户薛君妻崔氏墓志》,《全唐文》卷五百八十九,中华书局 1983 年版,第 5951 页。

② 参见兰翠《从唐人墓碑文看士女风尚及社会教化》,《齐鲁学刊》2007 年第 4 期。

③ 《新唐书》卷二百七十,中华书局 1975 年版,第 5864 页。

④ 何诗海《唐代经学与文章之学》,《浙江学刊》2009 年第 1 期。

⑤ 张国刚《略论唐代学术史的时代特征》,《史学月刊》2003 年第 6 期。

唐代的科考领域具有权威性，但是，也有不少学者并不囿于它对经学的解释，而是敢于作出自己的解读。以下主要依据新、旧《唐书》等文献的著录，对《五经正义》颁布以后出现的唐人重要经学著述或研究稍做梳理，由此我们可以比较直观地浏览一下唐代经学家们的建树与成就。

1. 武后长安三年（703），王元感完成并向朝廷进献所著述的《尚书纠缪》十卷，《孝经》注一卷，《春秋振滞》二十卷，《礼记绳愆》三十卷。《旧唐书·王元感传》："王元感……天授中，稍迁左卫率府录事，兼直弘文馆。是后则天亲祠南郊及享明堂，封嵩岳，元感皆受诏共诸儒撰定仪注，凡所立议，众咸推服之。转四门博士，仍直弘文馆。元感时虽年老，犹能烛下看书，通宵不寐。长安三年，表上其所撰《尚书纠谬》十卷、《春秋振滞》二十卷、《礼记绳愆》三十卷，并所注《孝经》、《史记》稿草。"①《新唐书·王元感传》也有相关记载。《新唐书·艺文志一》卷五十七著录。

2. 睿宗太极元年（712），褚无量讲《孝经》《礼记》。《旧唐书·褚无量传》："太极元年，皇太子国学亲释奠，令无量讲《孝经》、《礼记》，各随端立义，博而且辩，观者叹服焉。既毕，进授银青光禄大夫，兼赐以章服，并彩绢百段。"②

3. 玄宗开元初年，康子元治《易经》。《新唐书·康子元传》："康子元，越州会稽人。仕历献陵令。开元初，诏中书令张说举能治《易》、《老》、《庄》者，集贤直学士侯行果荐子元及平阳敬会真于说，说藉以闻，并赐衣币，得侍读。子元擢累秘书少监，会真四门博士，俄皆兼集贤侍讲学士。"③

4. 玄宗开元初年，刘知幾治《孝经》。《新唐书·刘知幾传》："开元初，迁左散骑常侍。尝议《孝经》郑氏学非康成注，举十二条左证其谬，当以古文为正；《易》无子夏传，《老子》书无河上公注，请存王弼学。宰相宋璟等不然其论，奏与诸儒质辩。"④另《唐会要》卷七十七《贡举下》："其年四月七日，左庶子刘子幺上《孝经注议》。"⑤

5. 开元十年（722），玄宗注《孝经》，颁于天下。《旧唐书·玄宗本纪》："六月辛丑，上训注《孝经》，颁于天下。"⑥又《新唐书·元行冲传》："玄宗自注《孝经》，诏行冲为疏，立于学官。"⑦

---

① 《旧唐书》卷一百八十九下，中华书局1975年版，第4963页。
② 《旧唐书》卷一百二十，第3167页。
③ 《新唐书》卷二百，中华书局1975年版，第5701页。
④ 《新唐书》卷一百三十二，第4522页。
⑤ 《唐会要》卷七十七，中华书局1975年版，第1406页。
⑥ 《旧唐书》卷八，第183页。
⑦ 《新唐书》卷二百，第5691页。

6. 玄宗开元初年,元行冲撰《孝经疏》三卷,《旧唐书》卷四十六《经籍志上》著录。元行冲等奉诏撰《类礼义疏》。《新唐书·元行冲传》:"初,魏光乘请用魏徵《类礼》列于经,帝命行冲与诸儒集义作疏,将立之学,乃引国子博士范行恭、四门助教施敬本采获刊缀为五十篇,上于官。于是右丞相张说建言:'戴圣所录,向已千载,与经并立,不可罢。魏孙炎始因旧书擿类相比,有如钞掇,诸儒共非之。至征更加整次,乃为训注,恐不可用。'帝然之,书留中不出。行冲意诸儒间己,因著论自辩,名曰《释疑》。"①

7. 玄宗开元十五年(727),僧一行撰《周易论》。《旧唐书·僧一行传》:"僧一行,姓张氏,先名遂,魏州昌乐人,襄州都督、郯国公公谨之孙也。父擅,武功令。一行少聪敏,博览经史,尤精历象、阴阳、五行之学。……一行尤明著述,撰《大衍论》三卷,《摄调伏藏》十卷,《天一太一经》及《太一局遁甲经》、《释氏系录》各一卷。时《麟德历经》推步渐疏,敕一行考前代诸家历法,改撰新历,又令率府长史梁令瓒等与工人创造黄道游仪,以考七曜行度,互相证明。于是一行推《周易》大衍之数,立衍以应之,改撰《开元大衍历经》。至十五年卒,年四十五,赐谥曰大慧禅师。"②《新唐书》卷五十七《艺文志一》著录。

8. 玄宗开元二十年(732),萧嵩等奏上《开元新礼》。《旧唐书·玄宗本纪》:"九月乙巳,中书令萧嵩等奏上《开元新礼》一百五十卷,制所司行用之。"③又《旧唐书·礼仪志一》:"十四年,通事舍人王嵒上疏,请改撰《礼记》,削去旧文,而以今事编之。诏付集贤院学士详议。右丞相张说奏曰:'《礼记》汉朝所编,遂为历代不刊之典。今去圣久远,恐难改易。今之五礼仪注,贞观、显庆两度所修,前后颇有不同,其中或未折衷。望与学士等更讨论古今,删改行用。'制从之。初令学士右散骑常侍徐坚及左拾遗李锐、太常博士施敬本等检撰,历年不就。说卒后,萧嵩代为集贤院学士,始奏起居舍人王仲丘撰成一百五十卷,名曰《大唐开元礼》。二十年九月,颁所司行用焉。"④

9. 玄宗开元末年,尹愔撰《诸经义枢》。《新唐书·尹愔传》:"尹愔,秦州天水人。父思贞,字季弱。明《春秋》,擢高第。尝受学于国子博士王道珪,称之曰:'吾门人多矣,尹子叵测也。'以亲丧哀毁。除丧,不仕。左右史张说、尹元凯荐为国子大成,每释奠,讲辨三教,听者皆得所未闻。迁四门助

---

① 《新唐书》卷二百,中华书局 1975 年版,第 5691 页。
② 《旧唐书》卷一百九十一,中华书局 1975 年版,第 5111 页。
③ 《旧唐书》卷八,第 186 页。
④ 《旧唐书》卷二十一,第 818 页。

教,撰《诸经义枢》、《续史记》皆未就。”①

10. 东乡助撰《周易物象释疑》一卷,《新唐书·艺文志一》著录。

11. 郭京撰《周易举正》,《全唐文》卷九百二郭京《周易举正序》:“我唐御注《孝经》,删定月令,盖为前儒用意,未及精研。后汉太学刊石,撰集《说文》,虑其日月浸深,转写讹谬。京也历代传授,五经为业,其于《易》道,讨核偏深,曾得王辅嗣、韩康伯手写注定传授真本读诵。比校今世流行本及国学乡贡学人等本,或将经入注,用注作经。《小象》中间以下句反居其上,爻辞注内移后义却处于前。又兼有脱漏,两字颠倒,谬误增省,义理不通。今并依定本举正其谬,仍于谬误之处,以朱书异之。希好事君子,志学通儒,详而观之。则经注通流,雅郑不紊。都计一部中差谬处总一百三节,列为一部,具述讹舛。因目为《周易举正》,分为上中下三卷,传诸志学者云。”②

12. 陆善经注《孟子》,《新唐书·艺文志三》著录。

13. 李含光撰《老子庄子周易学记》,《新唐书·艺文志三》著录。

14. 徐浩撰《广孝经》十卷,《新唐书·艺文志一》著录。

15. 玄宗天宝年间,啖助集三《传》释《春秋》。《新唐书·啖助传》:“啖助字叔佐,赵州人,后徙关中。淹该经术。天宝末,调临海尉、丹杨主簿……善为《春秋》,考三家短长,缝绽漏阙,号《集传》,凡十年乃成,复摄其纲条,为例统。”③

16. 李鼎祚撰《周易集解》,《新唐书·艺文志一》著录。

17. 张参撰《五经文字》,《新唐书·艺文志一》著录。

18. 德宗建中元年(780),张镒撰《五经微旨》《孟子音义》,《旧唐书·张镒传》:“撰《三礼图》九卷、《五经微旨》十四卷、《孟子音义》三卷。”④

19. 崔良佐著《尚书演范》《周易忘象》《三国春秋》,《新唐书·艺文志一》《艺文志二》著录。

20. 成伯玙撰《毛诗指说》一卷、《礼记外传》四卷、《毛诗断章》二卷,《新唐书·艺文志一》著录。成伯玙又作成伯瑜,《全唐文》卷四百二记“伯瑜开元时人”,录成伯瑜《经义考》一文。⑤

21. 代宗大历年间,啖助、蔡广成、施士匄等治《春秋》《周易》《诗经》等,《新唐书·啖助传》:“大历时,助、匡、质以《春秋》,施士匄以《诗》,仲子陵、袁

---

① 《新唐书》卷二百,中华书局1975年版,第5703页。
② 郭京《周易举正序》,《全唐文》卷九百二十,中华书局1983年版,第9417页。
③ 《新唐书》卷二百,第5705页。
④ 《旧唐书》卷一百二十五,中华书局1975年版,第3546页。
⑤ 成伯瑜《经义考》,《全唐文》卷四百二十,第4114页。

彝、韦彤、韦茝以《礼》，蔡广成以《易》，强蒙以《论语》，皆自名其学，而士匄、子陵最卓异。”“士匄，吴人，兼善《左氏春秋》，以二经教授。”①

22. 德宗贞元年间，陆贽撰《集注春秋》，《旧唐书·陆质传》：“陆质，吴郡人，本名淳，避宪宗名改之。质有经学，尤深于《春秋》，少师事赵匡，匡师啖助。助、匡皆为异儒，颇传其学，由是知名。陈少游镇扬州，爱其才，辟为从事。后荐于朝，拜左拾遗。转太常博士，累迁左司郎中，坐细故，改国子博士，历信、台二州刺史。顺宗即位，质素与韦执谊善，由是征为给事中、皇太子侍读，仍改赐名质。……质著《集注春秋》二十卷，《类礼》二十卷，《君臣图翼》二十五卷，并行于代。贞元二十一年卒。”②

陆贽撰《春秋集传纂例》《春秋微旨》《春秋集传辨疑》，《新唐书·艺文志一》著录。

23. 冯伉撰《三传异同》三卷，《新唐书·艺文志一》著录。

24. 高定撰《周易外传》二十二卷，《新唐书·艺文志一》著录。

25. 李吉甫注《一行易》，《新唐书·艺文志一》著录。

26. 韦表微撰《春秋三传总例》，《新唐书·艺文志一》著录。

27. 刘轲撰《翼孟》，《宋史·艺文志七》著录。刘轲撰《三传指要》，《新唐书·艺文志一》著录。

28. 韦处厚、路随撰《六经法言》，《新唐书·艺文志三》著录。

29. 韩愈、李翱注《孟子》，《宋史·艺文志四》著录：“《四注孟子》十四卷（扬雄、韩愈、李翱、熙时子四家注）。”

30. 樊宗师撰《春秋集传》十五卷。《新唐书·艺文志一》著录。

31. 高重撰《经传要略》十卷。《新唐书·艺文志一》著录。

32. 韦顗著《易蕴解》，《旧唐书·韦见素传附韦顗传》：“益子顗，字周仁，生一岁而孤，事姊称为恭孝。性嗜学，尤精阴阳、象纬、经略、风俗之书。善持论，有清誉。……著《易蕴解》，推演潜亢终始之义，甚有奥旨。宝历元年七月卒，赠礼部尚书。”③

33. 文宗太和元年（827），徐郿撰《周易新义》，《唐会要·修撰》：“太和元年六月，国子直讲徐郿，上《周易新义》三卷。”④

34. 丁公著《孟子手音》一卷，《宋史·艺文志四》著录。

---

① 《新唐书》卷二百，中华书局 1975 年版，第 5707 页。
② 《旧唐书》卷一百八十九下，中华书局 1975 年版，第 4977 页。
③ 《旧唐书》卷一百零八，第 3278 页。
④ 《唐会要》卷三十六，中华书局 1955 年版，第 662 页。

35. 许康佐等集《左氏传》三十卷，一作文宗御集，《新唐书·艺文志一》著录。

36. 卢仝撰《春秋摘微》，《宋史·艺文志一》著录。

37. 唐玄度纂录《新加九经字样》，《新唐书·艺文志一》著录。

38. 卢行超撰《易义》，《新唐书·艺文志一》著录。

39. 裴安时撰《左氏释疑》，《新唐书·艺文志一》著录。

40. 林慎思撰《续孟子》，《宋史·艺文志四》著录。

41. 懿宗咸通年间，皮日休撰《春秋决疑十篇》，《全唐文》卷七百九十九著录。皮日休《文薮序》："咸通丙戌中，日休射策不上第，退归州来别墅，编次其文，复将贡于有司。登箧丛萃，繁如薮泽，因名其书曰'文薮'焉。……文贵穷理，理贵原情。作《十原》。大乐既亡，至音不嗣，作《补周礼九夏歌》。两汉庸儒，贱我《左氏》，作《春秋决疑》。"①

42. 陆希声撰《周易传》《春秋通例》，《新唐书·艺文志一》著录。

43. 陈岳撰《春秋折衷论》，《新唐书·艺文志一》著录。

以上列举的这些唐人经学著作，皆产生于《五经正义》颁布之后，虽然这仅仅是其中的一部分，还不够全面，然而我们依然可以看出唐代士人对经学所做出的不懈努力与贡献。学术界之所以认为《五经正义》的一统天下造成了唐代经学学术研究的不发达，一方面在于，客观上唐代经学家的一些著作影响不是很大，有些还遗失未存；另一方面在于，评价者常被《五经正义》的巨大影响遮蔽视野，在主观上忽略了唐代其他经学家的成就。我们可以相信，这些经学著作的产生，在很大程度上是源于对《五经正义》释经的反动，换言之，恰好是因为《五经正义》的一统局面促成了这些被视为"异端"的经学成果的不断出现。由此，就《五经正义》的编撰与颁布对唐代孟子地位的提升作用来说，如果把它对《孟子》内容的引述看作是从正面带动了孟子思想广泛传布的话，那么，这些敢于突破权威的士人对经学的诸多诠释成果，则是从侧面促动了孟子逐渐进入唐代士人的视野，引起他们的学术关注。所以，我们有理由断定，《孟子》由经学的附加产品，而逐渐升格为经典，《五经正义》的权威地位和广泛传播是功不可没的。

---

① 《全唐文》卷七百九十六，中华书局 1983 年版，第 8352 页。

附1 《五经正义》征引《孟子》一览表

书名	卷数 页码	引《孟子》内容	《孟子》文本章节	征引目的
《周易正义》	卷九 第95页	孟子:吾君不游,吾何以休? 吾君不豫,吾何以助? 此之谓也。	《梁惠王下》	训诂
《尚书正义》	卷二 第123页	《孟子》说象与父母共谋杀舜,是"傲慢不友"。按《孟子》及《史记》称瞽瞍纵火焚廪,舜以雨笠自扞而下;以土实井,舜从旁空井出;象与父母共分财物。舜之大孝,升闻天朝。	《万章上》	考证古史
	卷三 第127页	《孟子》称晏子对齐景公云:"天子适诸侯曰巡守。巡守者,巡所守也。"	《梁惠王下》	训诂
	卷三 第130页	《孟子》云:"尧崩,三年丧毕,舜避丹朱于南河之南。天下诸侯朝觐者不之尧子而之舜,狱讼者不之尧子而之舜,讴歌者不之尧子而讴歌舜。曰:'天也。'然后之中国践天子位。"	《万章上》	考证古史
	卷三 第132页	《孟子》云,舜服尧三年丧毕,避尧之子,故"服丧三年"。 《孟子》云:"舜荐禹于天子,十有七年。"	《万章上》	考证古史
	卷四 第134页	《孟子》称"舜荐禹于天,十有七年",则禹摄一十七年。	《万章上》	考证古史
	卷四 第137页	《孟子》曰:"怨慕也。长息问于公明高曰:'舜往于田,则予既闻命矣,号泣于旻天及父母,即吾不知矣。'公明高曰:'非尔所知也。'我竭力耕田,供为子职而已,父母不爱我,何哉? 大孝终身慕父母,五十而慕者,予于大舜见之矣。"	《万章上》	考证古史(史评)
	卷四 第137页	言"能以至诚感顽父"者,言感使当时暂以顺耳,不能使每事信顺,变为善人。故《孟子》说舜既被尧征用,尧妻之以二女,瞽瞍犹与象欲谋杀舜而分其财物,是下愚之性,终不可改。但舜善养之,使不至于奸恶而已。	《万章上》	考证古史
	卷五 第143页	《孟子》称禹治水,三过其门而不入。	《滕文公上》	考证古史

（续表）

书名	卷数 页码	引《孟子》内容	《孟子》文本章节	征引目的
《尚书正义》	卷六 第146页	《孟子》曰，禹三过门不入。	《滕文公上》	考证古史
	卷六 第146页	《孟子》称税什一为正；轻之于尧舜，为大貊小貊；重之于尧舜，为大桀小桀。	《告子下》	考古税制
	卷七 第155页	《孟子》称，禹荐益于天，七年，禹崩之后，益避启于箕山之阴，天下诸侯不归益而归启，曰："吾君之子也。"启遂即天子位。	《万章上》	考证古史
	卷七 第157页	《孟子》称舜弟象见舜云："思君正郁陶。""郁陶"，精神愤结积聚之意，故为哀思也。	《万章上》	训诂
	卷七 第159页	《孟子》称汤居亳，与葛为邻，葛伯不祀，汤使亳众为之耕。葛即今梁国宁陵之葛乡也。若汤居偃师，去宁陵八百余里，岂当使民为之耕乎？亳今梁国穀熟县是也。	《滕文公下》	考证古地
	卷七 第159页	《孟子》云："汤居亳，与葛为邻。葛伯不祀，汤使人问之曰：'何为不祀？'曰：'无以供牺牲也。'汤使遗之牛羊。葛伯食之，又不祀。汤又使人问之曰：'何为不祀？'曰：'无以供粢盛也。'汤使亳往为之耕，老弱馈食。葛伯率其人，要其酒食黍稻者，劫而夺之，不授者杀之。有童子以黍肉饷，杀而夺之。《书》曰：'葛伯仇饷。'此之谓也。"	《滕文公下》	考证古史
	卷八 第160页	郑玄云："鸣条，南夷地名。《孟子》云舜卒于鸣条，东夷之地，或云陈留平丘县今有鸣条亭是也。"	《离娄下》	考证古地
	卷八 第160—161页	郑玄等注此序，乃在《汤誓》之上，若在作誓之前，不得云"既胜夏"也。《孟子》曰："牺牲既成，粢盛既洁，祭祀以时，然而旱干水溢，则变置社稷。"郑玄因此乃云："汤伐桀之时，大旱，既置其礼祀，明德以荐而犹旱，至七年，故更置社稷。"	《尽心下》	考证古史

（续表）

书名	卷数 页码	引《孟子》内容	《孟子》文本章节	征引目的
《尚书正义》	卷八 第161页	《孟子》称汤使亳众往为之耕，有童子以黍肉饷，葛伯夺而杀之。则葛伯所杀，杀亳人也。传言“葛伯游行，见农人之饷于田者，杀其人而夺其饷，故谓之仇饷”，乃似葛伯自杀己人，与《孟子》违者，汤之征葛，以人之枉死而为之报耳，不为亳人乃报之，非亳人则赦之，故传指言杀饷，不辨死者何人。亳人、葛人，义无以异，故不复言“亳”，非是故违《孟子》。	《滕文公下》	考证古史
	卷八 第162页	《孟子》云：“伯夷圣人之清者也，伊尹圣人之任者也，柳下惠圣人之和者也，孔子圣人之时者也。”是谓伊尹为圣人者也。	《万章下》	考证古史（史评）
	卷八 第165页	《孟子》云：“有伊尹之志则可，无伊尹之志则篡。”	《尽心上》	考证古史（史评）
	卷十一 第180页	《孟子》引《泰誓》曰：“我武惟扬，侵于之疆，取彼凶残，我伐用张，于汤有光。”	《滕文公下》	考证《泰誓》原文
	卷十一 第185页	《孟子》云：“信《书》不如无《书》，吾于《武成》取二三策而已。仁者无敌于天下，以至仁伐不仁，如何其血流漂杵也？”	《尽心下》	考证史实
	卷十一 第185页	《孟子》曰：“北宫锜问于孟子曰：‘周之班爵禄如何？’孟子曰：‘其详不可得闻矣，尝闻其略。天子之制，地方千里，公侯方百里，伯七十里，子男五十里也。’”	《万章下》	考证古制
	卷十三 第197页	传既言周公摄政，乃云“其弟管叔”，盖以管叔为周公之弟。《孟子》曰：“周公，弟也。管叔，兄也。”《史记》亦以管叔为周公之兄。孔似不用《孟子》之说，或可孔以“其弟”谓武王之弟，与《史记》亦不违也。	《公孙丑下》	考证古史

（续表）

书名	卷数 页码	引《孟子》内容	《孟子》文本章节	征引目的
《尚书正义》	卷十九 第 245 页	《孟子》云，“方里为井，井九百亩”，使民“死徙无出乡，乡田同井，出入相友，守望相助，疾病相扶持，则百姓亲睦”。然则先王制之为井田也，欲使民相亲爱，生相佐助，死相殡葬。不循道教之常者，其人不可亲近，与善民杂居，或染善为恶，故殊其井田居界，令民不与来往。犹今下民有大罪过不肯服者，则摈出族党之外，吉凶不与交通，此之义也。	《滕文公上》	考证古制
《毛诗正义》 《诗谱序》	第 264 页	《孟子》云：文王以百里而王，则周、召之地，共方百里，而皆名曰周，其召是周内之别名也。	《公孙丑上》	考古地名
	卷一 第 284 页	良人，谓夫也。……《孟子》曰：“吾将瞯良人所之。”	《离娄下》	训诂
《毛诗正义》	卷二 第 296 页	此皆《金縢》之文，唯“见周公将摄政”一句非耳。彼注云：管，国名。叔，字。周公兄，武王弟，封于管。群弟，蔡叔、霍叔。武王崩，周公免丧，欲居摄。小人不知天命而非之，故流“公将不利于孺子”之言于京师。孺子，谓成王也。知管叔“周公之兄”者，《孟子》文也。	《公孙丑下》	考证古史
	卷三 第 328 页	《孔丛》云：孔子读《诗》，自二《南》至于小雅，喟然叹曰：“吾于二《南》，见周道之所成。……于《木瓜》，见苞苴之礼行。于《缁衣》，见好贤之至。”是也。传于篇末乃言之者，以《孔丛》所言，总论一篇之事，故篇终言之。《小弁》之引《孟子》亦然。	《告子下》	引证释义

（续表）

书名	卷数 页码	引《孟子》内容	《孟子》文本章节	征引目的
《毛诗正义》	卷五 第353页	言人君有美德，以下言百姓所以悦君之意。孟子谓齐宣王曰："今王田猎于此，百姓闻王车马之音，见羽旄之美，举疾首蹙额而相告曰：'吾王好田猎，夫何使我至于此极也？父子不相见，兄弟妻子离散。'此无他，不与民同乐也。今王田猎于此，百姓闻王车马之音，见羽旄之美，举欣欣然有喜色而相告曰：'吾王庶几无疾病与，何能田猎也？'此无他，与民同乐也。"则百姓悦之也。	《梁惠王下》	引证释义
	卷五 第358页	魏君薄于公税，乃是人君美事，而刺之者，公家税民有常，不得过度，故《孟子》曰："欲轻之于尧舜，大貉小貉；欲重之于尧舜，大桀小桀。"十一而税，下富上尊，是税之不得薄也。	《告子下》	考证税制
	卷五 第358页	《孟子》曰"五亩之宅，树之以桑"，则野田不树桑。《汉书·食货志》云："田中不得有树，用妨五谷。"此十亩之中言有桑者，《孟子》及《汉志》言其大法耳。民之所便，虽田亦树桑。	《梁惠王上》	考证农事
	卷五 第359页	夫田与居宅同名为廛，但《周礼》言"夫一廛"，复言"田百亩"，百亩既是夫田，故以廛为居宅，即《孟子》云"五亩之宅"是也。	《梁惠王上》	引证释义
	卷六 第369页	囿者，域养禽兽之处。其制诸侯四十里，处在于郊。孟子对齐宣王云"臣闻郊关之内有囿焉，方四十里"，是在郊也。	《梁惠王下》	训诂
	卷八 第389页	《孟子》称冬至之后，女子相从夜绩，则冬亦有绩麻，但言不备耳。	今本《孟子》无，应为佚文。	考证农事
	卷八 第390页	行训为道也。步道为之径。微行为墙下径。"五亩之宅，树之以桑"，《孟子》文，引之者，自明墙下之意。	《梁惠王上》	训诂

（续表）

书名	卷数 页码	引《孟子》内容	《孟子》文本章节	征引目的
《毛诗正义》	卷十一 第 438 页	《孟子》曰:“七十者可以食鸡豚。”豚鱼俱是养老之物,故引之以证鱼可供养也。	《梁惠王上》	考证风俗
	卷十二 第 452 页	《孟子》云:“万章问曰:‘舜往于田,号泣于旻天,何为然矣?’孟子曰:‘怨慕也。’长息问于公明高曰:‘舜往于田,则吾既得闻命矣。号泣于旻天,于父母,则吾不知之矣。’公明高曰:‘非尔知也。’我竭力耕田,供为子职而已,父母不我爱,于我何哉?大孝终身慕父母。五十而慕者,予于大舜见之矣。”引此者,言大舜尚怨,故太子亦可然也。	《万章上》	引证释义
	卷十二 第 453 页	“高子曰”以下,皆《孟子》文也。而怨父危疑之理,先达已有是非之论,以此篇终,故引之以明义也。按彼公孙丑称高子之言以问孟子,非高子自与孟子对言也。赵岐曰:“高子,齐人也。”怨者,怨亲之过,故谓之小人也。“固哉”,言其固陋也。高子年老于孟子,故谓之“高叟”重言“固哉”,高叟之为诗,伤其不达诗意之甚也。孔子以舜年五十而思慕其亲不殆,称曰孝之至。孝之不可以已也。孔子之善舜,知高子讥《小弁》为不达诗之意也。皆孟子与其弟子公孙丑相答问,不言公孙丑者,取其意而略之也。	《告子下》	引证释义(兼考证孟子文意)
	卷十三 第 470 页	知方八里者,以《孟子》云“方里为井”计之,则邑方一里,丘方四里,甸方八里也。	《滕文公上》	考证古制
	卷十三 第 470 页	《孟子》曰:“夫仁政必自经界始。经界不正,井地不均。”赵岐注云:“经亦界也。”然则经界者,地畔之名。	《滕文公上》	训诂
	卷十四 第 473 页	《孟子》曰:“欲重之于尧舜,大桀小桀。轻之于尧舜,大貉小貉。则什一而税,尧舜已然。”	《告子下》	考古税制

（续表）

书名	卷数 页码	引《孟子》内容	《孟子》文本章节	征引目的
《毛诗正义》	卷十四第473页	《孟子》云："请野九一而助"，谓九夫之内，与公助一夫，田有百亩，故知井税一夫，其田百亩。从此而累计之，故知通税千亩，成税万亩也。	《滕文公上》	考古税制
	卷十四第473页	《孟子》曰：言三代税法，其实皆什一。若井税一夫，是九税一矣。此诗之意，刺幽王赋重，当陈古税之轻，而言成税万亩，反得重于什一者，《孟子》言什一，据通率而言耳。《孟子》云："野九夫而税一，国中什一。"是邦国亦异外内之法耳。是郑解通率为什一之事也。	《滕文公上》	考古税制
	卷十四第473页	《孟子》云："滕文公使毕战问井田，孟子对曰：'请野九一而助，国中什一使自赋。'"是郑所引异外内之事也。《孟子》又云："方里而井，井九百亩，其中为公田，八家皆私百亩，同养公田。公事毕，然后治私事，所以别野人也。"是说助法，井别一夫以入公也。言别野人者，别野人之法，使与国中不同也。	《滕文公上》	考古税制
	卷十四第473页	郑引《孟子》云"野九夫而税一，国中什一"，不言国中什而税一，明是国中什一而贡一，故得通率为什一也。	《滕文公上》	考古税制
	卷十四第473页	史传说助、贡之法，惟《孟子》为明。郑据其言，以什一为彻，为通外内之率，理则然矣。而食货志云："井方一里，是九夫。八家共之，各受私田百亩，公田十亩，是为八百八十亩，余二十亩为庐舍。"其言取《孟子》为说，而失其本旨。	《滕文公上》	考古税制
	卷十四第476页	《孟子》"十二月车梁成"，梁谓水上横桥。桥有广狭，得容车渡，则高广者也，故以比禾积。	《离娄下》	引证释义
	卷十五第490—491页	《孟子》云："兄弟关弓而射我，我则涕泣而道之。无他，戚之也。其亲亲之也。"是亲亲之望，易以成怨。	《告子下》	引证释义

（续表）

书名	卷数 页码	引《孟子》内容	《孟子》文本章节	征引目的
《毛诗正义》	卷十六第504页	《孟子》曰："文王之治岐也，仕者世禄。"知周制世禄也。	《梁惠王下》	考证古制
	卷十六第509页	自古公处豳，至如归市，皆孟子对滕文公之辞也。唯彼云"太王居豳"，此因古公之下，即云处豳为异耳。	《梁惠王下》	考证出处
	卷十六第510页	《孟子》称文王以百里而王，则大王之时，以殷之大国当立三卿，其一盖司马乎？时不召者，司马于营国之事无所掌故也。	《公孙丑上》	考古官制
	卷十六第524页	齐宣王问孟子："人皆谓我毁明堂，毁诸？已乎？"孟子曰："夫明堂者，王者之堂也。王欲行王政，则勿毁之矣。"夫宗庙之毁，非独王者也。若明堂即宗庙，不得曰"夫明堂，王者之宗庙也"。且说诸侯而教毁宗庙，为人君而疑于可毁与否，虽复浅丈夫，未有是也。孟子，古之贤大夫，而皆子思弟子，去圣不远，此其一证也。	《梁惠王下》	考证古制
	卷十六第525页	囿，所以域养禽兽也。天子百里，诸侯四十里，解正礼耳。其文王之囿，则七十里，故《孟子》云："齐宣王问于孟子曰：'文王之囿方七十里，有诸？'孟子曰：'《书传》有之。'曰：'若是其大乎？''民犹以为小也。'曰：'寡人之囿方四十里，民犹以为大，何也？'"是宣王自以为诸侯而问，故云"诸侯四十里"。以宣王不举天子而问及文王之七十里，则以为文王非天子之制，明天子不止七十里，故宜为百里也。	《梁惠王下》	考证古制
	卷十七第531页	《说文》云："淅，汰米也。"《孟子》曰："孔子去齐，接淅而行"，谓洮米未炊，漉之而去，言其疾也。	《万章下》	训诂

（续表）

书名	卷数 页码	引《孟子》内容	《孟子》文本章节	征引目的
《毛诗正义》	卷十七 第543页	且彻与《孟子》"百亩而彻"文同，故知彻之使出税以为国用。《孟子》说三代税法，其实皆什一，故云什一而税谓之彻。引《论语》曰，明彻是税法，其证为什一也。如《孟子》之言，夏曰贡，周曰彻，彻乃周之税法。公刘夏时诸侯，而言彻者，召公以周之世上论公刘，遂以周法言之，以其俱是什一，其名可以相通故也。	《滕文公上》	考古税制
	卷十七 第548页	《孟子》云："贼仁曰贼，贼义曰残。"言是贼败仁义之事。	《梁惠王下》	引证释义
	卷十八 第555页	《孟子》曰："胁肩谄笑，病于夏畦。"赵岐云："胁肩，竦体也。谄笑，强笑也。病，极也。"言其意苦劳极甚。于仲夏之月，治畦灌园之勤。	《滕文公下》	训诂
	卷十八 第559页	明王之法，能治人者食于人，谓居官受禄，取食于人也。不能治人者食人，谓出其赋税，养食贤人也。此文《孟子》有其事。言此者，解恶人不宜代贤人食禄之意也。	《滕文公上》	引证释义
	卷十八 第559页	《孟子》曰："太王属其耆老。"《书传》云："赘其耆老。"是赘为属。	《梁惠王上》	训诂
	卷十九 第584页	《孟子》云，齐王以孟子辞病，使人问。医来，孟仲子对。赵岐云："孟仲子，孟子从昆弟，学于孟子者也。"《谱》云："孟仲子者，子思弟子，盖与孟轲共事子思，后学于孟轲，著书论《诗》，毛氏取以为说。"	《公孙丑下》	考证古人
	卷十九 第590页	《孟子》云："麰麦播种而耰之。"赵岐注云："麰麦，大麦也。"	《告子上》	考证时序
	卷十九 第603页	高子者，不知何人。孟轲弟子有公孙丑者，称高子之言以问孟子，则高子与孟子同时。赵岐以为齐人。此言高子盖彼是也。	《告子下》	考证古人

（续表）

书名	卷数 页码	引《孟子》内容	《孟子》文本章节	征引目的
《毛诗正义》	卷十九 第604页	《孟子》说“伯夷避纣,居北海之滨。太公避纣,居东海之滨。闻文王作,兴而归之。二老者,天下之大老也,而归之,是天下父归之也。天下父归之,其子焉往”也。是天下归往之也。	《尽心上》	考证古史
	卷二十 第623页	皇甫谧云:“学者咸以为亳在河、洛之间,今河南偃师西二十里有尸乡亭是也。”谧考之事实,失其正也。《孟子》称汤居亳,与葛为邻。案《地理志》,葛今梁国宁陵之葛乡是也。汤地七十里耳。葛伯不祀,汤使亳众为之耕,有童子饷食,葛伯夺而杀之。	《滕文公下》	考证古地
	卷二十 第623页	《孟子》称汤以七十里有天下,则汤之初国犹尚小耳。	《公孙丑上》	考证古史
	卷二十 第628页	《孟子》所云“汤以七十里,文王以百里”。	《公孙丑上》	考证古史
《礼记正义》	卷一 第1230页	《孟子》云:“或问曾西曰:‘吾子与子路孰贤?’曾西蹴然曰:‘吾先子之所畏也’。”先子谓祖曾参,不在四科。	《公孙丑上》	考证古人
	卷二 第1240页	《孟子》云:“人无恻隐之心,非人也。人无是非之心,非人也。”引之者,明是非由已,不可一同余人。	《公孙丑上》	引证释义
	卷七 第1281页	云“舜不告而娶”者,按《孟子》:万章问孟子云:“舜不告而娶,何也?”孟子曰:“告则不得娶,父母终不为娶妻,是绝其后也。”	《离娄上》	考古婚俗
	卷九 第1303页	《孟子》:“齐宣王问孟子云:‘礼为旧君有服,何如斯可为服矣?’孟子对曰:‘谏行言听,膏泽下于民。有故而去,则君使人导之出疆,送至彼国,明其无罪。其所往三年不反,然后收其田里。此之谓三有礼焉。如此者得为旧君反服矣。’”与《杂记》同。	《离娄下》	考证古制

（续表）

书名	卷数 页码	引《孟子》内容	《孟子》文本章节	征引目的
《礼记正义》	卷九 第1304页	《尔雅》云："郁陶，繇喜也。"何胤云："陶，怀喜未畅意也。"《孟子》曰："郁陶以思君。"	《万章上》	训诂
	卷十一 第1326页	《孟子》云："文王之治岐也，仕者世禄。"知周世禄也。	《梁惠王下》	考证古制
	卷十二 第1337页	引《孟子》者，证三代税法不同。按《孟子》滕文公问为国于孟子，孟子对曰："夏后氏五十而贡，殷人七十而助，周人百亩而彻，其实皆什一。"	《滕文公上》	考古税制
	卷十二 第1338页	引《孟子》书者，证卿以下有圭田。	《滕文公上》	考古税制
	卷十七 第1384页	云"田器，镃錤己之属"者，何胤云："镃，今之锄类。"《孟子》云："齐人曰：虽有镃錤，不如待时。"	《公孙丑上》	训诂
	卷二十九 第1473页	《孟子》云："齐宣王问曰：'人皆谓我毁明堂。'孟子对曰：'夫明堂者，王者之堂也。王欲行王政，则勿毁之矣。'"是王者有明堂，诸侯以下皆有庙，又知明堂非庙也。	《梁惠王下》	考证古制
	卷四十 第1550页	《孟子》云："诸侯之礼，三年之丧，齐疏之服，飦粥之食，自天子达于庶人，三代共之。"	《滕文公上》	考证古制
	卷四十三 第1566页	《孟子》云："鲁穆公时，公仪子为政。子柳、子思为臣，鲁之削也滋甚，若是乎，贤者之无益于国也。"彼子柳即此泄柳也，故云"鲁穆公时贤人"。	《告子下》	考证古人
	卷五十 第1612页	云"大王居豳，为狄所伐者"，《毛诗传》文。按《诗》称："大王居豳，狄人侵之，事之以皮币，不得免焉。事之以犬马，不得免焉。事之以珠玉，不得免焉。乃属其耆老而告之曰：'狄人之所欲，吾土地。吾闻之，土地所以养人，君子不以其所养人而害人。'遂去之，邑于岐山之下。"《毛传》所引者，皆《孟子》文。	《梁惠王下》	考证古史

（续表）

书名	卷数 页码	引《孟子》内容	《孟子》文本章节	征引目的
《礼记正义》	卷五十 第1613页	《孟子》云："子产听郑国之政，以其乘车济人于溱洧。孟子曰：'惠而不知为政。岁十一月，徒杠成。十二月，舆梁成，民未病涉也。'"是郑约《孟子》为注。	《离娄下》	考证古史
	卷六十一 第1680页	《孟子》云"舜不告而娶"，是娶告父母，亦起于五帝也。	《离娄上》	考古婚俗
《春秋左传正义》	卷一 第1704页	孟子，姓孟，名轲，字子舆，邹邑人也。当六国之时，师事孔子之孙子思，修儒术之道，著书七篇。其第四《离娄》篇云："王者之迹息而《诗》亡，《诗》亡然后《春秋》作。晋谓之'乘'，楚谓之'梼杌'，鲁谓之'春秋'，一也。"	《离娄下》	考证孟子以及孟子论《春秋》
	卷二 第1717页	诗人之作，各以情言。君子论之，不以文害意。出《孟子》文也。	《万章上》	引证释义
	卷八 第1767页	《孟子》论庶人云："五亩之宅，树之以桑，五十者可以衣帛；鸡豚狗彘之畜，无失其时，七十者可以食肉。"是贱人不得食肉。	《梁惠王上》	考证古制
	卷九 第1774页	《孟子》云："仁政必自经界始。"昭七年传曰："天子经略，诸侯正封，封略之内，何非君土。"《孟子》经界即传之经略。	《滕文公上》	训诂
	卷九 第1774页	《孟子》云："诸侯朝天子曰述职，天子适诸侯曰巡守。"	《告子下》	训诂
	卷十九 第1850页	《孟子》曰："关市，讥而不征，则天下行旅皆悦，而愿出于其涂矣。"如彼文，知出入关者必有征税。	《公孙丑上》	考古税制
	卷二十 第1862页	恺，和也。言其和于物也。《孟子》曰："柳下惠，圣人之和者也。"	《万章下》	训诂
	卷二十四 第1887页	《孟子》云："夏后氏五十而贡，殷人七十而助，周人百亩而彻，其实皆什一也。"赵岐注云："民耕五十亩者贡上五亩，耕七十亩者以七亩助公家，耕百亩者彻取十亩以为赋，虽异名而多少同，故云皆什一也。"	《滕文公上》	考古税制

（续表）

书名	卷数 页码	引《孟子》内容	《孟子》文本章节	征引目的
《春秋左传正义》	卷二十四 第1887页	《孟子》又曰："方里为井，井九百亩。其中为公田。八家皆私百亩，同养公田。公事毕，然后敢治私事。"又孟子对滕文公云："请野，九一而助。国中，什一使自赋。"郑玄《周礼·匠人》注引孟子此言，乃云"是邦国亦异外内之法"。	《滕文公上》	考古税制
	卷二十七 第1910页	《孟子》曰："争城以战，杀人盈城；争地以战，杀人盈野。"是谓尽杀其民也。	《离娄上》	引证释义
	卷二十九 第1933页	《孟子》云："逢蒙学射于羿，尽羿之道，思天下唯羿为愈己，于是杀羿。"则杀羿者，逢蒙也。	《离娄下》	考证古史
	卷三十二 第1957页	《孟子》云："郑人使子濯孺子侵卫，卫使庾公之斯追之。子濯孺子疾作，庾公之斯至曰：'夫子何为不执弓？'曰：'今日我疾作，不可以执弓。'庾公之斯曰：'小子学射于尹公之佗，尹公之佗学射于夫子。我不忍以夫子之道，反害夫子。虽然，今日之事，君事也，我不敢废。'抽矢叩轮，去其金，发乘矢而后反。"其姓名与此略同，行义与此正反。不应一人之身，有此二行。《孟子》辩士之说，或当假为之辞。此传应是实也。	《离娄下》	考证古史
	卷三十三 第1966页	《孟子》云："天时不如地利，地利不如人和。"	《公孙丑下》	引证释义
	卷三十六 第1986页	《孟子》称奕秋善奕，秋人自以善奕而著名也。	《告子上》	考古风俗
	卷四十 第2014页	《孟子》引《大誓》曰："我武惟扬，侵于之疆，则取于凶残。我伐用张，于汤有光。"	《滕文公下》	引证释义
	卷四十二 第2029页	服虔云："誉，游也。宣子游其树下。夏谚曰：'一游一誉，为诸侯度。'"所引夏谚，《孟子》文也。	《梁惠王下》	引证释义

（续表）

书名	卷数 页码	引《孟子》内容	《孟子》文本章节	征引目的
《春秋左传正义》	卷四十三第2042页	《孟子》云："天子适诸侯曰巡狩。巡狩者，巡所守也。诸侯朝天子曰述职。述职者，述所职也。"	《梁惠王下》	训诂
	卷五十七第2156页	《孟子》说王良善御之事。	《滕文公下》	考证古人

附2　贾公彦《周礼注疏》征引《孟子》一览表

书名	卷数 页码	引《孟子》内容	《孟子》文本章节	征引目的
《周礼注疏》	目录第631页	按"此条所云惟《召诰》、《洛诰》、《孟子》显相舛异"。	万章下	考证古制兼明《周礼》篇章真伪
	卷一第642页	《孟子》：齐宣王问孟子云："文王之囿方七十里，犹以为小，寡人囿方四十里，犹以为大，何也？"孟子答："文王之囿，刍荛者往焉，雉兔者往焉，与民同之，故以为小，不亦宜乎！君之囿，民杀其麋鹿者，如杀人之罪，民以为大，不亦宜乎！"则文王之囿方七十里者，大于诸侯，小于天子故也。《白虎通》又云："天子百里，大国四十里，次国三十里，小国二十里。"与《孟子》不同者，《白虎通》细别言之也。	《梁惠王下》	考证古制
	卷二第647页	《孟子》曰："天下之达尊者三"，谓三者天下通达行之。三者，即爵、德、齿也。爵，即经云贤者为大夫、能者为士。皆是用德为爵，证经任贤能也。云"齿也"者，谓若《党正》饮酒之礼，六十已上在堂，上以齿，此连引之，于经无所当也。	《公孙丑下》	考证尊贵等级
	卷二第648页	《孟子》云："若轻之于尧舜，大貉小貉；重之于尧舜，大桀小桀"，是不得有轻重，皆以什一为正，何得薄税以利民乎？故不从也。	《告子下》	考古税制

（续表）

书名	卷数 页码	引《孟子》内容	《孟子》文本章节	征引目的
《周礼注疏》	卷二 第648页	“《孟子》曰：‘乡田同井，出入相友，守望相助，疾病相扶，则百姓亲睦’”，引《孟子》“乡田同井”者，以证友是同井之友。	《滕文公上》	引证释义
	卷三 第654页	《孟子》“交征利”者，按《孟子》云：“孟子见梁惠王。王曰：‘叟不远千里而来，亦将有以利吾国乎？’对曰：‘何必曰利？亦有仁义而已矣。王则曰何以利吾国，大夫曰何以利吾家，士庶人曰何以利吾身。上下交征利，则国危矣。’”引之以证征是口税之法。	《梁惠王上》	训诂兼考古税制
	卷五 第666页	按《孟子》：滕文公为世子，将之楚，过宋，见孟子，而谓之云：“今滕国，绝长补短，将五十里，可以为善国乎？《书》曰：‘药不瞑眩，厥疾不瘳。’”注云：“逸《书》也。药使人瞑眩闷乱，乃得瘳愈，犹人敦德惠乃治也。”引之者，证药中有毒之意。	《滕文公上》	引证释义
	卷十 第705页	“此非七十里所能容”者，司农之意，见孟子、何休之徒言。周之制无五百里四百里国，鲁国唯有七十里而已，故破诸家，据《鲁颂》、《论语》非七十里之所能容也。	《万章下》	考证古制
	卷十一 第712页	按《孟子》，滕文公使大夫毕战问孟子井田之法，孟子对此辞。孟子云经界者，则此经“九夫为井”已下，“四县为都”以上，故引以证之。	《滕文公上》	考古税制
	卷十三 第725页	故《遂人》云“夫一廛，田百亩，余夫亦如之”。是其余众男为余夫，亦以口受田，如正夫之比类。若然，按《孟子》云：“圭田五十亩，余夫二十五亩。”彼余夫与正夫不同者，彼余夫是年二十九已下，未有妻，受口田，故二十五亩；若三十有妻，则受夫田百亩。	《滕文公上》	考证古制

（续表）

书名	卷数 页码	引《孟子》内容	《孟子》文本章节	征引目的
《周礼注疏》	卷十三第725页	引《孟子》者，证圭田卿大夫士皆有之义也。	《滕文公上》	考证古制
	卷十三第725页	司农云“士田者，士大夫之子得而耕之田也”，后郑不从者，以此士字言之，不得兼大夫。又《礼记》，士之子不免农，大夫之子免农矣，不得为大夫子得而耕之田，故后郑破此士为仕。仕谓卿大夫以下，仕宦得田，依《孟子》圭田解之。	《滕文公上》	考证古制
	卷十三第725页	且司农又不释里之与廛义异，故后郑以为民居之区域，与《孟子》“五亩之宅”及《遂人》“夫一廛”一物解之也。	《梁惠王上》	考证古制
	卷十三第726页	先郑云“不毛者谓不树桑麻”，据《孟子》为说也。	《梁惠王上》	考古税制
	卷十三第726	引《孟子》“廛无夫里之布”，亦谓口率出泉。宅不毛，无一里之罚布，天下民愿为之民矣。	《公孙丑上》	考古税制
	卷十三第726页	云“园廛亦轻之者，廛无穀、园少利也”者，以其廛则五亩之宅在国中，则《孟子》云“五亩之宅，树之以桑麻”，是廛无穀也。	《梁惠王上》	考古税制
	卷十三第726页	“古之宅必树”者，即《孟子》桑麻是也。	《梁惠王上》	考古税制
	卷十三第727页	“庶人不畜者祭无牲”者，按《孟子》云：“庶人五母鸡，二母彘，无失其时”，是以不畜者当罚之，故死后祭无牲也。	《尽心上》	考古祭制
	卷十三第727页	“不蚕者不帛”者，蚕则得帛。《孟子》云：“五十可以衣帛。”以不蚕，故身不得衣帛。	《梁惠王上》	考证古制

（续表）

书名	卷数 页码	引《孟子》内容	《孟子》文本章节	征引目的
《周礼注疏》	卷十四 第 731 页	按郑注《论语》："同门曰朋，同志曰友"，则彼其在学者，切磋以道义。此劝万民为友朋，则若《孟子》所云"守望相助，出入相友"者同，故郑云切磋以善道也。	《滕文公上》	引证释义
	卷十五 第 737 页	引《孟子》"市廛而不征"者，周则廛有征，上文"廛布"是也。云不征者，非周法。又云"法而不廛"，则与此经同。	《公孙丑上》	考证古制
	卷十五 第 739 页	按《孟子》云："尊贤使能，俊杰在位，则天下之士皆说而原立于朝矣。市廛而不征，法而不廛，则天下之商皆说而原藏于市矣。关几而不征，则天下之行旅皆说而原出于其涂矣。耕者助而不税，则天下之民皆说而原耕于其野矣。廛无夫里之布，则天下之民皆说而原为之民矣。信能行此五者，则邻国之民，仰之如父母矣。率其子弟，以攻其父母，自有生民已来，未有能济者也。如是，则无敌于天下，无敌于天下然而不王者，未之有也。"此陈正法，与周异。引之者，彼正法不征商旅则有说，此经有故不征，亦所以说民，故取一边为证也。	《公孙丑上》	考证古制
	卷十五 第 740 页	先郑引"杨子云有田一廛，谓百亩之居也"，后郑不从，以为廛与《孟子》五亩之宅同者。	《梁惠王上》	考证古制
	卷十六 第 749 页	《孟子》："文王之囿七十里，刍荛者往焉。"	《梁惠王下》	考证古制
	卷十七 第 752 页	此宗伯主礼，并下文主鬼神，自分明，必引诸文为证者，当时张、包、周、孟子、何休等不信《周礼》是周公所制，以为六国时阴谋之书，故先郑以诸文为证也。		考证周制

（续表）

书名	卷数 页码	引《孟子》内容	《孟子》文本章节	征引目的
《周礼注疏》	卷十八 第761页	“合今俗说子男之地”者，时有孟子、张、包、周及何休等，并不信周礼有五百里已下之国，以《王制》百里、七十里、五十里等为周法，故郑指此等人为俗说也。		考证周制
	卷二十六 第820页	释曰：谓若鲁之《春秋》之等，孟子文。名《春秋》者，谓四时之书，春为阳之首，秋为阴之先，故举春秋以包四时也。	《离娄下》	考论《春秋》（主要为赵岐注的观点）
	卷三十七 第893页	释曰：引《诗》、《孟子》皆谓王是朝王之事也。	疑《告子下》“诸侯朝天子曰述职”	考证古制
	卷三十九 第905页	《孟子》曰：“矢人岂不仁于函人哉？矢人唯恐不伤人，函人唯恐伤人。”……引《孟子》者，证含是甲之意。	《公孙丑上》	训诂
	卷三十九 第906页	先郑引《孟子》者，见《孟子》所云官名与此同也。	《尽心下》	考证古制
	卷四十二 第932页	滕文公问孟子“为国”已下至“以为常”，皆孟子对文公之辞。自“文公又问井田”已下至“虽周亦助”，按彼是文公使毕战问，今以为文公问者，毕战，文公臣，君统臣功，亦得为文公问也。云“夏后氏五十而贡，殷人七十而助，周人百亩而彻，其实皆什一。彻者，彻也。助者，藉也”者，并孟子对文公之辞。	《滕文公上》	考证古制
	卷四十二 第932页	按彼赵岐注：“夏禹之世号后氏，后，君也，禹受禅于君，故夏称后。”	《滕文公上》（赵注）	考证赵注价值

（续表）

书名	卷数 页码	引《孟子》内容	《孟子》文本章节	征引目的
《周礼注疏》	卷四十二第932页	《孟子》本为“莫不善于贡”，今注有无“不”字者，盖转写脱耳。文公又问，按彼文公使毕战问孟子，孟子对此辞。上文公总问为国之法，故对助、贡兼有。此问并田之法，孟子云“请野，九一而助，国中，什一使自赋”者，彼注云：“九一者，井田以九顷为数，而供什一，郊野之赋也。助者，殷家税名，周亦用之，龙子所谓善于助者也。时诸侯不行助法，国中什一者，《周礼》‘园廛二十而税一’，时行重赋，责之什一也。而，如也。自，从也。孟子欲请使野人如助法，什一而税之，国中从其本赋，二十而税一，以宽之。” 而云“乡田同井”者，此谓殷之助法，虽乡亦为井田，故云乡田同井，以其孟子杂说三代故也。云“方里而井，九百亩，其中为公田。八家皆私百亩，同养公田。公事毕，然后治私事，所以别野人也”，注云：“方一里者，九百亩之地也，为一井。八家各私得百亩，同共养其公田之苗。公田八十亩，其余二十亩以为庐宅园圃，家二亩半也。先公后私，遂及我私之义也。则是野人之事，所以别于士伍者也。”郑所引《孟子》，证井田之法，则卿已下必有圭田及余夫。其文既间在井田之中，则二者亦为井田之法，故引之也。	《滕文公上》	考古税制
	卷四十二第932页	“此数者，世人谓之错”者，《论语》、《孟子》、《春秋》与《诗》，文义不同，故世人谓之错而疑焉。	《滕文公上》	考古税制

（续表）

书名	卷数 页码	引《孟子》内容	《孟子》文本章节	征引目的
《周礼注疏》	卷四十二第932页	云“以《诗》、《春秋》、《论语》、《孟子》论之，周制，邦国用殷之助法，制公田，不税夫”者，《诗》云“雨我公田”，公田是助法。《春秋》“初税亩”，亦是助法。《论语》云“盍彻乎”，彻是天下之通法，亦助法也。孟子答毕战井田，引《诗》为证，亦周之助法。故总云助法不税夫也。云“贡者，自治其所受田，贡其税榖。助者，借民之力以治公田”者，郑重释夏贡殷助之事，皆取《孟子》为义也。	《滕文公上》	考古税制兼明思想源流
	卷四十二第932页	“诸侯谓之彻者，通其率以什一为正”者，谓郊外用助，郊内用贡。故引《孟子》云“野九夫而税一，国中什一”。此云野九夫而税一，即彼云请野九一而助。此云国中什一，即彼云国中什一使自赋。	《滕文公上》	考古税制
	卷四十二第932页	贡税之法，古来皆什一，故《孟子》说三代，而云：“其实皆什一”。 《孟子》又云：“白圭曰：‘吾欲二十而取一，何如？’孟子曰：‘子之道，貉道也。欲轻之于尧舜之道者，大貉小貉也。欲重之于尧舜之道者，大桀小桀也。’”章指言先王按典礼，万世可遵，什一供贡，下富上尊。若然，自古以来，贡与助皆不得过什一者也。	《滕文公上》	考古税制

附3 贾公彦《仪礼注疏》及杨士勋《春秋穀梁传注疏》征引《孟子》一览表

书名	卷数 页码	注疏引《孟子》内容	《孟子》文本章节	注疏征引目的
《仪礼注疏》	卷五 第967页	按《孟子·离娄篇》云:"齐人有一妻一妾而处室者,其良人出,则必厌酒肉而后反。其妻问所与饮食者,则尽富贵者。其妻告其妾曰:良人出,则厌酒肉而后反,问所与饮食者,则尽富贵者也,而未尝有显者来,吾将瞯良人之所之。"注云:"瞯,视也。"彼瞯为视,亦得为见,故郑此注为见也。引之者,证妇人称夫为良人之义也。	《离娄下》	训诂兼考证古制
	卷八 第980页	《孟子·公孙丑》篇:齐王召,孟子不肯朝,后不得已而朝之。宿于大夫景丑之家,景子讥之曰:礼云"父召,无诺;君召,不俟驾而行"。固将朝矣。闻君命而遂不果,宜与夫礼若不相似然。对曰:"天下有达尊三,爵也,德也,齿也。朝廷莫如爵,乡党莫如齿,辅世长民莫如德。恶有得其一以慢其二哉"是也。引之者,证乡大夫饮酒是尚德也,党正饮酒尊长尚齿也。	《公孙丑下》	考证古制
《春秋穀梁传注疏》	序第 2359页	又引《孟子》云:"当尧之世,洪水横流。"言不复故道,喻百姓散乱,似水之横流。今以为沧海是水之大者,沧海横流,喻害万物之大,犹言在上残虐之深也。	《滕文公上》	引证释义
	卷十四 第2424页	案《毛诗传》云:"囿者,天子百里,诸侯三十里。"与徐、何二说别者,《诗传》盖据孟子称"文王囿七十里,寡人三十里",故约之为天子,诸侯三十里耳。未审徐、何二家据何为说也。	《梁惠王下》	考证古制
	卷二十第 2450页	"周谓之彻,殷谓之助,夏谓之贡,其实一也"者,出《孟子》文。彼云滕文公问为国于孟子,孟子对曰:"夏后氏五十而贡,殷人七十而助,周人百亩而彻,其实皆什一"是也。《孟子》云:"重之于尧舜,大桀小桀。轻之于尧舜,大貉小貉。什一而税,颂声作则。什一而税,尧舜亦然。"是为通法也。贡起尧舜,则古者公田什一,是尧舜之时,明此什一之法也。	《滕文公上》 《告子下》	考古税制

第四节 王勃、卢照邻对孟子的评价

在初唐士人中,王勃和卢照邻对孟子评议较多,王勃出身于儒学渊源醇厚的仕宦家庭,祖父王通为隋代大儒,大业末,弃官归乡,以著书讲学为业。曾模仿《春秋》体例,著纪年之书《元经》。“又依《孔子家语》、扬雄《法言》例,为客主对答之说,号曰《中说》。皆为儒士所称。”①最能代表王通学术思想的《中说》,在政治思想上推行王道,受孟子王道、仁政思想的影响很大;在伦理思想上继承了孟子的性善说,提出了“正心说”②。王勃对自己的家学传统十分自豪,他在送弟弟王劼赴太学时说:

> 吾家以儒辅仁,述作存者八代矣,未有不久于其道而求苟出者也。故能立经陈训,删书定礼,扬魁梧之风,树清白之业,使吾徒子孙有所取也。③

王勃告诫弟弟王劼要发扬“以儒辅仁”的家风,劝勉他要“振骨鲠之风标,服贤圣之言,怀远大之举”④。王勃著述也很丰富,《旧唐书·经籍志上》载他撰《周易发挥》五卷,《旧唐书·王勃传》还记载他有《次论》等书,并作《大唐千岁历》,可惜多已遗失。卢照邻的儒学家传虽不如王勃,但他自幼就研习儒学,十余岁就拜著名的儒学家曹宪为师,又跟随博通《五经》的王义方学习经史,这为他成为一个博学能文的文儒打下了很好的学术基础。

一、王勃、卢照邻对孟子不遇命运的同情

孟子不遇于时的命运,引起了王勃和卢照邻强烈的共鸣。王勃在《上绛州上官司马书》中陈情说:

> 至若时非我与,雄略顿于穷途;道不吾行,高材屈于卑势。孔宣父之英达,位未列于陪臣;管公明之杰秀,名仅终于郡属。有时无主,贾生献流涕之书;有志无时,孟子养浩然之气,则说亦有焉。岂非妙造无端,

---

① 《旧唐书》卷一百九十上,中华书局1975年版,第5004页。

② 参见李峻岫《汉唐孟子学述论》第四章中“隋代儒学发展概况及王通《中说》对孟子思想的继承”部分,齐鲁书社2010年版,第232—233页。

③ 王勃《送劼赴太学序》,《全唐文》卷一百八十一,中华书局1983年版,第1837页。

④ 同上。

盛衰止乎其域；神期有待，动静牵乎所遇。①

在这段文字中，王勃借前代英贤抒发了自己“雄略顿于穷途”“高材屈于卑势”的不遇之情，并把前贤视为自己的异代知音。他认为孟子是“有志无时”，孔子是位未列陪臣，把孟子与孔子并列，足见在他的心目中，孔孟的命运是相同的。

卢照邻的《对蜀父老问》则以问答的方式，先以侧笔假托皤然庞眉的“蜀父老”之口，对自己的现状表示不满。他虽有心涉六经，眼营四海的才华和雄心，却“爵不登上造，位不至中涓，藜羹不厌，裋褐不全”，形容憔悴，颜色疲怠。然后再正面表达自己的志节和追求：

盖闻智者不背时而徼幸，明者不违道以干非。是以圣贤驰骛，莫救三家之辙；匹夫高抗，不屈万乘之威。道在则箪瓢匪陋，义存则珪组斯违。或立谈以邀鼎食，或白首而甘布衣，或委辂而事属论都之会，或射钩以相遇匡霸之机。……孟轲偃蹇，为王者师；范雎匍匐，为诸侯客。富贵者君子之余事，仁义者贤达之常迹。

若余者，十五而志于学，四十而无闻焉。咏羲农之化，玩姬孔之篇，周游几万里，驰骋数十年，时复陵霞泛月，搦札弹弦，随时上下，与俗推迁。……虽吾道之穷矣，夫何妨乎浩然？②

卢照邻的这段抒情言志，旨在表现自己满腹经纶的才学，和要守道存义的志气。其中的“不屈万乘之威”与“何妨乎浩然”明显是源自于孟子“富贵不能淫，贫贱不能移，威武不能屈”③以及浩然之气的学说。他同情“孟轲偃蹇”的命运，但是孟子“为王者师”的风范却能激励其人生，成为他追求理想的榜样。

王勃和卢照邻以文才著称，他们虽然学问广博，但是时人还是把他们归入文士之列。如《旧唐书·卢照邻传》载，卢照邻曾“著《释疾文》、《五悲》等诵。颇有骚人之风，甚为文士所重”④。《旧唐书·王勃传》也反复称赞他的文才：“勃六岁解属文，构思无滞，词情英迈，与兄勔、勮，才藻相类”，“为《采莲赋》以见意，其辞甚美”，“勃文章迈捷，下笔则成”等。⑤ 尤其是王勃于高

① 王勃《上绛州上官司马书》，《全唐文》卷一百七十九，中华书局1983年版，第1824页。
② 卢照邻《对蜀父老问》，《全唐文》卷一百六十七，第1706页。
③ 《孟子·滕文公下》，杨伯峻《孟子译注》卷六，中华书局1988年版，第141页。
④ 《旧唐书》卷一百九十上，中华书局1975年版，第5000页。
⑤ 《旧唐书》卷一百九十上，第5006页。

宗上元二年(675)重阳节时,在洪州(今江西南昌)都督大宴滕王阁上“沆然不辞”写下的《滕王阁序》,更让他的文才声名大振。

然而王勃竭力要把自己排除在文士行列之外,他不满于那些“肤受末学者因利乘便,经明行修者华存实爽”①现象,表示自己要继盛德之家风,传先王之德行,道先王之法言的理想:“昔者仲尼之述书也,将以究事业之通,而正性命之理。故曰吾欲托之空言,不如附之行事。道德仁义,于是乎明;刑政礼乐,于是乎出。非先王之德行不敢传,非先王之法言不敢道。”②可见,做一个“修身慎行”,不辱先辈的文儒才是王勃所真正追求的。③ 他在《上明员外启》中表述说:“某崇徽启绪,盛德传家,承太子之仙宗,析将军之远系。朱轮在汉,列高士于三台;青盖浮江,扈平王于七姓。遗风旧烈,尚存清白之基;祖德家声,代有纵横之目。及金陵东覆,玉马西奔,髦头杰起,文儒继出。”④他的知音杨炯也把王勃视为“文儒”,在《王勃集序》中,杨炯高度评价了王勃以“经籍为心”的博物,“探先圣之不言”“成一家之体”的成就:“文儒于焉异术,词赋所以殊源。逮秦氏燔书,斯文天丧;汉皇改运,此道不还。贾、马蔚兴,已亏于雅颂;曹、王杰起,更失于风骚。僶俛大猷,未忝前载。洎乎潘、陆奋发,孙、许相因,继之以颜、谢,申之以江、鲍。梁魏群材,周隋众制,或苟求虫篆,未尽力于邱坟;或独徇波澜,不寻源于礼乐。……其有飞驰倏忽,倜傥纷纶,鼓动包四海之名,变化成一家之体,蹈前贤之未识,探先圣之不言。经籍为心,得王、何于逸契;风云入思,叶张、左于神交。故能使六合殊材,并推心于意匠;八方好事,咸受气于文枢。出轨躅而骧首,驰光芒而动俗。非君之博物,孰能致于此乎?”⑤

王勃曾恳劝时任吏部侍郎的裴行俭,希望他能够掌握好铨选人才的标准,不要仅以诗赋之才作为选人标准:

> 君侯受朝廷之寄,掌镕范之权,至于舞咏浇淳,好尚邪正,宜深以为念者也。伏见铨擢之次,每以诗赋为先,诚恐君侯器人于翰墨之间,求材于简牍之际,果未足以采取英秀,斟酌高贤者也。徒使骏骨长朽,真龙不降,衒才饰智者奔驰于末流,怀真蕴璞者栖遑于下列。⑥

① 王勃《送劼赴太学序》,《全唐文》卷一百八十一,中华书局1983年版,第1837页。
② 王勃《续书序》,《全唐文》卷一百八十,第1833页。
③ 王勃《上明员外启》,《全唐文》卷一百八十,第1831页。
④ 杨炯《王勃集序》,《全唐文》卷一百九十一,第1930页。
⑤ 同上。
⑥ 王勃《上吏部裴侍郎启》,《全唐文》卷一百八十,第1830页。

王勃这段话的言外之意就是告诉裴行俭，自己不是仅靠诗赋之才于翰墨间求取仕宦的那一类人才，而是属于英秀高贤怀真蕴璞之列者。因此，他希望裴行俭不要“器人于翰墨之间，求材于简牍之际”。但是最后他还是要向裴行俭献上自己的文章，表达志向，显示才华：“然窃不自揆，尝著文章，非敢自媒，聊以恭命，谨录古君臣赞十篇并序，虽不足尘高识之门，亦可以见小人之志也。”①王勃文笔富赡华美，加上他恃才自傲，也怪不得人们把他看成文士。

《旧唐书·王勃传》载：

> 初，吏部侍郎裴行俭典选，有知人之鉴，见勮与苏味道，谓人曰：“二子亦当掌铨衡之任。”李敬玄尤重杨炯、卢照邻、骆宾王与勃等四人，必当显贵。行俭曰：“士之致远，先器识而后文艺。勃等虽有文才，而浮躁浅露，岂享爵禄之器耶！杨子沉静，应至令长，余得令终为幸。”果如其言。②

这里关于裴行俭对四杰的评价，在张说的《赠太尉裴公神道碑》和中唐刘肃的《大唐新语》中也有相似的记载。傅璇琮对此颇有置疑，他在其《杨炯考》中赞同清人姚大荣《惜道为斋集》中《跋骆宾王〈上吏部裴侍郎书〉》一文的观点：“今考其实，行俭生前必无轻藐四子之语，后因四子盛名，不获大用，赍志以殁，嫉才者乃饰为预料不终之言归之行俭典选时评断，张说撰碑，乃摭入之。”“吾以为燕公谀墓之词，非独诬四子，实并诬行俭。”③笔者完全同意傅先生关于裴行俭与四杰关系的考证结论，但此处我们更感兴趣的是王勃《上吏部裴侍郎启》中对裴行俭选人标准的劝告，以及裴行俭“士之致远，先器识而后文艺”的选人标准。这其实反映出封建时代官僚集团在选拔人才时轻视文士的潜在观念。而这一观念又相当深刻地影响着人们对文士才能以及品行的看法。王勃和卢照邻对儒学的博识，让他们深谙孟子的学说和成就，而他们的超人文才及文士气质，又使他们对孟子的不遇和坎壈命运产生了共鸣，所以他们才把孟子视为知音同调。

二、王勃、卢照邻对孟子继承儒家诗教传统的肯定

王勃、卢照邻都对孟子继承儒家诗教传统予以肯定。王勃在《上吏部裴

---

① 王勃《上吏部裴侍郎启》，《全唐文》卷一百八十，中华书局 1983 年版，第 1830 页。
② 《旧唐书》卷一百九十上，中华书局 1975 年版，第 5006 页。
③ 参见傅璇琮《唐代诗人丛考》，中华书局 2003 年版，第 20 页。

侍郎启》中感慨:“周公孔氏之教,存之而不行于代。天下之文,靡不坏矣。”进而肯定孟子能继承圣人君子的雅训:“夫文章之道,自古称难。圣人以开物成务,君子以立言见志。遗雅背训,孟子不为;劝百讽一,扬雄所耻。”①他认为孟子能继承圣人的文章之道,即能立言见志,甄明大义,化俗资兴。因而主张在“国家应千载之期,恢百王之业”的时期,应该“激扬正道,大庇生人,黜非圣之书,除不稽之论”。通过实施这样纯正的圣道教化,就可以实现让天下“牧童顿颡,思进皇谋;樵夫拭目,愿谈王道”②的理想社会。卢照邻在其《驸马都尉乔君集序》③中赞扬乔师望“教训子弟,不读非圣之书”,也认为孟子继承了孔子的礼乐道统:

> 昔文王既没,道不在于兹乎?尼父克生,礼尽归于是矣。其后荀卿、孟子,服儒者之褒衣;屈平、宋玉,弄词人之柔翰。礼乐之道,已颠坠于斯文;雅颂之风,犹绵连于季叶。④

在《南阳公集序》中,他也有类似的评价:“自获麟绝笔,一千三四百年,游、夏之门,时有荀卿、孟子。”⑤

王勃和卢照邻都从儒家诗教传统的角度立论,把孟子视为孔子之后儒学诗教最醇正的继承者。他们的这一观点,一方面来自于他们维护儒家诗教正统地位的责任,一方面也是对当时文坛上流行的“上官体”的一种挑战。

维护儒家诗教的正统地位,以儒教的标准即强调文学的社会教化作用来评价文坛,往往会对文学观念发生了变化的魏晋以后文学表示不满。王勃在《上吏部裴侍郎启》中,就历数魏晋南北朝文学的弊端,认为“故魏文用之而中国衰,宋武贵之而江东乱。虽沈、谢争骛,适足兆齐梁之危;徐、庾并驰,不能止周陈之祸”,甚至连屈宋也被指责为“屈宋导浇源于前,枚马张淫风于后”。⑥ 卢照邻虽然在《南阳公集序》中对六朝文学评价态度比较客观,说“二陆裁诗,含公干之奇伟。邺中新体,共许音韵天成;江左诸人,咸好瑰姿艳发。精博爽丽,颜延之急病于江、鲍之间;疏散风流,谢宣城缓步于向、刘之

---

① 王勃《上吏部裴侍郎启》,《全唐文》卷一百八十,中华书局 1983 年版,第 1829 页。
② 同上书,第 1830 页。
③ 此处的驸马都尉乔君应为乔师望,《旧唐书·乔知之传》:“乔知之,同州冯翊人也。父,尚高祖女庐陵公主,拜驸马都尉,官至同州刺史。”中华书局 1975 年版,第 5012 页。
④ 卢照邻《驸马都尉乔君集序》,《杨炯集　卢照邻集》,徐明霞点校,中华书局 1980 年版,第 69 页。
⑤ 卢照邻《南阳公集序》,同上书,第 71 页。
⑥ 王勃《上吏部裴侍郎启》,《全唐文》卷一百八十,第 1830 页。

上。北方重浊,独卢黄门往往高飞;南国轻清,惟庾中丞时时不坠”①,但考察其上下文意思,他之所以有这样比较客观的态度,完全是为了证明自己不像“古今之士,递相毁誉”,是此一时彼一时的权变,并不表示他因此认同六朝文学。所以在其他的场合,他也和王勃一样否定六朝乃至屈原和宋玉。如在《驸马都尉乔君集序》中他就批评屈宋:“屈平、宋王,弄词人之柔翰。礼乐之道,已颠坠于斯文。”②在《乐府杂诗序》又批评六朝文人:“潘、陆、颜、谢,蹈迷津而不归;任、沈、江、刘,来乱辙而弥远。其有发挥新体,孤飞百代之前;开凿古人,独步九流之上。自我作古,粤在兹乎!”③认为屈宋背离礼乐之道,六朝文人离礼乐之道更是愈来愈远。

王勃和卢照邻否定自屈宋以后尤其是六朝文学,要实现“发挥新体”,“自我作古”的愿望,就是希望能直追孔孟儒道传统,以雅正之声抗衡上官体的绮错婉媚之风。《旧唐书·上官仪传》载:上官仪“本以词彩自达,工于五言诗,好以绮错婉媚为本。仪既贵显,故当时多有效其体者,时人谓为上官体”④。上官体的风行就是杨炯在《王勃集序》中所批评的“尝以龙朔初载,文场变体,争构纤微,竞为雕刻。糅之金玉龙凤,乱之朱紫青黄”⑤。上官体其实是对六朝体物图貌、细腻雕琢文风的继承,而六朝文学在王勃和卢照邻的眼中,又是远离儒学的礼乐之道的。因此杨炯不仅大力表彰王勃倡导儒道以变革文风的主张,对卢照邻呼应王勃所起的支持作用也十分肯定:

> 卢照邻人间才杰,览清规而辍九攻。知音与之矣,知己从之矣。于是鼓舞其心,发泄其用。八纮驰骋于思绪,万代出没于毫端。契将往而必融,防未来而先制。动摇文律,宫商有奔命之劳;沃荡词源,河海无息肩之地。
>
> 长风一振,众萌自偃。遂使繁综浅术,无藩篱之固;纷绘小才,失金汤之险。积年绮碎,一朝清廓;翰苑豁如,词林增峻。⑥

杨炯认为卢照邻是王勃的知音、知己,通过他们共同的努力,当时文坛风气的变革取得了明显效果,廓清了六朝以来的积年绮碎,让翰苑词林豁如增峻。

---

① 卢照邻《南阳公集序》,《杨炯集 卢照邻集》,徐明霞点校,中华书局1980年版,第71页。
② 卢照邻《驸马都尉乔君集序》,同上书,第69页。
③ 卢照邻《乐府杂诗序》,同上书,第74页。
④ 《旧唐书》卷八十,中华书局1975年版,第2743页。
⑤ 杨炯《王勃集序》,《全唐文》卷一百九十一,中华书局1983年版,第1931页。
⑥ 同上。

总而言之,王勃、卢照邻对孟子的评价,始终伴随着初唐文风改革的思潮,至于他们标举恢复儒教诗学正统来反对上官体时风是否得当,以及他们的文学主张与创作实践是否完全一致,不属本题讨论范围,在此不再赘述。然而王勃等人首次从文学观念上评价孟子对儒学诗教的继承,虽然还只是笼统地将其归为孔学之列,缺少更多具体的研究和评价,但是无疑他们为中唐韩愈在这方面的发挥提供了很好的理论基础,其首创意义是不容忽视的。

第五节　崔融对孟子经济思想的继承

《孟子》内容"包罗天地,揆叙万类",其中关于经济方面的观点也成为唐人引经据典的依据。崔融的《谏税关市疏》就引述并继承了孟子不少的经济思想,来反对当时有司收取关市赋税。

崔融主要生活于武后和中宗时期,历任太子侍读、著作佐郎等官职,可谓博学多才。在文学方面,他"为文典丽,当时罕有其比"①,与杜审言、李峤与苏味道并称"文章四友"。在史学方面,他曾在中宗神龙二年(706),与魏元忠、武三思、祝钦明、徐彦伯、柳冲、韦承庆、崔融、岑羲、徐坚等撰《则天皇后实录》二十卷,编次文集一百二十卷奏之,受到中宗称许。崔融不仅颇具文才和史才,对经济问题也很有见地。《旧唐书·崔融传》载,武则天执政的长安三年(703),有司上表请求加大关市的税收,崔融深以为不可,撰文极谏,向朝廷进献了著名的《谏税关市疏》。

一、崔融的税收主张对孟子观点的继承

在这场如何向关市征税的争论中,崔融的《谏税关市疏》分析了如果实行"不限工商,但是行人尽税者"的政策后,可能会引发的各种社会问题,历陈了"不可"增税的六条理由,表现出他对当时社会经济情况的深入了解与思考。此疏的意见最后被武则天采纳,也表明了崔融见解的合理性。在这篇疏文中,他一方面引述前贤的一些观点,在理论上说明工商业的重要作用;一方面分析当时的社会经济状况,论证了一旦扩大征税后对社会所产生的负面影响。其中孟子关于经济方面的一些观点成为他强有力的依据。

崔融引述《孟子·尽心下》中"古之为关也,将以御暴;今之为关也,将以为暴"②的观点作为理论依据,反对"行者皆税"的主张,文中说道:

---

① 《旧唐书》卷九十四,中华书局1975年版,第3000页。
② 杨伯峻《孟子译注》,中华书局1988年版,第327页。

孟轲又云:“古之为关也,将以御暴;今之为关也,将以为暴。”今行者皆税,本末同流。且如天下诸津,舟航所聚,旁通蜀汉。前指闽越,七泽十薮,三江五湖,控引河洛,兼包淮海,宏舸巨舰,千轴万艘,交贸往还,昧旦永日。今若江津河口,置铺纳税,纳税则检覆,检覆则迟留,此津才过,彼铺复止,非惟国家税钱,更遭主司僦赂。船有大小,载有多少,量物而税,触途淹久,统论一日之中,未过十分之一,因此拥滞,必致吁嗟。一朝失利,则万商废业,万商废业,则人不聊生。其间或有轻讣任侠之徒,斩龙刺蛟之党,鄱阳暴谑之客,富平悍壮之夫:居则藏镪,出便竦剑,加之以重税,因之以威胁,一旦兽穷则搏,鸟穷则攫,执事者复何以安之哉?臣知其不可者四也。①

崔融认为“关”为防卫机构,主要职责是禁暴安民,虽然可以辅之以征税,也主要应该是向商贾征收,而不能向所有出入关津的一般行人征税。他指出“夫关市之税者,谓市及国门关门者也,惟敛出入之商贾,不税来往之行人。今若不论商人,通取诸色,事不师古,法乃任情”②。不仅如此,当时唐朝商贸繁荣,西至蜀汉,南至闽越,江湖薮泽,宏舸巨舰,交通贸易往来频繁。一旦实行凡是关市都要征税的政策,则势必影响货物的流通时间,增加流通成本,减损商人的利益,还会滋生主司受贿,不法之徒趁机为害等诸多社会问题。崔融的这些意见都是对孟子惠商思想的继承和发挥。

战国时期,各国统治者大都利用关卡对商人进行横征暴敛,孟子曾对此表示了强烈的反对,他极力向统治者宣传,主张实行减免关市税收的惠商政策,还就关市税收的问题和他的弟子公孙丑等人作过专门探讨。

孟子认为要促进商业繁荣,就要实行“市,廛而不征,法而不廛”,“关,讥而不征”的惠商惠民政策,就是减免关卡和市场的税收,最大化地照顾商人的利益,这样就能使普天下的商人“愿藏于其市矣”,使天下旅行的人“愿出于其路矣”。这样一来,国家的经济发展了,人气聚集了,就可以“无敌于天下”了。孟子反复向当政者推行他的这一主张,在《梁惠王上》和《梁惠王下》中都有相同的观点:

今王发政施仁,使天下仕者皆欲立于王之朝,耕者皆欲耕于王之野,商贾皆欲藏于王之市,行旅皆欲出于王之涂,天下之欲疾其君者,皆

① 崔融《谏税关市疏》,《全唐文》卷二百一十九,中华书局 1983 年版,第 2213 页。
② 同上书,第 2212 页。

欲赴诉于王。其若是,孰能御之?①

王曰:"王政可得闻与?"对曰:"昔者文王之治岐也,耕者九一,仕者世禄,关市讥而不征,泽梁无禁,罪人不孥。"②

这种惠商政策虽然是孟子实施仁政,推行王道的具体措施之一,但也体现了孟子的经济思想具有发展眼光。董洪利在其《孟子研究》中这样评价说:"孟子在仁政中主张农业、商业并重,既能看到农业是封建统治的经济基础,又能重视商业生产对封建经济的促进作用,应该说是一种较为全面、较有长远眼光的经济政策。"③

二、崔融对孟子关于社会分工观点的继承

崔融对社会分工的认识也显示了他的经济眼光。他认为士农工商各司其职,各营其业,共同促进了社会经济的繁荣发展,因此,对工商业加大税收会引起社会的动荡不安。他在《谏税关市疏》中引班固的话说:

《班志》亦云:"财者,帝王聚人守位,养成群生,奉顺天德,理国安人之本也。士农工商,四人有业:学以居位曰士,辟土殖谷曰农,作巧成器曰工,通财鬻货曰商:圣王量能授事,四人陈力就职。"然则四人各业久矣,今后安得动而摇之?④

表面上看,在这段论述中,崔融直接引述的是班固《汉书·食货志》中的语言,但其理论却源自于孟子。

孟子多次阐明并肯定社会分工的必要性。如在《滕文公上》中,他与农家代表人物许行的辩论,就从社会分工的必要性出发,有力地批判了当时农家学派主张自给自足,以及否定社会分工和交换的荒谬观点。孟子认为"百工之事固不可耕且为也","然则治天下独可耕且为与?"⑤他分析并肯定了"百工"与耕者,治天下的贤者与耕者之间相互补充,相互依存的社会联系。在《滕文公下》中又说:"士之仕也,犹农夫之耕也。"孟子还在社会分工的理论基础上提出"百工交易"的主张,如让农民"以粟易械器","陶冶亦以其械

---

① 《孟子·梁惠王上》,杨伯峻《孟子译注》卷一,中华书局1988年版,第17页。
② 同上书,第36页。
③ 董洪利《孟子研究》,江苏古籍出版社2000年版,第60页。
④ 崔融《谏税关市疏》,《全唐文》卷二百十九,中华书局1983年版,第2212页。
⑤ 《孟子·滕文公上》,杨伯峻《孟子译注》卷五,第124页。

器易粟”①,认为“不通功易事,以羡补不足,则农有余粟,女有余布;子如通之,则梓匠轮舆皆得食于子”②。即通过不同行业产品之间的互相交换,实现产品互相流通,进而满足人们的不同需要,这是“天下之通义也”。孟子对社会分工的清晰分析,实是班固《汉书·食货志》中类似观点的滥觞。

此外,崔融“薄赋”的主张也是对孟子“薄税敛”思想的继承。孟子推行仁政的另一重要措施就是减少百姓的赋税,他曾向梁惠王游说:

> 王如施仁政于民,省刑罚,薄税敛,深耕易耨,壮者以暇日修其孝悌忠信,入以事其父兄,出以事其长上,可使制梃以挞秦楚之坚甲利兵矣。③

在《尽心上》中也说:

> 易其田畴,薄其税敛,民可使富也。食之以时,用之以礼,财不可胜用也。④

崔融《谏税关市疏》的核心内容就是反对重税,主张薄赋。他认为百姓生活承平已久,加重赋税,影响了他们的生活,容易引起怨愤之情,导致社会的不安定,进而又影响到国家的外部防御安全:

> 今始安辑,倘加重税,或虑相惊。况承平岁积,薄赋日久,俗荷深恩,人知自乐,卒有变法,必多生怨。生怨则惊扰,惊扰则不安,中既不安,外何能御?⑤

在初唐时期,崔融可谓是经常从经济方面关心百姓劳弊的士人之一,他还有一篇反对武则天禁杀赎生诏令的《断屠议》,认为“禁屠宰,断弋猎”会影响到以此为生的百姓的生活,主张“自然人得其性,物遂其生。何必改革,方为尽善?”⑥综上所述,崔融重视商业的经济思想,顺应了社会经济的发展规

---

① 《孟子·滕文公上》,杨伯峻《孟子译注》卷五,中华书局1988年版,第124页。
② 《孟子·滕文公下》,杨伯峻《孟子译注》卷六,第146页。
③ 《孟子·梁惠王上》,杨伯峻《孟子译注》卷一,第10页。
④ 《孟子·尽心上》,杨伯峻《孟子译注》卷十三,第311页。
⑤ 崔融《谏税关市疏》,《全唐文》卷二百十九,中华书局1983年版,第2213页。
⑥ 杜佑《通典》卷一百六十九“刑法七”中“禁屠杀赎生”条也记载了崔融此议,中华书局1988年版,第4388页。

律,体现了他对民众切实利益的关心,也竖起了唐代重商的旗帜。这些主张从对孟子学说的直接征引和经济思想的继承来看,崔融对《孟子》文本及孟子的思想是十分熟稔的。

第六节 李善《文选》注与孟子

一、《文选》注征引文献的特点

萧统的《文选》收集了先秦至六朝七八百年间知名作者的作品,是一部阅读先唐作家代表作品比较方便的文学总集,因此,备受后代士人们的钟爱。为了方便士人的学习,对它的注释和研究就成为一种学术需求,并因此产生了《文选》学这门学问。据《旧唐书·经籍志》和《新唐书·艺文志》记载,唐代关于《文选》的注释和研究著作就有曹宪的《文选音义》,许淹的《文选音》十卷,公孙罗注《文选》六十卷、《文选音义》十卷,李善《文选》注六十卷、《文选辨惑》十卷,《五臣注文选》三十卷,孟利贞《续文选》十三卷,卜长福《续文选》三十卷(开元十七年上,授富阳尉),卜隐之《拟文选》三十卷(开元处士),陆善经的《文选》注等等。但是唐代这些关于《文选》的研究和注本,多数都已亡佚,只有李善注和五臣注完整地保留了下来。

李善的《文选》注产生于高宗朝,他对《文选》的注释工作,不仅促进了文选学在初唐的盛行,更因他以广泛征引文献的方式注明词句的出处,而使其《文选》注成为集文学与文献之大成的一部著作。《旧唐书·李善传》载:

> 李善者,扬州江都人。方雅清劲,有士君子之风。显庆中,累补太子内率府录事参军、崇贤馆直学士,兼沛王侍读。尝注解《文选》,分为六十卷,表上之。赐绢一百二十匹,诏藏于秘阁。除潞王府记室参军,转秘书郎。乾封中,出为经城令。坐与贺兰敏之周密,配流姚州。后遇赦得还,以教授为业,诸生多自远方而至。又撰《汉书辩惑》三十卷。载初元年卒。子邕,亦知名。①

李善传的内容虽然简洁,但是他的人品、学问以及晚年教授生徒致力于学术传播的影响等,还是清晰可循。李善注《文选》是受他老师曹宪的影响。曹宪学问渊深,在隋代为秘书学士,每聚徒教授,诸生达数百人。当时公卿已下,多从之受业。曹宪"所撰《文选音义》,甚为当时所重。初,江、淮间为《文

---

① 《旧唐书》卷一百八十九上,中华书局1975年版,第4946页。

选》学者，本之于宪，又有许淹、李善、公孙罗复相继以《文选》教授，由是其学大兴于代”①。贞观中，曹宪被太宗征为弘文馆学士，以年老不仕，乃遣使就家拜朝散大夫，受到学者们的尊重。

李善是曹宪的高足，学问也是淹贯古今，他的《文选》注引证广博，注重对《文选》中诗文词语出处和典故的探源。萧统当年编撰《文选》的选择标准，是把经部、史部、子部与文学区别开来，剔除经、史、子部的内容。他在《文选序》中对不选孔孟等人作品的原因作了如此说明：

> 若夫姬公之籍，孔父之书，与日月俱悬，鬼神争奥，孝敬之准式，人伦之师友，岂可重以芟夷，加之剪截？老、庄之作，管、孟之流，盖以立意为宗，不以能文为本，今之所撰，又以略诸。②

但是李善在注《文选》时，则打破了这一选择标准，征引书目遍及经、史、子、集等各个类别。据清人汪师韩《文选理学权舆》考证统计，李善注释《文选》引用了一千六百余种书目。由于李善征引文献十分丰富，也引起了《文选》学界不同的声音，到玄宗朝，就有当时的工部侍郎吕延祚批评李善注只引述词语典故出处，而不注意疏通文义，所以召集衢州常山尉吕延济、都水刘良、处士张铣、吕向和李周翰等五人为《文选》重新作注，这就是通常所指的《文选》五臣注本。开元六年(718)，五臣集体注释的《文选注》完成，吕延祚在他的《进集注文选表》中说：

> 臣尝览古集，至梁昭明太子所撰《文选》三十卷，阅玩未已……则有遗词激切，揆度其事，宅心隐微，晦灭其兆，饰物反讽，假时维情，非夫幽识，莫能洞究。往有李善，时谓宿儒，推而传之，成六十卷。忽发章句，是征载籍，述作之由，何尝措翰？使复精核注引，则陷于末学；质访指趣，则岿然旧文；祇谓搅心，胡为析理？臣惩其若是，志为训释，乃求得衢州常山县尉臣吕延济、都水使者刘承祖男臣良、处士臣张铣、臣吕向、臣李周翰等，或艺术精远，尘游不杂；或词论颖曜，岩居自修；相与三复乃词，周知秘旨，一贯于理，杳测澄怀。目无全文，心无留义，作者为志，森乎可观，记其所善，名曰《集注》，并具字音，复三十卷。其言约，其利博，后事元龟，为学之师，豁若彻蒙，烂然见景，载谓激俗，诚惟便人。伏惟陛下浚德乃文，嘉言必史，特发英藻，允光洪猷，有彰天心，是效臣节，敢有所隐？

① 《旧唐书》卷一百八十九上，中华书局1975年版，第4945页。
② 萧统《文选序》，李善注《文选》，中华书局1983年版，第2页。

斯与同进。①

吕延祚认为李善注《文选》广征载籍，但是不谈述作之由，不能分析义理旨意是其缺憾，而五臣注则“周知秘旨，一贯于理，杳测澄怀”，有“其言约，其利博”的优点。比较李善注侧重释事注典，五臣注确实有释义简约，着重章句释义等特长，有利于《文选》的阅读和普及。② 但是就文献价值而言，五臣注显然远远不及李善注，因此，晚唐李济翁《资暇集》“非五臣”条就批评五臣注尽出李善之注而反排斥李氏之非，认为它根本无法与李善注媲美：“李氏绝笔之本，悬诸日月焉，方之五臣，犹虎狗凤鸡耳。”③南宋尤袤在刻李善注《文选》原序中也说：“五臣特训释旨意，多不原用事所出。独李善淹贯该洽，号为精详。”④由此看来，正是因为李善注《文选》征引了大量的文献典籍，注重注明语词的来源，典故的出处，才使后人对《文选》中的诗文有了深刻的了解，也奠定了李善在《文选》学乃至唐代文化中的学术地位。

二、《文选》注⑤征引《孟子》⑥概况

据笔者不完全统计，李善注文中征引《孟子》的内容有三百余处，其中除少数引用了汉代赵岐《孟子注》和刘熙《孟子注》的内容外，大量的内容都是从《孟子》文本中直接引述的。概括而言，李善注征引《孟子》有以下几个特点：

第一，征引《孟子》注释的文体范围广泛。

《文选》中的大部分文体，李善都可以征引《孟子》的相关内容来加以注释。文体范围覆盖了赋、诗、七、文、教、表、书、笺、檄、序、颂、赞、论、设论、铭、诔等，现将征引《孟子》的《文选》篇目择要列举如下：

“赋”类有班固《两都赋》《幽通赋》，张衡《西京赋》《东京赋》，左思《吴都赋》《魏都赋》，司马相如《上林赋》《羽猎赋》，潘岳《西征赋》《寡妇赋》《闲居赋》，何晏《景福殿赋》，王延寿《鲁灵光殿赋》，郭璞《江赋》，木华《海赋》，颜延之《赭白马赋》，江淹《别赋》《恨赋》，王褒《洞箫赋》，陆机《文赋》，成公绥《啸赋》，嵇康《琴赋》，马融《长笛赋》，谢惠连《雪赋》等。

---

① 吕延祚《进集注文选表》，《全唐文》卷三百，中华书局 1983 年版，第 3042 页。
② 五臣注与李善注的关系可参见汪习波《隋唐文选学研究》第五章第一、二节，上海古籍出版社 2005 年版。
③ 参见汪习波《隋唐文选学研究》，上海古籍出版社 2005 年版，第 71 页。
④ 同上书，第 297 页。
⑤ 所依据李善注《文选》，由中华书局据清代胡克家刻本出版，1983 年版。下同。
⑥ 《孟子》依据杨伯峻译注《孟子译注》，中华书局 1988 年版。下同。

“诗”类有韦孟《讽谏》，谢灵运《述祖德诗》，束皙《补亡诗》，应吉甫《晋武帝华林园集诗》，范晔《乐游应诏诗》，颜延之《应诏宴曲水作诗》《皇太子释奠会作诗》，沈约《应诏乐游苑饯吕僧珍诗》，曹植《送应氏诗》，张协《咏史》，欧阳建《临终诗》，谢灵运《庐陵王墓下作》，陆机《答贾长渊》《为顾彦先赠妇》，潘尼《赠河阳》，陆士龙《为顾彦先赠妇》，王微《杂诗》等。

其他文体有“七”类如曹植《七启》，张协《七命》。“教”类如傅季友《为宋公修楚元王墓教》。“文”类如任昉《天监三年策秀才文》。“表”类如孔融《荐祢衡表》，诸葛亮《出师表》，曹植《求通亲表》，刘琨《劝进表》，任昉《为齐明帝让宣城郡公第一表》《为范始兴作求立太宰碑表》。“书”类如江淹《诣建平王上书》，孔融《论盛孝章书》，嵇康《与山巨源绝交书》，孔稚珪《北山移文》。“弹事”类如任昉《奏弹刘整》。“檄”类如陈琳《檄吴将校部曲文》。“赞”类如夏侯湛《东方朔画赞》。“论”类如东方朔《非有先生论》，陆机《辩亡论》《五等论》，刘孝标《广绝交论》。“序”类如陆机《豪士赋序》。“设论”类如东方朔《答客难》。“颂”类如王褒《圣主得贤臣颂》。“铭”类如陆倕《石阙铭》。“诔”类如曹植《王仲宣诔》。“笺”类如谢朓《拜中军记室辞隋王笺》等。

第二，引述《孟子》文本广泛。

李善对《孟子》文本的引述十分广泛，《孟子》十四卷的内容几乎篇篇都有涉猎。在一些篇幅较长的赋类和应用文类的篇目中，往往同一篇中有多处引用了《孟子》文本。如左思《魏都赋》引 8 处，司马相如《上林赋》引 2 处，《羽猎赋》引 3 处，潘岳《西征赋》引 4 处，何晏《景福殿赋》引 2 处，谢惠连《雪赋》引 2 处，嵇康《与山巨源绝交书》引 2 处，刘琨《劝进表》引 3 处，夏侯湛《东方朔画赞一首》引 2 处，等等。

以谢惠连《雪赋》为例：“乱曰：白羽虽白，质以轻兮。白玉虽白，空守贞兮。”李善在此处注引：“《孟子》曰：白羽之白也，犹白雪之白也欤？白雪之白也，犹白玉之白也欤？”①这段引文出自《孟子》卷十一《告子上》：“白羽之白也，犹白雪之白；白雪之白犹白玉之白欤？”继而李善又引刘熙注《孟子》作进一步的解释：“孟子以为，白羽之白，性轻，白雪之性消，白玉之性坚。虽俱白，其性不同。问告子，告子以为三白之性同。”又同篇中“纵心皓然，何虑何营”注引“《孟子》曰：我善养吾浩然之气，敢问何谓浩然之气？曰：难言也。其为气也，至大至刚，以直养而无害，则塞于天地之间。”出自《孟子》卷三《公孙丑上》：“‘我知言，我善养吾浩然之气。’‘敢问何谓浩然之气？’曰：‘难言也。其

① 谢惠连《雪赋》，李善注《文选》，中华书局 1983 年版，第 196 页。

为气也，至大至刚，以直养而无害，则塞于天地之间。'"

再如刘琨《劝进表》，其中"玉质幼彰，金声夙振"注引"《孟子》曰：孔子之谓集大成。集大成也者，金声而玉振之也。"①出自《孟子》卷十《万章下》："孔子，圣之时者也。孔子之谓集大成。集大成也者，金声而玉振之也。"同篇"应命代之期，绍千载之运"注引"《孟子》曰：五百年必有王者兴，其间必有名世者也。"出自《孟子》卷四《公孙丑下》："五百年必有王者兴，其间必有名世者。"同篇"讴歌者无不吟咏徽猷，狱讼者无不思于圣德"注引"《孟子》曰：尧崩，三年之丧毕，舜让避丹朱于南河之南，天下朝觐讼狱者，不之尧之子而之舜，讴歌者，不讴歌尧之子而讴歌舜。曰：天也夫，而后归中国，践天子之位焉。"②出自《孟子》卷九《万章上》："尧崩，三年之丧毕，舜避尧之子于南河之南，天下诸侯朝觐者，不之尧之子而之舜；讼狱者，不之尧之子而之舜；讴歌者，不讴歌尧之子而讴歌舜，故曰，天也夫。然后之中国，践天子位焉。"

从以上所列可以看出，不管是借助《孟子》对众多的文体进行注释，还是得心应手地广泛引用《孟子》中的文本内容，都足以说明李善对《孟子》是十分精通的。

第三，引述《孟子》文本基本遵循原典。

基于李善对《孟子》的娴熟把握，所以，他在引述《孟子》文本时基本遵循原典。只是在个别大段的引述时，他经常会择要而行，以下分别列举说明。

完全尊重原文的，如欧阳建《临终诗》："穷达有定分，慷慨复何叹。"注引："《孟子》曰：穷则独善其身，达则兼善天下。"③出自《孟子》卷十三《尽心上》，原文："穷则独善其身，达则兼善天下。"

东方朔《非有先生论》："深念远虑，引义以正其身，推恩以广其下。"注引："《孟子》曰：推恩足以保四海。"④出自《孟子》卷一《梁惠王上》，原文："故推恩足以保四海。"

沈约《应诏乐游苑饯吕僧珍诗》："丹浦非乐战，负重切君临。"注引："《孟子》曰：舜窃负而逃，遵海滨而处。"⑤出自《孟子》卷十三《尽心上》，原文："窃负而逃，遵海滨而处。"

谢灵运《庐陵王墓下作》："举声泣已洒，长叹不成章"。注引"《孟子》曰：君子之志于道也，不成章不达。"⑥出自《孟子》卷十三《尽心上》，原文：

---

① 刘琨《劝进表》，李善注《文选》，中华书局 1983 年版，第 526 页。
② 同上书，第 528 页。
③ 欧阳建《临终诗》，同上书，第 327 页。
④ 东方朔《非有先生论》，同上书，第 711 页。
⑤ 沈约《应诏乐游苑饯吕僧珍诗》，同上书，第 291 页。
⑥ 谢灵运《庐陵王墓下作》，同上书，第 332 页。

“君子之志于道也,不成章不达。”

任昉《为齐明帝让宣城郡公第一表》:“乃知君臣之道,绰有余裕。”注引“《孟子》曰:欲为君,尽君道,欲为臣,尽臣道。又曰:吾闻之也,有官守者,不得其职则去。有言责者,不得其言则去。我无官守,我无言责,则吾进退,岂不绰绰然有余裕哉!”①分别出自《孟子》卷七《离娄上》,原文:“欲为君,尽君道;欲为臣,尽臣道。”《孟子》卷四《公孙丑下》,原文:“吾闻之也,有官守者,不得其职则去;有言责者,不得其言则去。我无官守,我无言责也,则吾进退,岂不绰绰然有余裕哉?”

夏侯湛《东方朔画赞》:“可谓拔乎其萃,游方之外者已。”注引:“《孟子》曰:圣人之于人,亦类也。出于其类,拔于其萃,自生民以来,未有盛于孔子也。”②出自《孟子》卷三《公孙丑上》,原文:“圣人之于民,亦类也。出于其类,拔乎其萃,自生民以来,未有盛于孔子也。”

以上例举篇目中李善征引《孟子》的内容与通行的《孟子》文本都大体一致,可见李善治学的态度是十分严谨的。

然而,李善引述《孟子》也有与原文稍有出入的现象,以笔者浅见,这些情况一种可能是李善所据版本与现在通行《孟子》有所不同;另一种可能是他在进行大段的征引时有所删减;第三是个别处为太宗李世民避讳,改“民”为“人”。

如潘尼《赠河阳》:“徒美天姿茂,岂谓人爵多?”注引:“《孟子》曰:有天爵,有人爵,仁义忠信,乐善不倦,此天爵也。公卿大夫,此人爵也。古之人,修其天爵而人爵从之。今之人,修天爵以要人爵,既得人爵,而弃天爵,终亦亡矣。”③出自《孟子》卷十一《告子上》,原文:“孟子曰:‘有天爵者,有人爵者。仁义忠信,乐善不倦,此天爵也;公卿大夫,此人爵也。古之人修其天爵,而人爵从之。今之人修其天爵,以要人爵;既得人爵,而弃其天爵,则惑之甚者也,终亦必亡而已矣。’”

傅亮《为宋公修楚元王墓教》:“遗芳余烈,奋乎百世。”注引:“《孟子》曰:闻伯夷之风者,贪夫廉,懦夫有立志。奋乎百世之下,莫不兴起也。”④出自《孟子》卷十四《尽心下》,原文:“故闻伯夷之风者,顽夫廉,懦夫有立志;闻柳下惠之风者,薄夫敦,鄙夫宽。奋乎百世之上,百世之下,闻者莫不兴起也。”

---

① 任昉《为齐明帝让宣城郡公第一表》,李善注《文选》,中华书局 1983 年版,第 537 页。
② 夏侯湛《东方朔画赞》,同上书,第 668 页。
③ 潘尼《赠河阳》,同上书,第 352 页。
④ 傅亮《为宋公修楚元王墓教》,同上书,第 507 页。

颜延之《皇太子释奠会作诗》："永瞻先觉，顾惟后昆。"注引："《孟子》伊尹曰：天生斯人，使先觉觉后觉。予，天人之先觉者也。"①出自《孟子》卷十《万章下》，原文："伊尹曰：'何事非君？何使非民？'治亦进，乱亦进，曰：'天之生斯民也，使先知觉后知，使先觉觉后觉。予，天民之先觉者也。'"②

孔融《论盛孝章书》："向使郭隗倒悬而王不解，临难而王不拯。"注引："《孟子》曰：当今之时，万乘之国行仁政，民悦而归之，犹解倒悬也。又曰：今燕虐其民，而王征之，人以为将拯己于水火之中也。"③分别出自《孟子》卷三《公孙丑上》，原文："当今之时，万乘之国行仁政，民之悦之，犹解倒悬也。"卷二《梁惠王下》，原文："今燕虐其民，王往而征之，民以为将拯己于水火之中也。"④

陈琳《檄吴将校部曲文》："贼义残仁，莫斯为甚。"注引："《孟子》齐王曰：臣弑其君可乎？孟子曰：贼仁者谓之贼，贼义者谓之残。残贼之人，谓之一夫。闻诛一夫纣矣，未闻弑其君也"⑤。出自《孟子》卷二《梁惠王下》，原文："齐宣王问曰：'汤放桀，武王伐纣，有诸？'孟子对曰：'于传有之。'曰：'臣弑其君，可乎？'曰：'贼仁者谓之"贼"，贼义者谓之"残"。残贼之人谓之"一夫"。闻诛一夫纣矣，未闻弑君也。'"

陆士衡《五等论》："是以分天下以厚乐，而己得与之同忧；飨天下以丰利，而我得与之共害。"注引："孟子谓齐宣王曰：乐以天下，忧以天下。然而不王者，未之有也。赵岐曰：古贤君乐则以己之乐与天下同之，忧则以天下之忧与己共之。如是，未有不王者也"。⑥ 出自《孟子》卷二《梁惠王下》，原文："齐宣王见孟子于雪宫。王曰：'贤者亦有此乐乎？'孟子对曰：'有。人不得，则非其上矣。不得而非其上者，非也；为民上而不与民同乐者，亦非也。乐民之乐者，民亦乐其乐；忧民之忧者，民亦忧其忧。乐以天下，忧以天下，然而不王者，未之有也。'"

上述例证中，李善在引用《孟子》时都与原文有些许的差异，有的属于择要义而行，有的属于避讳的需要。

三、《文选》注对传播孟子思想发挥的间接作用

李善注《文选》时对《孟子》内容的大量征引，对孟子思想的宣传与流播

---

① 颜延之《皇太子释奠会作诗》，李善注《文选》，中华书局 1983 年版，第 668 页。

② 此处李善在征引《孟子》文本时将原文中的两处"民"改作了"人"，即"斯民"改"斯人"，"天民"改"天人"。大概是避李世民之讳。

③ 孔融《论盛孝章书》，李善注《文选》，第 584 页。

④ 此处的征引有三处"民"，但是只有一处改动，即"民以为"改为"人以为"。

⑤ 陈琳《檄吴将校部曲文》，李善注《文选》，第 622 页。

⑥ 陆士衡《五等论》，同上书，第 743 页。

会起到很好的推动作用。

首先,李善在教授《文选》过程中对孟子思想发挥了间接传播的作用。新、旧《唐书》都记载了李善晚年教授生徒,传播学术的史实。《旧唐书·李善传》说他“以教授为业,诸生多自远方而至”①。《新唐书·曹宪传》更具体地记载了李善师承曹宪的《文选》学,相继传授的事迹:“宪始以梁昭明太子《文选》授诸生,而同郡魏模、公孙罗、江夏李善相继传授,于是其学大兴。”②另外,在《新唐书·李邕传》中也有相关记述:

> 父善,有雅行,淹贯古今,不能属辞,故人号“书簏”。显庆中,累擢崇贤馆直学士兼沛王侍读。为《文选注》,敷析渊洽,表上之,赐赉颇渥。除潞王府记室参军,为泾城令,坐与贺兰敏之善,流姚州,遇赦还。居汴、郑间讲授,诸生四远至,传其业,号《文选》学。③

以上史书的记载,为我们传递的信息都是相似的,李善传授《文选》的轰动效应,使四面八方的诸生不辞遥远向其求学,与之相伴随的,就是《文选》学热的兴起。不容置疑的是,由于李善教授生徒的广泛影响,他的《文选》注广布于士林,《孟子》的思想也会因此在士林中得到广泛的传播。

其次,科举考试中增设的诗赋科目,提高了应举士人对《文选》注的重视程度,也会在一定程度上促动士人对《孟子》的关注。《文选》在唐代士人中有着非常重要的地位,唐代科举和选士的制度,使《文选》与士人之间产生了密切的联系。科举中的明经和进士科,都要考策问和试策,在高宗永隆二年(681),进士科又加试杂文两篇。当时“考功员外郎刘思立建言,明经多抄义条,进士唯诵旧策,皆亡实才,而有司以人数充第。乃诏自今明经试帖粗十得六以上,进士试杂文二篇,通文律者然后试策”④。因此,士人若要准备科考的策文和杂文诗赋,就要熟读《文选》,南宋陆游《老学庵笔记》卷八引述了当时“《文选》烂,秀才半”的谚语,其实这种情形又何尝不是唐代士人的写照,因为《文选》中所择选的各类文体的代表作,为士人们的科考提供了既全面又便捷的参考范文。不仅如此,唐人在科举中考试的诗赋,也常是以《文选》

---

① 《旧唐书》卷一百八十九上,中华书局 1975 年版,第 4946 页。

② 《新唐书》卷一百九十八,中华书局 1975 年版,第 5640 页。

③ 《新唐书》卷二百二,第 5754 页。

④ 《新唐书》卷四十四,第 1163 页。

中的诗赋为标准的。[①] 可以说,唐代士人很少不受到《文选》的沾溉,说它是当时参加科考士子们的必修书目毫不为过。

因为李善所注《文选》征引文献广泛,“犹如典故大全,成为诗人用典用事的宝库”[②],加上唐人创作有征集前人事类的“主事”传统,那么,李善的《文选》注受科考士子的钟爱就是理所当然的。闻一多在他的《类书与诗》一文中指出唐代文学被学术同化的现象时认为,“一方面是章句的研究,可以李善为代表,另一方面是类书的编纂”,“假如选出五种书,把它们排成下面这样的次第:《文选注》,《北堂书钞》,《艺文类聚》,《初学记》,初唐某家的诗集。我们便看出一首初唐诗在构成程序中的几个阶段”,“你想,一首诗做到有了‘事对’的程度,岂不是已经成功了一半吗?余剩的工作,无非是将‘事对’装潢成五个字一幅的更完整的对联,拼上韵脚,再安上一头一尾罢了”。[③] 在这里,闻一多把李善的《文选注》排在唐人写诗征“事”的第一位,可见,李善所注的《文选》对唐代士人的创作影响非同一般。

可以想见,不论是李善亲自传授《文选》注,还是士人为了准备科举考试,练习诗赋创作而学习《文选》注,李善的《文选》注在当时乃至后代的影响都是深远的。虽然唐代士人通过《文选》注而接受孟子这一途径是间接的,但是,李善为孟子思想在唐代士人中的传播,客观上起到了重要的推动作用。

第七节　刘知幾《史通》与孟子

初唐史学家刘知幾在其《史通》中多次引述孟子的言论,在一定程度上显示了孟子在初唐史学领域的学术地位。刘知幾出身于有着儒学传统的仕宦之家,自幼就随其父学习古文《尚书》,他与其兄知柔,“代传儒学之业,时人以述作名其家”[④]。在《史通·原序》中,刘知幾说明他将自己的著作定名为《史通》的原因,就是模仿了汉代诸儒集论经传的命名方式:“昔汉世诸儒,集论经传,定之于白虎阁,因名曰《白虎通》。予既在史馆而成此书,故便以

---

① 唐人科考与《文选》的关系,可参见张鹏飞《唐人试律诗诗题取用〈文选〉诗赋原句或李善注解比勘——〈昭明文选〉在唐代科举诗中的应用发微之一》,《湖北师范学院学报》(哲学社会科学版),2010 年第 3 期;李金坤《唐代科举考试与〈文选〉》,《人文杂志》,2003 年第 2 期;彭国忠《从科场之诗(试律诗)看〈文选〉对唐代科举的影响》,《中国中古文学研究——中国中古(汉—唐)文学国际学术研讨会论文集》,2004 年等论文。

② 张鹏飞《唐人试律诗诗题取用〈文选〉诗赋原句或李善注解比勘——〈昭明文选〉在唐代科举诗中的应用发微之一》,《湖北师范学院学报》(哲学社会科学版),2010 年第 3 期。

③ 闻一多《唐诗杂论》,上海古籍出版社 1998 年版,第 4—5 页。

④ 《旧唐书》卷一百二十,中华书局 1975 年版,第 3174 页。

《史通》为目。”[①]刘知幾执掌国史，前后二十余年，《史通》是他“尝以载削余暇，商榷史篇，下笔不休；遂盈筐箧。于是区分类聚，编而次之”[②]的成果，于中宗景龙四年（710）春完成。它是中国古代第一部系统的史学评论著作，分内篇和外篇两部分，“备论史策之体”，内篇着重阐述了史书的体裁、体例、史料采集、表达要求和撰史原则；外篇论述史官制度、正史源流、史家杂评、史著得失等，深受当时学者推重。“太子右庶子徐坚深重其书，尝云：‘居史职者，宜置此书于座右。’”[③]

刘知幾对自己的这部著作也很自负，称其“虽以史为主，而余波所及，上穷王道，下掞人伦，总括万殊，包吞千有”[④]。据统计，刘知幾在《史通》中评述的书目多达340种。[⑤] 其中《孟子》的内容分别见于《内篇·探赜第二十七》《内篇·六家第一》《外篇·古今正史第二》《外篇·疑古第三》《外篇·惑经第四》《外篇·杂说上第七》等。考察刘知幾对《孟子》的评论和引述，可以分为以下几种情况：

一、刘知幾对孟子命运和品格的评价

要探讨史书与历史的相关问题，就必然涉及对前人的史学著作以及历史人物的评价。对前人的著述应该遵循一种怎样的评价态度，这是刘知幾必然要面临的一个重要问题。在《内篇·探赜第二十七》中，他就表明了自己的观点：

> 盖明月之珠不能无瑕，夜光之璧不能无颣；故作者著书，或有病累。而后生不能诋诃其过，又更文饰其非，遂推而广之，强为其说者，盖亦多矣。如葛洪有云：“司马迁发愤作《史记》百三十篇，伯夷居列传之首，以为善而无报也；项羽列于本纪，以为居高位者非关有德也。”按史之于书也，有其事则记，无其事则阙。寻迁之驰骛今古，上下数千载，春秋已往，得其遗事者，盖惟首阳山之二子而已。然适使夷、齐生于秦氏，死于汉日，而乃升诸传首，庸谓有情。今者考其先后，随而编次，斯则理之常也，乌可怪乎？必谓子长以善而无报，推为传始，若伍子胥、大夫种、孟轲、墨翟、贾谊、屈原之徒，或行仁而不遇，或尽忠而受戮，何不求其品类，同在

---

① 刘知幾《史通》，黄寿成校点，辽宁教育出版社1997年版，第1页。

② 同上。

③ 《旧唐书》卷一百二十，中华书局1975年版，第3171页。

④ 刘知幾《史通·自叙》，《全唐文》卷二百七十四，中华书局1983年版，第2789页。

⑤ 吴荣政《刘知幾〈史通〉评述书目考》，《湘潭大学学报》1993年第3期。

一科，而乃异其篇目，分为数卷也。①

刘知幾所列“探赜”一篇，是希望建立起一种学术传统，即尊重前人的著述，反对臆说，避免那些“妄生穿凿，轻究本源”，“乖作者之深旨，误生人之后学”②的现象。他举例批评葛洪对司马迁《史记》的臆断，并列举了伍子胥、大夫种、孟轲、墨翟、贾谊、屈原等著名历史人物的命运和遭际，来反证葛洪之说的错误。刘知幾此处所列举的这些历史人物，虽然目的不是要对他们进行评价，但是由此也可以看出，在刘知幾的观念中，孟子的品格是“行仁”，而其命运却是“不遇”，实际上却起到了评价孟子命运和品格的作用。

二、刘知幾对孟子观点的认同

《孟子》一书中不乏对前朝历史及人物的评价，这些学说遂成为刘知幾阐发自己史学主张的力证。如《内篇·六家第一》：

> 《琐语》又有《晋春秋》，记献公十七年事。《国语》云：“晋羊舌肸习于春秋，悼公使傅其太子。”《左传》昭二年，晋韩宣子来聘，见《鲁春秋》曰：“周礼尽在鲁矣。”斯则春秋之目，事匪一家。至于隐没无闻者，不可胜载。又按《竹书纪年》，其所记事皆与《鲁春秋》同。孟子曰：“晋谓之乘，楚谓之梼杌，而鲁谓之春秋，其实一也。”然则乘与纪年、梼杌，其皆春秋之别名者乎！③

此处刘知幾所引证的，是借孟子之说证明先秦史书名称的驳杂。《孟子》原文载于《离娄下》：“孟子曰：‘王者之迹熄而《诗》亡，《诗》亡然后《春秋》作。晋之《乘》，楚之《梼杌》，鲁之《春秋》，一也。其事则齐桓、晋文，其文则史。’”④

在《外篇·古今正史第二》中，刘知幾又用《孟子》所引《泰誓》内容为据，来论证汉代经学家伏生所传《尚书》（即《今文尚书》）的差谬：

> 属秦为不道，坑儒禁学，孔子之末孙曰孔惠，壁藏其书。汉室龙兴，旁求儒雅，闻故秦博士伏胜能传其业，诏太常使掌故晁错受焉。时伏生

---

① 刘知幾《史通·内篇·探赜第二十七》，黄寿成校点，辽宁教育出版社 1997 年版，第 63 页。
② 同上。
③ 刘知幾《史通·内篇·六家第一》，同上书，第 2 页。
④ 《孟子·离娄下》，杨伯峻《孟子译注》卷八，中华书局 1988 年版，第 192 页。

年且百岁,言不可晓。口授其书,才二十九篇。自是传其学者,有欧阳氏、大小夏侯。宣帝时,复有河内女子,得《泰誓》一篇献之,与伏生所诵合三十篇,行之于世。其篇所载年月,不与序相符会,又与《左传》、《国语》、《孟子》所引《泰誓》不同,故汉、魏诸儒(谓马融、郑玄、王肃也),咸疑其缪。①

在《外篇·疑古第三》中,则以孟子"尽信《书》,不如无《书》"来论证远古之书内容不免存在虚妄的事实:

大抵自《春秋》以前,《尚书》之世,其作者述事如此。今取其正经雅言,理有难晓,诸子异说,义或可凭,参而会之,以相研核。……孟子曰:尽信《书》,不如无《书》。《武成》之篇,吾取其二三简。推此而言,则远古之书,其妄甚矣。②

以上诸篇,刘知幾都是以孟子的观点为依据,来证明自己的史论观点的合理性,是让孟子为自己服务的。

三、刘知幾对孟子观点的批评

孟子尊孔,谨守孔学师训,因此对孔子的《春秋》大加肯定。对此,刘知幾不以为然。他既崇敬孔子的品德与成就,又不迷信孔子的著述:"昔孔宣父以大圣之德,应运而生。生人以来,未之有也。故使三千弟子、七十门人,钻仰不及,请益无倦。然则尺有所短,寸有所长。其间切磋酬对,颇亦互闻得失。"③刘知幾认为即使是孔子的话也不可拘泥,并敢于对孔子的《春秋》提出质疑,因此,他批评孟子对孔子的《春秋》有虚美之处。如《外篇·惑经第四》:

又案《春秋》之所书,本以褒贬为主。……自夫子之修《春秋》也,盖他邦之篡贼其君者有三(谓齐、郑、楚,已解于上),本国之弑逐其君者有七(隐、闵、般、恶、视五君被弑,昭、哀二主被逐也),莫不缺而靡录,使其有逃名者。而孟子云:"孔子成《春秋》,乱臣贼子惧。"无乃乌有之谈欤?

---

① 刘知幾《史通·外篇·古今正史第二》,黄寿成校点,辽宁教育出版社1997年版,第95页。
② 刘知幾《史通·外篇·疑古第三》,同上书,第113页。
③ 刘知幾《史通·外篇·惑经》,同上书,第113页。

其虚美三也。①

又案《春秋》之文,虽有成例,或事同书异,理殊画一。故太史公曰:“孔氏著《春秋》,隐、桓之间则彰,至定、哀之际则微,为其切当世之文,而亡褒讳之辞也。”斯则危行言逊,吐刚茹柔,推避以求全,依违以免祸。而孟子云:“孔子曰:‘知我者其惟《春秋》乎,罪我者其惟《春秋》乎。’”其虚美四也。②

刘知幾先是指出孔子的《春秋》与历史事实之间存在着明显的差距,《春秋》或者对事实“缺而靡录”,或者存在“推避以求全,依违以免祸”之处,继而对孟子关于《春秋》的溢美之辞提出批评,显示了他尊重事实的史家精神。

综合刘知幾对《孟子》的征引,我们明显看到:其一,他对待孟子的态度是理性而辩证的。其二,他对《孟子》的理解,是以大意要旨为主。他并不拘泥于《孟子》的原文,多数征引都只是取孟子言论的大意要旨,甚至是总括孟子的思想加以引述。如在《外篇·疑古第三》和《外篇·惑经第四》中,刘知幾两次引述“孟子曰:‘尧、舜不胜其美,桀、纣不胜其恶’”③,虽然孟子“言必称尧舜”④,但是在《孟子》文本中,却并没有“尧、舜不胜其美,桀、纣不胜其恶”的原话。

由此可见,刘知幾征引《孟子》与李善较严格地遵循原典有很大的不同。他们对孟子学说的这种不同的征引方式,固然有其著作文体不同的因素存在,但是,也反映出二者学风或学派的变化与不同。李善完成《文选》注大约是在唐高宗显庆三年(658)或之前,刘知幾完成《史通》在唐中宗景龙四年(710),前后相差半个世纪。在这期间,学术风气已经发生了明显的变化,不少士人已不再满足死守前人的章句之学,开始崇尚“论大体,举宏纲”的义理之学。刘知幾在其《史通·外篇·申左第五》中就不满当时儒者之学专治章句:“然则儒者之学,苟以专精为主,止于治章句,通训释,斯则可也。至于论大体,举宏纲,则言罕兼统,理无要害。故使今古疑滞,莫得而申者焉。”⑤他

---

① 刘知幾《史通·外篇·惑经》,黄寿成校点,辽宁教育出版社1997年版,第117页。

② 同上书,第118页。

③ 刘知幾《史通·外篇·疑古第三》,按《论语》曰:“君子成人之美,不成人之恶。”又曰:“成事不说,遂事不谏,既往不咎。”又曰:“民可使由之,不可使知之。”夫圣人立教,其言若是。在于史籍,其义亦然。是以美者因其美而美之,虽有其恶,不之毁也;恶者因其恶而恶之,虽有其美,不之誉也。故孟子曰:“尧、舜不胜其美,桀、纣不胜其恶。”黄寿成校点,第109页。《外篇·惑经第四》:“考兹众美,征其本源,良由达者相承,儒教传授,既欲神其事,故谈过其实。语曰:‘众善焉,必察之。’孟子曰:‘尧、舜不胜其美,桀、纣不胜其恶。’寻世之言《春秋》者,得非睹众善而不察,同尧、舜之多美者乎?”,第118页。

④ 《孟子·滕文公上》卷五,杨伯峻《孟子译注》,中华书局1988年版,第112页。

⑤ 刘知幾《史通·外篇·申左第五》,黄寿成校点,第119页。

与徐坚、元行冲、吴兢等几个志同道合的友人,①就是敢于向章句之学挑战的先行者。《旧唐书·元行冲传》载:

> 初,有左卫率府长史魏光乘奏请行用魏徵所注《类礼》,上遽令行冲集学者撰《义疏》,将立学官。行冲于是引国子博士范行恭、四门助教施敬本检讨刊削,勒成五十卷,十四年八月奏上之。尚书左丞相张说驳奏曰:"今之《礼记》,是前汉戴德、戴圣所编录,历代传习,已向千年,著为经教,不可刊削。至魏孙炎始改旧本,以类相比,有同抄书,先儒所非,竟不行用。贞观中,魏徵因孙炎所修,更加整比,兼为之注,先朝虽厚加赏锡,其书竟亦不行。今行冲等解征所注,勒成一家,然与先儒第乖,章句隔绝,若欲行用,窃恐未可。"上然其奏,于是赐行冲等绢二百匹,留其书贮于内府,竟不得立于学官。行冲恚诸儒排己,退而著论以自释,名曰《释疑》。②

元行冲带领范行恭、施敬本等人所撰的《类礼义疏》五十卷,最终未能立于学官,就是因为"与先儒第乖,章句隔绝"而受到诸儒的排斥,这其实反映的是当时守章句和尚义理两个学派之间的交锋。因此,元行冲在《释疑》中愤然声讨那些"俗儒",并列举了汉代先贤修古义非章句失败的事例:"汉有孔季产者,专于古学;有孔扶者,随俗浮沉。扶谓产云:'今朝廷皆为章句内学,而君独修古义,修古义而非章句内学,非章句内学则危身之道也。独善不容于代,必将贻患祸乎!'"③指出要"变易章句",崇尚"雅达通博"之学,面临着五难。尽管崇尚新学术困难重重,但是刘知幾、徐坚等这些博学通达之士还是坚持着积极奉行,他们不仅在自己的著述中举经典的宏纲大意,还互相支持声援。上述徐坚对刘知幾《史通》的高度评价就是明证。同时他们对当时敢于摒弃章句,究先人之旨的王元感治学成就的力挺,也可看出他们推行新学风的努力。《旧唐书·王元感传》记载:

> 王元感,濮州鄄城人也。少举明经,累补博城县丞。兖州都督、纪王慎深礼之,命其子东平王续从元感受学。
>
> 长安三年,表上其所撰《尚书纠谬》十卷、《春秋振滞》二十卷、《礼记

① 《新唐书》卷一百三十二《刘知幾传》:"子玄与徐坚、元行冲、吴兢等善,尝曰:'海内知我者数子耳。'"中华书局 1975 年版,第 4520 页。

② 《旧唐书》卷一百二十,中华书局 1975 年版,第 3178 页。

③ 同上书,第 3180 页。

绳愆》三十卷,并所注《孝经》、《史记》稿草,请官给纸笔,写上秘书阁。诏令弘文、崇贤两馆学士及成均博士详其可否。

学士祝钦明、郭山恽、李宪等皆专守先儒章句,深讥元感掎摭旧义,元感随方应答,竟不之屈。凤阁舍人魏知古、司封郎中徐坚、左史刘知幾、右史张思敬,雅好异闻,每为元感申理其义,连表荐之。寻下诏曰:"王元感质性温敏,博闻强记,手不释卷,老而弥笃。掎前达之失,究先圣之旨,是谓儒宗,不可多得。可太子司议郎,兼崇贤馆学士。"魏知古尝称其所撰书曰:"信可谓《五经》之指南也。"中宗即位,以春官旧僚,进加朝散大夫,拜崇贤馆学士。①

这又是一次章句之学与新学之间的交锋,祝钦明、郭山恽、李宪等学士专守先儒章句,坚决反对王元感对《尚书》《春秋》《礼记》《孝经》等儒学经典的大胆发明,而刘知幾、魏知古、徐坚、张思敬等则予以积极的支持,"每为元感申理其义,连表荐之",并称赞王元感所撰之书可以作为《五经》的指南。

张国刚在《略论唐代学术史的时代特征》中认为:"中国学术史上历来有汉学与宋学之争,虽然主要是从经学史上立论,实际却成了某种学术风格的代名词,远远超出了它本来的意义。如汉学被指为讲究名物训诂的朴学,宋学被指为崇尚义理的义学。""唐代学术作为汉学与宋学之间的桥梁地位,是无可怀疑的了。唐代学术这种总结汉魏以来的学术发展、开启宋明学术新风的时代特色,是中古历史变化总趋势的一个反映。"②可以说,唐代学术的这种变化,在刘知幾完成《史通》这期间就已经开始了。

四、刘知幾"史才论"对孟子学说的发展

《旧唐书·刘知幾传》记载了他与礼部尚书郑惟忠关于"史才"的一段对话:

礼部尚书郑惟忠尝问子玄曰:"自古已来,文士多而史才少,何也?"对曰:"史才须有三长,世无其人,故史才少也。三长:谓才也,学也,识也。夫有学而无才,亦犹有良田百顷,黄金满籯,而使愚者营生,终不能致于货殖者矣。如有才而无学,亦犹思兼匠石,巧若公输,而家无楩楠斧斤,终不果成其宫室者矣。犹须好是正直,善恶必书,使骄主贼臣,所以

① 《旧唐书》卷一百八十九下,中华书局1975年版,第4963页。
② 张国刚《略论唐代学术史的时代特征》,《史学月刊》2003年第6期。

知惧,此则为虎傅翼,善无可知,所向无敌者矣。脱苟非其才,不可叨居史任。自敻古已来,能应斯目者,罕见其人。"时人以为知言。①

刘知幾这段关于史才论的内容又见于《全唐文》卷二百七十四,题为《答郑惟忠史才论》。侯外庐认为,刘知幾关于"才、学、识"的史才理论是肇端于孟子的:

> 以才、学、识三者为史才所必须兼备的条件,其说是自孟子开其端绪。《孟子·离娄下》:"王者之迹熄而《诗》亡,然后《春秋》作。晋之《乘》,楚之《梼杌》,鲁之《春秋》,一也。其事则齐桓晋文,其文则史。孔子曰,其义则丘窃取之矣。"后来班固作《汉书·司马迁传赞》说:"然自刘向、扬雄博极群书,皆称迁有良史之材,服其善序事理,辨而不华,质而不俚,其文直,其事核,不虚美,不隐恶。"范晔为班固作传,称"固文赡而事详","然其论议,常排死节,否正直,而不叙杀身成仁之为美"。晔自序《后汉书》,说"常耻作文士""常谓情志所托,故当以意为主,以文传意。以意为主,则其旨必见。以文传意,则其词不流"。刘知幾所说的才,相当于孟子、班固、范晔所谓的"文"。……刘知幾所说的学,相当于孟子、班固、范晔所谓的"事",是指史事说的。刘知幾所说的识,相当于孟子所谓的"义"……刘知幾继承前人的论点,把"学"比作材料和工具,把"才"比作生产的方法,把"识"说成是研究历史的观点和方法,但比前人说得更清楚了,更系统了。在这三者中,刘知幾实最重"识",才、学都离不开它。②

通过考察刘知幾在《史通》中对孟子学说的征引特点,可以看到他对于建立一种新的学风的实践和努力,而这一切,对于中唐孟子学的学术特征的形成无疑具有筚路蓝缕之功。

---

① 《旧唐书》卷一百二十,中华书局1975年版,第3173页。

② 侯外庐主编《中国思想通史》第四卷(上),人民出版社1995年版,第286页。

第二章　盛唐孟子学

——以实践为主的发展阶段

第一节　盛唐孟子学概述

盛唐时期的孟子学,在初唐的基础上继续发展,但是这一发展的表现却与初唐有所不同。概括来说有三点变化。其一是由初唐时比较单一的引述孟子学说,变为较多地对孟子思想在精神上的继承和在行动上的践行。这主要体现在以张九龄、李白和杜甫为代表的士人身上。

张九龄作为开元中后期政坛上的一位核心人物,以其政治上的开明贤能,辅佐玄宗实现了经济繁荣文化昌盛的鼎盛局面。他以社稷为己任,秉持君子大节,不避危言,敢于谏诤,不怕触犯龙威,体现出鲜明的谠直之风。在人才选拔与使用上,张九龄主张用能唯贤;在教育与教化的问题上,他重视良好习性的熏陶培养;在军事问题上,主张减储军兵,反对不义之战。张九龄在其诗歌中多次提到孟子,他对孟子其人及其理论都十分了解。张九龄的直谏个性和他的重要治政理念,与孟子的相关思想和精神有着明显的承继性,他在开元政坛上很好地实践并发扬光大了孟子的理论。

李白和杜甫是众所公认的唐代文学史上的两位巨擘,他们之所以能取得令人瞩目的艺术成就,自然得益于能兼收并蓄地学习前人的成绩。

一方面,由于当时《文选》学的盛行,他们可以从李善注《文选》中间接地接受孟子的学说。李白和杜甫等盛唐诗人都与李善的儿子李邕交谊深厚。李邕曾参与其父注《文选》的工作,又在当时文坛上颇负盛名。李白与李邕的情谊很深,从早期他对李邕的崇拜,到后来对李邕政绩的支持,以至对其惨死的深切同情和哀悼,两人的交谊自始至终都是很密切的。杜甫与李邕也有多次交往,李邕对杜甫十分赏识,杜甫对李邕也感情深笃。李杜的文学成就同样都深深受益于《文选》的影响。

另一方面,李白和杜甫的博学与兼容并蓄的胸怀也让他们对孟子的思想有所接受。李白时常引用孔子和孟子的学说来为自己立言;杜甫则终其一生都恪守着儒家的奉世精神,把“致君尧舜上,再使风俗淳”作为自己人生的理想追求。

李白主要继承了孟子的浩然之气。李白的浩然之气,第一体现在他有“舍我其谁”的强烈自信和豪气上。第二体现在“富贵不能淫,贫贱不能移,威武不能屈”的大丈夫气上。由于时代的发展和变化,尽管李白所崇尚的“大丈夫”标准与孟子所界定的内涵不完全一致,但是,我们不难看出李白的大丈夫气依然是脱胎于孟子所倡导的君子精神。

杜甫较多地接受了孟子的仁政和民本思想。孟子仁政思想所包含的对黎民百姓痛苦的哀悯,对巨大贫富差距的抨击,对统治者“残民”的批判,我们都能在杜甫的诗作中看到很鲜明的印记。杜甫一生都在为黎元百姓担忧,他流露在诗作中的仁者心肠,已远远超越了仅仅是为创作诗歌而选用《孟子》内容用典或用事的艺术技巧问题,而是一个醇厚的儒者对孟子仁政思想的会心与忠实的践行。杜甫对孟子思想的继承还体现在他反对不义战争的主张方面。孟子坚决反对兼并战争,批评穷兵黩武的不仁行为,认为“春秋无义战”。杜甫对君王的开边政策多次表达了反对的态度。

盛唐孟子学的变化之二是,有的士人试图在科举制度上树立起孟子的形象。当时杨绾和赵匡在关于科考改革的上疏中对孟子的提倡,就是从官方的科举制度自上而下推崇孟子的一次尝试。杨绾上呈了《上贡举条目疏》,主张将《孟子》与《论语》《孝经》一样列为“兼经”。赵匡也提出了一套改革科举制的具体办法,他在《举选议》中建议设置经业、明法、进士、茂才、秀才、宏才等科。在学习内容上,经业科主要是学习儒家经典,明法科主要学习《春秋》,兼习三传,进士科需习《礼记》《尚书》《论语》《孝经》并一史,又试笺表、议论、铭颂、箴檄等有资于实用者。茂才科还需通《老子》《庄子》《孟子》《荀子》《墨子》《管子》《韩非子》等著作。

杨绾的建议虽然未被采纳,但是他将孔、孟同列,并试图从制度上为《孟子》争得一席地位的努力,都是前所未有的。杨绾的主张在很大程度上开启了《孟子》由子入经的先声,到中唐时期,在进士考试的策问题目中,就多次出现了《孟子》中的内容。进士科考的这一趋势,无疑会成为促动士人关注孟子及其理论的巨大推手,令那些准备参加科考的士人自觉地把《孟子》纳入到学习的范围中去。孟子及其思想对唐代科举的烛照逐渐显现出来,《孟子》入经的道路越拓越开阔了。

杨绾和赵匡在科举改革中对孟子的提倡,是在盛唐时期经学处于尴尬境况的学术背景下产生的。盛唐时期经学的尴尬,主要表现在:一面是最高统治者大力倡导经学,一面则是经学日益被士人所虚置。从文献可以看出,盛世天子唐玄宗在他执政期间,曾以不同方式多次诏令天下崇儒尊经,但是,盛唐时期的经学学术建树却不大。

盛唐孟子学的变化之三，是产生了唐代最早注解孟子的专书——陆善经《孟子注》七卷（见本书第五章第二节）。陆善经的《孟子注》七卷已佚，但是它开启了唐人注孟的先例，在唐代孟子学发展中具有重要意义。

第二节 张九龄对孟子的接受

张九龄不仅是玄宗开元年间的名相，也称得上是中国历史上屈指可数的著名宰相之一。徐浩在《唐尚书右丞相中书令张公神道碑》中把张九龄之前的唐代名相做了如下排列："有唐既受命，在太宗时，有若梁公房、郑公魏、卫公李，格于皇天。在高宗时，有若梁公狄，格于上帝。在中宗时，有若汉阳王张、扶阳王桓，兴复宗社。在玄宗时，有若梁公姚、广平公宋、燕公、始兴公二张，中兴王业。"①在这个序列中，张九龄应该是继魏徵之后唐代最敢于直谏的一位宰相。

一、张九龄的谠直之风对孟子精神的实践

张九龄自中宗神龙三年（707）踏入仕途，到开元二十四年（736）罢相，中间除有八年外任之外，有二十多年都在朝廷任职。先后历任左拾遗、左补阙、礼部员外郎、司勋员外郎、中书舍人、工部侍郎、知制诰、中书侍郎，最后进为中书令。他正直敢谏，"身虽远而谏愈切，道既塞而诚弥坚"②，被中唐革新派吕温赞为是"有唐之鲠亮臣也"：

> 中书令始兴文献公，有唐之鲠亮臣也。开元二十年后，元宗春秋高矣，以太平自致，颇易天下，综核稍息，推纳浸广，君子小人，摩肩于朝，直声遂寝，邪气始胜，中兴之业衰焉。公于是以生人为身，社稷自任，抗危言而无所避，秉大节而不可夺，小必谏，大必诤，攀帝槛，历天阶，犯雷霆之威，不霁不止。日月之蚀，为公却明，虎而冠者，不敢猛视，群贤倚赖，天下仰息，凛乎千载之望矣。③

张九龄以社稷为己任，秉持君子大节，不避危言，敢于谏诤，不怕触犯龙威。玄宗未行亲郊之礼，他上疏极谏；玄宗宠爱的武惠妃拉拢张九龄谋陷太

---

① 徐浩《唐尚书右丞相中书令张公神道碑》，《全唐文》卷四百四十，中华书局 1983 年版，第 4489 页。

② 吕温《张荆州画赞（并序）》，《全唐文》卷六百二十九，第 6349 页。

③ 同上。

子瑛,他直言斥责;玄宗因军功要委任幽州节度使张守珪为侍中,拜凉州节度使牛仙客为尚书,他触鳞固争,竟不奉诏;对待包藏祸心的安禄山,张九龄更是多次劝谏玄宗加以提防:"安禄山初以范阳偏校入奏,气骄蹇,九龄谓裴光庭曰:'乱幽州者,此胡雏也。'及讨奚、契丹败,张守珪执如京师,九龄署其状曰:'穰苴出师而诛庄贾,孙武习战犹戮宫嫔,守珪法行于军,禄山不容免死。'帝不许,赦之。九龄曰:'禄山狼子野心,有逆相,宜即事诛之,以绝后患。'帝曰:'卿无以王衍知石勒而害忠良。'卒不用。"①在玄宗诞辰的天长节,百僚多献珍异为皇帝祝寿,张九龄则进献《金镜录》,述帝王兴衰让玄宗以为鉴戒。他的《进千秋节金镜录表》说:

伏见千秋节日,王公已下悉以金宝镜进献,诚贵尚之尤也。臣愚以谓明镜所以鉴形者也,有妍媸则见之于外;往事所以鉴心者也,有善恶则省之于内。故黄帝《镜铭》云:"以镜自照见形容,以人自照见吉凶。"又古人云:"前事之不远,后事之元龟。"元龟亦犹镜也。伏惟开元神武皇帝陛下圣德之至,动与天合,本已全于道体,固不假于事鉴。然覆载广大,无所不包,圣道冲虚,有来皆应,臣敢缘此义,谨于生辰节上《事鉴》十章,分为五卷,名曰《千秋金镜录》。虽闻见褊浅,所择不深,至于区区效愚,其庶乎万一。②

在唐代历史上,以直谏而著名的大臣前有太宗时的魏徵,他"俾补衮职,其绳则直。谔谔嶷嶷,危言正色,保太宗德"③。其后就数张九龄了,不过因为玄宗晚年的昏聩与对朝政的懈怠,未能自始至终信任张九龄。当安史之乱爆发后,玄宗曾无限遗憾地追叹张九龄:"自公殁后,不复闻忠谠言。"④在其后《赠张九龄司徒诰》中,玄宗又评价张九龄:"谠言定于社稷,先觉合于蓍龟,永怀贤弼,可谓大臣。"⑤因此,中唐宪宗朝宰相崔群就认为,唐朝理乱的分水岭不是安史之乱,而是开元二十四年罢张九龄相,其《论开元天宝讽止皇甫镈疏》曰:

安危在出令,存亡系所任。元宗初得姚崇、宋璟、卢怀慎、苏颋、韩休、张九龄则治,用宇文融、李林甫、杨国忠则乱,故用人得失,所系非轻。

---

① 《新唐书》卷一百二十六,中华书局1975年版,第4429页。
② 张九龄《进千秋节金镜录表》,《全唐文》卷二百八十八,中华书局1983年版,第2921页。
③ 吕温《凌烟阁勋臣颂·魏郑公徵》,《全唐文》卷六百二十九,第6345页。
④ 徐浩《唐尚书右丞相中书令张公神道碑》,《全唐文》卷四百四十,第4489页。
⑤ 唐玄宗《赠张九龄司徒诰》,《全唐文》卷三十八,第410页。

人皆以天宝十四年安禄山反为乱之始,臣独以为开元二十四年罢张九龄相专用李林甫,此理乱之所分也。愿陛下以开元为法,以天宝为戒,则社稷之福也。①

张九龄的直气鲠正与彰善瘅恶,是对孟子人格精神的典型实践。在前一章论魏徵继承孟子精神一节中我们谈到,孟子具有敢以自己的仁义道德与拥有财富和爵位的君王相抗衡的独立人格精神。同时,孟子还为“大丈夫”的行为作了界定:“以顺为正者,妾妇之道也。居天下之广居,立天下之正位,行天下之大道,得志,与民由之,不得志,独行其道。富贵不能淫,贫贱不能移,威武不能屈,此之谓大丈夫。”②孟子认为,男子之道当以义匡君,女子则当婉顺从人。那些从君顺指,行权合从,无辅弼之义的人,不能称其为大丈夫。从张九龄直言敢谏的作为看,他是完全符合孟子所谓的“大丈夫”标准的。

张九龄在其散文中虽然没有直接引述孟子的观点,但是,在其诗歌中,他却多次提到孟子。如其《酬王履震游园林见贻》:

宅生惟海县,素业守郊园。中览霸王说,上徼明主恩。一行罢兰径,数载历金门。既负潘生拙,俄从周任言。逶迤恋轩陛,萧散反丘樊。旧径稀人迹,前池耗水痕。并看芳树老,唯觉敝庐存。自我栖幽谷,逢君翳覆盆。孟轲应有命,贾谊得无冤。江上行伤远,林间偶避喧。地偏人事绝,时霁鸟声繁。独善心俱闭,穷居道共尊。乐因南涧藻,忧岂北堂萱。幽意加投漆,新诗重赠轩。平生徇知己,穷达与君论。③

此诗是张九龄对知己王履震表达关于穷达的认识。相对于散文而言,诗歌的抒情特质决定了其真情实感的程度要高一些,因此,此诗中的抒情和表意可以视为张九龄内心的真实告白。其中的“孟轲应有命”是化用《孟子·尽心上》中“求之有道,得知有命,是求无益于得也,求在外者也”④的意思,表达个人追求与命运之间的关系。而“独善心俱闭,穷居道共尊”又是化用《孟子》同篇中“尊德乐义,则可以嚣嚣矣。故士穷不失义,达不离道。……穷则独善其身,达则兼善天下”⑤的意思,表达人生理想。在《与袁补阙寻蔡拾遗

① 崔群《论开元天宝讽止皇甫镈疏》,《全唐文》卷六百十二,中华书局1983年版,第6184页。
② 《孟子·滕文公下》,杨伯峻《孟子译注》卷六,中华书局1988年版,第140页。
③ 张九龄《酬王履震游园林见贻》,陈贻焮主编《增订注释全唐诗》第一册,文化艺术出版社2001年版,第324页。
④ 《孟子·尽心上》,杨伯峻《孟子译注》卷十三,第302页。
⑤ 同上书,第304页。

会此公出行后蔡有五韵诗见赠以此篇答焉》中，张九龄又使用孟母三迁的典故，称道朋友的学问："辙迹陈家巷，诗书孟子邻。偶来乘兴者，不值草玄人。契是忘年合，情非累日申。闻君还薄暮，见眷及兹辰。赠我如琼玖，将何报所亲。"①《列女传》卷一载，孟子幼年，其母择邻，三迁而居学宫之旁，故孟子从小习礼，终成大儒之名。诗中"诗书孟子邻"就以此比拟朋友蔡孚的家庭教育和学问。由此看来，张九龄对孟子其人及其理论都很了解，并且能将孟子的思想化为自己的行动，积极实践孟子的理论。

二、张九龄的治政理念对孟子精神的实践

作为开元中后期政坛上的一位核心人物，张九龄的执政理念在很多方面也体现了对孟子思想的实践。

首先，在人才选拔与使用上，张九龄主张用能唯贤。在其《应道侔伊吕科对策第一道》中，他赞同古代"讲礼观能"的选人方式："古者诸侯贡士，司徒论士，必讲礼观能，乡举里选。"从而实现"能者代上帝之理，议者息高门之谈，吏精其心，人享其利，流庸不日而来复，耕桑何忧乎不稔？动之斯应，绥之斯来"的盛德大业。② 在《上封事书》中，他提出："亲人之任，宜得其贤；用才之道，宜重其选。"③张九龄主张任人要才能与职位相称，反对以名器假人。当范阳节度使张守珪以斩可突干功，玄宗欲拜其为侍中时，张九龄反对说："宰相代天治物，有其人然后授，不可以赏功。国家之败，由官邪也。"帝曰："假其名若何？"对曰："名器不可假也。"④因此，王维称赞他"侧闻大君子，安问党与仇。所不卖公器，动为苍生谋。"⑤徐浩称赞他："黜免贪吏，引伸正人，任良登能，亮贤劳事，泽被膏雨，令行祥风。"⑥

其次，在教育与教化的问题上，张九龄重视良好习性的熏陶培养。他曾上《论教皇太子状》，劝谏玄宗要重视皇太子的教育：

> 臣伏以皇太子是天下之本，为国之贰，今则睿质渐长，犹在深宫，所与近习者，未必皆正人端士，安于逸乐，久则性成。是以古者明王，恐其若此，虽在赤子，先之以教，必使耆儒硕德，为之师保。故《大戴礼》云："周成王在襁褓之中，太公为之太师，教之顺也；周公为之太傅，傅其德

---

① 陈贻焮主编《增订注释全唐诗》第一册，文化艺术出版社2001年版，第323页。
② 张九龄《应道侔伊吕科对策第一道》，《全唐文》卷二百九十，中华书局1983年版，第2941页。
③ 《全唐文》卷二百八十八，第2925页。
④ 《新唐书》卷一百二十六《张九龄传》，中华书局1975年版，第4428页。
⑤ 王维《献始兴公》，赵殿成笺注《王右丞集笺注》，上海古籍出版社1961年版，第85页。
⑥ 徐浩《唐尚书右丞相中书令张公神道碑》，《全唐文》卷四百四十，第4490页。

义;召公为之太保,保其身体。是故成王能圣,周道用康。"秦始皇使赵高傅其太子胡亥,因教之以狱,所习者非斩劓人,则夷人之三族也,胡亥即位,秦氏以亡。则明人之性情,莫不由习,若近正人,闻正事,虽欲为恶,固已不忍;若亲近细人,不闻教,谕纵欲行善,犹未知所适:此必然也。胡越之人,生则声同,长则语异,盖声者天然,语者所习,习于胡则胡,习于越则越:故知成于所习,不可不慎。臣伏愿详择典故,征用名贤,执经劝学,朝夕从事,俾皇太子得于所习,天下幸甚。①

皇太子是国家的储君,对他的教育和培养关系到国家未来的命运,所以,张九龄十分重视这一问题,极力向皇上论证其重要性。他担心的是皇太子长期处在深宫,如果缺乏正人端士的影响,以及耆儒硕德师傅的培养,就会安于逸乐,久则成性。他认为"人之性情,莫不由习,若近正人,闻正事,虽欲为恶,固已不忍",因而建议玄宗征用名贤,对皇太子"执经劝学,朝夕从事"。皇储的教育习染要重视,对一般官员大臣的选拔也要重视教育。张九龄主张要继承古时官员教育与选拔的传统:"十五十八之岁,大学小学之节,诵习以时,教化以礼:则孝悌之行,可知于乡曲;政事之业,可升于国朝,先王务教,此其大者。"②

再次,在军事问题上,张九龄主张减储军兵,反对不义之战。他在《应道侔伊吕科对策》第二道中阐述说:"王道务德,不来不强臣;霸道尚功,不伏不偃武:此劳逸异数,得失可名,故曰务广德者昌,务广地者亡。"③认为王道广德,国家则可以昌盛,霸道广地,国家则会灭亡。所以当"边将盖嘉运等上策,密发将士,袭平西戎"时,张九龄"以为不可妄举,结后代仇,非皇王之化也"④。他任宰相时,主张罢赏战功,减诸军兵,省年支赐,可惜这些政策因一些谀臣的谗议未能贯彻下去。

玄宗朝在思想领域儒、佛、道三教并重,张九龄不能不受其影响。但是纵观张九龄的执政理念,明显"以儒家为主,主张用儒家的'仁德'来统治天下"⑤。

而这些"仁德"理念又多直接承继了孟子的思想精神。如在人才使用问题上,孟子多次强调"尊贤使能":"贵德而尊士,贤者在位,能者在职。""尊贤

① 《全唐文》卷二百八十八,中华书局1983年版,第2927页。
② 张九龄《应道侔伊吕科对策》第一道,《全唐文》卷二百九十,第2941页。
③ 张九龄《应道侔伊吕科对策》第二道,《全唐文》卷二百九十,第2941页。
④ 徐浩《唐尚书右丞相中书令张公神道碑》,《全唐文》卷四百四十,第4491页。
⑤ 赖井洋《张九龄伦理思想浅析》,《韶关师专学报》1989年第1期。

使能，俊杰在位，则天下之士皆悦，而愿立于其朝矣。”①在教育习染问题上，孟子重视环境的熏陶作用，孟子曾与戴不胜讨论过这一问题：

> 孟子谓戴不胜曰：“子欲子之王之善与？我明告子。有楚大夫于此，欲其子之齐语也，则使齐人傅诸？使楚人傅诸？”曰：“使齐人傅之。”曰：“一齐人傅之，众楚人咻之，虽日挞而求其齐也，不可得矣。引而置之庄岳之间数年，虽日挞而求其楚，亦不可得矣。”②

孟子以教育孩子学习语言，如何选择生活环境为例，说明环境与习染对于一个人成长的重要性。在对待战争的问题上，孟子一贯主张仁义理国，反对征战。

孟子曰：“《春秋》无义战，彼善于此，则有之矣。征者，上伐下也，敌国不相征也。”③春秋时诸侯国间多争战，或因怒兴师，或弃礼贪利，少有禁暴救乱之义，所以孟子认为“春秋无义战”。孟子又说：“有人曰：‘我善为阵，我善为战。’大罪也。国君好仁，天下无敌焉。南面而征，北夷怨；东面而征，西夷怨。”④孟子把那些善为布阵，善为战斗，并以此劝说诸侯进行攻战的人，看作大罪之人。

我们不难看出，上述张九龄的政治主张与孟子的思想有着直接的渊源关系，换言之，张九龄的治政理念就是孟子相关思想在开元时期的应用与实践。葛晓音在其《唐诗宋词十五讲》中认为：开元前期文坛，在张说周围形成了“以‘文儒’为主的官僚群体”，“其中张九龄所起的作用尤其突出”。⑤ 张九龄以其政治上的开明贤能，辅佐玄宗实现了经济繁荣文化昌盛的鼎盛局面，也赢得了后人的赞誉。如杜甫的《八哀诗·故右仆射相国曲江张公九龄》评价说：

> 相国生南纪，金璞无留矿。仙鹤下人间，独立霜毛整。矫然江海思，复与云路永。寂寞想土阶，未遑等箕颍。上君白玉堂，倚君金华省。碣石岁峥嵘，天池日蛙黾。退食吟大庭，何心记榛梗。骨惊畏曩哲，鬒变负人境。虽蒙换蝉冠，右地恧多幸。敢忘二疏归，痛迫苏耽井。紫绶映

---

① 《孟子·公孙丑上》，杨伯峻《孟子译注》卷三，中华书局1988年版，第77页。
② 《孟子·滕文公下》，杨伯峻《孟子译注》卷六，第151页。
③ 《孟子·尽心下》，杨伯峻《孟子译注》卷十四，第324页。
④ 同上书，第325页。
⑤ 葛晓音《唐诗宋词十五讲》，北京大学出版社2003年版，第32页。

暮年，荆州谢所领。庾公兴不浅，黄霸镇每静。①

杜甫的《八哀诗》选择了当时他最敬重的八位士人，以诗歌的形式为他们分别作传，张九龄就是其中之一。此诗首称张九龄的不凡品格，杜甫用金无留矿、鹤下人间，比喻张九龄的用世之才和超群品质。次叙其仕进履历，张九龄一方面得以于玉堂金华省辅佐国君，另一方面又要面对安禄山的张势和李林甫的恣谗。诗中碣石峥嵘，天池蛙黾，分别比喻安禄山和李林甫。但是张九龄能不计私忿，以国事为忧，所以杜甫以东晋名士庾亮比拟张九龄的风神，以西汉著名宰相黄霸称赞其在任的政绩。最后，杜甫又盛赞张九龄的诗才文学："宾客引调同，讽咏在务屏。诗罢地有余，篇终语清省。一阳发阴管，淑气含公鼎。乃知君子心，用才文章境。"②

然而，杜甫如此大手笔为张九龄撰写的诗传，后人还是有所不满，南宋末刘辰翁就认为：张九龄的大节在于奏请斩禄山以绝后患，唐明皇不听，至幸蜀以后，追思其言，遣使祭赠。而杜甫八哀诗，未免拾其细而遗其大。因此，明代的杨慎就作了一首《补杜子美哀张九龄诗》，其中写道：

相国生南纪，蔚为曲江彦。山接韶音峰，秀钟重华甸。风雅既葳蕤，声名郁葱倩。登庸伊吕科，敷奏姚宋羡。……补衮缀宗彝，用药必瞑眩。防乎贵未然，介焉断几见。狐媚荡主心，狼子纡皇眷。金镜倏垢尘，玉奴惊腥膻。萋斐偃月堂，弃捐秋风扇。鼍动渔阳鼙，蟲飞太极箭。朱鸾奔咸京，青骡乘蜀传。栈阁雨淋铃，宛洛飚回县。蜚雁愁仰霄，昆蹄怯升甗。噬脐漫天泣，回肠岭南奠。精已箕尾骑，魂犹螭头恋。绝线国步危，规瑱忠言贱。青史篆峥嵘，翠珉藤跃蔓。谁珍徐孺碑，雕虫但黄绢。③

杨慎诗中补充了张九龄抗直敢谏的几件事迹，如斥责武惠妃拉拢谋陷太子瑛，在玄宗生日时献《金镜录》，劝谏玄宗提防安禄山等。仇兆鳌评价杨诗"格整辞茂，力摹少陵"。可见，后代对张九龄的评价，也多聚焦于其敢于讽谏的谠直之风方面。总之，作为一代贤能宰相，张九龄的直谏个性和他的重要治政理念，都与孟子的相关思想和精神有着明显的承继性，也可以说，张九龄在开元政坛上很好地发扬光大并实践了孟子的理论。

① 仇兆鳌注《杜诗详注》，中华书局1979年版，第1414页。
② 同上书，第1417页。
③ 杜甫《八哀诗·故右仆射相国曲江张公九龄》附录，同上书，第1419页。

第三节 李白对孟子的接受

一、李白接受孟子思想的途径

李白是盛唐诗人的代表,他之所以能取得令人瞩目的艺术成就,一个重要的原因是他能广泛学习,并兼收并蓄地继承前人的成绩。李白在其诗歌中,虽然很少提及孟子,但是,他对孟子的思想并不陌生,他对孟子的接受可以从多种途径获得。

李白可以从李善《文选》注中间接地接受孟子的学说。李善《文选》注对《孟子》的广泛征引前已论述。李白固然具备直接阅读《文选》的才能,而无需借助李善注,但是,因为李善所注《文选》引述的典故全面丰富,成为诗人用典用事的宝库,就李善《文选》注对当时士人的广泛影响看,李白学习李善《文选》注的可能性更大一些。

晚唐段成式《酉阳杂俎》称"李白前后三拟《文选》,不如意,悉焚之,惟留《恨》、《别赋》"①。南宋的朱熹也多次评价说:"李太白始终学《选》诗,所以好。杜子美诗好者,亦多是效《选》诗。""李、杜、韩、柳,初亦皆学《选》诗者。然杜、韩变多,而李、柳变少。"②李白也自称:"余小时,大人令诵《子虚赋》,私心慕之。"③他"十五观奇书,作赋凌相如"④,司马相如的《子虚赋》《上林赋》,《文选》都有收录。李白在其青少年的学习阶段,是李善《文选》注最为流行的时期。⑤ 因此,李白当时所能见到的《文选》,基本上就是李善的《文选》注。

开元中后期,五臣注《文选》完成并进献给朝廷,由于受到玄宗的称赞也开始盛行,此后,李白或许也会受益于五臣注的《文选》。但是,凭他对李善儿子李邕的崇拜与友情,可以推想他所学习和接受的《文选》还应是李善注。《新唐书·李邕传》记载了李邕与其父亲李善共同注释《文选》的事情:"邕少知名。始善注《文选》,释事而忘意。书成以问邕,邕不敢对,善诘之,邕意欲有所更,善曰:'试为我补益之。'邕附事见义,善以其不可夺,故两书并行。"⑥

---

① 王琦注《李太白全集》附录,中华书局 1985 年版,第 1620 页。

② 同上书,第 1526 页。

③ 李白《秋于敬亭送从侄耑游庐山序》,同上书,第 1266 页。

④ 李白《赠张相镐》,同上书,第 594 页。

⑤ 李善注成于唐高宗显庆三年(658)或之前,五臣注成于唐玄宗开元六年(718),李白生于长安元年(701),所以他十五岁作赋凌相如时,五臣注还未出现。

⑥ 《新唐书》卷二百二十,中华书局 1975 年版,第 5754 页。

虽然后世未见李善与李邕注的“两书并行”，但是，李善在修订其注时吸收儿子李邕的建议，倒是有可能的，这一说法也基本得到后人的认可。对此，闻一多说：“李善绰号‘书簏’，因为，据史书说，他是一个‘淹贯古今，不能属辞’的人。史书又说他始初注《文选》，‘释事而忘意’，经他儿子李邕补益一次，才做到‘附事以见义’的地步。”①

开元、天宝年间，被尊为“燕许大手笔”的张说、苏颋先后谢世，李邕继起文坛，成为一代文宗，被士人目为“学成师范，文堪经国”。《旧唐书·李邕传》载：“邕素负美名，频被贬斥，皆以邕能文养士，贾生、信陵之流，执事忌胜，剥落在外。人间素有声称，后进不识，京、洛阡陌聚观，以为古人。或将眉目有异，衣冠望风，寻访门巷。”②《新唐书·李邕传》也说：“始，邕蚤有名，重义爱士，久斥外，不与士大夫接。既入朝，人间传其眉目瑰异，至阡陌聚观，后生望风内谒，门巷填隘。”又载：“邕之文，于碑颂是所长，人奉金帛请其文，前后所受巨万计。邕虽诎不进，而文名天下，时称李北海。”③李邕工诗文，善行书，尤长碑颂。加上他重义爱士，遂成为后进之士仰慕的文坛领袖。以李邕在文坛上的地位，当时文人如李白、杜甫、孙逖、崔颢、高适、萧颖士、卢象等，都纷纷向其献诗行卷，结为知交。

李白与李邕的情谊很深，早年他有《上李邕》诗，向李邕表现自己的大鹏之志：

> 大鹏一日同风起，抟摇直上九万里。假令风歇时下来，犹能簸却沧溟水。时人见我恒殊调，见余大言皆冷笑。宣父犹能畏后生，丈夫未可轻年少。④

李白时刻关注着李邕的行止，在李邕做北海太守时，东海有妇女杀人以报夫仇，李邕曾就此事飞章上书为这名女子舍罪，李白因此写了《东海有勇妇》诗颂赞此事：

> 梁山感杞妻，恸哭为之倾。金石忽暂开，都由激深情。东海有勇妇，何惭苏子卿。学剑越处子，超腾若流星。……北海李使君，飞章奏天

---

① 闻一多《唐诗杂论》，上海古籍出版社 1998 年版，第 4 页。
② 《旧唐书》卷一百九十中，中华书局 1975 年版，第 5042 页。
③ 《新唐书》卷二百二十，中华书局 1975 年版，第 5757 页。
④ 李白《上李邕》，王琦注《李太白全集》，中华书局 1985 年版，第 512 页。

庭。舍罪警风俗，流芳播沧、瀛。名在列女籍，竹帛已光荣。①

李邕作为地方官员，以替百姓伸张正义，倡导良好社会风气为己任，在处理东海勇妇一事上深得民心，李白此诗对他政绩的肯定，不仅显示了诗人自己的道德价值观念，更是对李邕政绩的赞扬，后来李邕惨遭杖杀后，李白又作长歌《答王十二寒夜独酌有怀》感慨浩叹：

孔圣犹闻伤凤麟，董龙更是何鸡狗？一生傲岸苦不谐，恩疏媒劳志多乖。严陵高揖汉天子，何必长剑拄颐事玉阶。达亦不足贵，穷亦不足悲。韩信羞将绛、灌比，祢衡耻逐屠沽儿。君不见李北海，英风豪气今何在！君不见裴尚书，土坟三尺蒿棘居。少年早欲五湖去，见此弥将钟鼎疏。②

李白与李善之子李邕有着如此深厚的交谊，从早期对李邕的崇拜，到后来对李邕政绩的支持，以至对其惨死的深切同情和哀悼，他与李邕的交谊自始至终都是很密切的。他的诗歌成就又受益于《文选》的影响，李善在《文选》注中征引了《孟子》的大量内容，李白从中不能不对孟子的思想有所了解。

除了可以从李善《文选》注中间接地接受孟子的思想外，李白的博学与兼容并蓄的胸怀也让他对孟子的理论有或多或少的直接接受。李白多次表述自己博观百家，学贯古今。如其《上安州裴长史书》说："五岁诵六甲，十岁观百家。轩辕以来，颇得闻矣。常横经籍书，制作不倦，迄于今三十春矣。"③《上安州李长史书》又说："颇尝览千载，观百家，至于圣贤，相似厥众，则有若似于仲尼，纪信似于高祖，牢之似于无忌，宋玉似于屈原。"④《送戴十五归衡岳序》又称："白上探玄古，中观人世，下察交道。海内豪俊，相识如浮云。自谓德参夷、颜，才亚孔、墨。"⑤这些表白并非全是李白的自夸自大，我们从他的诗文中的确能感受到他思想上杂取众家的博大。

二、李白对儒学的态度

就李白对儒学的态度而言，学界因为他有《嘲鲁儒》诗，往往认为他排斥

① 李白《东海有勇妇》，王琦注《李太白全集》，中华书局 1985 年版，第 275 页。
② 李白《答王十二寒夜独酌有怀》，同上书，第 913 页。
③ 李白《上安州裴长史书》，同上书，第 1243 页。
④ 同上书，第 1227 页。
⑤ 李白《送戴十五归衡岳序》，同上书，第 1275 页。

儒家思想,其实李白只是看不起那些"白发死章句。问以经济策,茫如坠烟雾"①死读五经的"腐儒"和"俗儒"。他的《登广武古战场怀古》说:"拨乱属豪圣,俗儒安可通。沉湎呼竖子,狂言非至公。"②就对"俗儒"表示出鄙视。但是,李白对当时社会轻视儒生的现象常常表现得愤愤不平:如《答王十二寒夜独酌有怀》感慨"黄金散尽交不成,白首为儒身被轻"③,在《行行游且猎篇》中又感叹"儒生不及游侠人,白首下帷复何益"④。李白十分赞赏那些少逢迎的"文儒"⑤,他在为韩愈的父亲韩仲卿所作的碑文中,就以孔子的德行比况韩仲卿,以孟子的母亲比况韩仲卿之母,对其品行大加赞扬:

> 仲尼,大圣人也,宰中都而四方取则;子贱,大贤也,宰单父,人到于今而思之。乃知德之休明,不在位之高下,其或继之者,得非韩君乎!君名仲卿,南阳人也。君乃长史之元子也。妣有吴钱氏女,及长史即世,夫人早孀,弘圣善之规,成名四子,文伯、孟轲二母之俦欤?少卿当涂县丞,感慨重诺,死节于义。云卿文章冠世,拜监察御史,朝廷呼为子房。绅卿尉高邮,才名振耀,幼负美誉。君自潞州铜鞮尉调补武昌令,未下车,人惧之;既下车,人悦之。惠如春风,三月大化,奸吏束手,豪宗侧目。
>
> 白采谣刻石,而作颂曰:
>
> 峨峨楚山,浩浩汉水。黄金之车,大吴天子。武昌鼎据,实为帝里。时糟世讹,薄俗如毁。韩君作宰,抚兹遗人。滂汪王泽,犹鸿得春。和风潜畅,惠化如神。刻石万古,永思清尘。⑥

李白在碑文中极力赞美韩仲卿,认为韩的德政是"和风潜畅,惠化如神"。《新唐书·韩愈传》载:"韩愈字退之,邓州南阳人……父仲卿,为武昌令,有美政,既去,县人刻石颂德。终秘书郎。"⑦李白对韩仲卿品德的称颂,并用孔子宰中都和孟母教子来比俦,亦可见出他对儒家精神的肯定。

这种将尊敬的人与孔子相比况的思维习惯,使李白也常常认为自己堪比孔子。如他在《送戴十五归衡岳序》中"自谓德参夷、颜,才亚孔、墨"⑧。在

---

① 李白《嘲鲁儒》,王琦注《李太白全集》,中华书局1985年版,第1157页。
② 李白《登广武古战场怀古》,同上书,第1002页。
③ 李白《答王十二寒夜独酌有怀》,同上书,第912页。
④ 李白《行行游且猎篇》,同上书,第181页。
⑤ 李白《自广平乘醉走马六十里至邯郸,登城楼览古书怀》:"赵俗爱长剑,文儒少逢迎。"同上书,第1397页。
⑥ 李白《武昌宰韩君去思颂碑》,同上书,第1375页。
⑦ 《新唐书》卷一百七十六,中华书局1975年版,第5255页。
⑧ 李白《送戴十五归衡岳序》,王琦注《李太白全集》,第1275页。

《书怀赠南陵常赞府》中又说:“君看我才能,何似鲁仲尼?大圣犹不遇,小儒安足悲。”①李白不唯以圣人孔子尚且不遇的坎坷命运来安慰自己,而且对自己才能的认定,也是以孔子作为标杆的。

不仅如此,李白还时常引用孔子和孟子的学说来为自己立言,如他在《上安州裴长史书》中引述孔子的话:“孔子曰:‘畏天命,畏大人,畏圣人之言。’过此三者,鬼神不害。若使事得其实,罪当其身,则将浴兰沐芳,自屏于烹鲜之地,惟君侯死生。”②在《代寿山答孟少府移文书》中引述孟子的学说:“吾未可去也。吾与尔,达则兼济天下,穷则独善一身。安能餐君紫霞,荫君青松,乘君鸾鹤,驾君虬龙,一朝飞腾,为方丈、蓬莱之人耳?”③其中“达则兼济天下,穷则独善一身”见于《孟子》卷十三《尽心上》:“古之人,得志,泽加于民;不得志,修身见于世。穷则独善其身,达则兼善天下。”④可见李白对孔子和孟子的思想是很了解并予以认同的。

三、李白对孟子浩然之气的继承

以狂放不羁的个性而著称的李白,更多的是接受了孟子的浩然之气与独立人格精神。李白诗中多次出现“浩气”“浩然”“浩歌”等意象。如《赠张相镐二首》其一:“昊穹降元宰,君子方经纶。澹然养浩气,欻起持大钧。”⑤《日出入行》:“吾将囊括大块,浩然与溟涬同科。”⑥《寻阳紫极宫感秋作》:“静坐观众妙,浩然媚幽独。”⑦《山人劝酒》:“浩歌望嵩岳,意气还相倾。”⑧虽然这些诗句中不免杂有老庄散文中的意象如“大块”“溟涬”等,但是“浩然”与“浩气”,则明显是受到了孟子的“我善养吾浩然之气”的影响。

李白对孟子浩然之气的继承,其一,体现在他有“舍我其谁”的强烈自信和豪气方面。当然,李白的自信源于多重因素,我们这里强调他受到孟子浩然之气的影响,并不否认李白生活的盛唐时代赋予他的强烈自信,而是说在文化传承上他得自于孟子要更多一些。李白的人生理想就是“事君”和“荣亲”,就是儒家所倡导的忠与孝。他经常表示要“一生欲报主,百代期荣亲”⑨,“卷其丹书,匣其瑶瑟,申管、晏之谈,谋帝王之术。奋其智能,愿为辅

---

① 王琦注《李太白全集》,中华书局 1985 年版,第 1249 页。
② 同上书,第 643 页。
③ 同上书,第 1225 页。
④ 杨伯峻《孟子译注》卷十三,中华书局 1988 年版,第 304 页。
⑤ 王琦注《李太白全集》,第 595 页。
⑥ 同上书,第 211 页。
⑦ 同上书,第 1114 页。
⑧ 同上书,第 227 页。
⑨ 李白《赠张相镐二首》其一,同上书,第 594 页。

弼,使寰区大定,海县清一。事君之道成,荣亲之义毕,然后与陶朱、留侯,浮五湖,戏沧洲,不足为难矣。"①他"颇怀拯物情""托意在经济"②,相信自己不属于蓬蒿之辈,而是"天生我材必有用"③,"长风破浪会有时"④,可以"济苍生""安社稷",在国难时刻,"为君谈笑静胡沙"⑤的。

李白一生经历了常人所不及的大起大落,荣耀时,"忽蒙白日回景光,直上青云生羽翼。幸陪鸾辇出鸿都,身骑飞龙天马驹。王公大人借颜色,金章紫绶来相趋"⑥。他凭借自己的才华,以及对君主的忠诚,曾经得意地秉笔翰林,著书金銮,奉行事君之道:"翰林秉笔回英盼,麟阁峥嵘谁可见?承恩初入银台门,著书独在金銮殿。龙驹雕镫白玉鞍,象床绮席黄金盘。当时笑我微贱者,却来请谒为交欢。"⑦落魄时,"一朝谢病游江海,畴昔相知几人在?前门长揖后门关,今日结交明日改"⑧,也品尝了世态炎凉。李白"一生傲岸苦不谐"⑨,面对剧烈的人生起伏,支撑他的就是其傲然独立的人格精神。当他一朝受到君王的垂青,"龙颜惠殊宠"时,他会"剖心输丹雪胸臆"。⑩ 而一旦失去君主的信任,他则会"明朝拂衣去,永与海鸥群"⑪,表示"何必长剑拄颐事玉阶。达亦不足贵,穷亦不足悲"⑫。李白在《梁甫吟》中高唱:"我欲攀龙见明主,雷公砰訇震天鼓。帝旁投壶多玉女,三时大笑开电光。倏烁晦冥起风雨,阊阖九门不可通。以额扣关阍者怒,白日不照吾精诚,杞国无事忧天倾。"⑬清人王琦就此解释说:"以意逆之,大抵谓君既不能照鉴我之精诚,我亦无容以国事为忧。"⑭这种精神不正是孟子"不见诸侯"⑮的独立人格与自尊的体现吗?

其二,体现在"富贵不能淫,贫贱不能移,威武不能屈"的大丈夫气方面。晚唐齐己《读李白集》时说:"须知一二丈夫气,不是绮罗儿女言。"⑯这虽然

① 李白《代寿山答孟少府移文书》,王琦注《李太白全集》,中华书局1985年版,第1220页。
② 李白《读诸葛武侯传书怀,赠长安崔少府叔封昆季》,同上书,第482页。
③ 李白《将进酒》,同上书,第179页。
④ 李白《行路难》其一,同上书,第189页。
⑤ 李白《永王东巡歌十一首》其二,同上书,第426页。
⑥ 李白《驾去温泉宫后赠杨山人》,同上书,第485页。
⑦ 李白《赠从弟南平太守之遥》其一,同上书,第586页。
⑧ 同上。
⑨ 李白《答王十二寒夜独酌有怀》,同上书,第910页。
⑩ 李白《驾去温泉宫后赠杨山人》,同上书,第485页。
⑪ 李白《赠王判官,时余归隐,居庐山屏风叠》,同上书,第553页。
⑫ 李白《答王十二寒夜独酌有怀》,同上书,第910页。
⑬ 李白《梁甫吟》,同上书,第171页。
⑭ 李白《梁甫吟》附录,同上书,第173页。
⑮ 《孟子·滕文公下》有多处谈到他"不见诸侯"的原因。
⑯ 王琦注《李太白全集》附录,第1496页。

主要是评价李白诗歌的气势,但是如果没有大丈夫的品格,流露性情的诗歌也自然不会具备大丈夫气。孟子对大丈夫的品格和标准有明确的描述,即“得志,与民由之;不得志,独行其道。富贵不能淫,贫贱不能移,威武不能屈,此之谓大丈夫”①。这是孟子所追求的君子的理想人格。

李白也很崇尚大丈夫的气概。如在《述德兼陈情上哥舒大夫》中,他歌颂那种一声呼喊能令三军皆披靡的大丈夫:

> 天为国家孕英才,森森矛戟拥灵台。浩荡深谋喷江海,纵横逸气走风雷。丈夫立身有如此,一呼三军皆披靡。②

在《醉后赠从甥高镇》中,他肯定那种不畏贫穷困顿的大丈夫:

> 马上相逢揖马鞭,客中相见客中怜。欲邀击筑悲歌饮,正值倾家无酒钱。江东风光不借人,枉杀落花空自春。黄金逐手快意尽,昨日破产今朝贫。丈夫何事空啸傲?不如烧却头上巾。③

在《送外甥郑灌从军三首》中,他赞美那种忠君报国,立功异域的大丈夫:

> 丈夫赌命报天子,当斩胡头衣锦回。④
>
> 丈八蛇矛出陇西,弯弧拂箭白猿啼。破胡必用《龙韬》策,积甲应将熊耳齐。⑤

李白向往着以大丈夫的气概,成就英雄的业绩,建立盖世之功,他“抚剑夜吟啸,雄心日千里”⑥。随时都准备着为国君“输肝剖胆效英才”。由于时代的发展和变化,李白所崇尚的“大丈夫”的标准与孟子所界定的内涵尽管不能完全一致,但是,我们不难看出李白的大丈夫气依然是脱胎于孟子的君子精神的。

---

① 《孟子·滕文公下》,杨伯峻《孟子译注》卷六,中华书局1988年版,第141页。
② 王琦注《李太白全集》,中华书局1985年版,第489页。
③ 同上书,第547页。
④ 同上书,第810页。
⑤ 同上书,第811页。
⑥ 李白《赠张相镐》其二,同上书,第595页。

第四节　杜甫对孟子的接受

一、杜甫接受孟子思想的途径

杜甫是盛唐与李白齐名的另一位大诗人，他对孟子思想的了解与接受，首先源自于他的家族。杜甫自述他生长于“奉儒守官，未坠素业”①的家庭，他的十三世族杜预为晋代名将兼名儒。杜甫在青少年时期，就熟读了儒家经典、历代史书以及前朝文学作品。早年在长安时，杜甫曾自豪地说他“读书破万卷”，这万卷书为他的文学成就打下了丰厚的学术基础。

其次，杜甫受《文选》的影响也很大。“唐人重《文选》，杜甫也是如此。它不仅是求取功名的必读书，而且也是写诗必须借鉴的典籍。”②至于杜甫所读《文选》究竟是李善注还是五臣注，学者们对此也各有看法。屈守元在其《文选导读》中认为，“李杜幼年时代，正是李善注《文选》盛行的时代，五臣注尚未流传。毫无疑问，他们传习的《文选》是李善注本而绝非五臣”③，而汪习波则认为，“杜甫读的是哪种《文选》注本，李善注，五臣注，还是白文本？这样的问题似乎很难回答。在没有详密调查和充分证据之前，也许可以这样猜测，杜甫对李邕如此尊重，二人有忘年之交，又精熟《文选》，似极有可能读过李善注本。他似乎也不可能如许多后来读者一样，轻视李善，竞读五臣”④，尽管汪习波态度比较谨慎，但是他最终也无法否定杜甫对李善注《文选》的接受。

杜甫熟读《文选》的情况，我们可从他的诗作中直接得到印证。如他的《水阁朝霁奉简云安严明府》写道：

> 东城抱春岑，江阁邻石面。崔嵬晨云白，朝旭射芳甸。雨槛卧花丛，风床展书卷。钩帘宿鹭起，丸药流莺啭。呼婢取酒壶，续儿诵《文选》。晚交严明府，矧此数相见。⑤

此诗写于杜甫晚年，前半部分写景，婉丽自然，后半叙事，温馨闲淡。其中的“续儿诵《文选》”，再现了杜甫在儿子诵读《文选》断不能接的时候，他口

---

① 杜甫《进雕赋表》，仇兆鳌注《杜诗详注》，中华书局 1979 年版，第 2172 页。
② 乔象钟、陈铁民主编《唐代文学史》上，人民文学出版社 1995 年版，第 482 页。
③ 转引自汪习波《隋唐文选学研究》，上海古籍出版社 2005 年版，第 20 页。
④ 汪习波《隋唐文选学研究》，第 20 页。
⑤ 仇兆鳌注《杜诗详注》，中华书局 1979 年版，第 1248 页。

诵接续的家教场景,既表现出杜甫教育儿子学习《文选》的方式和内容,又形象地显现了杜甫对《文选》内容的谙熟。再如《宗武生日》:

小子何时见?高秋此日生。自从都邑语,已伴老夫名。诗是吾家事,人传世上情。熟精《文选》理,休觅彩衣轻。①

在儿子生辰纪念日,杜甫对其耳提面命,告诫儿子要"熟精《文选》理",以绍"诗是吾家事"的家学传统,这又何尝不是杜甫自己得力于《文选》的经验之谈呢。

与李白相似的是,杜甫与李善之子李邕的关系也十分密切。《新唐书·杜甫传》载:"甫字子美,少贫不自振,客吴越、齐赵间。李邕奇其材,先往见之。"②据清人仇兆鳌考证,杜甫与李邕初遇于东都洛阳,再遇于临淄亭。③天宝四载(745),李邕转北海太守,经齐州,曾与杜甫会面,宴于历下古城李之芳(李之芳为李邕从孙)所筑新亭,这次相见,李邕有诗《登历下古城员外新亭》,杜甫作《陪李北海宴历下亭》《同李太守登历下古城员外新亭亭对鹊湖》等诗记其事。

杜甫与李邕的结交,是他颇感自豪的一件事情,他在《奉赠韦左丞丈二十二韵》中自述说:

甫昔少年日,早充观国宾。读书破万卷,下笔如有神。赋料扬雄敌,诗看子建亲。李邕求识面,王翰愿卜邻。④

盛唐诗人对自己的才华有强烈自信是很普遍的现象,杜甫此诗也是向韦左丞显示自己的诗才,他炫示李邕和王翰对自己的赏识,就是借李邕在士林的盟主地位,来证明自己的诗歌在当时所产生的影响以及他在诗坛的地位。

正是因为杜甫与李邕有着深厚的友情,所以,对于李邕的惨死,杜甫的深痛和哀伤是可想而知的。在他有意而为的《八哀诗》中,《赠秘书监江夏李公邕》就是咏叹李邕的。杜甫此诗以春秋笔法,记述了李邕的文章、碑版和气节,忆念交情,痛哀其死。感情激荡,回环往复,被后人视为韵文列传。此诗前半部分敬仰李邕学有本源,根基深厚:"长啸宇宙间,高才日陵替。古人不

---

① 仇兆鳌注《杜诗详注》,中华书局1979年版,第1477页。
② 《新唐书》卷二百一十,中华书局1975年版,第5736页。
③ 杜甫《赠秘书监江夏李公邕》,仇兆鳌注《杜诗详注》,第1400页。
④ 杜甫《奉赠韦左丞丈二十二韵》,同上书,第74页。

可见,前辈复谁继?忆昔李公存,词林有根柢。声华当健笔,洒落富清制。风流散金石,追琢山岳锐。情穷造化理,学贯天人际。”①又述李邕声价之重,文章碑版独步当时:“干谒走其门,碑版照四裔。各满深望还,森然起凡例。萧萧白杨路,洞彻宝珠惠。龙宫塔庙涌,浩劫浮云卫。宗儒俎豆事,故吏去思计。眄睐已皆虚,跋涉曾不泥。向来映当时,岂独劝后世。”②中间叙述其气节人格,哀其忠贞负冤,屡遭贬斥;最后回忆两人情谊投合,酒酣论文的往事:“伊昔临淄亭,酒酣托末契。重叙东都别,朝阴改轩砌。”③足见杜甫对李邕感情的深笃。

二、杜甫对儒学的笃诚

杜甫对儒学的笃诚,这是学界公认的。他为自己有一个世代奉儒的家世而自豪,终其一生都恪守着儒家的奉世精神,把“致君尧舜上,再使风俗淳”④作为自己人生理想的最高追求。杜甫诗作中有许多地方涉及“儒”的形象,如《奉赠韦左丞丈二十二韵》:“纨袴不饿死,儒冠多误身。”⑤《送韦十六评事充同谷防御判官》:“伤哉文儒士,愤激驰林丘。”⑥《客居》:“儒生老无成,臣子忧四藩。”⑦《八哀诗·故秘书少监武功苏公源明》:“学蔚醇儒姿,文包旧史善。”⑧《八哀诗·故著作郎贬台州司户荥阳郑公虔》:“荥阳冠众儒,早闻名公赏。”⑨《敬寄族弟唐十八使君》:“鸾凤有铩翮,先儒曾抱麟。”⑩《奉赠鲜于京兆二十韵》:“有儒愁饿死,早晚报平津。”⑪《赠特进汝阳王二十二韵》:“学业醇儒富,辞华哲匠能。”⑫《赠陈二补阙》:“世儒多汩没,夫子独声名。”⑬《江汉》:“江汉思归客,乾坤一腐儒。”⑭《寄韦有夏郎中》:“万里皇华使,为僚记腐儒。”⑮《又作此奉卫王》:“推毂几年唯镇静,曳裾终日盛文儒。”⑯《舟出

---

① 仇兆鳌注《杜诗详注》,中华书局1979年版,第1394页。
② 同上书,第1395页。
③ 同上书,第1400页。
④ 同上书,第73页。
⑤ 同上书,第74页。
⑥ 同上书,第354页。
⑦ 同上书,第1253页。
⑧ 同上书,第1404页。
⑨ 同上书,第1409页。
⑩ 同上书,第1863页。
⑪ 同上书,第140页。
⑫ 同上书,第60页。
⑬ 同上书,第196页。
⑭ 同上书,第2029页。
⑮ 同上书,第1287页。
⑯ 同上书,第1903页。

江陵南浦奉寄郑少尹审》："社稷缠妖气，干戈送老儒。"①《赠虞十五司马》："交态知浮俗，儒流不异门。"②《哭台州郑司户苏少监》："得罪台州去，时危弃硕儒。"③等等。这其中有的是感叹自己的身世命运，如"腐儒""老儒"之称，有的是称颂朋友的才学，如"醇儒""文儒""硕儒"之称。

杜甫自称"读书破万卷"，他虽然也偶有"赋料扬雄敌，诗看子建亲。李邕求识面，王翰愿为邻。自谓颇挺出，立登要路津"④的自负，但是因为仕途的坎坷，社会的动荡，生活的流离失所，与李白相比，杜甫对自己才能的认知，要谦虚低调得多。所以他常常自嘲地称自己为"腐儒"或"老儒"，而对他人则称"醇儒"或"文儒"。这些称号其实也显现出当时社会人们对儒者的看法及划分出的层次。所谓的"腐儒"，即概指那些白首穷经，死守章句，不懂经国之术的儒生；所谓的"文儒"，指"儒学博通及文词秀逸"者，即既通晓儒学，又兼具文词雅丽的文人。⑤ 而所谓的"醇儒"，从杜甫使用的语境和称美的对象看，则是指那些学问不杂，能践行儒家精神，道德高尚的士人。如杜甫在其《奉谢口敕放三司推问状》中称赞"房琯以宰相子，少自树立，晚为醇儒，有大臣体"⑥。这是杜甫在安史之乱中，对因带兵作战失误而获罪的宰相房琯的评价。上述杜甫在评价苏源明和汝阳王李琎时也使用了"醇儒"一词，《新唐书·苏源明传》记载他"工文辞，有名天宝间。及进士第，更试集贤院。累迁太子谕德"。"及史思明陷洛阳，有诏幸东京，将亲征。源明因上疏极谏……帝嘉其切直，遂罢东幸。后以秘书少监卒"。⑦ 汝阳王李琎则"眉宇秀整，性谨洁，善射，帝爱之。封汝阳王，历太仆卿"⑧。可以看出，被杜甫称为"醇儒"的士人，他们的共同之处就在于品行高洁。当时房琯和苏源明都十分推崇以道德和惠政著称的元德秀："房琯每见德秀，叹息曰：'见紫芝眉宇，使人名利之心都尽。'苏源明常语人曰：'吾不幸生衰俗，所不耻者，识元紫芝也。'"⑨对德行高尚的人有着如此高度的认同，说明房琯和苏源明也属于同类人士。

---

① 仇兆鳌注《杜诗详注》，中华书局1979年版，第1920页。
② 同上书，第849页。
③ 同上书，第1190页。
④ 杜甫《奉赠韦左丞丈二十二韵》，同上书，第73页。
⑤ 参见葛晓音《盛唐"文儒"的形成和复古思潮的滥觞》，《诗国高潮与盛唐文化》，北京大学出版社1998年版，第275页。
⑥ 仇兆鳌注《杜诗详注》，第2197页。
⑦ 《新唐书》卷二百二十，中华书局1975年版，第5772页。
⑧ 《新唐书·三宗诸子传》卷八十一，第3599页。
⑨ 《新唐书》卷一百九十四《元德秀传》："元德秀，字紫芝，河南河南人。质厚少缘饰。少孤，事母孝，举进士，不忍去左右，自负母入京师。既擢第，母亡，庐墓侧，食不盐酪，藉无茵席。服除，以窭困调南和尉，有惠政。黜陟使以闻，擢补龙武军录事参军。"第5563页。

尽管杜甫很自谦,从不以“文儒”自居,但是以他的文学成就和对儒学的精通与笃行来看,他就是一个名副其实的“文儒”。凡是学问或道德能令杜甫推崇的人,他就常用“文儒”“醇儒”“硕儒”来加以称美,这种品人习惯反映出杜甫观念中的潜在意识,也就是说,他认为儒学依然应该主导着士人的精神。同时也在一定程度上显现出这样的一种社会现象,即当时社会评价士人所使用的标准依然是按照儒家的传统。由于安史之乱的破坏,天宝后期各地学校荒废严重,当杜甫在湖南衡山看到当地的孔子庙新学堂时,他很感慨地写下了《题衡山县文宣王庙新学堂呈陆宰》一诗:

> 旄头彗紫微,无复俎豆事。金甲相排荡,青衿一憔悴。呜呼已十年,儒服敝于地。征夫不遑息,学者沦素志。我行洞庭野,欻得文翁肆。侁侁胄子行,若舞风雩至。周室宜中兴,孔门未应弃。是以资雅才,焕然立新意。衡山虽小邑,首唱恢大义。因见县尹心,根源旧宫闷。讲堂非曩构,大屋加涂塈。下可容万人,墙隅亦深邃。何必三千徒,始压戎马气。林木在庭户,密干叠苍翠。有井朱夏时,辘轳冻阶戺。耳闻读书声,杀伐灾仿佛。故国延归望,衰颜减愁思。南纪改波澜,西河共风味。采诗倦跋涉,载笔尚可记。高歌激宇宙,凡百慎失坠。①

此诗先从乱后人们弃文就武的社会风气写起,感叹青衿憔悴,儒服敝地,学者沦落的形势。次写陆宰兴建孔庙学堂,兴复孔门之学,化育人才的功德。后写学堂的规模以志其盛事。心情由伤感无奈到欣慰喜悦,表达了他在晚年能看到孔门学术薪火延续的复杂心绪,也是杜甫一生恪守并笃行儒道的一个最好见证。杜甫诗文中虽然没有直接引述孟子的学说,但是从他对儒学的奉行和诗歌常用的典事中,我们依然能看到孟子思想对他精神的深刻影响。

三、杜甫对孟子仁政与民本思想的继承

以杜甫对儒学的深入把握,他对孟子及其思想也会有着较多的了解,与李白不同的是,杜甫较多地接受了孟子的仁政和民本思想。孟子在向诸侯王推行他的政治主张时,形成了很系统的仁政学说。如“今王发政施仁,使天下仕者皆欲立于王之朝,耕者皆欲耕于王之野,商贾皆欲藏于王之市,行旅皆欲出于王之途,天下之欲疾其君者皆欲赴诉于王。其若是,孰能御之?”②他

① 仇兆鳌注《杜诗详注》,中华书局1979年版,第2079—2081页。
② 《孟子·梁惠王上》,杨伯峻《孟子译注》卷一,中华书局1988年版,第17页。

大力抨击“虐政”，主张“保民”，认为“民之憔悴于虐政，未有甚于此时者也”①，对百姓的苦难充满了深切的同情。他倡导“养民”，指责夺误农时、横征暴敛给人民造成的弊害，并把人民的饥寒冻馁与统治者的骄奢淫逸作了鲜明的比照：“庖有肥肉，厩有肥马，民有饥色，野有饿莩”②，以引起治国者的警惕。他认为一个君主治理国家到如此程度，就无异于是“率兽而食人”。而如果能使“万乘之国行仁政，民之悦之，犹解倒悬也”。③

杜甫的诗作中，时常映现出孟子仁政思想的光辉。他怀揣一颗“恻隐仁者心”④，时刻关心着国计民生，尤其对农民的苦痛他都能感同身受。在天气干旱无雨时，他哀怜农事之苦：

> 大旱山岳焦，密云复无雨。南方瘴疠地，罹此农事苦。封内必舞雩，峡中喧击鼓。真龙竟寂寞，土梗空偻俯。吁嗟公私病，税敛缺不补。故老仰面啼，疮痍向谁数。⑤

在久雨涝灾时，他又担忧农夫田妇的生活：

> 阑风伏雨秋纷纷，四海八荒同一云。去马来牛不复辨，浊泾清渭何当分。禾头生耳黍穗黑，农夫田父无消息。⑥

他谆谆地嘱咐那些地方官，并请求他们要以民为本，同情百姓疮痍之深。如在《送顾八分文学适洪吉州》中说：

> 邦以民为本，鱼饥费香饵。请哀疮痍深，告诉皇华使。使臣精所择，进德知历试。恻隐诛求情，固应贤愚异。列士恶苟得，俊杰思自致。赠子《猛虎行》，出郊载酸鼻。⑦

又如《送陵州路使君之任》：

---

① 《孟子·公孙丑上》，杨伯峻《孟子译注》卷三，中华书局1988年版，第57页。
② 《孟子·梁惠王上》，杨伯峻《孟子译注》卷一，第9页。
③ 《孟子·公孙丑上》，杨伯峻《孟子译注》卷三，第57页。
④ 杜甫《过津口》，仇兆鳌注《杜诗详注》，中华书局1979年版，第1963页。
⑤ 杜甫《雷》，同上书，第1295页。
⑥ 杜甫《秋雨叹三首》其二，同上书，第216页。
⑦ 杜甫《送顾八分文学适洪吉州》，同上书，第1927页。

> 王室比多难，高官皆武臣。幽燕通使者，岳牧用词人。国待贤良急，君当拔擢新。佩刀成气象，行盖出风尘。战伐乾坤破，疮痍府库贫。众僚宜洁白，万役但平均。①

在乱后民贫的时局中，杜甫勉励路使君执政时要率领僚属，廉洁自律，平役以爱民。他在自家能勉强果腹的经济状况下，想到的依然是畦丁们的劳苦，是黎民连糠籺也吃不饱的艰难和严重的贫富不均：

> 江上秋已分，林中瘴犹剧。畦丁告劳苦，无以供日夕。蓬莠独不焦，野蔬暗泉石。卷耳况疗风，童儿且时摘。侵星驱之去，烂熳任远适。放筐亭午际，洗剥相蒙幂。登床半生熟，下箸还小益。加点瓜薤间，依稀橘奴迹。乱世诛求急，黎民糠籺窄。饱食亦何心，荒哉膏粱客。富家厨肉臭，战地骸骨白。②

在这首《驱竖子摘苍耳》的诗中，我们看到乱世中杜甫家里经济的窘迫，他要靠采摘野菜卷耳填补才能勉强果腹，而一般的黎民百姓在官府的诛求暴敛之下，甚至则连糠籺都没有，但是更让他感到不平的是那些饱食终日的荒淫膏粱之辈，却是“富家厨肉臭”。杜甫不止一次地尖锐揭露“朱门酒肉臭，路有冻死骨”③的社会现实，他终其一生都在担忧黎元百姓的生活。杜甫流露在诗作中的这种仁者心肠，已经远远超越了仅仅是为创作诗歌而选用孟子“庖有肥肉”等典事的艺术技巧问题，而是一个醇厚的儒者对孟子仁政思想的会心与忠实的践行。黄彻《䂬溪诗话》就说：“《孟子》七篇，论君与民者居半，其余欲得君，盖以安民也。观杜陵‘穷年忧黎元，叹息肠内热’，‘胡为将暮年，忧世心力弱’，《宿花石戍》云‘谁能叩君门，下令减征赋’，《寄柏学士》云‘几时高议排君门，各使苍生有环堵’，‘宁令吾庐独破，受冻死亦足’，而志在大庇天下寒士，其心广大，异夫求穴之蝼蚁辈，真得孟子所存矣。东坡问老杜何如人，或言似司马迁，但能名其诗耳。愚谓老杜似孟子，盖原其心也。”④在黄彻看来，杜甫最似前贤孟子，因为杜甫与孟子的相似，是源于内心的，可谓杜甫的知音。

杜甫对孟子思想的继承还体现在他反对不义战争的主张方面。孟子坚

① 杜甫《送陵州路使君之任》，仇兆鳌注《杜诗详注》，中华书局1979年版，第1032页。
② 杜甫《驱竖子摘苍耳》，同上书，第1666页。
③ 杜甫《自京赴奉先县咏怀五百字》，同上书，第264页。
④ 黄彻《䂬溪诗话》卷一，丁福保辑《历代诗话续编》，中华书局1983年版，第347页。

决反对兼并战争,他批评穷兵黩武的不仁行为,认为"春秋无义战"。杜甫对君王的开边政策也多次表达了反对的态度。如在《兵车行》中批评"边庭流血成海水,武皇开边意未已"①。在《遣兴三首》其一中感叹:"故老行叹息,今人尚开边。汉虏互胜负,封疆不常全。安得廉耻将,三军同晏眠。"②在《前出塞九首》其一中又大声呼吁:"君已富土境,开边一何多。"③与此相联系的是他对"被驱不异犬与鸡"的广大士卒的深切同情。这些士兵因为国君的扩张野心,只得"弃绝父母恩,吞声行负戈"④。杜甫一生,在前期所生活的开元时代,因为唐玄宗的开边政策而战争不断,到天宝时期,又因安史之乱而战乱不断,因此,他最大的心愿就是"愿闻甲兵休"⑤,"安得务农息战斗,普天无吏横索钱"⑥。杜甫的这些主张,分明是孟子的仁政思想在盛唐时期的继承与发挥。

以张九龄、李白和杜甫为代表的盛唐士人,他们虽然没有在理论上对孟子的思想有更多的发明,但是在精神上他们是孟子的继承者,在行动上,他们是孟子理论和主张的忠实践行者。这一时期孟子学的特点,主要不是体现在对孟子学说的征引上,而是主要体现在对孟子思想义理精神实质的继承上。盛唐士人对孟子表现出的与初唐人不同的接受方式,也反映出唐代学术风气的转变,即逐渐由初唐时的章句之学开始向义理之学转变。这无疑为以研究义理为主的中唐孟子学打下了很好的学术基础。

第四节 杨绾、赵匡与孟子

一、杨绾和赵匡在科考改革上对孟子的提倡

盛唐中后期,杨绾和赵匡在关于科考改革的上疏中对《孟子》的提倡,是从官方制度自上而下推崇孟子的一次尝试与努力。

《旧唐书·杨绾传》载,杨绾的儒教家学渊源很深,他的祖父及父亲在当时皆以儒学著称。"杨绾,字公权,华州华阴人也。祖温玉,则天朝为户部侍郎、国子祭酒。父侃,开元中醴泉令,皆以儒行称。"杨绾自幼聪慧,敏识过人。"及长,好学不倦,博通经史,九流七略,无不该览,尤工文辞,藻思清赡。"他

---

① 杜甫《兵车行》,仇兆鳌注《杜诗详注》,中华书局1979年版,第113页。
② 杜甫《遣兴三首》其一,同上书,第546页。
③ 杜甫《前出塞九首》其一,同上书,第118页。
④ 同上。
⑤ 杜甫《遣兴三首》其二,同上书,第546页。
⑥ 杜甫《昼梦》,同上书,第1603页。

“清识过人,至如往哲微言,《五经》奥义,先儒未悟者,绾一览究其精理”。①

天宝十三载(754),杨绾在玄宗主持的制科考试中,荣居榜首。肃宗在灵武即位后,杨绾自贼中冒难赴达行在,拜起居舍人、知制诰。后历司勋员外郎,兼修国史,迁礼部侍郎。代宗朝再迁为中书侍郎、同中书门下平章事、集贤殿崇文馆大学士。杨绾认为当时“争尚文辞,互相矜炫”的士风浮薄虚诞,因此上疏条奏贡举之弊,呼吁唐代宗对科考制度进行改革,其中说道:

> 国之选士,必藉贤良。盖取孝友纯备,言行敦实,居常育德,动不违仁。体忠信之资,履谦恭之操,藏器则未尝自伐,虚心而所应必诚。
>
> 近炀帝始置进士之科,当时犹试策而已。至高宗朝,刘思立为考功员外郎,又奏进士加杂文,明经填帖,从此积弊,浸转成俗。幼能就学,皆诵当代之诗;长而博文,不越诸家之集。递相党与,用致虚声,《六经》则未尝开卷,《三史》则皆同挂壁。况复征以孔门之道,责其君子之儒者哉!……投刺干谒,驱驰于要津;露才扬己,喧腾于当代。古之贤良方正,岂有如此者乎!朝之公卿,以此待士,家之长老,以此垂训。欲其返淳朴,怀礼让,守忠信,识廉隅,何可得也!譬之于水,其流已浊,若不澄本,何当复清。方今圣德御天,再宁寰宇,四海之内,颙颙向化,皆延颈举踵,思圣朝之理也。不以此时而理之,则太平之政又乖矣。②

杨绾主张国家选拔培养人才,应该以纯孝、仁德、忠信、谦恭、诚心、言行敦实为标准,他批评自高宗执政以来科举考试中加试杂文的制度,认为这种取士的导向,导致了士风的虚浮,士林中不读“六经”“三史”已成为普遍现象,更不用说征复孔门儒道了。杨绾这篇《条奏贡举疏》中的论说虽然有些言过其实,但是为了能引起代宗的重视,劝谏代宗利用改朝换代之时推行古制,清理学风弊端,夸张一些似乎也在情理之中。此外,杨绾还有《上贡举条目疏》,进一步详细地制定了科考内容,其中一个重要建议就是把《孟子》与《论语》《孝经》一道列为考试科目:

> 《论语》、《孝经》,圣人深旨,《孟子》儒门之达者,望兼习此三者为一经,其试如上。先取在家有孝义廉耻谦恭之行,好学不倦,精通经义,并堪对策者,县令征于乡里,送名于州。③

---

① 《旧唐书》卷一百一十九,中华书局 1975 年版,第 3430 页。
② 同上书,第 3430—3431 页。
③ 杨绾《上贡举条目疏》,《全唐文》卷三百三十一,中华书局 1983 年版,第 3357 页。

与杨绾意见相呼应的还有赵匡。赵匡在新旧《唐书》无传,生卒年不详,他是唐代著名经学家啖助的高足。啖助淹该经术,“天宝末,调临海尉、丹阳主簿。善为《春秋》”。“助门人赵匡、陆质,其高第也。质与其子异裒录助所为《春秋集注总例》,请匡损益,质纂会之,号《纂例》。匡者,字伯循,河东人,历洋州刺史,质所称为赵夫子者”。① 陆质“有经学,尤深于《春秋》,少师事赵匡,匡师啖助,助、匡皆为异儒,颇传其学,由是知名”②。

赵匡对唐代的科举弊端也有尖锐的批评,他在《举选议》中批评此前的科考取士制度说:

> 国朝举选,用隋氏之制。岁月既久,其法益讹,夫才智因习而就,固然之理。进士者,时共贵之。主司褒贬,实在诗赋,务求巧丽,以此为贤。不惟无益于用,实亦妨其正习;不惟挠其淳和,实又长其佻薄。

他列举了当时科考的十种弊端,其中就指出了士人为了科举而习经,结果造成与现实乖隔的“所习非所用,所用非所习”现状,并因此影响了官僚队伍的整体素质。还因为“收人既少,则争第急切。交驰公卿,以求汲引,毁訾同类,用以争先”③,引发更严重的社会后果,即形成“业因儒雅,行成险薄”的不良社会风气。

赵匡改革科举制的具体措施也很详细,如在科目上他建议设置经业、进士、明法、秀才、茂才、宏才等科。在学习内容上,经业科主要是学习儒家经典。进士科需习《礼记》《尚书》《论语》《孝经》并一史,又试笺表、议论、铭颂、箴檄等有资于实用者。明法科主要学习《春秋》,兼习三传。茂才科还需通《老子》《庄子》《孟子》《荀子》《墨子》《管子》《韩非子》等著作,并且考试也以这些著作为主。

杨绾和赵匡提出的对科举取士的改革措施,其共同点就是将《孟子》列入科考范围。杨绾希望通过此举改革,引导士人崇尚实学,并因此变革士风。“所冀数年之间,人伦一变,既归实学,当识大猷。居家者必修德业,从政者皆知廉耻,浮竞自止,敦庞自劝,教人之本,实在兹焉。”④杨绾的上疏引起了唐代宗的高度重视,代宗曾诏左右丞、诸司侍郎、御史大夫、中丞、给、舍同议奏闻,在朝廷大臣中产生了很大的影响,有不少人同意并支持杨绾的意见。当

---

① 《新唐书》卷二百,中华书局 1975 年版,第 5706 页。
② 《旧唐书》卷一百八十九下,中华书局 1975 年版,第 4977 页。
③ 赵匡《举选议》,《全唐文》卷三百五十五,第 3603 页。
④ 《旧唐书》卷一百一十九,第 3431 页。

时,“李嵩等议与绾协,文多不载”。给事中李广、李栖筠、尚书左丞贾至、京兆尹兼御史大夫严武所奏议状意见也都与杨绾相同。如贾至的《议杨绾条奏贡举疏》就说:

> 观三代之选士任贤,皆考实行,故能风化淳一,运祚长远。秦坑儒生,二代而亡。……国家革魏、晋、梁、隋之弊,承夏、殷、周、汉之业,四隩既宅,九州攸同,覆焘亭育,合德天地。安有舍皇王举士之道,从乱代取人之术?此公卿大夫之辱也。杨绾所奏,实为正论。①

贾至列举了历史上正反两方面的教训,来论证选士任贤,皆考“实行”制度的正确性,从而积极肯定了“杨绾所奏,实为正论”。同时,他又进一步提出了补充意见,“然自典午覆败,中原板荡,戎狄乱华,衣冠迁徙,南北分裂,人多侨处。圣朝一平区宇,尚复因循,版图则张,闾井未设,士居乡土,百无一二,因缘官族,所在耕筑,地望系数百年之外,而身皆东西南北之人焉。今欲止依古制乡举里选,犹恐取士之未尽也,请兼广学校,以宏训诱”②。

二、杨绾倡导《孟子》入科的影响

杨绾的儒学造诣和个人操行对士林与官僚阶层产生了很大的正面影响。他“道风既穆于朝班,俭德已行于海内”③。当时天下雅正之士纷纷追慕杨绾,“大历中,德望日崇,天下雅正之士争趋其门,至有数千里来者。以清德坐镇雅俗,时比之杨震、邴吉、山涛、谢安之俦也”④。代宗拜他为相后,他的儒者品德更是起到了镇俗移风的作用:“绾素以德行著闻,质性贞廉,车服俭朴,居庙堂未数月,人心自化。御史中丞崔宽,剑南西川节度使宁之弟,家富于财,有别墅在皇城之南,池馆台榭,当时第一,宽即日潜遣毁拆。中书令郭子仪在邠州行营,闻绾拜相,座内音乐减散五分之四。京兆尹黎干以承恩,每出入驺驭百余,亦即三日减损车骑,唯留十骑而已。其余望风变奢从俭者,不可胜数,其镇俗移风若此。”⑤杨绾拜相数月,就以其贞廉的儒者风范,令当时那些生活奢靡的达官显贵纷纷自觉地“变奢从俭”。有的立即将其豪华别墅偷偷地拆毁,有的将自家的娱乐项目撤减五分之四,有的马上将自己的车骑减损九成,杨绾的人格影响力可见一斑。因此,在他去世时,唐代宗震悼久之,

① 贾至《议杨绾条奏贡举疏》,《全唐文》卷三百六十八,中华书局 1983 年版,第 3736 页。
② 同上。
③ 《旧唐书》卷一百一十九,中华书局 1975 年版,第 3436 页。
④ 同上书,第 3437 页。
⑤ 同上书,第 3435 页。

为之辍朝三日，并下诏高度评价杨绾“以儒术首于国庠，以礼度掌于高庙”①。杨绾在士林中的崇高声望，加上代宗给予他的高度赞誉，无疑都会对倡导包括《孟子》在内的儒学起到极大的推动作用。

杨绾关于科举取士的改革意见尽管因“旧业已成，难于速改”的理由没能推行下去，但是他力图通过取士制度的改革，将《孟子》与《论语》《孝经》一样列为“兼经”，对《孟子》进行自上而下的倡导，努力从制度上为《孟子》争得一席地位，这在唐代是前所未有的。

杨绾重视《孟子》的这种识见，在很大程度上开启了《孟子》由子入经的先声。到中唐时期，在进士考试的策问题目中，就多次出现了《孟子》中的内容。如贞元十三年（797），在权德舆主持的中书试进士策问第二道中，他就有如下提问：

> 问：先师之言，辨君子小人而已。勤学则举六蔽，咸事则称九德，推其性类，又极于是矣。孟轲之数圣者，有清有和；文子之言人位，上五下五。列夷惠于天纵，颇有所疑。况牛马于最灵，岂为至当？班固之《古今表》，刘劭之《人物志》，或品第乖迕，或钩摭纤微，诚有可观，恐未尽善。既强为己之学，必有析理之精，敬俟嘉言，以祛未达。②

在这道策问中提到的“孟轲之数圣者，有清有和”，是指《孟子·万章下》中孟子所论列的几位圣者：“孟子曰：‘伯夷，圣之清者也；伊尹，圣之任者也；柳下惠，圣之和者也；孔子，圣之时者也。孔子之谓集大成。’”③

贞元十八年（802），在权德舆主持的策进士问中，他再次用《孟子》中的话题考问诸生④：

> 问：《易》曰：“君子夕惕若厉。”《语》曰：“君子坦荡荡。”《礼》之言䌹衣则曰：“恶其文之著也。”《儒行》则曰：“多文以为富。”或全归以为孝，或杀身以成仁，或玉色以山立，或毁方以瓦合，皆若相戾，未能尽通。颜回三月不违仁，孟轲四十不动心，何者为优？柳下惠三黜而不去，子文三已而无愠，何者为愈？召忽死子纠，管仲相小白，棠君赴楚召，子胥为吴

① 《旧唐书》卷一百一十九，中华书局1975年版，第3436页。

② 权德舆《贞元十三年中书试进士策问二道》（第一道），《全唐文》卷四百八十三，中华书局1983年版，第4935页。

③ 《孟子·万章下》，杨伯峻《孟子译注》卷十，中华书局1988年版，第233页。

④ 参见孟二冬《登科记考补正》（中），北京燕山出版社2003年版，第631页。

> 行人，何者为是？析疑体要，思有所闻。①

这段问策中所言“孟轲四十不动心”见于《孟子・公孙丑上》，公孙丑问孟子说：“夫子加齐之卿相，得行道焉，虽由此霸王，不异矣。如此则动心否乎？”孟子曰：“否！我四十不动心。”②

在权德舆的问策中，《孟子》的内容尚且与其他儒家著作或者其他典籍相并列，如上述提问中列举的《周易》《论语》《儒行》等。而在韩愈主持的进士策问中，《孟子》则成为完全独立的主体内容，如韩愈《进士策问十三首》第四道：

> 问：夫子既没，圣人之道不明，盖有杨墨者，始侵而乱之，其时天下咸化而从焉。孟子辞而辟之，则既廓如也。今其书尚有存者，其道可推而知不可乎？其所守者何事？其不合于道者几何？孟子之所以辞而辟之者何说？今之学者，有学于彼者乎？有近于彼者乎？其已无传乎？其无乃化而不自知乎？其无传也则善矣。如其尚在，将何以救之乎？诸生学圣人之道，必有能言是者，其无所为让。③

韩愈的这道进士策，就是以孟子的观点作为独立内容提问的。孟子痛辟杨墨的言论见于《孟子・滕文公下》：

> 圣王不作，诸侯放恣，处士横议，杨朱、墨翟之言盈天下。天下之言不归杨，则归墨。杨氏为我，是无君也；墨氏兼爱，是无父也。无父无君，是禽兽也。公明仪曰：“庖有肥肉，厩有肥马；民有饥色，野有饿莩，此率兽而食人也。”杨墨之道不息，孔子之道不著，是邪说诬民，充塞仁义也。仁义充塞，则率兽食人，人将相食。吾为此惧，闲先圣之道，距杨墨，放淫辞，邪说者不得作。④

孟子认为杨朱、墨翟的理论宣传无君无父，是邪说诬民，会阻碍孔子仁义之道的传播，所以，要捍卫并弘扬孔子的理论，必须先驳斥反对杨墨之言。韩愈极力推崇孟子的理论，在进士策问中完全以孟子的观点发问就十分自然。

---

① 权德舆《进士策问五道》（第二道），《全唐文》卷四百八十三，中华书局 1983 年版，第 4934 页。
② 《孟子・公孙丑上》，杨伯峻《孟子译注》卷三，中华书局 1988 年版，第 61 页。
③ 韩愈《进士策问十三首》（第四道），《全唐文》卷五百四十七，第 5546 页。
④ 《孟子・滕文公下》，杨伯峻《孟子译注》卷六，第 155 页。

在唐代科考中,《孟子》虽然未能列入经典,成为当时士人的必修书目,但是在进士策文中逐渐增加孟子理论的这一趋势,无疑会促动士人去关注孟子及其学说,令那些准备参加科考的士人自觉地把《孟子》纳入到学习的范围中去。事实上,在中唐士人的科举对策中,我们的确看到了这一现象。如白居易在贞元十六年(800)二月由知贡举高郢主持的礼部试策第三道中对答曰:"古先哲王之立彝训也,虽言微旨远,而学者苟能研精钩深,优柔而求之,则壶奥指趣,将焉廋哉?……孟子不富之说,虑蕴利而生孽也,公子荆苟美之言,嘉安人而丰财也。"①本来这道问策中并没有提及《孟子》的内容②,但是白居易在回答问策时却不妨引用了孟子的理论。无独有偶,在同年省试的诗赋中,进士郑俞在其《性习相近远赋(以"君子之所慎焉"为韵)》赋中,也使用了孟子的典故:

> 酌人心之善败,惟性习之所分。习者物之迁,以动为主;性者生之质,以静为君。运情有同于熔铸,通志亦比夫耕耘。或定心以纯一,或逐境而纠纷。故定心者若疏源而自得,逐境者犹理丝而又棼。且物之惑人无穷,人之徇物无已。近之则归于正性,远之则灭于天理。虽真妄之多端,谅御用而由己。至若习于所是,则孟母之训子。其居也,初闤阓之是邻,遂贾鬻而无耻。及夫又徙于学,徒示以坟史。卒能振文行以标名,郁古今而播美。岂不以性相近而习之至矣。③

郑俞认为,孟子最终能取得"标名""播美"的成功,是缘于孟母不断徙学训子的结果。并以此为例,来论证"性相近而习之至"的观点。这些现象,都足以反映出当时士人学习孟子理论的自觉性与熟练程度。

科举考试是唐代士人踏入仕途的一条重要途径,尤其是进士科的考试,越来越受士人的重视。自杨绾主张在科考中增加《孟子》的内容后,中唐时期的进士考试题目中时常会出现关于《孟子》的话题,这对推动唐代孟子学发展会起到有力的导向作用,孟子及其思想对唐代科举的烛照逐渐显现出来,《孟子》入经的道路也越拓越开阔了。

---

① 白居易《礼部试策五道》第三道,顾学颉校点《白居易集》,中华书局 1985 年版,第 997 页。

② 贞元十六年《礼部试策五道》第三道:"问:圣哲垂训,言微旨远。至于礼乐之同天地,易简之在《乾》、《坤》,考以何文,征于何象。绝学无忧,原伯鲁岂其将落;仁者不富,公子荆曷云苟美?朝阳之桐,聿来凤羽,泮林之椹,克变鸮音,胜乃俟乎木鸡,巧必资于瓦注,咸所未悟,庶闻其说。"顾学颉校点《白居易集》,中华书局 1985 年版,第 997 页。

③ 郑俞《性习相近远赋》,《全唐文》卷五百九十四,中华书局 1983 年版,第 6010 页。

三、盛唐时期的经学学术背景

杨绾和赵匡在科举改革中对孟子的提倡,是在盛唐时期经学处于尴尬境况的学术背景下产生的。这一学术背景的实质,就是表面上朝廷通过各种途径推广经学,而广大士人却对经学日益隔膜。我们不妨列举一下自唐玄宗执政以来到杨绾倡导尊孟这一阶段,朝廷关于尊儒崇经的倡令:

1.《旧唐书》卷四十六《经籍志序》:“开元三年,左散骑常侍褚无量、马怀素侍宴,言及经籍。玄宗曰:‘内库皆是太宗、高宗先代旧书,常令宫人主掌,所有残缺,未遑补缉,篇卷错乱,难于检阅。卿试为朕整比之。’至七年,诏公卿士庶之家,所有异书,官借缮写。及四部书成,上令百官入乾元殿东廊观之,无不骇其广。”①

2.《唐会要》卷七十六《缘举杂录》:“开元五年九月诏:‘诸州乡贡明经、进士见讫,宜令引就国子监谒先师。学官为之开讲,质问疑义,仍令所司优厚设食。两馆及监内得解举人,亦准此。其日,清官五品已上,及朝集使,并往观礼,即为常式。’谒先师,自此始也。”②

3.《旧唐书·礼仪志四》:“初,开元八年,国子司业李元瓘奏称:‘先圣孔宣父庙,先师颜子配座,今其像立侍,配享合坐。十哲弟子,虽复列像庙堂,不预享祀。谨检祠令:何休、范宁等二十二贤,犹沾从祀,望请春秋释奠,列享在二十二贤之上。七十子,请准旧都监堂图形于壁,兼为立赞;庶敦劝儒风,光崇圣烈。曾参等道业可崇,独受经于夫子,望准二十二贤预飨。’”③

4.《通典》卷十五《选举三》:“开元八年七月,国子司业李元瓘上言:‘《三礼》、《三传》及《毛诗》、《尚书》、《周易》等,并圣贤微旨,生人教业,必事资经远,则斯道不坠。今明经所习,务在出身,咸以《礼记》文少,人皆竞读。《周礼》经邦之轨则,《仪礼》庄敬之楷模,《公羊》、《穀梁》历代崇习,今两监及州县以独学无友,四经殆绝。事资训诱,不可因循。其学生请各量配作业,并贡人参试之,日习《周礼》、《仪礼》、《公羊》、《穀梁》。并请帖十通五,许其入第。以此开劝,即望四海均习,九经该备。’从之。”④

5.《旧唐书·玄宗本纪》:开元十年“六月辛丑,上训注《孝经》,颁于天下”⑤。

6.《资治通鉴·唐纪卷二十八》卷二一二:开元十三年“甲午,车驾发泰

---

① 《旧唐书》卷四十六,中华书局 1975 年版,第 1962 页。
② 《唐会要》卷七十六,上海古籍出版社 1991 年版,第 1638 页。
③ 《旧唐书》卷二十四,中华书局 1975 年版,第 919—920 页。
④ 《通典》卷十五,中华书局 1988 年版,第 355 页。
⑤ 《旧唐书》卷八,第 183 页。

山;庚申,幸孔子宅致祭"①。

7.《唐大诏令集》卷一百五《求儒学诏》:"朕闻以道得人者谓之儒,切问近思者谓之学。故以阳礼教让,则下不争;以阴礼教亲,则远无怨。岂无习不利,教所由生者乎!朕所以厚儒林、辟书殿,讨论易象,研核道源,冀淳风大行,华胥非远,而承平日久,趋竞岁积。……天下官人百姓,有精于经史、道德可尊,工于著述、文质兼美者,宜令本司本州岛长官,指陈艺业,录状送闻。其吏部选人,亦令所由铨择,各以名荐,朕当明试,用观其能。若行业可甄,待以不次。如妄相褒进,必加明罚。下注:开元十四年六月。"②

8.《唐会要》卷七十五《贡举上》:"开元十六年十二月,国子祭酒杨玚奏:今之明经,习《左氏》者十无一二,恐《左氏》之学废。又《周礼》、《仪礼》、《公羊》、《穀梁》,亦请量加优奖。遂下制:明经习《左氏》,及通《周礼》等四经者,出身免任散官。至贞元元年五月二日,敕:自今已后,明经习《礼记》及第者,许冬集。"③

9.《旧唐书》卷二十四《礼仪志》:"二十四年三月,始移贡举,遣礼部侍郎姚奕请进士帖《左传》、《礼记》,通五及第。"④

10.《唐会要》卷七十五《贡举上》:"二十五年二月敕:'今之明经、进士,则古之孝廉、秀才。近日以来,殊乖本意,进士以声律为学,多昧古今;明经以帖诵为功,罕穷旨趣,安得为敦本复古,经明行修?以此登科,非选士取贤之道。其明经自今以后,每经宜帖十,取通五已上;免旧试一帖,仍按问大义十条,取通六已上;免试经策十条,令答时务策三道,取粗有文理者,与及第。其进士宜停小经,准明经帖大经十帖,取通四已上,然后准例试杂文及第者,通与及第。其明经中有明《五经》已上,试无不通者。进士中兼有精通一史,能试策十条得六已上者,委所司奏听进止。其应试进士等唱第讫,具所试杂文及策,送中书门下详覆。其所问明经大义日,须对同举人考试。应能否共知,取舍无愧,有功者达,可不勉欤!'"⑤

11.《唐会要》卷三十五《学校》:"二十六年正月十九日敕:'古者乡有序,党有塾,将以弘长儒教,诱进学徒。化民成俗,率由于是。其天下州县,每乡之内,各里置一学,仍择师资,令其教授。'"⑥

12.《旧唐书》卷二十四《礼仪志》:"二十七年八月,又下制曰:'弘我王

---

① 《资治通鉴》卷二百一十二,中华书局1986年版,第6767页。
② 《唐大诏令集》卷一百五,中华书局2008年版,第723页。
③ 《唐会要》卷七十五,上海古籍出版社1991年版,第1627页。
④ 《旧唐书》卷二十四,中华书局1975年版,第919页。
⑤ 《唐会要》卷七十五,第1631页。
⑥ 《唐会要》卷三十五,第741页。

化，在乎儒术。孰能发挥此道，启迪含灵，则生人已来，未有如夫子者也。……故能立天下之大本，成天下之大经，美政教，移风俗，君君臣臣，父父子子，人到于今受其赐。……年祀浸远，光灵益彰，虽代有褒称，而未为崇峻，不副于实，人其谓何？朕以薄德，祗膺宝命，思阐文明，广被华夏。时则异于今古，情每重于师资。既行其教，合旌厥德。爰申盛礼，载表徽猷。夫子既称先圣，可追谥为文宣王。"①

13.《唐会要》卷三十五《释奠》："二十八年二月五日敕：'文宣王庙，春秋释奠，宜令三公行礼。著之常式。'二十日，国子祭酒刘瑗奏：'准故事，释奠之日，群官道俗皆合赴监观礼，依故事著之常式。'制可。"②

14.《旧唐书》卷九《玄宗纪》：天宝三载"诏天下民间家藏《孝经》一本"③。

15.《旧唐书》卷二十四《礼仪志》：代宗"宝应二年六月，敕令州县每岁察秀才孝廉，取乡闾有孝悌廉耻之行荐焉。委有司以礼待之，试其所通之学，《五经》之内，精通一经，兼能对策，达于理体者，并量行业授官。其明经、进士并停。国子学道举，亦宜准此。因杨绾之请也。诏下朝臣集议，中书舍人贾至议，请依绾奏。有司奏曰：'窃以今年举人等，或旧业既成，理难速改，或远州所送，身已在途，事须收奖。其今秋举人中有情愿旧业举试者，亦听。明年已后，一依新敕。'后绾议竟不行。自至德后，兵革未息，国学生不能廪食，生徒尽散，堂墉颓坏，常借兵健居止"④。

16.《唐会要》卷七十六《孝廉举》：代宗宝应二年"七月二十六日，礼部侍郎杨绾奏贡举条目曰：'孝廉各令精通一经，其取《左氏传》、《公羊》、《穀梁》、《礼记》、《周礼》、《仪礼》、《毛诗》、《尚书》、《周易》，任通一经。每经问义二十条，皆取旁通诸义，务穷根本。试格策三道，问古今治体，及当今时务，要取堪行用者，仍每日问一道，频三日毕。经义及策全通为上第，其上第者，望付吏部，便与官。其问义每十条通七，策通二为中第，与出身。下者罢之。又《论语》、《孝经》皆圣人深旨，《孟子》亦儒门之达者，其学官望兼习此三者，共为一经，其试如上。'"⑤

从以上文献记载可以看出，盛世天子唐玄宗在他执政时期，曾以不同方式多次诏令天下崇儒尊经。他或者追谥孔子"文宣王"，规范祭孔典礼，拜祭孔子故宅，褒赠孔门弟子"十哲"；或者诏令大臣整理经籍；或者为"弘长儒

① 《旧唐书》卷二十四，中华书局 1975 年版，第 920—921 页。
② 《唐会要》卷三十五，上海古籍出版社 1991 年版，第 750 页。
③ 《旧唐书》卷九，第 218 页。
④ 《旧唐书》卷二十四，第 921—922 页。
⑤ 《唐会要》卷七十六，第 1652 页。

教，诱进学徒”而发展教育，鼓励办学；或者招募精通经史的儒士；甚至还亲自注释《孝经》，颁行天下。在封建君主统治时代，唐玄宗采取的这种种尊儒崇经措施，不管是出于他个人的思想主张还是采纳了大臣们的合理化建议，都不可不谓重视程度高，推行力度大。但是，这一时期的经学学术建树却不大，士人们对于经学的研习正如杨绾所批评的那样是“《六经》则未尝开卷，《三史》则皆同挂壁”。经学之所以会形成如此尴尬的局面，推究其原因大致有三方面。

其一，唐玄宗倡导儒学主要是为政治教化服务。毋庸置疑，儒学的核心理论是主张有为，主张利他，主张等级秩序，这也是玄宗在治国基本方针上坚持尊儒重学的主要原因。如他的《追谥孔子十哲并升曾子四科诏》曰：

> 宏我王化，在乎儒术。能发挥此道，启迪含灵，则生人以来，未有如夫子者也。所谓自天攸纵，将圣多能，德配乾坤，身揭日月，故能立天下之大本，成天下之大经。美政教，移风俗，君君臣臣，父父子子，人到于今受其赐，不其猗欤！于戏！楚王莫封，鲁公不用，俾夫大圣，才列陪臣，栖迟旅人，固可知矣。年祀寖远，光灵益彰，虽代有褒称，而未为崇峻，不副于实，人其谓何？朕以薄德，祗膺宝命，思阐文明，广被华夏，时则异于今古，情每重于师资。既行其教，合旌厥德，爰申盛礼，载表徽猷。夫子既称先圣，可追谥为文宣王。①

唐玄宗认识到儒教有利于他“美政教，移风俗”的“王化”统治，而君臣父子的伦理秩序更是随着年代的浸远，愈发“光灵益彰”。他亲注《孝经》，颁行天下，诏天下民间家藏《孝经》一本，也是出于这种伦理教化的政治目的。其《孝经注序》就说：“圣人知孝之可以教人也，故因严以教敬，因亲以教爱。于是以顺移忠之道昭矣，立身扬名之义彰矣。……《经》曰：‘昔者明王之以孝理天下也，不敢遗小国之臣，而况于公侯伯子男乎。’朕尝三复斯言，景行先哲。虽无德教加于百姓，庶几广爱刑于四海。”②显然，玄宗在民间普及《孝经》，是要倡导“以顺移忠之道”，目的则是“以孝理天下”。他反复强调这一政治宗旨：“化人成俗，率由于德本，移忠教敬，实在于《孝经》。朕思畅微言，以理天下，先为注释，寻亦颁行。犹恐至赜难明，群疑未尽，近更探讨，因而笔削。兼为叙述，以究源流，将发明于大顺，庶开悟于来学。宜付所司，颁示

① 《全唐文》卷三十一，中华书局1983年版，第347页。
② 《全唐文》卷四十一，第444页。

中外。”①

因此,玄宗的尊儒崇经,“更多的是将其作为一个政治手段,重经的目的在于强调经学的政治教化功能。与经学自身的学术问题相比,他更重经学中的政治伦理观念”。“但是,任何一种意识形态要发挥其现实功能,除了以政治手段保证其权威性地位之外,更主要的是凭其内在的学理引起人们的兴趣,否则只能是沦于一种政治口号,也难以成为维系统治秩序的精神支柱。”②

其二,唐玄宗崇儒,同时也重视道、佛,这种思想上三教鼎立的多元化潮流,令士人在学术上有了多向的选择。唐玄宗既亲注儒学经典《孝经》,也对道、佛二教经典《道德经》及《金刚经》进行诠释。他继承了高祖、太宗、高宗的思想传统,尤其崇尚道家学说和道教,并且也采取了多项措施予以实施推行。如开元十八年(730),玄宗召释、道论二教优劣;开元二十年(732),玄宗御注《道德真经》;开元二十三年(735),亲注《金刚经》,翌年颁行天下;开元二十五年(737)设玄学博士,招收生徒,令习《老子》《庄子》《文子》《列子》,每年准明经例考试;开元二十九年(741),在两京及各地设立玄元皇帝庙;天宝元年(742),为庄子、列子、文子等其人其书分别加尊号;天宝二年(743),尊老子为大圣祖玄元皇帝;天宝十三载(754),玄宗又上“玄元皇帝”尊号为“大圣祖高上大道金阙玄元天皇大帝”等等。

唐玄宗这些尊崇佛道的措施,无疑会对士人的思想产生不小的影响,特别是在科举上设置了《老子》《庄子》等相关考试科目后,是在制度上为道教的倡导和普及提供了保证。由此可见,经学已不再是士人踏入仕途博取功名的唯一途径了,他们有了更多元的选择,这必然会影响经学的学术发展并弱化其地位。

其三,士人趋易避难的普遍心理,使得经学在科举考试中也失去了其学术的意义。唐代制度,科举考试的科目以《易》《书》《诗》、“三礼”(《周礼》《仪礼》《礼记》)、“三传”(《公羊》《穀梁》《左氏》)合为九经。九经之中,又依据经文字数的多少分为大经、中经、小经三等:

> 凡《礼记》、《春秋左氏传》为大经,《诗》、《周礼》、《仪礼》为中经,《易》、《尚书》、《春秋公羊传》、《穀梁传》为小经。通二经者,大经、小经各一,若中经二。通三经者,大经、中经、小经各一。通五经者,大经皆

---

① 唐玄宗《颁重注孝经诏》,《全唐文》卷三十二,中华书局 1983 年版,第 354 页。

② 查屏球《盛唐经学的窘境——论开、天文化特点与经学发展关系》,《中国文化研究》2000 年秋之卷。

通，余经各一。《孝经》、《论语》皆兼通之。①

至于考试的方式，据《新唐书·选举志上》记载："凡明经，先帖文，然后口试，经问大义十条，答时务策三道，亦为四等。""凡进士，试时务策五道、帖一大经，经、策全通为甲第；策通四、帖过四以上为乙第。"明经和进士科的考试都要"贴经"，"帖经者，以所习经掩其两端，中间开唯一行，裁纸为帖，凡帖三字，随时增损，可否不一，或得四、得五、得六者为通"。② 可见，"贴经"考察的是士人对经文的记诵情况。为了应考，士人普遍地趋易避难，大多都选择字数少，易于记忆的经文来学习。这样一来，在大经中，参加科举考试的人就会选择学习比《左传》字数少的《礼记》，在中经、小经中，人们就多学习较容易的《书》《易》《诗》，而不习相对较难的《周礼》《仪礼》《公羊》《穀梁》四经。所以，开元八年时任国子司业的李元瓘奏言批评这种风气说："今明经所习，务在出身，咸以《礼记》文少，人皆竞读。"而像《周礼》《仪礼》《公羊》《穀梁》，"今两监及州县，以独学无友，四经殆绝"。③

在士林中，当习经逐渐成为仅仅是为了通过科考以求取功名的一种手段时，其学术的价值就可想而知了。科举制度给经学发展带来的弊端已经显露出来，杨绾和赵匡就是在这样的经学背景下，从选举制度的科考内容设置上发出学习《孟子》的倡导之声。杨绾和赵匡的崇孟，不独是在唐代孟子学发展上有重要开创意义，也显示出在盛唐经学走入困境的情况下，士人寻求经学发展，挽救传统经典的努力。

---

① 《新唐书》卷四十四，中华书局 1975 年版，第 1160 页。

② 《通典》卷十五，中华书局 1988 年版，第 355 页。

③ 同上。

第三章　中唐孟子学

——韩愈尊孟带动下的鼎盛阶段

第一节　中唐孟子学概述

中唐是唐代孟子学发展的鼎盛时期。与初盛唐人相比,中唐时期士人关注孟子的热情更高了。他们开始对孟子的一些重要思想进行专题讨论。如围绕着孟子的“性善论”产生了韩愈的《原性》、李翱的《复性书》(上中下)、皇甫湜《孟子荀子言性论》等论文;针对孟子“尧舜与人同”的观点,有柳宗元的《观八骏图说》;讨论孟子对儒道的继承则有韩愈的《原道》、柳宗元的《守道论》等;对孟子的“义利之辨”,有柳宗元的《吏商》提出了不同意见;等等。中唐士人这些专题性的文章,多是就孟子的某一个话题展开论证,他们或者认同而加以引申,或者反对加以反驳,但不管是赞同还是反对,都显示出这一时期士人对孟子逐渐增加的研究兴趣。《孟子》在当时已成为士人们必读的普及性书目了。

韩愈对孟子的尊崇于中唐孟子学热潮无疑是强有力的推动。韩愈自身的儒教学养及其欲以道统自振一代的抱负和理想是其崇孟的学缘基础,更重要的是,韩愈认为孟子的思想可以为中唐存在的各种社会问题提供疗救的药方,他要借助孟子的思想解决当时社会存在的各种弊端。韩愈继承孟子强调的“君臣大义”反对藩镇割据;又以孟子的心性理论为出发点,在学理上建立了一套理论体系来抗衡佛教,尤其是当时盛行的禅宗义理;同时,自述一套儒家的道统,来对抗佛教衣钵相传的法系。韩愈继承孟子振兴儒学的努力对孟子地位的提升产生了很强的学术效应和历史影响。正是由于他始终标举着孟子这面儒学正统的大旗,才在中晚唐的士人中掀起了不小的孟子学热潮,形成了中晚唐学术中普遍关注孟子的现象,也为宋代孟子地位的提升与宋明理学的建树开了先河。

韩愈倡导儒道与崇孟,对他的诗歌创作影响也很大。韩愈崇孟不仅让他从观念上有扩张诗境、抗衡前辈与时人的主体意识,而且《孟子》文本也给他提供了丰富的诗歌创作语料。韩愈诗歌呈现出的强烈主观意识,驰骋纵横的奔涌气势,也都与他尊崇孟子都有着不可忽视的潜在联系。韩愈的耿介刚直,好辩少屈的自我艺术形象,如果要于前贤中找到一个相似参照对象的话,自然是非孟子莫属了。孟子的浩然正气,至刚至坚的个性,重心性的理论,无论是在精神气质上还是在艺术创造上都对韩愈产生着深刻的影响。

孟子散文的风格对韩愈散文的影响也很大。《孟子》常通过叙述事件来阐发道理及思想,很多篇章都有对人物、事件乃至情节的表现,也就具有了传记文学的特征。《孟子》写人叙事,都以极其简约之笔进行点染,在刻画人物时常使用对比的手法。这种在论辩中夹述人物及事件的笔法对韩愈的《张中丞传后叙》等传记散文产生了比较直接的影响,韩愈此文的前半部分全以议论辩驳为主,最得孟子以事寓理的论辩艺术之精髓,在人物描摹上也继承了孟子擅长点染和对比的手法,以传神之笔突出英雄的个性。

李翱对中唐的孟子学也有贡献,主要体现在他重建了比韩愈更丰富更完善的儒道心性理论。首先,李翱以孟子的性善论为基础,提出了“性善情恶”这一命题。其次,李翱将性善和“诚”相融合,为“复性”提供了具体可行的途径。再次,李翱将“性”与“文”相联系,认为文章与人性同样重要。李翱的《平赋书(并序)》对孟子政治经济方面的思想也有明显的继承。

李翱关于恢复孔孟心性道统的理论,对韩愈所倡导的崇孟思潮起到了不可低估的呼应与推动作用,对于引导中唐士人回归儒学道统,指导修身养性也有具体的实践价值。

柳宗元对孟子的一些观点进行了研究性的探讨。在关于成圣问题上,柳宗元发挥了孟子“人皆可以为尧舜”的观点,主张圣人与凡人相同,打破圣人天命的神化,具有朴素唯物主义的观点。所不同的是,柳宗元的成圣观其内涵与所指偏重于反对董仲舒等人的“君权神授”说;孟子的成圣观偏重于指向鼓励君子修德立身。

在关于利益问题上,柳宗元也继承了孟子的相关思想。他能结合中唐经济现实,结合人们对利益的普遍需求,提出“明而诚”的获利观。引导人们取利有道,大胆公开地谈论利益,虽与孟子“何必言利”言记表面相抵牾,但其实质与孟子新言的治国安民得天下的大利是一致的,可谓是出于孟子又超越了孟子。

此引,柳宗元提出了“利安之元”的民主思想以及尊贤使能的用人思想,都与孟子的相关思想一脉相承。综合柳宗元对孟子的研究,可以看出,他不再拘泥于章句训诂,而是结合时代特点,对孟子思想精神进行新的阐释与发展,这也体现了中唐儒学的务实特点。

在中唐,对孟子予以较大关注的士人还有皇甫湜。皇甫湜对孟子的关注体现在两方面:第一,他能理解并支持韩愈对孟子道统之业的继承;第二,皇甫湜对孟子的思想有自己的研究体会。中唐时期，士人结合着孟子的夷惠之论，对于选择哪种处世方式发表了不少议论，显示出他们对人生的深刻思考。韩愈写了《伯夷颂》，对伯夷的特立独行大加歌颂。李德裕则否定伯夷的行为，皇甫湜对伯夷是持辩证的态度，他既指出其清高风格的短处，又能看到其正面社会效应。韩愈、皇甫湜、李德裕三人对伯夷的评价，其实反映出中唐时期士人或者追求圣贤道法与名节，或者追求通达与闲适，或者取乎中庸的不同人生价值观念。

皇甫湜关注孟子的思想还体现在他对心性理论的看法上。他创作了《孟子荀子言性论》，分析了孟子和荀子的心性理论，指出他们不同的思维方式，即一个是“举本而推末”，一个是“自叶而流根”，但最后却是殊途同归。然而，相比较而言，皇甫湜还是认为孟子之论合乎经典更多一些。

士人们对于理论的关注，使得中唐的思想界变得丰富起来，这对当时诗坛产生了很大影响。中唐士人关于夷惠清和的理论之辩，对元白和韩孟两大诗派的形成有着较为直接的促动作用。元白尚坦易、韩孟尚奇警的诗歌风格追求，在很大程度上缘于他们对夷惠不同的认知态度。而中唐诗歌思辨性特点的增强，在很大程度上是根植于士人们这种理论思考的。

中唐孟子学的鼎盛，还表现在对《孟子》一书的注解诠释明显增多。这一时期产生了张镒的《孟子音义》三卷、丁公著的《孟子手音》一卷（此两种详见第五章），以及研究孟子的专著——刘轲的《翼孟子》三卷。

刘轲，字希仁，元和末进士及第。他在其《上座主书》中自述道：“轲本沛上耕人，代业儒为农人家。天宝末流离于边，徙贯南鄙。边之人，嗜习玩味异乎沛，然亦未尝辍耕舍学，与边俗齿。且曰：言忠信，行笃敬，虽夷貊行矣。故处边如沛焉。贞元中，轲仅能执经从师。元和初，方结庐于庐山之阳，日有芟荑畚筑之役。虽震风凌雨，亦不废力火耨。或农圃余隙，积书窗下，日与古人磨砻前心。岁月悠久，浸成书癖。故有《三传指要》十五卷，《十三代名臣议》十卷，《翼孟子》三卷。虽不能传于时，其于两曜无私之烛，不为堕弃矣。”①从中我们可以大致了解刘轲的从学经历及其著述成就。

刘轲因仰慕孟轲，故取名为轲。他与韩愈、白居易都有交谊。据《太平广记》卷一百一十七“报应十六”载，刘轲与时为吏部侍郎的韩愈素来相知，韩愈曾许诺刘轲，等自己闲暇之时，要为刘轲专门写一篇赞美文章。但是后来因为韩愈左迁，其文竟未写成。白居易在浔阳郡三年，刘轲经常携文来向白居易请教，白居易曾为刘轲写有《代书》一篇，从中可看出他对刘轲的推

① 《全唐文》卷七百四十二，中华书局1983年版，第7673页。

重:"庐山自陶、谢洎十八贤已还,儒风绵绵,相续不绝。贞元初,有符载、杨衡辈隐焉,亦出为文人。今其读书属文,结草庐于岩谷间者,犹一二十人。即其中秀出者,有彭城人刘轲。轲开卷慕孟子为人,轲秉笔慕扬雄、司马迁为文,故著《翼孟》三卷、《豢龙子》十卷、杂文百余篇,而圣人之旨,作者之风,虽未臻极,往往而得。"①又据《太平广记》卷一八一"贡举四"载,刘轲的文章当时与韩柳齐名。

刘轲的《翼孟子》三卷未能保存下来,《宋书·艺文志七》著录刘珂《翼孟》三卷。他的其他作品留下的也不多,《全唐诗》今存其省试诗《玉声如乐》一首。而通过齐己的《酬湘幕徐员外见寄》对刘轲的赞誉,我们或许可以印证刘轲的文章在当时的地位:"东海儒宗事业全,冰棱孤峭类神仙。诗同李贺精通鬼,文拟刘轲妙入禅。珠履早曾从相府,玳簪今又别官筵。篇章几谢传西楚,空想雄风度十年。"②齐己在赞美朋友徐员外才华的时候,以当时名人作标杆,其中就有刘轲的文章。可见,刘轲在当时文坛上确实名不虚传。今人林梓宗校注的《刘轲集校注》已由广东人民出版社(2012年)出版,将对刘轲的进一步研究提供较全面的资料。

第二节　韩愈思想与孟子

韩愈尊崇孟子,这是学术界的共识。韩愈不仅在性格上有与孟子相似的地方,更主要的是在思想上对孟子大加揄扬。韩愈认为孟子的思想可以为中唐存在的各种社会问题提供疗救的药方,他是要借助孟子的思想解决当时社会存在的各种弊端。以韩愈在中唐文坛的地位和影响,他对孟子的尊崇于中唐孟子学热潮的形成无疑是最有力的推动。

一、韩愈好辩的性格与孟子相似

南宋俞文豹在《吹剑录》中有言:"韩文公、王荆公皆好孟子,皆好辩,三人均之好胜。"③明确指出韩愈和王安石推崇孟子的原因是三人都好辩好胜。钱锺书因此认为俞文豹"殊有识见"。并进一步推断他们"彼此好胜,必如南山秋气,相高不下"。④ 孟子的好辩自古以来是众所周知的,《孟子·滕文公下》记载,孟子的学生公都子问他:"外人皆称夫子好辩,敢问何也?"孟子曰:

---

① 《全唐文》卷六百七十七,中华书局1983年版,第6920页。

② 陈贻焮主编《增订注释全唐诗》第五册,文化艺术出版社2001年版,第718页。

③ 俞文豹《吹剑录全编》,张宗祥校订,古典文学出版社1958年版,第21页。

④ 钱锺书《谈艺录·宋人论韩昌黎》,中华书局1984年版,第62页。

“予岂好辩哉？予不得已也。”①尽管孟子所处的战国纷争时代确实造就了诸多的好辩之士，孟子也把自己的好辩性格解释为是“不得已”，也就是说，在当时的社会环境中为了继承并弘扬孔子的儒道，推行自己的思想和主张，不得不如此。但是人们还是认为好辩和善辩是孟子性格中最突出的特点之一。

有意思的是，韩愈也常与人辩论，他也曾向时人解释过自己缘何“好辩”。当他的好友张籍先后两次向他进言，劝他“为一书以兴存圣人之道，使时之人、后之人，知其去绝异学之所为”，而不要“俯仰于俗，嚣嚣为多言之徒”②时，他在回复的书信中申辩说：

> 夫所谓著书者，义止于辞耳。宣之于口，书之于简，何择焉？孟轲之书，非轲自著，轲既殁，其徒万章、公孙丑相与记轲所言焉耳。仆自得圣人之道而诵之，排前二家有年矣。不知者以仆为好辩也，然从而化者亦有矣，闻而疑者又有倍焉。顽然不入者，亲以言谕之不入，则其观吾书也，固将无得矣。为此而止，吾岂有爱于力乎哉？然有一说：化当世莫若口，传来世莫若书。又惧吾力之未至也。三十而立，四十而不惑，吾于圣人，既过之犹惧不及，矧今未至，固有所未至耳。请待五六十然后为之，冀其少过也。③

在《重答张籍书》中韩愈又说：

> 前书谓吾与人商论不能下气，若好胜者然。虽诚有之，抑非好己胜也，好己之道胜也；非好己之道胜也，己之道乃夫子、孟子、扬雄所传之道也。若不胜，则无以为道。吾岂敢避是名哉！夫子之言曰：“吾与回言终日，不违如愚。”则其与众人辨也有矣。④

从韩愈答复张籍的这两封书信中我们知道，当时有不少人都认为韩愈性格“好辩”“好胜”。韩愈自己也承认这点，但是他又解释说这种“好辩”“好胜”，是“好己之道胜”，而“己之道”则是“夫子、孟子、扬雄所传之道也”，申明自己是为了维护并传承孔孟之道而不得不“好辩”“好胜”的。

韩愈所处的中唐时期，与孟子生活的那个衍生纵横家和辩士的时代有所

---

① 《孟子·滕文公下》，杨伯峻《孟子译注》卷六，中华书局1988年版，第154页。
② 张籍《上韩昌黎书》，《全唐文》卷六百八十四，中华书局1983年版，第7007页。
③ 韩愈《答张籍书》，《韩昌黎全集》，中国书店1994年版，第227页。
④ 韩愈《重答张籍书》，同上书，第230页。

不同,如果说孟子的好辩是时代和其个性共同作用使然,那么韩愈的好辩则较多的是其个性以及受孟子的影响使然。对于“好辩”,韩愈有着这样的认识:一方面是“化当世莫若口”,就是说,他要实现以道统自振一代的抱负和理想,就不得不向其弟子和他人“辩口如悬河”①地推行自己的主张。他在《进学解》中不仅大段大段地假设与太学诸生的辩难,来抒发自己的不遇之情,一吐胸中不平之气,还明确表示:“昔者孟轲好辩,孔道以明,辙环天下,卒老于行。”②换言之,韩愈就是表明自己要学习昔日的孟子,通过辩论的方式把儒道普化于当世,从而把自己打造成一个唐代的孟子式传承道统的人物。

另一方面,韩愈还认为封建君主的周围需要“博辩之士”:“窃惟自古神圣之君,既立殊功异德卓绝之迹,必有奇能博辩之士,为时而生,持简操笔,从而写之,各有品章条贯,然后帝王之美,巍巍煌煌,充满天地。”③在韩愈看来,一个圣明的国君身边,必要围绕着一些“奇能博辩之士”,为帝王之美歌功颂德。因此,当他接到朝廷的敕牒,要他为平淮西撰写碑文刻石纪功时,韩愈十分激动,曾一度“闻命震骇,心识颠倒,非其所任,为愧为恐,经涉旬月,不敢措手”④。因而在其《进撰平淮西碑文表》中,韩愈虽然故作谦虚地认为自己不属于“奇能博辩之士”,对于接受这样重要的任务是“非其所任”,而事实上却恰恰暗示并承认了他具有这方面的才能,而且他深感自豪。

二、韩愈对孟子君臣之义思想的继承

孟子学说中关于政治的基本观点之一就是强调“君臣大义”。《孟子》一书有多处申明君臣之礼,如“内则父子,外则君臣,人之大伦也。父子主恩,君臣主敬”⑤。“规矩,方员之至也;圣人,人伦之至也。欲为君,尽君道;欲为臣,尽臣道。二者皆法尧舜而已矣。”⑥“人之有道也,饱食、暖衣、逸居而无教,则近于禽兽。圣人有忧之,使契为司徒,教以人伦,——父子有亲,君臣有义,夫妇有别,长幼有叙,朋友有信。”⑦并因此批评杨朱、墨翟是无君无父:“杨氏为我,是无君也;墨氏兼爱,是无父也。无父无君,是禽兽也。”并认为“臣弑其君者”“子弑其父者”的现象,是“世衰道微,邪说暴行”导致的。⑧

---

① 韩愈《石鼓歌》:“安能以此上论列?愿借辩口如悬河。”钱仲联集释《韩昌黎诗系年集释》,上海古籍出版社1984年版,第794页。
② 韩愈《进学解》,《韩昌黎全集》,中国书店1994年版,第186页。
③ 韩愈《进撰平淮西碑文表》,同上书,第452页。
④ 同上。
⑤ 《孟子·公孙丑下》,杨伯峻《孟子译注》卷四,中华书局1988年版,第88页。
⑥ 《孟子·离娄上》,杨伯峻《孟子译注》卷七,第165页。
⑦ 《孟子·滕文公上》,杨伯峻《孟子译注》卷五,第125页。
⑧ 《孟子·滕文公下》,杨伯峻《孟子译注》卷六,第155页。

孟子身处变乱纷扰的战国时期，他强调的君臣之礼是针对当时伦理道德混乱、统治秩序崩坏的现状而提出的对应之策。众所周知，中唐时期最大的社会问题之一，就是政治、军事上的藩镇割据。这一祸患是由唐玄宗宠爱边将以及肃宗平定安史叛乱的无奈政策遗留下来的，到中唐时开始全面爆发。这些日益发展和巩固的藩镇不仅在经济上自主独立，而且，他们“擅署吏，以赋税自私，不朝献于廷。效战国，肱髀相依，以土地传子孙”①。中唐时期的藩镇分裂，与孟子所处的战国时期诸国纷争的局面有着很大的相似。对此现状，韩愈深感忧虑，他在《潮州刺史谢上表》中痛心疾首地表示：“自天宝之后，政治少懈，文致未优，武克不纲。孽臣奸隶，外顺内悖；父死子代，以祖以孙。如古诸侯，自擅其地，不朝不贡，六七十年。”②要从根本上消除这一痼疾，韩愈认为只有采用孟子的君臣之义这一良方。因此，他在《原道》中论说君臣之道时就申明：“君者，出令者也；臣者，行君之令而致之民者也；民者，出粟米麻丝，作器皿、通货财以事其上者也。君不出令，则失其所以为君；臣不行君之令而致之民，则失其所以为臣”；进而强调“先王之教”的法则：“夫所谓先王之教者，何也？博爱之谓仁，行而宜之之谓义；由是而之焉之谓道，足乎己，无待于外之谓德。其文《诗》、《书》、《易》、《春秋》，其法礼、乐、刑、政，其民士、农、工、贾，其位君臣、父子、师友、宾主、昆弟、夫妇。”③韩愈所强调的君臣各自的职责，以及君臣位置的法则，其目的就是要反对藩镇分裂，巩固大一统的封建君主秩序，维护国家的统一。毫无疑问，韩愈的君臣之论与孟子是一脉相承的。

不仅在理论上有认识，韩愈还将其付诸行动之中，对于藩镇分裂，韩愈一直是旗帜鲜明地坚决予以反对。他的《论淮西事宜状》就是在吴元济叛乱，当宪宗对继续平藩犹豫不决，朝中大臣意见不一时写作的。在此状中，他劝说宪宗要态度果断，坚持平藩，并详细分析了平叛的可能性：

> 当此之时，则人人异议，以惑陛下之听。陛下持之不坚，半涂而罢，伤威损费，为弊必深，所以要先决于心，详度本末，事至不惑，然可图功。为统帅者，尽力行之于前；而参谋议者，尽心奉之于后。内外相应，其功乃成。④

---

① 《新唐书·藩镇魏博序》卷二百一十，中华书局 1975 年版，第 5921 页。
② 韩愈《潮州刺史谢上表》，《韩昌黎全集》，中国书店 1994 年版，第 458 页。
③ 韩愈《原道》，《全唐文》卷五百五十八，中华书局 1983 年版，第 5650 页。
④ 韩愈《论淮西事宜状》，《全唐文》卷五百五十，第 5568 页。

韩愈与试图分裂的藩镇形同水火，但对于藩镇下属的一般士卒则仁慈宽容。如在平定吴元济叛乱时，他认为蔡州的士卒与王师交战，是被吴元济所迫胁，为势不得已。“原其本根，皆是国家百姓。进退皆死，诚可闵伤”，所以他主张放归这些士卒，以感化他们归顺朝廷：“宜明敕诸军，使深知此意。当战斗之际，固当以尽敌为心；若形势已穷，不能为恶者，不须过有杀戮。喻以圣德，放之使归，销其凶悖之心，贷以生全之幸，自然相率弃逆归顺。”①可见，韩愈主张平藩，指向和反对的是不恪守君臣之义的叛臣。在韩愈的有生之年，他亲自参加的平定藩乱就有两次，一次是唐宪宗元和十二年（817），韩愈为淮西宣慰处置使裴度的行军司马，参与平定吴元济的叛乱。另一次是长庆元年（821），他刚转兵部侍郎时，到镇州宣谕王廷凑的叛乱。这次的宣抚任务艰巨而危险，“既行，众皆危之。元稹言：‘韩愈可惜。’穆宗亦悔，诏愈度事从宜，无必入”，但“愈既至，集军民，谕以逆顺，辞情切至，廷凑畏重之”。② 或许正是因为韩愈积极标举君臣之义反对藩镇分裂，让他具有了一种继承儒家传统的道义和凛然正气，他参与的这两次平藩镇之乱都以成功而告终。

三、韩愈排佛的前因后果

唐代的佛教始终在与儒学和道教的制衡中发展。历来在评价唐代思想与学术的开放和兼容并包特点时，学术界多数会称儒释道三教并重。但是，在唐代不同的时期，儒释道三教并非处于均衡发展的态势，而是在此强彼弱的互相制衡中寻求着各自的发展空间。然而有一点是可以肯定的，就是儒释道三教发展势力的强弱，在很大程度上取决于统治者的好尚。因为“封建统治者总是要使宗教和神学同封建秩序紧密结合起来，而为俗世的政治、伦理、道德等提供理论依据”③。一方面，从治国的需要出发，儒家的等级秩序和忠孝伦理有利于统治者稳固他们的基业；另一方面，道教为梦想长生的帝王们提供了不老之术，同时道教的先祖李耳又为李唐王朝提高了血统门第；而佛教更以其所谓的“因果轮回”“见性成佛”诱惑着芸芸众生听任统治者的摆布。因此，对统治者来说，儒释道三教于他们的统治都有可利用的东西。但是纵观唐代三教的制衡状态，我们发现对立和排斥更多的是发生在儒学与佛教之间。韩愈的排佛就是儒学与佛教对抗表现最为激烈的一次。

元和十四年（819），唐宪宗令中使杜英奇带着三十位宫人，持香花从凤翔法门寺迎佛骨，先在宫中供养三天，然后送京城各寺礼敬，再次煽起全国性

① 韩愈《论淮西事宜状》，《全唐文》卷五百五十，中华书局 1983 年版，第 5567 页。

② 《旧唐书》卷一百六十，中华书局 1975 年版，第 4203 页。

③ 侯外庐主编《中国思想通史》第四卷（上），人民出版社 1995 年版，第 147 页。

的崇佛狂潮。法门寺的这段佛骨,曾受到唐代不少帝王的殊礼,张仲素《佛骨碑》记载说:

> 岐阳法门寺鸣鹫阜,有阿育王造塔,藏佛身指节。太宗特建寺宇,加之重塔,高宗迁之洛邑,天后荐以宝函,中宗纪之《国史》,肃宗奉之内殿,德宗礼之法宫。据本传,必三十年一开,则玉烛调,金镜朗,氛祲灭,稼穑丰。①

可见在唐宪宗之前,太宗、高宗、武后、中宗、肃宗、德宗都对法门寺的这段"佛身指节"很感兴趣,原因就在于它可以使天下"氛祲灭,稼穑丰"。一段佛身的指节骨若果真能有如此威力,得到诸多帝王的特殊礼敬似乎也是值得的。但是,这恐怕只是佛教为争取自身的地位,赢得信徒而采取的一种宣传手段。因为当时为了礼敬佛骨,"王公士庶,奔走舍施,唯恐在后。百姓有废业破产、烧顶灼臂而求供养者"②。从王公士庶这种迷狂的反映程度看,开迎佛骨带来的结果不仅不能"氛祲灭,稼穑丰",反而能导致天下百姓的废业破产。为此,韩愈抗颜上谏,上呈了《谏迎佛骨表》,成为唐代排佛史上最激烈的一位儒者。

我们之所以称韩愈排佛最为激烈,是基于他因为这次上表获罪,而且几乎被处以极刑:

> 疏奏,宪宗怒甚。间一日,出疏以示宰臣,将加极法。裴度、崔群奏曰:"韩愈上忤尊听,诚宜得罪,然而非内怀忠恳,不避黜责,岂能至此?伏乞稍赐宽容,以来谏者。"上曰:"愈言我奉佛太过,我犹为容之。至谓东汉奉佛之后,帝王咸致夭促,何言之乖剌也?愈为人臣,敢尔狂妄,固不可赦。"于是人情惊惋,乃至国戚诸贵亦以罪愈太重,因事言之,乃贬为潮州刺史。③

韩愈的《谏迎佛骨表》,让唐宪宗"怒甚",并要对韩愈处以极刑,后因大臣们的说情才改为贬潮州刺史。在韩愈上表的前前后后,唐代士人排斥佛教的也大有人在,但是,无论他们的言论如何激烈,都没有遭到像韩愈这样沉重的政治打击。

---

① 张仲素《佛骨碑》,《全唐文》卷六百四十四,中华书局1983年版,第6522页。

② 《旧唐书》卷一百六十,中华书局1975年版,第4198页。

③ 同上书,第4200页。

佛教从汉末传入中土,经历了魏晋南北朝的发展,到唐代无论是宗派的分立①还是佛经的翻译,都达到了空前鼎盛的阶段。唐代历朝皇帝中,如唐高祖、太宗、高宗、中宗、睿宗、武后、宪宗、穆宗、敬宗、文宗、懿宗等都不同程度地崇佛或利用佛教进行统治,因此也就不断的有士人上书来反对佛教。如主要活动于唐高祖和太宗时期的傅奕,就可称得上是一位排佛的斗士。他于唐高祖武德四年(621)上废佛事疏十一条,武德七年(624)又上疏请除去释教,武德九年(626)再次上疏请除佛法。到太宗贞观十三年(639)傅奕去世时,临终还谆谆告诫其子曰:"老、庄玄一之篇,周、孔《六经》之说,是为名教,汝宜习之。妖胡乱华,举时皆惑,唯独窃叹,众不我从,悲夫!汝等勿学也。"②武后统治时期,为了配合她的"革命",大力倡导佛教,也因此引起不少士人的反对。圣历三年(即久视元年,700),武则天在白马阪造大佛像,敛天下僧钱,狄仁杰上《谏造大像疏》谏阻;张廷珪也上《谏白司马坂营大像表》劝谏。中宗时也多营佛寺,劳民伤财。睿宗又大造金仙、玉真二观,辛替否曾上疏极谏,其《谏造金仙玉真两观疏》通过对比唐太宗和唐中宗正反不同的执政方略来劝谏唐睿宗禁佛。他批评中宗"造寺不止,枉费财者数百亿;度人不休,免租庸者数十万。是使国家所出加数倍,所入减数倍,仓不停卒岁之储,库不贮一时之帛。……夺百姓之食以养残凶,剥万人之衣以涂土木。于是人怨神怒,众叛亲离,水旱不调,疾疫屡起,远近殊论,公私罄然,五六年间,至于祸变,享国不永",并告诫唐睿宗若"依中宗之理国,则万人以怨,百事不宁,故累卵之危,立可待矣"。③

在韩愈同时或稍后,反对佛教的士人也不乏其人。宪宗时的李德裕,懿宗时的萧倣、李蔚,韩愈的门人孙樵等也都不断地上书排佛。如萧倣目睹唐懿宗"留神天竺,属意桑门,内设道场,中开讲会。或手录梵筴,或口扬佛音"④的做法,上呈了《谏懿宗奉佛疏》。李蔚也有《谏禁中饭僧疏》,《新唐书·李蔚传》载:"懿宗惑浮屠,常饭万僧禁中,自为赞呗。蔚上疏切谏,引狄仁杰、姚元崇、辛替否所言,讥病时弊。帝不听,但以虚礼褒答。"⑤就连一向受佛教影响较深的白居易,也对佛教的危害有所认识,如他在《议释教》中议论道:

上古之化也,大道唯一;中古之教也,精义无二。盖上率下以一德,

① 参见汤用彤《隋唐佛教史稿》,第四章《隋唐之宗派》,河北人民出版社 2000 年版。
② 《旧唐书》卷七十九,中华书局 1975 年版,第 2717 页。
③ 辛替否《谏造金仙玉真两观疏》,《全唐文》卷二百七十二,中华书局 1983 年版,2762—2763 页。
④ 萧倣《谏懿宗奉佛疏》,《全唐文》卷七百四十七,第 7739 页。
⑤ 《新唐书》卷一百八十一,中华书局 1975 年版,第 5354 页。

则下应上无二心。故儒、墨六家，不行于五帝；道、释二教，不及于三王。迨乎德既下衰，道又上失，源离派别，朴散器分。于是乎儒、道、释之教，鼎立于天下矣。降及近代，释氏尤甚焉。臣伏睹其教，大抵以禅定为根，以慈忍为本，以报应为枝，以斋戒为叶。夫然，亦可以诱掖人心，辅助王化。然臣以为不可者，有以也。臣闻：天子者，奉天之教令；兆人者，奉天子之教令。令一则理，二则乱，若参以外教，二三孰甚焉！况国家以武定祸乱，以文理华夏：执此二柄，足以经纬其人矣。而又区区西方之教，与天子抗衡；臣恐乖古先唯一无二之化也。然则根本枝叶，王教备焉，何必使人弃此取彼？若欲以禅定复人性，则先王有恭默无为之道在。若欲以慈忍厚人德，则先王有忠恕恻隐之训在。若欲以报应禁人僻，则先王有惩恶劝善之刑在。若欲以斋戒抑人淫，则先王有防欲闲邪之礼在。虽臻其极则同归，或能助于王化；然于异名则殊俗，足以贰乎人心：故臣以为不可者以此也。况僧徒月益，佛寺日崇；劳人力于土木之功，耗人则于金宝之饰；移君亲于师资之际，旷夫妇于戒律之间。古人云：一夫不田，有受其馁者；一妇不织，有受其寒者。今天下僧尼，不可胜数：皆待农而食，待蚕而衣。臣窃思之：晋、宋、齐、梁以来，天下凋弊，未必不由此矣。①

白居易认为，不能让佛教盛行的理由有三点：其一，国家的治理，政令只能一统，不能有二，多必乱国；其二，即便佛教具有所宣扬的种种诱掖人心，辅助王化的好处，但是这些都可以从儒家的先王之道中找到相应的内容。如儒家的“恭默无为之道”可抵佛教的“禅定”之说，“忠恕恻隐之训”可抵其“慈忍”之说，“惩恶劝善之刑”可抵其“报应”之诫，“防欲闲邪之礼”可抵其“斋戒”之法等。其三，“僧徒月益，佛寺日崇”，会给社会经济带来很大的弊端。这是白居易在深入研究佛理后的深刻认识。可见，在韩愈排佛的前前后后，唐代士人排佛是大有人在的。他们的态度尽管也很坚决，言辞尽管也很激烈，但是，结果不过是“疏奏不纳”而已，有的甚至还能得到帝王的“虚礼褒答”，都没有人像韩愈那样遭到如此的打击。因此，韩愈排佛的遭遇就格外引人注目。

四、韩愈借鉴孟子心性学说排佛

韩愈排佛不仅像其他士人一样从社会经济和风俗教化的立场上反佛，还试图在学理上建立一套理论体系来抗衡佛教义理。

① 白居易《策林六十七·议释教》，顾学颉校点《白居易集》，中华书局1985年版，第1367页。

唐代因为崇尚佛教,对佛教徒有很优裕的政策,导致了僧尼数量不断上升,寺院经济持续发展,大大削弱了朝廷的实力,加重了国家的负担,崇佛带来的社会经济问题是显而易见的。因此,上述反佛的士人多从维护大唐的经济利益出发,对禁止佛教的盛行提出建议。如傅奕《请除释教疏》就算了这样一笔经济账:

> 昔褒姒一女,妖惑幽王,尚致亡国;况天下僧尼,数盈十万,翦刻缯彩,装束泥人,而为厌魅,迷惑万姓者乎!今之僧尼,请令匹配,即成十万余户。产育男女,十年长养,一纪教训,自然益国,可以足兵。四海免蚕食之殃,百姓知威福所在,则妖惑之风自革,淳朴之化还兴。①

封建社会衡量一个朝代是否兴旺的重要标准就是看其人丁的数量。傅奕认为,"卫壮之僧,婉娈之尼,失礼不婚,仇匹内通,衣形外隔,夭胎杀子,违礼逆天,减损户口"②,是违背了"阴阳父子,天地大象"的规律。如果能令僧尼匹配婚育,那么他们所生育的儿女"自然益国,可以足兵"。同时,僧尼都还俗后,整个社会自然就革除了妖惑之风,兴起了淳朴之教化。

除了僧尼不婚影响人丁的数量外,佛教盛行影响社会经济的另一个问题就是大兴土木建造佛寺。为此,也有不少士人提出反对意见。如武则天欲于白司马坂营建大像,张廷珪上表劝谏,反对她"倾四海之财,殚万人之力,穷山之木以为塔,极冶之金以为像"③的劳民伤财;狄仁杰也批评说:"今之伽蓝,制守宫阙,穷奢极壮,画缋尽工。宝珠殚于缀猸,瑰材竭于轮奂。工不使鬼,必在役人;物不天来,终须地出。不损百姓,将何以求?"④指出大兴土木建造寺庙,自然会减损国家的银库,加重百姓的负担这一事实。

此外,僧尼们还享有着免交税赋的特权,如"中宗时,公主外戚皆奏请度人为僧尼,亦有出私财造寺者,富户强丁,皆经营避役,远近充满"⑤。他们可以"不耕而食,不织而衣"。中唐德宗时期,一个僧人一年的衣食所需,大约要五个人丁的税赋才能供养,因此,都官员外郎彭偃就主张朝廷要向一定年龄段的僧尼征税:

---

① 《全唐文》卷一百三十三,中华书局1983年版,第1347页。
② 同上书,第1346页。
③ 张廷珪《谏白司马坂营大像表》,《全唐文》卷二百六十九,第2735页。
④ 狄仁杰《谏造大像疏》,《全唐文》卷一百六十九,第1727页。
⑤ 《旧唐书》卷九十六,中华书局1975年版,第3023页。

> 今天下僧道，不耕而食，不织而衣，广作危言险语，以惑愚者。一僧衣食，岁计约三万有余，五丁所出，不能致此，举一僧以计天下，其费可知。陛下日旰忧勤，将去人害，此而不救，奚其为政？臣伏请僧道未满五十者，每年输绢四疋，尼及女道士未满五十者，每年输绢二疋，其杂色役，与百姓同。有才智者令入仕，请还俗为平人者听，但令就役输课，为僧何伤？臣窃料其所出，不下今之租赋三分之一，然则陛下之国富矣，苍生之害除矣。①

唐代佛教盛行所引发的这些社会经济问题都是显性的存在，而佛教教义对人们心性所产生的影响则是思想观念上的隐性存在。所以，侯外庐在其主编的《中国思想通史》中就指出，唐代其他士人的排佛"还只是伴随着物质动因而产生的政治词句和法律词句，而没有提到哲学思想或世界观的高度；所有这些议论还只是从国计军防的考虑出发，而没有从理论上根本否定二教"。而"韩愈排斥佛老之所以显名于时，正由于他不仅陈言时弊，而且还以儒家先行者的思想材料作为理论形式的出发点，企图修改儒学来代替佛道的宗教"。② 依笔者之见，这"儒家先行者的思想材料"，主要就是孟子的心性理论。韩愈正是以此为其理论的出发点，在学理上建立了一套理论体系来抗衡佛教，尤其是当时盛行的禅宗义理；同时，韩愈还以自述的一套儒家的道统，来对抗佛教衣钵相传的法系。

"唐前期与中期，社会热点问题由探讨社会治术向探索个人心性转变，所以佛教逐步兴盛，信徒越来越多。在心性问题方面，佛家的解说最为细密，道家次之，儒家再次之。"③韩愈排佛所借助的思想武器主要是孟子的心性说。孟子在《尽心上》《尽心下》《告子上》等篇目中多次论说了心性，成为儒学心性理论的代表。据统计，《孟子》全书共35382字，出现的"心"有121处，约占全书的0.34%，而《论语》全书中"心"字仅6处，约占全书的0.04%。因此，"抽去了'心'字，《孟子》就不成其为《孟子》了。如果说心是孟子整个思想大厦的基石，那是一点也不过分的"。④ 台湾学者刘述先曾断言："孟子在儒家思想上最大的贡献，无疑在他提出了一整套心性论的看法。"⑤如孟子提出了"存心""养性"的修身立命之说：

---

① 彭偃《删汰僧道议》，《全唐文》卷四百四十五，中华书局1983年版，第4545页。
② 侯外庐主编《中国思想通史》第四卷（上），人民出版社1995年版，第330页。
③ 郑杰文《中国墨学通史》，人民出版社2006年版，第264页。
④ 参见杨泽波《孟子性善论研究》，中国人民大学出版社2010年版，第36—37页。
⑤ 刘述先《孟子心性论的再反思》，〔美〕江文思、安乐哲编《孟子心性之学》，社会科学文献出版社2005年版，第174页。

尽其心者，知其性也。知其性，则知天矣。存其心，养其性，所以事天也。殀寿不贰，修身以俟之，所以立命也。①

在孟子看来，一个人尽了善良的本心，就了解了人的本性，就可以知晓天命；保持并养护好这种善心本性，就可以侍奉上天了。他又以水流趋下的道理来论说人性本善的道理：

人性之善也，犹水之就下也。人无有不善，水无有不下。今夫水，搏而跃之，可使过颡；激而行之，可使在山。是岂水之性哉？其势则然也。人之可使为不善，其性亦犹是也。②

孟子认为人的善良之性，就像水势趋向下流一样都是固然的本性。水的"搏越"和"激行"，并非水性如此，而是外力所为，这正如人的不善不是本性如此的道理一样。孟子还反复论说人有仁、义、礼、智四心之善端：

恻隐之心，人皆有之；羞恶之心，人皆有之；恭敬之心，人皆有之；是非之心，人皆有之。恻隐之心，仁也；羞恶之心，义也；恭敬之心，礼也；是非之心，智也。仁义礼智，非由外铄我也，我固有之也，弗思耳矣。③

"恻隐之心""羞恶之心""恭敬之心"以及"是非之心"，在孟子看来都是人固有的善性内涵，而这四心就是仁、义、礼、智的道德发端。但是仅具备这种种善端还不够，还需要后天不断的修养和扩充，才能达到仁、义、礼、智的道德境界。他在《公孙丑上》中把这一理论表述得十分清楚：

无恻隐之心，非人也；无羞恶之心，非人也；无辞让之心，非人也；无是非之心，非人也。恻隐之心，仁之端也；羞恶之心，义之端也；辞让之心，礼之端也；是非之心，智之端也。人之有是四端也，犹其有四体也。有是四端而自谓不能者，自贼者也；谓其君不能者，贼其君者也。

孟子主张，四心的善端是每个人所共同具备的，但是社会中的人之所以会出现有的人"足以保四海"，而有的人则"不足以事父母"这样巨大的差别，

---

① 《孟子·尽心上》，杨伯峻《孟子译注》卷十三，中华书局 1988 年版，第 301 页。
② 同上书，第 254 页。
③ 《孟子·告子上》，杨伯峻《孟子译注》卷十一，第 259 页。

就是因为前者能扩充自己内心的善端,而后者却不能。正因为如此,所以孟子特别强调后天的修养,他认为,人们通过不断的修养,把内心的善端充分发挥出来,就有希望成为尧舜一样的圣人了。"圣人,与我同类者"①,"何以异于人哉?尧舜与人同耳"②,就是孟子这种观点的体现。

韩愈也在多处地方谈及人性,但他所言之性的内涵不尽相同。他所说的"性",有时指个体的性格:如他说裴度"天与朴忠,性惟愚直"③。说自己"受性愚陋,人事多所不通"④。他举张正甫自代时,评张正甫"禀正直之性,怀刚毅之姿"⑤。举钱徽自代时,评钱徽"器质端方,性怀恬淡,外和内敏,洁静精微"⑥等。可见,韩愈在这几处所谈之性都是指个人的性格特点。

有时指群体的习性:如他在《黄家贼事宜状》中论岭外"蛮夷之性,易动难安,遂致攻劫州县,侵暴平人,或复私仇,或贪小利,或聚或散"⑦。又如在《送董邵南序》中评价"燕赵古称多感慨悲歌之士","燕赵之士出乎其性者哉!"⑧这里所言之性则是指在某种环境下,人们长期形成的共同习性。

有时指人类抽象的本性:如韩愈的《复仇状》评论富平县人梁悦因为替父报仇而杀人是"发于天性"。《上张仆射第二书》中认为"马之与人,情性殊异"。《杂说四首》其三认为:"然吾观于人,其能尽吾性而不类于禽兽异物者希矣。"因为"昔之圣者,其首有若牛者,其形有若蛇者,其喙有若鸟者,其貌有若蒙倛者:彼皆貌似而心不同焉,可谓之非人耶?即有平胁曼肤,颜如渥丹,美而很者,貌则人,其心则禽兽,又恶可谓之人耶?"因此主张"然则观貌之是非,不若论其心与其行事之可否为不失也"。⑨ 在韩愈论性的这一含义里,首先,他将人性区别于禽兽异物,认为"马之与人,情性殊异"。其次,认为许多人未能尽人性而区别于禽兽异物。再次,主张判断一个人的人性不是看其貌相如何,而要看其心性及其行事如何。这就是说,他肯定了人的社会属性,但是又认为人未能充分发挥好其社会属性。那么,韩愈所论述的人性是怎样的?我们在他专题讨论性情的理论文章《原性》中可以找到明确的答案:

---

① 《孟子·告子上》,杨伯峻《孟子译注》卷十一,中华书局1988年版,第261页。
② 《孟子·离娄下》,杨伯峻《孟子译注》卷八,第203页。
③ 韩愈《为裴相公让官表》,《韩昌黎全集》,中国书店1994年版,第449页。
④ 韩愈《潮州刺史谢上表》,同上书,第458页。
⑤ 韩愈《举张正甫自代状》,同上书,第467页。
⑥ 韩愈《举钱徽自代状》,同上书,第452页。
⑦ 韩愈《黄家贼事宜状》,同上书,第468页。
⑧ 韩愈《送董邵南序》,同上书,第283页。
⑨ 韩愈《杂说四首》其三,《全唐文》卷五百五十八,中华书局1983年版,第5645页。

性也者,与生俱生也;情也者,接于物而生也。性之品有三,而其所以为性者五;情之品有三,而其所以为情者七。曰:何也?曰:性之品有上中下三。上焉者,善焉而已矣;中焉者,可导而上下也;下焉者,恶焉而已矣。其所以为性者五:曰仁、曰礼、曰信、曰义、曰智。上焉者之于五也,主于一而行于四;中焉者之于五也,一不少有焉,则少反焉,其于四也混;下焉者之于五也,反于一而悖于四。性之于情视其品。情之品有上中下三,其所以为情者七:曰喜、曰怒、曰哀、曰惧、曰爱、曰恶、曰欲。上焉者之于七也,动而处其中;中焉者之于七也,有所甚,有所亡,然而求合其中者也;下焉者之于七也,亡与甚,直情而行者也。情之于性视其品。

孟子之言性曰:人之性善。荀子之言性曰:人之性恶。扬子之言性曰:人之性善恶混。夫始善而进恶,与始恶而进善,与始也混而今也善恶,皆举其中而遗其上下者也,得其一而失其二者也。叔鱼之生也,其母视之,知其必以贿死。杨食我之生也,叔向之母闻其号也,知必灭其宗。越椒之生也,子文以为大戚,知若敖氏之鬼不食也。人之性果善乎?后稷之生也,其母无灾,其始匍匐也,则岐岐然,嶷嶷然。文王之在母也,母不忧;既生也,傅不勤;既学也,师不烦;人之性果恶乎?尧之朱,舜之均,文王之管、蔡,习非不善也,而卒为奸;瞽叟之舜,鲧之禹,习非不恶也,而卒为圣。人之性善恶果混乎?故曰:三子之言性也,举其中而遗其上下者也,得其一而失其二者也。曰:然则性之上下者,其终不可移乎?曰:上之性,就学而愈明;下之性,畏威而寡罪;是故上者可教,而下者可制也,其品则孔子谓不移也。

曰:今之言性者异于此,何也?曰:今之言者,杂佛、老而言也;杂佛、老而言也者,奚言而不异?①

韩愈在这篇讨论性情的代表作中认为,“性”是人与生俱来的,分上中下三个品级,由仁、礼、信、义、智五个要素构成。虽然他表示不同意孟子的性善说,但是韩愈的理论实质却明显是直承孟子心性说的衣钵而来。其一,韩愈这里所说的上品之性——“上焉者,善焉而已矣”,其实就是孟子的性善论;其二,他所论的仁、礼、信、义、智五性,更直接源于孟子的仁、义、礼、智的道德四端;其三,韩愈所提出的上品之性“就学而愈明”,以及下品之性“畏威而寡罪”的观点,是继承了孟子的“存心”“养性”之说。韩愈所谓人与生俱来就有上品之性和下品之性的区别,虽然与孟子的人皆有善端之说存在差异,但是,

① 韩愈《原性》,《韩昌黎全集》,中国书店 1994 年版,第 175 页。

他们都强调后天的修养功夫，韩愈的“上者可教”“下者可制”不过是把孟子对善端“扩而充之”的方式区分了等级，并提出了不同的修养方法而已。韩愈甚至认为人的仁义之善还能感染畜类，如他在《猫相乳》这篇短文中就阐发了这样的观点：

> 司徒北平王家，猫有生子同日者，其一死焉。有二子饮于死母，母且死，其鸣咿咿。其一方乳其子，若闻之，起而若听之，走而若救之，衔其一置于其栖，又往如之，反而乳之，若其子然。噫，亦异之大者也！夫猫，人畜也，非性于仁义者也，其感于所畜者乎哉！北平王牧人以康，伐罪以平，理阴阳以得其宜。国事既毕，家道乃行，父父子子，兄兄弟弟，雍雍如也，愉愉如也，视外犹视中，一家犹一人。夫如是，其所感应召致，其亦可知矣。①

这篇短文所记载的一只母猫为另外一只死去的母猫代乳幼崽的事情，其实在动物间是常见的。但是，韩愈认为这是一种很特殊的现象，其原因是因为这只母猫受到它的主人司徒北平王马燧的道德感染。司徒马燧理国事能“牧人以康，伐罪以平”，治家道能父子兄弟“雍雍”“愉愉”，因此，即使“非性于仁义者”的畜类，也能受到他仁义道德的感召，做出仁义之事。可见韩愈对后天“可教”“可制”修养重要性的认识。

韩愈的“原性”，其最终目的指向还是佛老，尤其是佛教，他是要借助孟子的心性理论建立起一套儒家心性体系，进而来对抗佛教的心性义理，试图澄清士人们被佛教搅浑了的思想意识。因为在他看来，当时人们谈论的心性都是“杂佛老而言也。杂佛老而言也者，奚言而不异！”②中唐时期，由于佛教心性论的广泛渗透，一般士人在思想上也存在着一定的误解，认为儒学不谈心性，心性之说都是归入佛道的。为了消除人们认识上的这一误区，韩愈的学生李翱创作了《复性书》。在《复性书上》中，他首先理清了孔圣心性之学的传承，李翱理出的这条线索即是：孔子传其弟子颜子，其余升堂弟子也各有深浅之得。又传给孙子子思，子思继承祖父之道作《中庸》，再传给孟子，孟子传公孙丑、万章等。但是一般学者却不明白孔门心性的这种传承，结果是“性命之书虽存，学者莫能明，是故皆入于庄、列、老、释。不知者谓夫子之徒不足以穷性命之道”。因此，李翱要恢复儒学的心性，“以开诚明之源，而缺

---

① 韩愈《猫相乳》，《韩昌黎全集》，中国书店1994年版，第212页。
② 韩愈《原性》，同上书，第175页。

绝废弃不扬之道，几可以传于时，命曰《复性书》，以理其心，以传乎其人”。①

韩愈及其学生探根寻源梳理儒学的心性传承，并推出孟子作为这一学说的纯正继承人，目的就是要以孟子代表的儒家心性来对抗佛教的心性，从而正本清源，为反对佛教找到正统的理论依据。

五、韩愈建立儒学道统排佛

除了用孟子的心性理论来反对佛教教义外，韩愈还自述了一套儒学的道统，来对抗佛教衣钵相传的法系。有学者认为，韩愈所自述的儒学道统，是“在理论形式上抄袭佛教的祖统”②，是“模仿佛教的传世法系”③。胡适就主张：“凡攻击某派最力的人，便是受那派影响最大的人。”他认为“孟子攻杨墨最力，其实他受杨墨影响最大”。孟子“尊重百姓过于君主，这是老子、杨朱一派的影响”。“使百姓享受乐利，这是墨家的影响”。④ 在韩愈所处的中唐，佛教十分盛行，他自然不能不受佛教的影响，但是笔者认为，以韩愈对佛教的对立态度，与其说这是他在“模仿”或“抄袭”佛教，倒不如说他是有意识地用儒教道统来对抗佛教的传法模式，是一种以其人之道还治其人之身的理论策略。

首先，韩愈自身有深厚的儒教学缘基础和自振一代的抱负和理想，这是他建立道统的内在因素。《旧唐书·韩愈传》载，韩愈三岁而孤，为其从父兄韩会抚养。韩会“善清言，有文章，名最高”⑤，好言世事，自视有王佐之才，韩愈受韩会的影响很大，自幼就刻苦习研儒学，所以韩愈接受的儒学教育有其家学渊源。此外，韩愈的儒学基础还因韩会的交游，受到当时复古儒学的前辈影响。韩会当时与崔造、卢东美、张正则三人号称“四夔”。与李华、萧存、独孤及等一些尚古学的士人也交往密切。李华“爱奖士类，名随以重，若独孤及、韩云卿、韩会、李纾、柳识、崔祐甫、皇甫冉、谢良弼、朱巨川，后至执政显官”⑥。萧存是萧颖士之子，他继承了其父的亮直之风，擅长文辞，与韩会、沈既济、梁肃、徐岱等相友善⑦。因韩会的关系，韩愈少年时代即为萧存所知。而独孤及也“喜鉴拔后进，如梁肃、高参、崔元翰、陈京、唐次、齐抗皆师事之”⑧。在这些士人圈子中，李华、萧颖士、独孤及、梁肃都是在韩愈之前以提

① 李翱《复性书上》，《全唐文》卷六百三十七，中华书局1983年版，第6434—6435页。
② 侯外庐主编《中国思想通史》第四卷（上），人民出版社1995年版，第326页。
③ 冯契《中国古代哲学的逻辑发展》（中），上海人民出版社1995年版，第691页。
④ 胡适《中国哲学史大纲》，上海古籍出版社1997年版，第216页。
⑤ 柳宗元《先君石表阴先友记》，《全唐文》卷五百八十八，第5944页。
⑥ 《新唐书》卷二百三十，中华书局1975年版，第5776页。
⑦ 参见《新唐书》卷二百二十，第5767—5771页。
⑧ 《新唐书》卷一百六十二，第4993页。

倡儒教著称的前辈。韩愈还曾追随被儒林推重，最称渊奥的独孤及、梁肃等，"从其徒游，锐意钻仰，欲自振于一代"①。由此，我们不难看出，在韩愈学习儒学的成长过程中，他的周围有一群关系十分密切的师友，有一个良好的儒学师承氛围，这为韩愈提高自身的儒教学养，并振兴儒学打下了一个很好的学缘基础。

进士及第后，韩愈踏入仕途，但是因其"发言真率，无所畏避，操行坚正，拙于世务"②，他较多从事于儒学的教授与传承，先为四门博士，又两度担任国子博士，后为国子祭酒，这些职位虽然不一定能满足他的仕途心愿，但是对于实现其自振一代儒学的理想却十分有利。韩愈也十分热心于奖掖提携后学，他"性明锐，不诡随。与人交，终始不少变。成就后进士，往往知名。经愈指授，皆称'韩门弟子'"③。因此，在他的周围，聚集着一批同辈以及后学之士，如张籍、孟郊、贾岛、皇甫湜、李翱、李汉、侯喜等，以至于柳宗元因此讥讽他好为人师："孟子称'人之患在好为人师'。由魏晋氏以下，人益不事师。今之世不闻有师，有辄哗笑之，以为狂人。独韩愈奋不顾流俗，犯笑侮，收召后学，作《师说》，因抗颜而为师。"④如果说韩愈的好为人师有他自振一代的主观努力和追求的话，那么，数次在国子监担任教职的经历，则为他实现这一理想提供了十分便利的客观条件。正是这些职务，让他培养了大量后学之士，从而形成了师友间相互标榜呼应的师承局面，也为他身后儒学的传承打下了牢固的学缘基础。

韩愈创立儒学道统的学说和自振一代的理想，是直接继承了孟子"五百年必有王者兴"的思想。《孟子·公孙丑下》说：

> 五百年必有王者兴，其间必有名世者。由周而来，七百有余岁矣。以其数，则过矣；以其时考之，则可矣。夫天未欲平治天下也；如欲平治天下，当今之世，舍我其谁也？⑤

孟子认为，历史上圣王和贤人的出现，是具有周期性的。他依据这样的周期推断，所以产生"当今之世，舍我其谁"的强烈责任意识。在《尽心下》中他又进一步分析了这五百年周期的具体情况：

---

① 《旧唐书》卷一百六十，中华书局 1975 年版，第 4195 页。
② 同上。
③ 《新唐书》卷一百七十六，中华书局 1975 年版，第 5265 页。
④ 柳宗元《答韦中立论师道书》，《全唐文》卷五百七十五，中华书局 1983 年版，第 5813 页。
⑤ 《孟子·公孙丑下》，杨伯峻《孟子译注》卷四，中华书局 1988 年版，第 109 页。

孟子曰："由尧、舜至于汤，五百有余岁。若禹、皋陶，则见而知之；若汤，则闻而知之。由汤至于文王，五百有余岁。若伊尹、莱朱，则见而知之；若文王，则闻而知之。由文王至于孔子，五百有余岁。若太公望、散宜生，则见而知之；若孔子，则闻而知之。由孔子而来，至于今百有余岁，去圣人之世，若此其未远也，近圣人之居，若此其甚也，然而无有乎尔，则亦无有乎尔。"①

从尧舜到商汤，从商汤到周文王，再从周文王到孔子，大约都是五百年的周期。同时，孟子多次论述了尧、舜、禹、汤、文王、武王、周公、孔子等先圣先贤的德行和思想②，并借此来推行他的道德观念和仁政的政治主张。而这些就是韩愈创建道统的基本理论依据。韩愈在《原道》中明确阐述道：

斯吾所谓道也，非向所谓老与佛之道也。尧以是传之舜，舜以是传之禹，禹以是传之汤，汤以是传之文武、周公，文武、周公传之孔子，孔子传之孟轲，轲之死，不得其传焉。荀与扬也，择焉而不精，语焉而不详。③

在这里，韩愈比孟子更加明细地排出了儒家道统的序列，即尧传舜，舜传禹，禹传汤，汤传文王，文王传武王，武王传周公，周公传孔子，孔子传孟子。而韩愈则是把自己列在孟子之后，希望能够通过自己的倡导和努力把儒学的道统接续下去。在韩愈的道统序列中，孟子是十分关键的一环，韩愈经过研读前代诸多的儒学著述，认为"自孔子没，群弟子莫不有书，独孟轲氏之传得其宗"，"故求观圣人之道，必自孟子始"。④ 他最推崇孟子，是对儒家学说进行了全面的比较之后作出的理性判断与选择。韩愈在《读荀》一文中，对孔学的两个继承人荀子和孟子进行了认真的比较鉴别：

---

① 《孟子·尽心下》，杨伯峻《孟子译注》卷十四，中华书局 1988 年版，第 344 页。

② 孟子论及先圣先贤的品德和业绩之处很多，此略列举如下：《孟子·离娄上》："尧舜之道，不以仁政，不能平治天下。""规矩，方员之至也；圣人，人伦之至也。欲为君，尽君道；欲为臣，尽臣道。二者皆法尧舜而已矣。不以舜之所以事尧事君，不敬其君者也；不以尧之所以治民治民，贼其民者也。"孔子曰："道二，仁与不仁而已矣。"孔子曰："仁不可为众也。大国君好仁，天下无敌。"《孟子·梁惠王下》："惟仁者为能以大事小，是故汤事葛，文王事昆夷。"《孟子·离娄下》："禹恶旨酒而好善言。汤执中，立贤无方。文王视民如伤，望道而未之见。武王不泄迩，不忘远。周公思兼三王，以施四事；其有不合者，仰而思之，夜以继日；幸而得之，坐以待旦。"《孟子·万章下》："孔子，圣之时者也。孔子之谓集大成。集大成也者，金声而玉振之也。金声也者，始条理也；玉振之也者，终条理也。"杨伯峻《孟子译注》，第 162、165、168、30、191—192、233 页。

③ 韩愈《原道》，《韩昌黎全集》，中国书店 1994 年版，第 171 页。

④ 韩愈《送王秀才序》，同上书，第 288 页。

> 始吾读孟轲书,然后知孔子之道尊,圣人之道易行,王易王,霸易霸也。以为孔子之徒没,尊圣人者,孟氏而已。晚得扬雄书,益尊信孟氏。因雄书而孟氏益尊,则雄者亦圣人之徒欤!圣人之道,不传于世:周之衰,好事者各以其说干时君,纷纷藉藉相乱,《六经》与百家之说错杂,然老师大儒犹在。火于秦,黄老于汉,其存而醇者,孟轲氏而止耳,扬雄氏而止耳。及得荀氏书,于是又知有荀氏者也。考其辞,时若不粹;要其归,与孔子异者鲜矣,抑犹在轲、雄之间乎?孔子删《诗》《书》,笔削《春秋》,合于道者著之,离于道者黜去之,故《诗》《书》《春秋》无疵。余欲削荀氏之不合者,附于圣人之籍,亦孔子之志欤!孟氏,醇乎醇者也。荀与扬,大醇而小疵。①

韩愈认为荀子对于孔子要旨的继承不粹不醇,而真正"醇乎醇者"唯有孟子。孟子对圣人之道的传承,是在排斥杨墨的前提下进行的,韩愈在其《与孟尚书书》中对此也进行了详尽地阐述:

> 孟子云:"今天下不之杨则之墨,杨墨交乱,而圣贤之道不明,则三纲沦而九法斁,礼乐崩而夷狄横,几何其不为禽兽也!"故曰:"能言距杨墨者,皆圣人之徒也。"扬子云云:"古者杨墨塞路,孟子辞而辟之,廓如也。"夫杨墨行,正道废,且将数百年,以至于秦,卒灭先王之法,烧除其经,坑杀学士,天下遂大乱。及秦灭,汉兴且百年,尚未知修明先王之道;其后始除挟书之律,稍求亡书,招学士,经虽少得,尚皆残缺,十亡二三。故学士多老死,新者不见全经,不能尽知先王之事,各以所见为守,分离乖隔,不合不公,二帝三王群圣人之道,于是大坏。后之学者,无所寻逐,以至于今泯泯也,其祸出于杨墨肆行而莫之禁故也。孟子虽贤圣,不得位,空言无施,虽切何补?然赖其言,而今学者尚知宗孔氏,崇仁义,贵王贱霸而已。其大经大法,皆亡灭而不救,坏烂而不收,所谓存十一于千百,安在其能廓如也?然向无孟氏,则皆服左衽而言侏离矣。故愈尝推尊孟氏,以为功不在禹下者,为此也。②

孟子是在"杨墨肆行而莫之禁"的情况下捍卫孔子的正统学说的,韩愈认为,正是有赖于孟子,后世的学者才能宗法孔子之道,崇尚仁义,贵王贱霸。倘若没有孟子的排斥杨墨,维护道统,后代的人们至今还要"皆服左衽而言

---

① 《韩昌黎全集》,中国书店1994年版,第182页。
② 同上书,第266页。

侏离”呢。所以，他极力推尊孟子，赞誉孟子的功德不在大禹之下。

正如孟子的时代儒学正统遭到杨墨异端理论的冲击一样，在韩愈的时代，儒学再次遭到佛道的强大冲击。相比较而言，韩愈拯救儒学要比孟子维护儒学正统付出更多的努力和艰辛。因为，韩愈认为孟子之后儒学道统中断，自汉代以来，儒学本身已经是千疮百孔："汉氏以来，群儒区区修补，百孔千疮，随乱随失，其危如一发引千钧，绵绵延延，浸以微灭。""于是时也，而倡释老于其间，鼓天下之众而从之。"①并且，由于释老流播时间久长，它们对儒学的损害也远远超过了当年的杨墨。韩愈知道自己之贤不及孟子，要拯救儒学正统似乎有些不自量力。他说："孟子不能救之于未亡之前，而韩愈乃欲全之于已坏之后。呜呼！其亦不量其力，且见其身之危，莫之救以死也。虽然，使其道由愈而粗传，虽灭死万万无恨！"②尽管有这样的自知之明，但是出于一种强烈的使命感，韩愈还是要明知不可而为之，为了延续儒学道统，虽万死而无恨，可见其传承道统的决心。

要之，韩愈以其对儒家经典的研究和深厚学养，使他从儒学内部找出了一条明晰的道统序系，而这一序系比佛教衣钵相传的法系要久远得多。在这一道统中，孟子排斥杨墨的态度及其理论无疑对韩愈是最好最直接的启发，所以，韩愈仿效孟子，树起了孟子这面旗帜，接续起了儒学道统的序列，并以此向佛老尤其是佛教开战。

其次，佛教的传法模式是促使韩愈建立道统的外在因素。佛经传入中土以后，因其传入先后的不同，所据印度经论的不同，以及解释经典的不同，遂逐渐形成各种学说和宗派。佛教宗派的标志之一，即自以为是传法之道统，在佛书中称为"传灯"。隋唐教派风起，因各派各有其理论和教义，故通称为"宗"。如法相宗、华严宗、禅宗等。形成了有创始人、有传授者、有信徒、有教义、有教规的宗教团体。中唐时期，佛教宗派势力更加兴盛，僧人们宗派各有所属，甚至壁垒森严。如澄观尝受学于天台湛然，后华严人推为四祖，天台人因此十分愤激，以至于视澄观为"叛出"（见《释门正统》）③。韩愈就是生活在这样一个佛教宗派大盛的时代，因此，他排斥佛教异端，采取了以其人之道还治其人之身的方略，借鉴佛教宗派传法的模式，梳理并创建了一个与佛教相类似的儒学道统来对抗佛教的法系。我们认为，这是韩愈在主观上的有意而为。同时，在客观上，由于环境所染，韩愈又不会不受到佛教的影响。其道理正如胡适在评论宋明理学受禅宗影响时所言：

---

① 韩愈《与孟尚书书》，《韩昌黎全集》，中国书店 1994 年版，第 266 页。

② 同上。

③ 参见汤用彤《隋唐佛教史稿》，第四章《隋唐之宗派》第十节，河北人民出版社 2000 年版。

平心而论,宋明的哲学,或是程朱,或是陆王,表面上虽都不承认和佛家禅宗有何关系,其实没有一派不曾受印度学说的影响的。这种影响,约有两个方面:一面是直接的。如由佛家的观心,回到孔子的"操心",到孟子的"尽心"、"养心",到《大学》的"正心",是直接的影响。一面是反动的。佛家见解尽管玄妙,终究是出世的,是"非伦理的"。宋明的儒家,攻击佛家的出世主义,故极力提倡"伦理的"入世主义。明心见性,以成佛果,终是自私自利;正心诚意,以至于齐家、治国、平天下,便是伦理的人生哲学了。这是反动的影响。①

韩愈以孟子的继承人自居而建立起的儒学道统,应该说是他在排佛的方法上找到了最有力的武器。然而,其理论的内核,即儒"道"的内涵建树却远不及孟子的理论成就。② 关于这一点,前人对韩愈有不少微词。如宋代木雁居士郑少微在评说"韩愈之贤,不及孟子"时有言:

孟韩之功其同二。而立言行己,其异五。……孟子曰:"尧舜不偏爱急亲贤也。"愈则曰:"一视而同仁。"孟子言必称尧舜,愈则曰:"王易王,霸易霸也。"孟子曰:"性本善也";而愈品为三。孟子曰:"墨乱孔也",而愈合为一。孟子藐大人轻万钟,召之则不往也;愈则佞于頔,干宰相。此其异者五也。其曰韩之贤不及孟子,可谓能自知矣。③

郑少微认为韩愈不仅在理论建树上不及孟子,甚至在人格上也不及孟子。而朱熹则认为韩愈虽然建立了一个大体的理论,但却未能"存养省察""体之于身",因此也就不能"自拔于流俗":

盖韩公之学见于《原道》者,虽有以识夫大用之流行,而于本然之全体,则疑其有所未睹。且于日用之间,亦未见其有以存养省察,而体之于身也。是以虽其所以自任者不为不重,而其平生用力深处,终不离乎文字言语之工。至其好乐之私,则又未能卓然有以自拔于流俗。所与游者,不过一时之文士,其于僧道,则亦仅得毛干、畅观、灵惠之流耳。是其

---

① 胡适《中国哲学史大纲》,上海古籍出版社 1997 年版,第 5 页。

② 韩愈关于"道"的理论内涵,学者们已论及很多,在此不再赘述。可参见侯外庐主编《中国思想通史》第四卷(上),第六章第二节和第三节,人民出版社 1995 年版。萧公权《中国政治思想史》第十二章第二节,辽宁教育出版社 1998 年版。李峻岫《汉唐孟子学述论》,齐鲁书社 2010 年版,第 281 页。

③ 《韩昌黎全集》,《与孟尚书书》注引,中国书店 1994 年版,第 268 页。

身心内外,所立所资,不越乎此,亦何所据以为息邪距诐之本,而充其所以自任之心乎?①

可见,韩愈毕竟不是一个纯粹的思想家或理论家。因此,我们不能否认他"率乏理论上之建设,不能推陈出新,取佛教势力而代之也,此则其不逮宋儒远矣"②。但同时我们也要充分肯定韩愈尊孟的贡献,他继承孟子理论而振兴儒学的努力,对孟子地位的提升产生了显著的学术效应和历史影响。韩愈一再告诫时人,学"道"选择方向最为重要,一旦偏于佛老,离圣人之道就越来越远。"故学者必慎其所道。道于杨、墨、老、庄、佛之学,而欲之圣人之道,犹航断港绝潢,以望至于海也。故求观圣人之道,必自孟子始。"并赞扬那些"信悦孟子""好举孟子之所道者",是"沿河而下,苟不止,虽有迟疾,必至于海。如不得其道也,虽疾不止,终莫幸而至焉"。③

第三节 韩愈诗歌与孟子

"唐诗为八代以来一大变,韩愈为唐诗之一大变,其力大,其思雄,崛起特为鼻祖。"④这是清代诗评家叶燮对韩愈诗歌的评价。韩愈诗歌所形成的特色,引起了后代诗评家褒贬不一的议论,但是不管是对之肯定还是否定,大家都无不承认这是他的创变。陈寅恪在《论韩愈》中认为:"退之者,唐代文化学术史上承先启后转旧为新关捩点之人物也。其地位价值若是重要,而千年以来论退之者似尚未能窥其蕴奥。"⑤因此,学界探究韩愈及其诗歌大变之蕴奥的兴趣就很大,学者们从不同角度阐发韩愈诗歌变化的成因。如葛晓音的《从诗人之诗到才学之诗——论韩诗之变的社会原因和历史地位》,对韩愈诗风的变化从"其深远的历史背景和阶级根源"进行了深细的考察和分析,指出"韩愈以才学为诗的创变是诗歌自身发展的规律与中唐特定的社会历史条件相结合的产物"。⑥ 陈允吉教授则论证了唐代寺庙壁画对韩愈诗的影响。⑦ 可以说,学界对韩愈诗风的研究都各有创见⑧,但是对韩愈尊崇孟子

---

① 《与孟尚书书》注引,《韩昌黎全集》,中国书店1994年版,第267页。
② 汤用彤《隋唐佛教史稿》,河北人民出版社2000年版,第40页。
③ 韩愈《送王秀才序》,《韩昌黎全集》,第288页。
④ 叶燮《原诗》内篇上,丁福保编《清诗话》下,上海古籍出版社1978年版,第570页。
⑤ 陈寅恪《金明馆丛稿初编》,生活·读书·新知三联书店2001年版,第332页。
⑥ 葛晓音《汉唐文学的嬗变》,北京大学出版社1995年版,第151页。
⑦ 陈允吉《论唐代寺庙壁画对韩愈诗的影响》,《复旦学报》(社会科学版)1983年第1期。
⑧ 这方面的成果还有孟二冬《韩孟诗派的创新意识及其与中唐文化趋向的关系》,《中国社会科学》1989年第6期等。

而影响其诗歌创作的探究则有所忽略。

一、韩愈崇孟与他扩张诗境的追求

韩愈尊崇孟子，无论是基于维护儒学正统的理性判断与选择，还是出于性格原因在情感上对孟子的喜好与偏爱，对他诗歌创作的影响都是不能忽视的。韩愈诗歌广为学界所关注的尚奇险、尚气势、重主观的艺术特征显明独特，这些创变与他尊崇孟子都有着深层次的关联。

在韩愈的主观意识中，他有着强烈的自我实现预期，这就是要在王统之外，建立起一套从孔子到孟子再到他自己的儒学道统序列。他感叹"孔丘殁已远，仁义路久荒，纷纷百家起，诡怪相披猖。长老守所闻，后生习为常。少知诚难得，纯粹古已亡"①。而自己是"生平企仁义，所学皆孔周"②。为此，韩愈曾借助他在国子监的职位优势，向诸生们大力推行他的孟子学。进士及第后踏入仕途的韩愈，因其"发言真率，无所畏避，操行坚正，拙于世务"，先为四门博士，又两度担任国子博士，后为国子祭酒③，这些职位对于他劝化当世，实现其自振一代儒道的理想都十分有利。如韩愈在其《进士策问十三首》其四中循循善诱地启发诸生辨别圣人之道，肯定孟子继承道统的成就。同时，韩愈还十分热心于营造师友间相互标榜呼应的学术氛围，以扩大他推行孟子学的影响。④ 他的努力也的确产生了明显的学术影响和社会效应，当时"其言大行，学者仰之如泰山、北斗云"⑤，如士子林简言就仰慕韩愈在当时"得圣人之旨，能传说圣人之道"，热切希望自己能依韩愈之门而闻其道：

> 人有儒其业，与孟轲同代而生，不遂师于轲，不得闻乎道，阁下岂不谓之惜乎！又有与扬雄同代而生，不遂师于雄，不得闻乎道，阁下岂不谓之惜哉！有习于琴者，问其所习，必曰吾师于某，某所传师旷之道也。习于弧者，问其所习，必曰吾师于某，某所传濯孺子之道也。脱二人未至于古，然亦无敢是非者，以所习有据故也。傥曰吾自能，非授受于人也，必知其音俚音也，其能庸能也。呜呼！圣人之道与琴弧之道相远矣，而琴弧尚能自习之如此，况圣人之道乎！去夫子千有余载，孟轲、扬雄死，今

---

① 韩愈《此日足可惜一首赠张籍》，钱仲联集释《韩昌黎诗系年集释》，上海古籍出版社 1984 年版，第 84 页。

② 韩愈《赴江陵途中寄赠王二十补阙李十一拾遗李二十六员外翰林三学士》，同上书，第 288 页。

③ 《新唐书》卷一百七十六，中华书局 1975 年版，第 5255 页。

④ 参见本章第二节第五部分。

⑤ 《新唐书》卷一百七十六，第 5269 页。

得圣人之旨,能传说圣人之道,阁下耳。今人睎阁下之门,孟轲、扬雄之门也。小子幸儒其业,与阁下同代而生,阁下无限其门,俾小子不得闻其道,为异代惜焉。①

当时不少士人也都认为,振兴孔孟道统的历史责任非韩愈莫属。如张籍《上韩昌黎书》就说:

宣尼没后,杨朱、墨翟,恢诡异说,干惑人听,孟子作书而正之,圣人之道,复存于世。秦氏灭学,汉重以黄老之术教人,使人浸惑,扬雄作《法言》而辩之,圣人之道犹明。及汉衰末,西域浮屠之法,入于中国,中国之人,世世译而广之,黄老之术,相沿而炽,天下之言善者,唯二者而已矣。昔者圣人以天下生生之道旷,乃物其金木水火土谷药之用以厚之;因人资善,乃明乎仁义之德以教之,俾人有常,故治生相存而不殊。今天下资于生者,咸备圣人之器用;至于人情,则溺乎异学,而不由乎圣人之道,使君臣父子夫妇朋友之义沉于世,而邦家继乱,固仁人之所痛也。自扬子云作《法言》,至今近千载,莫有言圣人之道者,言之者惟执事焉耳。②

张籍对孔子道统发展的梳理以及对韩愈的劝说,与上述韩愈对进士的策问,内容何其相似。可见,不光是韩愈本人有着明确的思想意识,与他志同道合的朋友们也对韩愈有着热切期待,就是要发扬孟子所传承的儒学,建立起一个延续不断的道统序列。韩愈要自振一代儒道的这一主观意识,成为他在诗坛上创新变革的思想动力,促使他在诗歌创作上也要实现打破流俗,追求与众不同的创变。

二、崇孟为韩愈提供了丰富的诗歌创作语料

韩愈倡导儒道与崇孟,使他的诗歌创作淘选吸收了先秦两汉经史百家中大量的语料,为他的诗歌创作建立起一个丰富的语料库,这些语料,正是构成韩愈诗歌光怪陆离、生新奇险特征的主要元素。从我国诗歌史上看,在韩愈之前的唐诗,已有李白杜甫两座诗界高峰,在韩愈的同时,又有白居易等诗坛名家。因此,韩愈要实现诗歌自立门户的创变,就必须努力建立起不同于前人,又独立于时人的诗歌语料体系。韩愈在先秦文献中淘选提炼的语汇,就

① 林简言《上韩吏部书》,《全唐文》卷七百九十,中华书局 1983 年版,第 8280 页。
② 张籍《上韩昌黎书》,《全唐文》卷六百八十四,第 7007 页。

为他的诗歌构筑起了古雅而又显生新的语言特点。学者们普遍认为韩愈散文的语言“惟陈言之务去”，是因为他广泛学习并汲取了秦汉散文的语言精华：“沈浸醲郁，含英咀华。作为文章，其书满家。上规姚姒，浑浑无涯。周诰殷盘，佶屈聱牙。春秋谨严，左氏浮夸。易奇而法，诗正而葩。”①韩愈诗歌的语言亦是如此。下面我们仅列举一些他诗歌中使用的《孟子》语汇，就可略见一斑，如：

《北极一首赠李观》：“所尚苟同趋，贤愚岂异伦。”②其中“同趋”，语出《孟子·告子下》：“三子者不同道，其趋一也。”③

《县斋读书》：“投章类缟带，伫答逾兼金。”④其中“兼金”，语出《孟子·公孙丑下》：陈臻问曰：“前日于齐，王馈兼金一百，而不受。”⑤

《赠张籍》：“惧其无所知，见则先愧赧。”“我身蹈丘轲，爵位不早绾。”⑥其中“愧赧”，语出《孟子·滕文公下》：“观其色赧赧然。”⑦而“丘轲”则指孔子和孟子。

《符读书城南》：“木之就规矩，在梓匠轮舆。”⑧其中“梓匠轮舆”，语出《孟子·尽心下》：“梓匠轮舆能与人规矩，不能使人巧。”⑨

《城南联句》：“淅玉炊香粳，朝馔已百态。”⑩前句语义出自《孟子·万章下》：“孔子之去齐，接淅而行。”⑪

《荐士》：“孟轲分邪正，眸子看了眊。”⑫其中“眸子了眊”，语见《孟子·离娄上》：“孟子曰：‘存乎人者，莫良于眸子。眸子不能掩其恶。胸中正，则眸子了焉，胸中不正，则眸子眊焉。’”⑬

《驽骥赠欧阳詹》：“王良执其辔，造父夹其钠。”⑭王良，古之善御者，事见《孟子·滕文公下》。

《崔十六少府摄伊阳以诗及书见投因酬三十韵》：“问之不言饥，饫若厌

---

① 韩愈《进学解》，《韩昌黎全集》，中国书店1994年版，第187页。
② 钱仲联集释《韩昌黎诗系年集释》，上海古籍出版社1984年版，第8页。
③ 杨伯峻《孟子译注》，中华书局1988年版，第284页。
④ 钱仲联集释《韩昌黎诗系年集释》，第191页。
⑤ 杨伯峻《孟子译注》，第92页。
⑥ 钱仲联集释《韩昌黎诗系年集释》，第831页。
⑦ 杨伯峻《孟子译注》，第152页。
⑧ 钱仲联集释《韩昌黎诗系年集释》，第1011页。
⑨ 杨伯峻《孟子译注》，第326页。
⑩ 钱仲联集释《韩昌黎诗系年集释》，第483页。
⑪ 杨伯峻《孟子译注》，第232页。
⑫ 钱仲联集释《韩昌黎诗系年集释》，第527页。
⑬ 杨伯峻《孟子译注》，第177页。
⑭ 钱仲联集释《韩昌黎诗系年集释》，第115页。

刍豢。”①其中“刍豢”语出《孟子·告子上》:“故理义之悦我心,犹刍豢之悦我口。”②等等。

对韩愈诗歌语料多取自于经史百家的特点,清人表示了不少赞同的意见,如马位的《秋窗随笔》云:“退之古诗,造语皆根柢经传,故读之犹陈列商、周彝鼎,古痕斑然,令人起敬。”③李重华的《贞一斋诗说》也说:“诗家奥衍一派,开自昌黎。然昌黎全本经学,次则屈、宋、扬、马,亦雅意取裁,故得字字典雅。”④他进而批评清代诗人不能很好地继承韩愈的这一优长:“今或满眼陆离,全然客气,问所从则曰我‘韩体’也。且谓四库书俱寻常闻见,于是专取说部,摭拾新奇,以夸繁富。不知说部之学,眉山时复用之者,不过借作波澜,初非靠为本领。今所尚止在于斯,乃正韩、苏大家吐弃不屑者,安得以奥衍目之。”⑤韩愈诗歌“造语皆根柢经传”,“全本经学”所创立的“韩体”,当然是缘于他渊博的学问,他日常读书“古史散左右,诗书置后前;岂殊蠹书虫,生死文字间”⑥。而在百家之学中,他又最钟爱孟子,因此可以说,韩愈崇孟在开阔他思想视野的同时,还为他的诗歌创作拓展了语料境界。

三、孟子的浩然之气对韩愈诗歌的作用

孟子的浩然之气对韩愈诗歌创作的影响也很大。苏轼曾极力赞赏韩愈对孟子浩然之气的继承:“孟子曰:‘吾善养吾浩然之气。’是气也,寓于寻常之中,而塞乎天地之间。”“自东汉以来,道丧文弊,异端并起,历唐贞观、开元之盛,辅以房、杜、姚、宋而不能救。独韩文公起布衣,谈笑而麾之,天下靡然从公,复归于正,盖三百年于此矣。文起八代之衰,而道济天下之溺,忠犯人主之怒,而勇夺三军之帅。岂非参天地、关盛衰、浩然而独存者乎!”⑦学界达成共识的是,韩愈在其《答李翊书》中提出的“气盛言宜”之“气”的内涵,是对孟子的“我善养吾浩然之气”的本质继承。如董洪利说:“唐代的韩愈,始从本来的意义上继承和发展了孟子的养气说,把儒家的道德观念视为学文之道的根本。”⑧但是学者们鲜有关注并揭示韩愈的诗歌创作是如何受到这种道德精神之“气”的影响和作用的。

孟子的浩然之气对韩愈诗歌的作用,其一是显性的表现,就是韩愈诗歌

---

① 钱仲联集释《韩昌黎诗系年集释》,上海古籍出版社1984年版,第701页。
② 杨伯峻《孟子译注》,中华书局1988年版,第261页。
③ 钱仲联集释《韩昌黎诗系年集释》附录,第1340页。
④ 同上书,第1341页。
⑤ 同上。
⑥ 韩愈《杂诗》,钱仲联集释《韩昌黎诗系年集释》,第35页。
⑦ 苏轼《潮州韩文公庙碑》,孔凡礼点校《苏诗文集》,中华书局1986年版,第508页。
⑧ 董洪利《孟子研究》,江苏古籍出版社2000年版,第104页。

中出现的“气”字颇多。韩诗中“气”的使用,虽然范围很广泛,除了用于表现季节、地域和大自然之气象,如秋气、阴气、阳气、毒气、海气、赤气、寒气、夜气等等外,其他的还如“城上赤云呈胜气,眉间黄色见归期”①是用“胜气”表现平藩必胜的形势;“逶迤抵晋宋,气象日凋耗”②是用“气象”表现晋宋诗坛风雅不作的颓靡倾向;“嘶鸣当大路,志气若有余”③是用“志气”表现驽马的得意,借以讽刺无能之辈;“雉之飞,于朝日。群雌孤雄,意气横出”④是用“意气”表现雉鸟飞翔时的雄姿;等等。但是,他使用最多的还是用“气”来表现人的精神。

韩愈自己“平生夸胆气”⑤,所以他常用“气”来描绘自我的精神状态。如《东都遇春》:“少年气真狂,有意与春竞。行逢二三月,九州花相映。川原晓服鲜,桃李晨妆靓。荒乘不知疲,醉死岂辞病。”⑥追忆年轻时游春的“荒乘”和酣醉的形止与豪情。《夜歌》:“静夜有清光,闲堂仍独息。念身幸无恨,志气方自得。乐哉何所忧？所忧非我力。”⑦此诗作于德宗贞元中,虽然韩愈“自得志气”,但当时强藩悍将已对朝廷构成了威胁,因此他会产生“所忧非我力”的无奈。而当他仕途坎壈时,就感叹“蹉跎颜遂低,摧折气愈下”⑧,“我虽官在朝,气势日局缩”⑨。韩愈的尚“气”,在时人的眼中我们也可得到充分的印证:如王建夸说韩愈“重登太学领儒流,学浪词锋压九州。不以雄名疏野贱,唯将直气折王侯”⑩,孟郊赞美韩愈“一章喻檄明,百万心气定。今朝旌鼓前,笑别丈夫盛”⑪,白居易肯定了韩愈的“学术精博,文力雄健”后,又对其“性方道直,介然有守,不交势利”⑫的人品气度也加以赞扬,而在李贺的眼中,韩愈更是“气如虹”的⑬。

韩愈关注自己的精神状态,并用“气”来表现这种精神面貌,同样,他在评价别人时也十分擅长使用这个标准。如评价侯喜“气方锐”:

---

① 韩愈《郾城晚饮奉赠副使马侍郎及冯李二员外》,钱仲联集释《韩昌黎诗系年集释》,上海古籍出版社 1984 年版,第 1065 页。
② 韩愈《荐士》,同上书,第 527 页。
③ 韩愈《驽骥赠欧阳詹》,同上书,第 115 页。
④ 韩愈《雉朝飞操》,同上书,第 1166 页。
⑤ 韩愈《奉酬振武胡十二丈大夫》:“自笑平生夸胆气,不离文字鬓毛新。”同上书,第 934 页。
⑥ 韩愈《东都遇春》,同上书,第 723 页。
⑦ 韩愈《夜歌》,同上书,第 151 页。
⑧ 韩愈《县斋有怀》,同上书,第 229 页。
⑨ 韩愈《送诸葛觉往随州读书》,同上书,第 1272 页。
⑩ 王建《寄上韩愈侍郎》,《全唐诗》卷三百,中华书局 1984 年版,第 3418 页。
⑪ 孟郊《送韩愈从军》,《全唐诗》卷三七十九,第 4248 页。
⑫ 白居易《韩愈比部郎中史馆修撰制》,顾学颉校点《白居易集》,中华书局 1985 年版,第 1162 页。
⑬ 李贺《高轩过韩员外愈皇甫侍御湜见过因而命作》:“入门下马气如虹。”王琦等注《三家评注李长吉歌诗》,上海古籍出版社 1998 年版,第 154 页。

叔起君今气方锐,我言至切君勿嗤。君欲钓鱼须远去,大鱼岂肯居沮洳。①

评价崔立之的诗文"才豪气猛":

崔侯文章苦捷敏,高浪驾天输不尽。曾从关外来上都,随身卷轴车连轸。朝为百赋犹郁怒,暮作千诗转遒紧。摇毫掷简自不供,顷刻青红浮海蜃。才豪气猛易语言,往往蛟螭杂蝼蚓。②

评价侯继少年时期"心气壮":

忆昔初及第,各以少年称。君颐始生须,我齿清如冰。尔时心气壮,百事谓己能。一别讵几何?忽如隔晨兴。我齿豁可鄙,君颜老可憎。③

评价卢云夫"有狂气":

云夫吾兄有狂气,嗜好与俗殊酸咸。日来省我不肯去,论诗说赋相喃喃。④

评价刘师服"有勇气":

丈夫在富贵,岂必守一门?公心有勇气,公口有直言,奈何任埋没,不自求腾轩。⑤

评价王仲舒的文章有"古气":

手持南曹叙,字重青瑶镌,古气参《彖系》,高标摧《太玄》。⑥

① 韩愈《赠侯喜》,钱仲联集释《韩昌黎诗系年集释》,上海古籍出版社 1984 年版,第 141 页。
② 韩愈《赠崔立之评事》,同上书,第 569 页。
③ 韩愈《送侯参谋赴河中幕》,同上书,第 715 页。
④ 韩愈《酬司门卢四兄云夫院长望秋作》,同上书,第 809 页。
⑤ 韩愈《送进士刘师服东归》,同上书,第 884 页。
⑥ 韩愈《送灵师》,同上书,第 202 页。

评价崔立之的儿子文字有锐气：

诸男皆秀朗，几能守家规。文字锐气在，辉辉见旌麾。①

可以肯定的是，韩愈对他人的这些诸如锐气、猛气、壮气、狂气、勇气等精神气是以一种认同的态度加以赞赏的。韩愈品人以气为主要标准，交友更是以气相感。他与贾岛的交往就是如此，其《送无本师归范阳》说："家住幽都远，未识气先感。来寻吾何能，无殊嗜昌歜。"②贾岛家在遥远的范阳幽都，他慕名携诗作求谒韩愈，就是由于"气先感"的神交，才使得他们成为亲密的布衣之交。

其二是隐性的表现，就是韩愈诗歌风格在整体上所呈现出的豪猛气势。韩愈"题诗尚倚笔锋劲"③，他的诗歌全以气力驱使，结构全篇的特点，前人评价也较多。如时辈张籍说韩愈是"生为大贤姿，天使光我唐。德义动鬼神，鉴用不可详。独得雄直气，发为古文章。学无不该贯，吏治得其方。三次论诤退，其志亦刚强"，"公为游溪诗，唱咏多慨慷"。④ 用"直气""慷慨"来描绘韩诗的气势。孟郊则用"涛涌"来形容韩愈的诗歌气势："诗骨耸东野，诗涛涌退之。"⑤晚唐诗论家司空图评说得更直接："韩吏部歌诗数百首，其驱驾气势，若掀雷挟电，撑抉于天地之间。"⑥钱锺书对韩愈的评价是："豪侠之气未除，真率之相不掩，欲正仍奇，求厉自温，与拘谨苛细之儒曲，异品殊科。"⑦韩愈的古体诗多数都具备这种特色，一些代表作如《石鼓歌》《陆浑山火一首和皇甫湜用其韵》《岳阳楼别窦司直》《苦寒》《送区弘南归》《和虞部卢四汀酬翰林钱七徽赤藤杖歌》《南山诗》《寄崔二十六立之》等，不论是写景状物，还是寄赠抒情，皆能以气贯注字里行间，形成笔力崚嶒健倔，雄奇纵恣，浑灏流转的气势。韩愈诗中流涌出的这种气势，固然与他所处的政治环境有关，但笔者认为这更主要源自于他承继孟子浩然之气而日积月累的"养气"个性。

---

① 韩愈《寄崔二十六立之》，钱仲联集释《韩昌黎诗系年集释》，上海古籍出版社 1984 年版，第 860 页。
② 韩愈《送无本师归范阳》，同上书，第 820 页。
③ 韩愈《寒食日出游》，同上书，第 363 页。
④ 张籍《祭退之》，《全唐诗》卷三百八十三，中华书局 1985 年版，第 4301 页。
⑤ 孟郊《戏赠无本》，《全唐诗》卷三百七十七，第 4235 页。
⑥ 司空图《题柳柳州集后》，钱仲联集释《韩昌黎诗系年集释》附录，第 1326 页。
⑦ 钱锺书《谈艺录 · 宋人论韩昌黎》，中华书局 1984 年版，第 62 页。

四、孟子的心性说对韩愈诗歌创作的影响

孟子的心性说对韩愈诗歌创作的影响也不能忽视。韩愈关于人性的理论主要继承孟子的心性说而来。韩愈对孟子的心性之说的继承弘扬，看似仅是在学理上的，实则已渗透到他诗歌创作的实践中了。范文澜在论述唐代"近体文与古文"中就指出："韩愈继承了儒家正统学说，即孔孟学说，学孟子之学，思想上难免沾染唯心主义的色彩，不过，他对唯心主义更高度发展的佛学，视之如无物。"①韩愈受孟子的影响，思想上沾染的唯心主义，主要是受其心性学说的影响。表现在诗歌创作中就是其强烈的主观性，也就是他诗歌中体现出的浓郁的主观色彩。

众所周知，诗歌都是表现作者主体情思的，自然会不同程度地呈现着诗人的主观色彩。但是韩愈诗歌的主观性与前人的不同就在于：他是以强烈的理性心态去裁夺自然。一般来说，诗人以我观物的主观心理多是非理性的状态，梁启超在其《自由书·惟心》中就曾说："山自山，川自川，春自春，秋自秋，风自风，月自月，花自花，鸟自鸟，万古不变，无地不同。然有百人于此，同受此山，此川、此春、此秋、此风、此月、此花、此鸟之感触，而其心境所现者百焉；千人同受此感触，而其心境所现者千焉。"②他强调的就是人们会因不同的心性而对同样的事物产生不同的心境，而这种不同心境的显现，可以说是人们一种比较普遍而自然的心理现象。然而韩愈却有着明确的自觉的理性意识，就是要以自我的心性去创造去主宰物象。对此，我们从他自述的创作体验中不难看出来。如他在与孟郊的《城南联句》中说："窥奇摘海异(愈)，恣韵激天鲸。肠胃绕万象(郊)，精神驱五兵(愈)。"③表示要以自身的"肠胃"和"精神"来驱驾万象。在《调张籍》中又说："我愿生两翅，捕逐出八荒。精诚忽交通，百怪入我肠。刺手拔鲸牙，举瓢酌天浆。"④表示他要神游"八荒"，捕捉"百怪"。在《醉赠张秘书》中则说："今我及数子，固无莸与薰。险语破鬼胆，高词媲皇坟。"⑤可见，韩愈的诗歌多数就是在这样一种主观心理驱使下创作出来的。

同时，韩愈在评价他人的诗作时也常常把主观性作为审美标准来提倡。

---

① 范文澜《中国通史》卷四，人民出版社 1986 年版，第 286 页。
② 梁启超《饮冰室专集》第二册，中华书局 1989 年版，第 45 页。
③ 钱仲联集释《韩昌黎诗系年集释》，上海古籍出版社 1984 年版，第 483 页。
④ 同上书，第 989 页。
⑤ 同上书，第 390 页。

如称赞王涯、李建、李程三人“高议参造化,清文焕皇猷”①,赞赏卢云夫的《望秋》是“惊绝”之作:“若使乘酣骋雄怪,造化何以当镌劖?嗟我小生值强伴,怯胆变勇神明鉴。”②肯定孟郊的诗作“冥观洞古今,象外逐幽好。横空盘硬语,妥帖力排奡”③,欣赏贾岛“无本于为文,身大不及胆。吾尝示之难,勇往无不敢。蛟龙弄角牙,造次欲手揽”,“狂词肆滂葩,低昂见舒惨”④等。诸如此类的表现,都显示出韩愈的诗歌创作是在主观上刻意地以自己的心性去裁夺自然物象,是把自我的“心”感设为标准,去判断并描绘外在物象的。

由于韩愈诗歌创作的主观化,他会用异于常人的审美眼光去观照自然中的景物,从而形成奇异怪诞的特色。例如,同样是描写洞庭湖,在孟浩然的笔下是“八月湖水平,涵虚混太清。气蒸云梦泽,波撼岳阳城”⑤,在杜甫的笔下是“吴楚东南坼,乾坤日夜浮”⑥,他们侧重的都是表现洞庭湖的广大与壮阔,容易让读者产生共鸣。而在韩愈的眼中,洞庭湖则是:“自古澄不清,环混无归向,炎风日搜搅,幽怪多冗长。轩然大波起,宇宙隘而妨,巍峨拔嵩华,腾踔较健壮。声音一何宏,轰輵车万两,犹疑帝轩辕,张乐就空旷”⑦,是“雾雨晦争泄,波涛怒相投”⑧。韩愈偏重表现湖水波澜腾踔的力量,刻画洞庭湖波涛的怒张之力,怪异之声。在色彩上,他又钟情于湖水的混浊不清,从而使盛唐人眼中开阔明丽的洞庭湖充满了恐怖,让人望而生畏。因此,他笔下的洞庭湖是韩愈式的个性,难以让读者有认同感。

要之,韩愈诗歌呈现出的强烈主观意识,驰骋纵横的奔涌气势,以及古奥生新的语汇,固然离不开他广泛借鉴前人如李白杜甫等的诗歌经验,也离不开当时社会历史环境等其他文化因素的促动。但是这些特点的形成,与他尊崇孟子都有着不可忽视的潜在联系。韩愈的耿介刚直,好辩少屈,不仅个性与孟子相似,其诗歌艺术的内在精神也受到孟子深刻的影响。

---

① 韩愈《赴江陵途中寄赠王二十补阙李十一拾遗李二十六员外翰林三学士》,钱仲联集释《韩昌黎诗系年集释》,上海古籍出版社1984年版,第288页。
② 韩愈《酬司门卢四兄云夫院长望秋作》,同上书,第809页。
③ 韩愈《荐士》,同上书,第527页。
④ 韩愈《送无本师归范阳》,同上书,第820页。
⑤ 孟浩然《临洞庭》,徐鹏校注《孟浩然集校注》,人民文学出版社1998年版,第146页。
⑥ 杜甫《登岳阳楼》,杨伦注《杜诗镜铨》,上海古籍出版社1980年版,第952页。
⑦ 韩愈《岳阳楼别窦司直》,钱仲联集释《韩昌黎诗系年集释》,第316页。
⑧ 韩愈《洞庭湖阻风赠张十一署》,同上书,第315页。

第四节 韩愈散文与孟子

在孟子的研究领域中,学界对《孟子》散文特色研究的兴趣和视点,主要集中于其语言艺术、论辩艺术、文章的逻辑性等方面,对《孟子》中具有的人物形象等传记文学特点则有所忽略。以下主要就孟子散文所具备的传记性特点以及对韩愈的相关散文影响略陈己见。

一、孟子散文的传记文学因子

众所周知,《孟子》主要以对话的形态来阐述思想,但是,在其中诸多的长篇大论中,孟子最擅长的表达技巧就是以事寓理,即通过叙述事件来阐发道理及思想,这样的一种论辩方式,自然就免不了有对人物、事件乃至情节的描述,如果以传记文学的基本要素来衡量一下,《孟子》的很多篇章都具有了传记文学的特征。

首先,《孟子》中描述了许多人物形象,这些人物大致可以排为以下几个序列,其一是帝王系列,这一系列以历史上的天子和孟子所处时代的诸侯王为主,孟子记述较多的有尧、舜、齐宣王、梁惠王、滕文公等。如《万章上》第二记述了舜对他父母的孝顺,对异母弟弟的亲爱,以及对百姓的仁慈。同时也反衬了舜的父亲瞽叟的狭隘和狠毒,以及舜的同父异母弟弟象的贪婪和狡猾。因为“舜父瞽叟盲,而舜母死,瞽叟更娶妻而生象,象傲。瞽叟爱后妻子,常欲杀舜,舜避逃;及有小过,则受罪”①。瞽叟杀舜的招数很多,“父母使舜完廪,捐阶,瞽瞍焚廪。使浚井,出,从而揜之”②。在这段记载中,我们可以看到,舜的父母加害舜的手段可谓毒辣,先是安排舜去修理粮仓,他父亲瞽瞍趁此机会撤掉梯子,放火烧仓,要把舜烧死。又支使舜去淘井,瞽瞍随即就填井,要把舜埋在井里。他的弟弟象更是每天“以杀舜为事”,并计划着害死舜以后如何分掉舜的家产,霸占两位嫂嫂。“象曰:‘谟盖都君咸我绩,牛羊父母;仓廪父母。干戈朕;琴朕;弤朕;二嫂使治朕栖。’象往入舜宫,舜在床琴。象曰:‘郁陶思君尔。’忸怩。舜曰:‘惟兹臣庶,汝其于予治。’”③也许上天确实特别青睐舜,虽然受到父亲和弟弟多次的谋害,舜反而活得好好的。他弟弟象以为舜死了,来到舜的房间,看见舜在弹琴,象只好假惺惺地作出一幅思念舜的样子来。对待这样多次要致自己于死地的狠毒的父母和弟弟,舜的表

① 《史记》卷一,中华书局1963年版,第32页。
② 《孟子·万章上》,杨伯峻《孟子译注》卷九,中华书局1988年版,第209页。
③ 同上书,第210页。

现却只是“往于田,号泣于旻天”,只好把不能得到父母欢心的痛苦诉之于天,而对待父母还是依然孝顺。并且在他做了天子之后,还把他的弟弟封在有庳,并能“常常而见之”。由此,孟子称赞舜是“大孝”。

此外,《孟子》中还描述了虚心学习的滕文公①,急功近利又有些优越之感的梁惠王②,有一点仁慈之心,又很狡黠,梦想一统天下的齐宣王等。对这些战国时代与孟子有过密切接触的君王,虽然着墨不多,但是他们各自的性格形象还是很鲜明的。

其二是圣人系列,这个系列有孔子、伯夷、伊尹、柳下惠等。孟子最服膺孔子,所以《孟子》中关于孔子事迹的记载就较多。如《万章上》第八有孟子和万章的一大段对话:

> 万章问曰:“或谓孔子于卫主痈疽,于齐主侍人瘠环,有诸乎?”孟子曰:“否,不然也;好事者为之也。于卫主颜雠由。弥子之妻与子路之妻,兄弟也。弥子谓子路曰:‘孔子主我,卫卿可得也。’子路以告。孔子曰:‘有命。’孔子进以礼,退以义,得之不得曰‘有命’。而主痈疽与侍人瘠环,是无义无命也。孔子不悦于鲁卫,遭宋桓司马将要而杀之,微服而过宋。是时孔子当阨,主司城贞子,为陈侯周臣。吾闻观近臣,以其所为主;观远臣,以其所主。若孔子主痈疽与侍人瘠环,何以为孔子。”③

这里记述的是孔子到卫国和齐国的事情,有好事的人传说孔子当时在卫国时寄住在卫灵公宠幸的宦官痈疽家里,在齐国时寄住在齐景公宠幸的宦官瘠环那里。孟子对此进行了驳斥,他认为孔子进退行事处处以礼义为准则,不可能做这种事。当时卫灵公的宠臣弥子瑕,是孔子的学生子路的连襟,邀请孔子到他家里寄住,并允诺可以让孔子得到卫国卿的职位,孔子都不肯答应,又怎么可能无视礼义寄住到痈疽和宦官瘠环家里呢?孟子通过孔子拒绝弥子瑕邀请这件事情,澄清了对孔子的不实之词,标示了孔子“进以礼,退以义”的人格精神,并对孔子在困厄落魄之际的微服过宋表示了理解。

孟子善于对人物进行性格个性分析,他描述伯夷的清高,就以其“思与乡人处,如以朝衣朝冠坐于涂炭也”④的行为心理加以点染。表现柳下惠的随和,就写他“与乡人处,由由然不忍去也”。并引述柳下惠的话说:“尔为

---

① 《孟子·滕文公上》,杨伯峻《孟子译注》卷五,中华书局1988年版,第112页。
② 《孟子·梁惠王上》,杨伯峻《孟子译注》卷一,第3页。
③ 《孟子·万章上》,杨伯峻《孟子译注》卷九,第227页。
④ 《孟子·万章下》,杨伯峻《孟子译注》卷十,第232页。

尔,我为我,虽袒裼裸裎于我侧,尔焉能浼我哉?"①柳下惠认为,他与人相处时,别人是不可能污染到自己的,短短的一句话,一个随遇而安的人物形象就呼之欲出。孟子认为他们和孔子一样,都是"奋乎百世之上",并对后代产生了巨大影响的圣人。"圣人,百世之师也,伯夷、柳下惠是也。故闻伯夷之风者,顽夫廉,懦夫有立志。闻柳下惠之风者,薄夫敦,鄙夫宽。"②

其三是平民系列,这一系列主要包括士和百姓。相对于帝王和圣人系列,《孟子》中的平民系列更具传记文学色彩。如《公孙丑上》第二记齐国人北宫黝为了培养自己的勇敢,肌肤被刺不退缩,双目被刺不转睛。"北宫黝之养勇也:不肤桡,不目逃;思以一豪挫于人,若挞之于市朝;不受于褐宽博,亦不受于万乘之君;视刺万乘之君,若刺褐夫;无严诸侯,恶声至,必反之。"③《滕文公下》记载了齐国的廉士陈仲子的逸事。陈仲子是齐国的世家子弟,他的哥哥陈戴,在盖邑享受着万钟的米禄,但是仲子认为哥哥的禄米是不该得的,因而不吃,认为哥哥的房屋也是不该得的,因而不住,避开哥哥,离开母亲,自己和妻子住在於陵。"他日归,则有馈其兄生鹅者,已频颇曰:'恶用是鶂鶂者为哉?'他日,其母杀是鹅也,与之食之。其兄自外至,曰:'是鶂鶂之肉也。'出而哇之。"④他在於陵,有一次三天没有东西吃,饿得耳聋眼花。他爬过去吃了几口被金龟子吃剩的李子,才能听见声音,看得见东西。陈仲子认为不该吃,就把吃下的鹅肉再吐出来。他饿到头昏眼花去捡吃井台上被金龟子吃剩的李子,这两件小事,就把他号称廉洁的个性表现得淋漓尽致。在平民系列的人物中,还有为人们所熟知的那个有着一妻一妾的齐人,他每天到墓地祭坟的人那里,讨吃残剩的酒菜,然后再洋洋自得地回家,"骄其妻妾"。这段描写中完整的故事结构,生动的场景情节,以及被刻画得惟妙惟肖的虚伪可笑的齐人,无疑都符合了人物传记的特征。

其次,《孟子》叙事具备了相当曲折的故事情节。除了通过对话展示人物个性,《孟子》还注意借助场景及曲折情节的设置来表现人物或阐说道理。如《离娄下》记载了郑国箭手子濯孺子被卫国善射者庾公之斯追击的故事:

> 郑人使子濯孺子侵卫,卫使庾公之斯追之。子濯孺子曰:"今日我疾作,不可以执弓,吾死矣夫!"问其仆曰:"追我者谁也?"其仆曰:"庾公之斯也。"曰:"吾生矣。"其仆曰:"庾公之斯,卫之善射者也;夫子曰吾

---

① 《孟子·万章下》,杨伯峻《孟子译注》卷十,中华书局1988年版,第232页。
② 《孟子·尽心下》,杨伯峻《孟子译注》卷十四,第329页。
③ 《孟子·公孙丑上》,杨伯峻《孟子译注》卷三,第61页。
④ 《孟子·滕文公下》,杨伯峻《孟子译注》卷六,第159页。

生,何谓也?”曰:“庾公之斯学射于尹公之他,尹公之他学射于我。夫尹公之他,端人也,其取友必端矣。”庾公之斯至,曰:“夫子何为不执弓?”曰:“今日我疾作,不可以执弓。”曰:“小人学射于尹公之他,尹公之他学射于夫子,我不忍以夫子之道反害夫子。虽然,今日之事,君事也,我不敢废。”抽矢,扣轮,去其金,发乘矢而后反。①

郑国派子濯孺子侵犯卫国,卫国派庾公之斯追击他。在十分紧急的时刻,子濯孺子的病情发作不能拿弓射箭了,此时他认为自己是必死无疑了,这是故事的第一个高潮。但是当他得知追击他的人是卫国的庾公之斯时,情况马上出现逆转,他又断定自己不会有危险了。因为追赶他的人恰好是他的徒孙。然而,子濯孺子断定自己能够安全的理由并不仅仅是因为庾公之斯与他存在师承关系,而是因为他知道自己的学生,亦即庾公之斯的老师是一个很正派的人。到这里,故事情节由开始时的紧张变得舒缓,读者绷紧的心也逐渐放松,但是事情是否会如子濯孺子所料呢?等到庾公之斯追到子濯孺子的跟前,这一悬念才能解开。结果庾公之斯真不愧为是正派老师教出的学生,当他明白自己的师爷因为病情发作不能拿弓时,他既不忍心用师爷传授的技术反过来伤害其师爷,又要完成卫国国君交代给他的任务,就很巧妙地用敲掉箭头的箭射了四箭返回了。这时,读者那颗悬着的心才彻底释然了。这则故事的叙述,情节峰回路转,跌宕起伏,可谓扣人心弦。

此外,在上述的“齐人有一妻一妾”章中,情节的设置也是颇具匠心。先是妻妾对其丈夫每天“必餍酒肉而后反”的行为产生怀疑,继而是小妾从“国中”一直跟踪丈夫到“东郭墦间”,最后真相大白,结局是一妻一妾一边嘲讽丈夫,一边因失望而相对哭泣。这段叙事在情节的发展安排上十分符合社会生活逻辑,贴近百姓生活的实际,也就具有了浓郁的家庭生活气息。在父权社会中,夫贵妻荣是天经地义的观念,妻妾们看见自己的丈夫每天酒足饭饱而归自然很高兴,但是却从未见丈夫与富贵之人交往,必然会日久生疑,等到弄清真相,她们的失望和羞耻之感也只能通过哭泣来排解发泄了。

二、孟子散文的传记文学特点

《孟子》写人叙事,都以极其简约之笔进行点染。对待人物,往往通过最经济的语言,勾勒其个性特点。如孟子初次去见梁惠王,王曰:“叟!不远千

① 《孟子·离娄下》,杨伯峻《孟子译注》卷八,中华书局1988年版,第194页。

里而来，亦将有以利吾国乎？"①梁惠王见孟子时直呼"叟"，而不是"夫子"②等当时流行的称呼，就透出了他的傲慢。南怀瑾认为，此处"如此直接记载这一个'叟'字的称呼，对孟子的伟大倒没有什么损失，反而衬托出梁惠王始终不成器的风格，一副吊儿郎当、不庄重的浮躁相"③。孟子再次见梁惠王时，他正站在池塘边上，悠闲地欣赏着鸿雁麋鹿，"王立于沼上，顾鸿雁麋鹿"④，看见孟子来了就问："贤者亦乐此乎？"梁惠王这一"立"一"顾"的动作，以及问话的内容，又很形象地点染出他在孟子面前表现出的优越感。这些描写文笔都极其简约，但是对人物的刻画效果却犹如画龙点睛一般，能恰到好处地凸显人物性格，使人物立刻鲜活起来。

同样，《孟子》对待事件的叙述，也常常略去枝蔓，只抓住最具说服力的那一部分进行描写。如"齐人有一妻一妾"章中，那个小妾跟踪丈夫从"国中"到"东郭墦间"，这其间途中该有多少情事，都被一笔掠过，只描写了丈夫到了坟墓后乞讨的行为。又如庾公之斯追击子濯孺子那段的描写也是如此，中途如何追赶的过程被完全省略，只记述追上时两人的对话，因为这时只有通过对话才能展示庾公之斯的品格。《孟子》叙事的这种手法，给读者留下了很大发挥想象的空间，读者可以最大限度地去充实并丰富故事情节，从而也使《孟子》的叙事具有了诗性的艺术特征。

除了用简净之笔点染人物个性，对比是《孟子》在刻画人物时最擅长使用的手法。这种对比多数用在同类人物的比较上。如孟子在表现伯夷、伊尹、柳下惠、孔子这几个圣人的处事原则时就是如此：

> 孟子曰："伯夷，目不视恶色，耳不听恶声。非其君，不事；非其民，不使。治则进，乱则退。横政之所出，横民之所止，不忍居也。思与乡人处，如以朝衣朝冠坐于涂炭也。当纣之时，居北海之滨，以待天下之清也。故闻伯夷之风者，顽夫廉，懦夫有立志。伊尹曰：'何事非君？何使非民？'治亦进，乱亦进，曰：'天之生斯民也，使先知觉后知，使先觉觉后觉。予，天民之先觉者也。予将以此道觉此民也。'思天下之民匹夫匹妇有不与被尧舜之泽者，若己推而内之沟中——其自任以天下之重也。柳下惠不羞污君，不辞小官。进不隐贤，必以其道。遗佚而不怨，阨穷而

---

① 《孟子·梁惠王上》，杨伯峻《孟子译注》卷一，中华书局1988年版，第1页。

② 《孟子》中称"夫子"的有八处，如《梁惠王上》"齐桓、晋文之事"章中，齐宣王就称孟子为"夫子"："王说，曰：'《诗》云："他人有心，予忖度之。"夫子之谓也。夫我乃行之，反而求之，不得吾心。夫子言之，于我心有戚戚焉。"而称"叟"的只有两处。

③ 南怀瑾《孟子旁通》，《南怀瑾选集》第二卷，复旦大学出版社2008年版，第367页。

④ 《孟子·梁惠王上》，杨伯峻《孟子译注》卷一，第3页。

不悯。与乡人处，由由然不忍去也。‘尔为尔，我为我，虽袒裼裸裎于我侧，尔焉能浼我哉？’故闻柳下惠之风者，鄙夫宽，薄夫敦。孔子之去齐，接淅而行。去鲁，曰：‘迟迟吾行也，去父母国之道也。’可以速而速，可以久而久，可以处而处，可以仕而仕，孔子也。”孟子曰：“伯夷，圣之清者也；伊尹，圣之任者也；柳下惠，圣之和者也；孔子，圣之时者也。孔子之谓集大成。”①

伯夷“治则进，乱则退”的清高，伊尹“治亦进，乱亦进”的责任感，柳下惠“不羞污君，不辞小官”的随和，孔子“可以处而处，可以仕而仕”的识时务，孟子在分别叙述了四个人的言行之后，又总结对比了他们的不同。从而使这四个圣人的个性鲜明地展示在读者面前。再如在《离娄上》中记载了曾子事亲的事情：

曾子养曾皙，必有酒肉；将彻，必请所与；问有余，必曰“有”。曾皙死，曾元养曾子，必有酒肉；将彻，不请所与；问有余，曰“亡矣”——将以复进也。此所谓养口体者也。若曾子，则可谓养志也。事亲若曾子者，可也。②

这里记载的是两代人在奉养父母上的一件小事，却对比出不同的事亲本质来。曾子奉养他的父亲曾皙时，每餐必定有酒肉，并且一定要请示父亲剩下的酒肉给谁。曾皙死后，曾元奉养他的父亲曾子，每餐虽然也有酒肉，但不请示剩余的给谁，为的是准备下顿再拿吃剩的进奉给父亲。孟子认为，虽然都是事亲，但曾元奉养他的父亲曾子只是对父母的口体奉养，而曾子则是对父母心意的奉养了。

有时对比也会用于同一个人的不同行为上，如在表现孔子离开故国和离开他国不同的表现时，对比就很明显：“孔子之去鲁，曰：‘迟迟吾行也’，去父母国之道也。去齐，接淅而行，去他国之道也。”③孔子离开鲁国时行动的迟缓和离开齐国时的急速形成了鲜明的对比，表现出了孔子对故国的眷恋之情

① 《孟子·万章下》，杨伯峻《孟子译注》卷十，中华书局 1988 年版，第 232 页。另：卷三《公孙丑上》中也有对他们的对比：“伯夷、伊尹何如？”曰：“不同道。非其君不事，非其民不使；治则进，乱则退，伯夷也。何事非君，何使非民；治亦进，乱亦进，伊尹也。可以仕则仕，可以止则止，可以久则久，可以速则速，孔子也。皆古圣人也，吾未能有行焉。乃所愿，则学孔子也。”第 63 页。

② 《孟子·离娄上》，杨伯峻《孟子译注》卷七，第 179 页。

③ 《孟子·尽心下》，杨伯峻《孟子译注》卷十四，第 329 页。

和他以礼处事的秉性。又如《滕文公下》在记叙王良驾车时也使用了类似的表现手法。赵简子派善于驾车的王良为自己宠幸的小臣奚驾车去打猎,结果一整天也没打到一只鸟。奚回来报告王良的无能,说他是“天下之贱工也”。有人把这话告诉了王良,王良请求再为奚驾一次车,结果一个早晨就猎获了十只鸟,奚又回来报告说王良是“天下之良工也”。王良驾车的技术没有变,他之所以先后得到奚“贱工”和“良工”截然相反的评价,是因为先前他是按照规矩驾驶,而后来则是违反规则驾驶。

当然,《孟子》不是为记载人物而写人物,他的目的都是借人物以及事件阐明道理,因此,《孟子》中描述的人物还无法如后来史传人物那样详尽细腻,记述的事件也不及后代那样完整,但是,它所具有的传记文学因子却是无法否认的。并且,《孟子》这种在论辩中夹述人物及事件的手法对后代产生了很大影响。

三、韩愈传记散文对孟子的继承

韩愈作为中唐古文运动的倡导者和践行者,对孟子散文的学习和接受已成为学界的共识。韩愈散文的成就是多方面的,这里我们仅以他的《张中丞传后叙》为例,分析一下他对孟子散文的继承。《张中丞传后叙》是韩愈杂传类散文中很有代表性的一篇,也是在叙事手法上受《孟子》影响最直接的一篇。此文主要记叙了张巡、许远、南霁云三位英雄的事迹,歌颂他们抗击安史叛军宁死不屈的爱国精神,批判那些不顾国家人民安危,嫉贤妒能,拥兵谋私的军阀,驳斥了对英雄造谣中伤的流言蜚语,抒发了韩愈对英雄的崇敬之情。

首先,这篇文章的前半部分全以议论辩驳为主,最得孟子以事寓理的论辩艺术之精髓。韩愈先是对当时流传的认为许远“畏死而辞服于贼”的言论进行了辩驳。唐肃宗至德二年(757),安庆绪部将尹子奇攻睢阳,张巡、许远率兵“拒守经年,外救不至,兵粮俱尽而城陷”。张巡及部将牺牲,许远被“尹子奇执送洛阳,与哥舒翰、程千里,俱囚之客省。及安庆绪败,渡河北走,使严庄皆害之”。① 所以,后来就有人议论说许远是怕死投降。对此,韩愈用两件事情予以了驳斥。其一是许远虽然职位在张巡之上,但在睢阳被围攻时能开门接纳张巡,并把指挥权交给张巡,自己甘愿处其下位,为张巡做后盾,对张巡毫无疑忌;其二是许远在粮源断绝的情况下“食其所爱之肉,以与贼抗”。韩愈认为,许远既然能有如此的作为而死守睢阳城,岂能在“城坏其徒俱死”的情况下,“独蒙愧耻求活”？这种“至愚者不忍为”的事情,忠诚贤明且心胸

① 《旧唐书》卷一百八十七下,中华书局1975年版,第4902页。

宽大的许远又怎么可能去做呢？

接着，韩愈又批驳了“远与巡分城而守，城之陷，自远所分始”的言论。他用“人之将死，其脏腑必有先受其病者；引绳而绝之，其绝必有处”两个简单的生活道理来作比喻，论证了睢阳城的陷落是由于兵粮俱竭，并且“外无蚍蜉蚁子之援”，而不是许远分城而守的战术失误；最后，韩愈直接指出，张巡、许远死守睢阳是保障了江淮，阻遏了敌势，看似捍卫的只是一城，实则关系到全国的局势，驳斥了当时有些人认为的不必死守的谬论。

其次，韩愈此文在人物描摹上也继承了孟子擅长点染和对比的手法，以传神之笔突出英雄的个性。《张中丞传后叙》全文夹叙夹议，议叙结合，不仅在整体的谋篇布局上有《孟子》长篇议论的遗风，在刻画人物时用笔也十分简洁。如写张巡的属下南霁云向贺兰进明求援，贺兰进明因为妒忌张巡和许远的声威功绩，按兵不动，反而设宴笼络南霁云，此处，韩愈就以“断指矢志”的行为凸现了南霁云忠勇坚贞的品格和慷慨侠烈的个性：

> 霁云慷慨语曰：“云来时，睢阳之人，不食月余日矣！云虽欲独食，义不忍；虽食且不下咽。”因拔所佩刀，断一指，血淋漓，以示贺兰。一座大惊，皆感激为云泣下。云知贺兰终无为云出师意，即驰去。将出城，抽矢射佛寺浮图，矢著其上砖半箭，曰：“吾归破贼，必灭贺兰，此矢所以志也！”①

韩愈此文篇幅不大，对三位英雄着墨也不多，但是他们各自的形象却十分鲜明突出，这还取决于他善用对比手法在有限的篇章中简洁地表现人物。如张巡和许远貌相的对比：“巡长七尺余，须髯若神”，“远，宽厚长者，貌如其心”，寥寥几字，两个英雄就神态毕肖；又如睢阳城陷落时，张巡和南霁云行为的对比：

> 城陷，贼以刃胁降巡，巡不屈，即牵去，将斩之；又降霁云，云未应。巡呼云曰：“南八，男儿死耳，不可为不义屈！”云笑曰：“欲将以有为也。公有言，云敢不死。”即不屈。②

面对叛军的以死相威胁，韩愈将张巡的“不屈”和南霁云的“未应”两种

---

① 韩愈《张中丞传后叙》，《韩昌黎全集》，中国书店1994年版，第201页。
② 同上。

不同表现做了对比，传神地刻画了他们的性格，也显示出了他们的身份。张巡性情忠烈，是守城主将之一，名节对他而言比生命更重要，因而，他落入叛贼之手时大义凛然，宁死不屈。南霁云是张巡的属将，有侠义之气，并且打算要报贺兰进明之仇，面对死亡，态度上就没有张巡那样决绝。但当张巡喝问他时，也能"即不屈"，又表现了他对张巡的尊敬与服从。

清人储欣在《昌黎先生全集录》中评价《张中丞传后叙》说："辩论序事，豪姿满意，此正昌黎本色。眼中笔下，何尝有太史公。"①笔者以为，韩愈写这篇杂传散文，眼中虽然可能没有司马迁，但是却会有孟子。他以英雄的轶事，澄清事实，伸张正义。驳论时逻辑严密，气势充沛；描写时简洁传神，对比显明，从体制到精神都得《孟子》长篇论辩的个中三昧，作为一篇杂传，对《孟子》传记文学特征的继承是十分突出的。

第五节　李翱与孟子

一、李翱"复性"的责任感

中唐在倡导孟子之学的士人群体中，李翱的理论建树也是很引人注目的。李翱"幼勤于儒学，博雅好古，为文尚气质。贞元十四年登进士第，授校书郎。三迁至京兆府司录参军。元和初，转国子博士、史馆修撰"②。后"入为谏议大夫，知制诰，改中书舍人。……翱始从昌黎韩愈为文章，辞致浑厚，见推当时，故有司亦谥曰文"③。李翱追随韩愈，其文学成就享誉当时，《新唐书·文艺上》评价说：

> 大历、贞元间，美才辈出，擩哜道真，涵泳圣涯，于是韩愈倡之，柳宗元、李翱、皇甫湜等和之，排逐百家，法度森严，抵轹晋、魏，上轧汉、周，唐之文完然为一王法，此其极也。④

李翱的散文被后人视为可以与柳宗元同列，足见他在当时文坛的地位。虽然李翱的散文成就斐然，但他也与韩愈一样明确表示，他学古文只是学古道的一种途径，真正目的则是因为爱古人之道：

---

① 吴文治编《韩愈资料汇编》第三册，中华书局1983年版，第913页。
② 《旧唐书》卷一百六十，中华书局1975年版，第4205—4206页。
③ 《新唐书》卷一百七十七，中华书局1975年版，第5282页。
④ 《新唐书》卷二百一十，第5725页。

吾所以不协于时而学古文者，悦古人之行也。悦古人之行者，爱古人之道也。故学其言，不可以不行其行；行其行，不可以不重其道。①

仲尼、孟子殁千余年矣，吾不及见其人，吾能知其圣且贤者，以吾读其辞而得之者也。②

在李翱这里，学古文是因为圣贤已殁，不能追随其人，所以只能通过读其辞而得其道。“爱古人之道”，重古人之道，就是爱重儒学之道。在李翱的思想中，儒学之道的一个重要内容就是从孔子到其孙子子思，再从子思到孟子所形成的儒学心性道统。他对恢复这一心性道统有着强烈的责任感：

昔者圣人以之传于颜子，颜子得之，拳拳不失，不远而复其心，三月不违仁。子曰：“回也其庶乎屡空。”其所以未到于圣人者一息耳，非力不能也，短命而死故也。其余升堂者，盖皆传也，一气之所养，一雨之所膏，而得之者各有浅深，不必均也。子路之死也，石乞孟黶以戈击之，断缨，子路曰：“君子死，冠不免。”结缨而死。由非好勇而无惧也，其心寂然不动故也。曾子之死也，曰：“吾何求焉，吾得正而毙焉，斯已矣。”此正性命之言也。子思仲尼之孙，得其祖之道，述《中庸》四十七篇，以传于孟轲。轲曰“我四十不动心”，轲之门人达者公孙丑、万章之徒，盖传之矣。遭秦灭书，《中庸》之不焚者，一篇存焉。于是此道废缺，其教授者，惟节文、章句、威仪、击剑之术相师焉，性命之源，则吾弗能知其所传矣。

道之极于剥也必复，吾岂复之时耶？吾自六岁读书，但为词句之学，志于道者四年矣，与人言之，未尝有是我者也。南观涛江入于越，而吴郡陆傪存焉，与之言之，陆傪曰：“子之言，尼父之心也。东方如有圣人焉，不出乎此也，南方如有圣人焉，亦不出乎此也。惟子行之不息而已矣。”於戏！性命之书虽存，学者莫能明，是故皆入于庄、列、老、释。不知者谓夫子之徒不足以穷性命之道，信之者皆是也。有问于我，我以吾之所知而传焉，遂书于书，以开诚明之源，而缺绝废弃不扬之道，几可以传于时，命曰《复性书》，以理其心，以传乎其人。於戏！夫子复生，不废

① 李翱《答朱载言书》，《全唐文》卷六百三十五，中华书局 1983 年版，第 6412 页。
② 李翱《寄从弟正辞书》，《全唐文》卷六百三十六，第 6422 页。

吾言矣。①

李翱在他这篇著名的《复性书上》中,先是详细地梳理了儒道的传承线索,接着旗帜鲜明地表示要以“复道”为己任。他认为“道之极于剥也必复,吾岂复之时耶?”换言之,就是认为从孔子到孟子的心性理论——这一“缺绝废弃不扬之道”物极必反,到他这里得到恢复正恰如其时。他假借陆傪对自己的赞誉,表彰自己能得“尼父之心”,显示出了对自己所作所为的充分自信。他的“复道”专门拈出了“心性”这一理论,所以,李翱的“复道”实际就是“复性”。

李翱之所以把倡导“复性”视为对儒道的继承,主要是受到韩愈的影响。一方面,儒佛在长期以来相互的抗衡中,“儒以中道御群生,罕言性命,故世衰而浸息;佛以大慈救诸苦,广起因业,故劫浊而益尊”②。李翱在《再请停率修寺观钱状》中批评佛法盛行而害人时就说:“自仲尼既殁,异学塞途,孟子辞而辟之,然后廓如也。佛法害人,甚于杨墨,论心术虽不异于中土,考教迹实有蠹于生灵,浸溺人情,莫此之甚,为人上者,所宜抑焉。”③另一方面,中唐时期士人中形成了“举夷狄之法,而加之先王之教之上”④的时尚。因此,韩愈试图借助孟子的心性理论建立起一套儒家心性体系,进而来对抗佛教的心性义理,从而正本清源,为反对佛教找到正统的理论依据。然而韩愈在性情理论方面的缺憾以及自相矛盾也是显而易见的,“这一缺憾,主要是由韩愈的学生李翱来弥补的。可以这样认为,李翱《复性书》三篇,通过挖掘《中庸》、《周易》等经典中的理论资源,对孔孟仁政王道的性情根源做了深入地理论阐释,从而修正了韩愈在性情学说方面的缺陷和矛盾”⑤。因此,李翱在恢复儒道方面的最大贡献,就在于重建了比韩愈更丰富更完善的儒道心性理论。

二、李翱“性善情恶”对孟子性善论的继承

孟子的性善说可谓儒家最早最系统的心性理论,但是这一理论在后代并没有得到足够的响应。韩愈虽然极力推尊孟子,然而他在《原性》篇中,却表示不同意孟子的性善说。他把性分为上中下三个品级,只是在他所谓的上品之性中,才接近孟子所说的性善。在继承孟子性善说方面最纯正的应该说是

① 李翱《复性书上》,《全唐文》卷六百三十七,中华书局1983年版,第6434—6435页。
② 刘禹锡《袁州萍乡县杨岐山故广禅师碑》,《全唐文》卷六百一十,第6262页。
③ 李翱《再请停率修寺观钱状》,《全唐文》卷六百三十四,第6405页。
④ 韩愈《原道》,《全唐文》卷五百五十八,第5650页。
⑤ 高明峰《论韩愈、李翱的经学成就》,《齐鲁文化研究》第六辑,2007年,第217页。

李翱①。他的《复性书中》说道：

情有善有不善，而性无不善焉。孟子曰："人无有不善，水无有不下。夫水，搏而跃之，可使过颡，激而行之，可使在山。是岂水之性哉，其所以导引之者然也。人之性皆善，其不善亦犹是也。"②

李翱这里所依据的孟子理论，出自《孟子·告子上》，孟子与告子论性说道：

告子曰："性犹湍水也，决诸东方则东流，决诸西方则西流。人性之无分于善不善也，犹水之无分于东西也。"孟子曰："水信无分于东西，无分于上下乎？人性之善也，犹水之就下也。人无有不善，水无有不下。今夫水，搏而跃之，可使过颡；激而行之，可使在山。是岂水之性哉？其势则然也。人之可使为不善，其性亦犹是也。"③

很显然，李翱直接承继了孟子的"人性之善"的学说。因为在李翱眼中，儒家的心性理论体系只有孟子最得"仲尼之蕴"。他在与韩愈合作的《论语笔解》④卷上《为政第二》中，解释孔子的"吾五十而知天命"时说："天命之谓性，《易》者，理性之书也。先儒失其传，惟孟轲得仲尼之蕴。故《尽心》章云尽其心所以知性，修性所以知天。此天命极至之说，诸子罕造其微。"⑤在此基础上，为解答圣人与凡人的区别问题，李翱提出了"性善情恶"的命题。他的《复性书上》就开宗明义地阐述了这一问题：

---

① 吴庚舜、董乃斌认为，韩愈的《原性》可能写于李翱《复性书》之后。参见《唐代文学史》(下)，人民文学出版社 1995 年版，第 115 页。笔者认为，李翱的《复性书》较之韩愈的《原性》内容十分详尽，大概是受其老师启发而作。关于韩愈《原性》的写作时间，邓小军的《新儒学本体—人性论的建立——韩愈人性思想研究》说："根据我的考证，韩愈《原道》作于元和八年(813)之后、元和十二年(817)之前。职此之故，可以断定：韩愈作《原性》的时间，是在元和八年(813)之前的早年时期，亦即追寻道统(《进学解》：'寻坠绪之茫茫')的思想阶段。而不是元和八年之后的晚年时期，即建立道统(作《原道》)的思想阶段。"《孔子研究》1993 年第 2 期，第 65—74 页。

② 李翱《复性书中》，《全唐文》卷六百三十七，中华书局 1983 年版，第 6435 页。

③ 《孟子·告子上》，杨伯峻《孟子译注》卷十一，中华书局 1988 年版，第 254 页。

④ 许勃《论语笔解序》："昌黎文公著《笔解论语》一十卷，其间'翱曰'者，盖李习之同与切磨，世所传率多讹舛。始愈笔大义则示翱，翱从而交相明辨，非独韩制此书也。噫！齐鲁之门人，所记善言，既有同异，汉魏学者，注集繁阔，罕造其精。今观韩李二学，勤拳渊微，可谓窥圣人之堂奥矣，岂章句之技所可究极其旨哉。予缮校旧本数家，得其纯粹，欲以广传，故序以发之。"《全唐文》卷六百二十二，第 6284 页。

⑤ 韩愈、李翱《论语笔解》，《景印文渊阁四库全书》第 196 册，台湾商务印书馆 1986 年版，第 4 页。

> 人之所以为圣人者,性也;人之所以惑其性者,情也。喜怒哀惧爱恶欲,七者皆情之所为也。情既昏,性斯匿矣。非性之过也,七者循环而交来,故性不能充也。水之浑也,其流不清,火之烟也,其光不明,非水火清明之过,沙不浑,流斯清矣,烟不郁,光斯明矣。情不作,性斯充矣,性与情不相无也。
>
> 虽然,无性则情无所生矣。是情由性而生,情不自情,因性而情,性不自性,由情以明。性者天之命也,圣人得之而不惑者也;情者性之动也,百姓溺之而不能知其本者也。圣人者岂其无情耶?圣人者,寂然不动,不往而到,不言而神,不耀而光,制作参乎天地,变化合乎阴阳,虽有情也,未尝有情也。然则百姓者,岂其无性耶?百姓之性与圣人之性弗差也,虽然,情之所昏,交相攻伐,未始有穷,故虽终身而不自睹其性焉。火之潜于山石林木之中,非不火也;江河淮济之未流而潜于山,非不泉也。石不敲,木不磨,则不能烧其山林而燥万物;泉之源弗疏,则不能为江为河,为淮为济,东汇大壑,浩浩荡荡,为弗测之深。情之动静弗息,则不能复其性而烛天地,为不极之明。①

在《复性书中》里他又重申:

> 情者妄也邪也。邪与妄则无所因矣。妄情灭息,本性清明,周流六虚,所以谓之能复其性也。②

李翱提出,“性”和“情”是人所共有的对待两端,他们相互依存,“情由性而生,情不自情,因性而情,性不自性,由情以明”。情因性而生,性由情以显。人的本性是善的,但“情”是“昏”“妄”“邪”的。“情”作用于“性”,对“性”的遮蔽,犹如沙作用于水,烟作用于火,沙子能让本来清澈的水变浑,烟雾能让本来清明的火变得不明。人世间之所以会有圣人和百姓的不同区别,并不是本性的差异问题,即“百姓之性与圣人之性弗差也”,而是因为圣人能做到不为情所惑,百姓却被情所溺而不能知其本。李翱继续用水和火来作说明,他认为,人性之善未被发掘出来,没有充分显现出来,就犹如“火之潜于山石林木之中,非不火也;江河淮济之未流而潜于山,非不泉也”一样,水火之性不是不存在,而是没有被“复其性”的缘故。

不仅李翱所主张的性善观点来源于孟子,而且他在阐述这一观点时所使

---

① 李翱《复性书上》,《全唐文》卷六百三十七,中华书局1983年版,第6433页。

② 李翱《复性书中》,同上书,第6436页。

用的比喻也脱胎于孟子。《孟子·公孙丑上》中记载，孟子论证了人固有的“恻隐之心”“羞恶之心”“辞让之心”和“是非之心”之后，接着他比喻说，人所具备的这四心善端，就如“火之始然，泉之始达”：

凡有四端于我者，知皆扩而充之矣，若火之始然，泉之始达。苟能充之，足以保四海；苟不充之，不足以事父母。①

不难看出，李翱在阐述自己性善观点时反复使用的水与火的比喻，明显是受到了孟子说理的启发。但是，李翱所分辨的“性”与“情”的关系，尤其是他对“情”的阐述，则是对孟子理论的发展。《孟子》中谈论“情”并不多，共有四处。如：

夫物之不齐，物之情也。②

故声闻过情，君子耻之。③

人见其禽兽也，而以为未尝有才焉者，是岂人之情也哉？④

乃若其情，则可以为善矣，乃所谓善也。⑤

其中，除了“声闻过情”之“情”的意思可以解释为“实情”外，其他三处的含义与“性”几乎没有差别，都可以指“性”。也就是说，在孟子当时，他对“性”和“情”的内涵还没有区分清楚，二者甚至是可以通用的。李翱在孟子性善的基础上，区分了“性”和“情”两个不同范畴，为他进一步论证如何“复性”做好了理论铺垫。

三、李翱将性善和“诚”相融合

从人性皆善的理论出发，李翱认为“百姓之性”与“圣人之性”是一样的。但是，现实中确有圣人与凡人的差异，对此，李翱从子思和孟子那里承继了“诚”的理论，来解释这一现实问题，为“复性”提供了具体可行的途径：

---

① 《孟子·公孙丑上》，杨伯峻《孟子译注》卷三，中华书局1988年版，第80页。
② 《孟子·滕文公上》，杨伯峻《孟子译注》卷五，第126页。
③ 《孟子·离娄下》，杨伯峻《孟子译注》卷八，第190页。
④ 《孟子·告子上》，杨伯峻《孟子译注》卷十一，第263页。
⑤ 同上书，第259页。

子思曰："惟天下至诚为能尽其性。能尽其性，则能尽人之性。能尽人之性，则能尽物之性。能尽物之性，则可以赞天地之化育。可以赞天地之化育，则可以与天地参矣。其次致曲，曲能有诚，诚则形，形则著，著则明，明则动，动则变，变则化，唯天下至诚为能化。"①

"诚"是子思思想体系中的重要范畴，也是道德准则。他的这一理论被孟子所继承，《孟子·离娄上》说："诚身有道，不明乎善，不诚其身矣。是故诚者，天之道也。思诚者，人之道也。至诚而不动者，未之有也。不诚，未有能动者也。"②《尽心上》又说："尽其心者，知其性也。知其性，则知天矣。存其心，养其性，所以事天也。"③李翱发挥了"诚"对于"尽性"的重要作用，也就是说，要"复性"，就必然要"至诚"。同时，他对于"至诚之道"又给出了具体的方法途径：

是故诚者，圣人性之也，寂然不动，广大清明，照乎天地，感而遂通天下之故，行止语默，无不处于极也。

圣人知人之性皆善，可以循之不息而至于圣也，故制礼以节之，作乐以和之。……所以教人忘嗜欲而归性命之道也。道者至诚而不息者也，至诚而不息则虚，虚而不息则明，明而不息则照天地而无遗，非他也，此尽性命之道也。④

李翱申明，他给出的这条"复性"之方，"此非自外得者也"，而是要从内心求得。具体方法是，首先要"寂然不动"，如何做到"寂然不动"，在《复性书中》里，李翱对此有进一步的阐述："弗虑弗思，情则不生，情既不生，乃为正思。""方静之时，知心无思者，是斋戒也。知本无有思，动静皆离，寂然不动者，是至诚也。"⑤寂静无思，忘所嗜欲，就可以去"情"复"性"，也就达到了至诚的境界。然而，一时的至诚可能人人都容易做到，但是仅有这一步还不够，接下来，还要使这种至诚的境界保持"循之不息"。只有这样，才能进入"虚"的境界，再由"虚"到"明"，进而到参乎天地的至境。李翱这里强调的是德行修养的持久恒一，他强调这种"循之不息"，不论是处在逆境还是顺境，都要终生不违：

---

① 李翱《复性书上》，《全唐文》卷六百三十七，中华书局1983年版，第6434页。
② 《孟子·离娄上》，杨伯峻《孟子译注》卷七，中华书局1988年版，第173页。
③ 《孟子·尽心上》，杨伯峻《孟子译注》卷十三，第301页。
④ 李翱《复性书上》，《全唐文》卷六百三十七，第6434页。
⑤ 李翱《复性书中》，《全唐文》卷六百三十七，第6435页。

诚而不息则明，明与诚终岁不违，则能终身矣。造次必于是，颠沛必于是，则可以希于至矣。①

至此，我们可以说，李翱的《复性书》所"复"之"性"有两层含义：其一，是要复儒家的心性道统。他比韩愈更清晰地梳理出了从孔子到子思，再到孟子的这一条心性理论系统，论证了儒学心性理论的源远流长，从而为那些误"入于庄、列、老、释"的学者明路。同时，"他把韩愈《原性》中过于固执地依据天生本性把人分出等级的思路，转向了依照性情的不同状态评价人的道德水准的思路"②。其二，是要教给人们如何复人之性。他以"性善"为本，以"去情"为方，以"至诚"为目的，比子思和孟子更具体地指出了维护人的善性，保持善性的路径。

四、李翱认为"性"与"文"同样重要

李翱将"性"与"文"相联系，认为文章与人性同样重要。前已所述，李翱师从韩愈学习古文，韩愈对他的这个学生颇为满意，曾多次评价李翱之文："近李翱从仆学文，颇有所得。"③"从吾游者，李翱、张籍其尤也。三子者之鸣信善矣。"④李翱散文也得到了时贤的肯定，如裴度称赞李翱"敏于学而好于文""就六经而正焉"，其《悫女碑》《烈妇传》"可以激清教义，焕于史氏"，其《寄从弟正辞书》"可谓救文之失，广文之用之文也"。⑤《寄从弟正辞书》是李翱写给他从弟的书信，在信中，他提出"文非一艺"的主张，认为仁义之"性"与"文"是相辅相成的，具有同等地位：

夫性于仁义者，未见其无文也；有文而能到者，吾未见其不力于仁义也。由仁义而后文者，性也；由文而后仁义者，习也，犹诚明之必相依尔。贵与富，在乎外者也，吾不能知其有无也，非吾求而能至者也，吾何爱而屑屑于其间哉。仁义与文章，生乎内者也，吾知其有也，吾能求而充之者也，吾何惧而不为哉。⑥

---

① 李翱《复性书中》，《全唐文》卷六百三十七，中华书局1983年版，第6436页。
② 葛兆光《重建国家权威与思想秩序——八至九世纪之间思想史的再认识》，《中国学术》2000年第1期。
③ 韩愈《与冯宿论文书》，《全唐文》卷五百五十三，第5597页。
④ 韩愈《送孟东野序》，"三子者"指孟郊、李翱和张籍。《全唐文》卷五百五十五，第5613页。
⑤ 裴度《寄李翱书》，《全唐文》卷五百三十八，第5461页。
⑥ 李翱《寄从弟正辞书》，《全唐文》卷六百三十六，第6422页。

在李翱看来，一个人有仁义之性，必有其文；有其文，则必能践履仁义。由仁义到文是本性，由文到仁义是习染。“性”与“文”的关系，犹如“诚”与“明”是相互依存的。因为，仁义之性与文章，都属于人的内在心性，是能够养成并充实的。由此，李翱对文章写作提出了这样的标准，即要做到“志气塞天地”“言语根教化”。他认为：“志气言语发乎人，人之文也。志气不能塞天地，言语不能根教化，是人之文纰缪也。”①要避免这种纰缪，准则就是“居中”：

> 居之中，则长短、大小、高下虽不一，其为中则一也。是以出言居乎中者，圣人之文也；倚乎中者，希圣人之文也；近乎中者，贤人之文也；背而走者，盖庸人之文也。②

李翱根据言语是否“居中”的原则，把“人之文”分成“圣人之文”“希圣人之文”“贤人之文”和“庸人之文”四个层次，虽然此处“文”的含义比较宽泛，可以扩大到指一个人的外在风神，但是李翱此处所强调的“志气”“言语”也包含了对文章的要求。他说文章的“义”“理”“气”三者最重要，“义深则意远，意远则理辩，理辩则气直，气直则辞盛，辞盛则文工”③。显然，“义”“理”“气”都是由内在心性所决定的。同时，李翱也十分明白，要秉持道统，坚持“圣人之文”是不容易的，即使孟子、曾皙这样的圣贤在世，也会遭到人们的耻笑与讪谤：

> 向使孟子、曾西生于斯世，秉其道终不易，持其道终不变，吾知夫天下之人从而笑之，又从而诟之曰，狂民尔，顽民尔，是其心恶有知哉？曾西、孟子虽被讪谤于天下，亦必固穷不可拔以须后圣尔，其肯畏天下之人而动乎心哉。④

但是，李翱也深信，像孟子这样的圣贤，他们不会因为“天下之人从而笑之”而改变自己的心性，必会固守本性而不动心。李翱把文章写作视为与修持心性一样重要，一样不易，也体现了他的文道并重的文道观。

综上，李翱关于恢复孔孟心性道统的理论，无疑极大地丰富了传统儒学

---

① 李翱《杂说上》，《全唐文》卷六百三十七，中华书局 1983 年版，第 6427 页。
② 同上书，第 6428 页。
③ 李翱《答朱载言书》，《全唐文》卷六百三十五，第 6411 页。
④ 李翱《杂说上》，《全唐文》卷六百三十七，第 6428 页。

的内容，对当时以韩愈为主所倡导的崇孟思潮起到了不可低估的呼应与推动作用，对于引导中唐士人回归儒学道统，指导修身养性也有具体的实践价值。同时，他对“复性”的大力倡导，也对后来的宋明理学产生了很大影响，他对“性”“情”的区分，实开宋明理学家讲论性情、理欲之辨的风气；对修持“至诚之道”方式的细致解释，也启发了宋代理学家们提出“存天理，去人欲”的修养方法；对子思和孟子思想的重视，更促成了《中庸》《孟子》进入“四书”之列，取得与五经同等的地位，成为儒家的经典著作。同时，李翱对文章的重视，也为宋代如欧阳修、苏轼等倡导文道并重的文论观点唱响了前奏。

五、李翱对孟子政治经济思想的继承

李翱对孟子思想的继承也是多方位的，除了上述的心性理论，在政治经济方面他也对孟子的相关思想有明显的继承，这些观点主要体现在他的《平赋书（并序）》中。在这篇论文中，李翱融会了孟子关于赋税、保民、养民、教民等实施仁政的有关思想，论证了从税收到理政，从理政到教化百姓，进而得到四海天下的政治经济观点，表现出强烈的民本思想，处处闪烁着人道主义的光辉。

孟子为推行他的政治理想和治国主张，多次向当时的诸侯们游说自己的政治经济思想，及其具体的实施措施。他主张减轻赋税，对百姓充满了深切地同情；他主张让百姓有固定产业，让他们过上富足生活，这样统治者才能得到人民的拥护；他还主张在百姓富足后，要对其进行教化，让百姓懂得礼仪，等等。孟子的这些思想散见于《孟子》各篇之中，但是李翱将它们集中于他的《平赋书（并序）》，表现出了对孟子政治经济思想的高度整合与融会贯通。

第一，在税收政策上，李翱主张继承孟子提出的“什一税法”。他在《平赋书序》中引用孟子的话说：

> 孟子曰：“夏后氏五十而贡，殷人七十而助，周人百亩而彻，其实皆什一也。”“欲轻之于尧舜之道，大貉小貉也。欲重之于尧舜之道，大桀小桀也。”是以什一之道，公私皆足。①

孟子的这两段话分别见于《滕文公上》和《告子下》，表达的税收主张是一致的。他认为依照夏商周时期的做法，按十分之一收取税利是合理的。若税利收取的比十分之一少，就是北方小国的做法，对于中原大国是不现实的，

---

① 李翱《平赋书序》，《全唐文》卷六百三十八，中华书局1983年版，第6438页。

若收取的多于十分之一,就对百姓不利。李翱十分赞同孟子的这一思想,认为只有“什一之道”对国家和个人都有利。但是,“什一税法”之所以不能行于当世,是因为人们的“嗜欲以害之”,是“自任太多,而任人太寡”的缘故。因此,李翱作《平赋书》,希望他的主张“庶几乎能有行之者”。在《平赋书》中,李翱提出了很具体的措施,来实现其主张。如对于那些鳏寡孤独和有疾患者,由国家供给他们粟帛,“能自给者,弗征其田桑”。对于一般的百姓,以十里之乡为一个单位,每年抽取十分之一建立一个公共的谷仓,以备灾荒之年,届时可以“量家之口多寡,出公囷与之”。这样一来,“则岁虽大饥,百姓不困于食,不死于沟洫,不流而入于他矣”。①

应该说,李翱是一个能针对社会现实问题,提出务实措施的士人。除了《平赋书》中的办法,他还在《疏改税法》中提出了减轻百姓赋税的合理建议。李翱认为,自德宗建中元年初实行的两税法,至今已经四十年了,虽然“税额如故,而粟帛日贱,钱益加重”,百姓实际的税额负担要比建中时多出三倍,加上“豪家大商,皆多积钱以逐轻重,故农人日困,末业日增,一年水旱,百姓菜色,家无满岁之食,况有三年之蓄乎?百姓无三年之积,而望太平之兴,亦未可也”。② 因此,他呼吁朝廷改革税制,“不督钱而纳布帛”:

> 今若诏天下,不问远近,一切令不督见钱,皆纳布帛,凡官司出纳,以布帛为准,幅广不得过一尺九寸,长不过四十尺,比两税之初,犹为重加一尺,然百姓自重得轻,必乐而易输,不敢复望如建中之初矣。行之三五年,臣必知农人渐有蓄积,虽遇一年水旱,未有菜色,父母夫妇,能相保矣。若税法如旧,不速更改,虽神农后稷复生,教人耕织,勤不失时,亦不能跻于充足矣。故臣曰:改税法,不督钱而纳布帛,则百姓足。③

李翱在为庐州刺史时,“时州旱,遂疫,逋捐系路,亡籍口四万,权豪贱市田屋牟厚利,而窭户仍输赋。翱下教使以田占租,无得隐,收豪室税万二千缗,贫弱以安”④。可见,只要有机遇,李翱就能将自己的政治理想付诸现实,真正关心百姓的利益。

第二,在理政上,李翱继承了孟子的养民、教民思想。他在《平赋书》中

---

① 李翱《平赋书》,《全唐文》卷六百三十八,中华书局1983年版,第6440页。
② 李翱《疏改税法》,《全唐文》卷六百三十四,第6403页。
③ 同上书,第6403页。
④ 《新唐书》卷一百七十七,中华书局1975年版,第5282页。

提出:“善为政者莫大于理人,理人者莫大于既富之又教之”①。他从一般人“欲富足而恶贫穷”的情感欲望出发,论述了要让百姓尤其是农民得到衣食温饱的重要性,否则“百姓之视其长上如仇雠,安既不得享其利,危又焉肯尽其力?自古之所以危亡,未有不由此者也”②。要让百姓安,就必须反对“重敛”,李翱进而又提出“轻敛之得财愈多”的观点:

> 人皆知重敛之可以得财,而不知轻敛之得财愈多也。何也?重敛则人贫,人贫则流者不归,而天下之人不来,由是土地虽大,有荒而不耕者,虽耕之,而地力有所遗,人日益困,财日益匮。是谓弃天之时,遗地之利,竭人之财。如此者虽欲为社稷之臣,建不朽之功,诛暴逆而威四夷,徒有其心,岂可得耶?故轻敛则人乐其生;人乐其生,则居者不流而流者日来;居者不流而流者日来,则土地无荒,桑柘日繁,尽力耕之,地有余利,人日益富,兵日益强,四邻之人,归之如父母,虽欲驱而去之,其可得耶?是以与之安而居,则富而可教;与之危而守,则人皆自固。孟轲所谓“率其子弟,攻其父母,自生人以来,未有能济”者也。③

李翱从反正两方面对“重敛”和“轻敛”的结果进行了对比论证,他的推理层层演进,最后导出“轻敛”能使百姓安而居、富可教的结论。百姓富裕了,则可以“教其父母使之慈,教其子弟使之孝,教其在乡党使之敬让,羸老者得其安,幼弱者得其养,鳏寡孤独有不人病者皆乐其生”④。这样一来,百姓“屋室相邻,烟火相接于百里之内,与之居则乐而有礼,与之守则人皆固其业,虽有强暴之兵不敢陵。自百里之内推而布之千里,自千里而被乎四海,其孰能当之?是故善为政者,百姓各自保而亲其君上,虽欲危亡,弗可得也”⑤。

李翱的《平赋书》并序,集中体现了他的民本与善政思想。此文不仅有对孟子学说的直接引证,更体现出李翱对孟子思想的深刻体会与融通。我们不难看到,像“视其长上如仇雠”“天之时”“地之利”“人之财”“自千里而被乎四海,其孰能当之”等语汇,以及由这些语汇所构建阐述的观点,处处都显现着孟子的理论精神。可以说是李翱结合当时社会的经济情况,对孟子仁政思想的高度概括和继承。

---

① 李翱《平赋书》,《全唐文》卷六百三十八,中华书局1983年版,第6438页。
② 同上。
③ 同上。
④ 同上书,第6440页。
⑤ 同上书,第6440页。

第六节 柳宗元与孟子

一、柳宗元对孟子观点的广泛征引、化用和评价

在中唐的思想家中,柳宗元以博览群书,兼收并蓄而著称。他不墨守成说,以会通的方法治学,认为“杨、墨、申、商、刑名、纵横之说……皆有以佐世”①。对于他所崇信的儒学,同样是兼取各派之长。虽然不像韩愈那样独尊孟子,但是柳宗元对孟子也有很深入的研究,对孟子的思想有不少理论和实践上的继承乃至发展。他对那些向其求教的后学之士介绍自己的学习经验时,就很诚恳地推荐要读孟轲书:

> 大都文以行为本,在先诚其中。其外者当先读六经,次《论语》、孟轲书,皆经言。《左氏》、《国语》、庄周、屈原之辞,稍采取之,穀梁子、太史公甚峻洁,可以出入,余书俟文成,异日讨也。其归在不出孔子,此其古人贤士所懔懔者。②

柳宗元认为,《孟子》和《论语》一样,都属于经典之言。其他如《左氏》《国语》、庄周、屈原之辞,穀梁子、太史公等的著作则可以“稍采取之”,因为其旨归大抵都不出孔子。同时,他也主张求学入门要正,不能求怪、求杂,也不能急于求成:“求孔子之道,不于异书。秀才志于道,慎勿怪、勿杂、勿务速显。道苟成,则悫然尔,久则蔚然尔。源而流者岁旱不涸,蓄谷者不病凶年,蓄珠玉者不虞殍死矣。然则成而久者,其术可见。”③柳宗元把孔子之道,视为万流之源。可见,柳宗元学问上的博取,是在立好扎实根基亦即孔子之道的根本基础上的博取,并非是初学者的驳杂无章。这样一来,作为孔学最纯正的继承人,孟子的不少学说在柳宗元这里就得到了继承和发挥。

柳宗元对待孟子的态度,其一表现为对其观点的大量引证。在柳宗元的许多论文中,像唐代多数士人一样,常把孟子的言论观点作为自己理论的佐证,表示对孟子的认同。如他的《非国语上·无射》关于音乐的论说,就表示他赞同孟子的观点:

---

① 柳宗元《送元十八山人南游序》,《全唐文》卷五百七十九,中华书局1983年版,第5850页。
② 柳宗元《报袁君陈秀才避师名书》,《全唐文》卷五百七十五,第5816页。
③ 同上。

> 乐之来,由人情出者也。其始非圣人作也,圣人以为人情之所不能免,因而象政令之美,使之存乎其中,是圣人饰乎乐也。所以明乎物无非道,而政之不可忘耳。孟子曰:“今之乐犹古之乐也。”“与人同乐,则王矣。”吾独以孟子为知乐。①

又如在《复杜温夫书》中,柳宗元对杜温夫的文章进行指点后,引述孟子曰:“余不屑之教诲也者,是亦教诲之而已矣。”②在《送辛生下第序略》中,引述孟子曰:“位卑而言高者,罪也。”③对辛生以“首京师之贡”却“再岁连黜”的遭遇表示同情。《与杨京兆凭书》又说:“孟子称‘不孝有三,无后为大’。今之汲汲于世者,唯惧此而已矣!”④《守道论》中说:“孟子曰:‘有官守者,不得其职则去。’然则失其道而居其官者,古之人不与也。”⑤等等。

除了这些直接引证,柳宗元还经常化用或总结孟子的学说,用来印证自己观点的正确。如其《闵生赋》有“孟轲四十乃始持心兮,犹希勇乎黝、贲”⑥,是化用《孟子・公孙丑上》中“我四十不动心”和北宫黝、孟贲之事⑦。在《与杨诲之第二书》中,有“今子有贤人之资,反不肯为狂之克念者,而曰‘我不能,我不能’。舍子其孰能乎?是孟子之所谓不为也,非不能也”⑧一段,是化用《孟子・梁惠王上》中“不能”与“不为”⑨的辨析,等等。《守道论》中“矢人者不为不仁,函人者不为仁”⑩,又化用《孟子・公孙丑上》:“矢人岂不仁于函人哉?矢人唯恐不伤人,函人惟恐伤人”⑪之意。此外,柳宗元还常使用“孟子赞之”“孟子礼之”“孟子不与”等带有自我判断的结论来总结孟子的观点或思想,显示出柳宗元对孟子学说的融会贯通。如《送从兄偁罢选归江淮诗序》评价柳下惠的品格:

---

① 柳宗元《非国语上・无射》,《柳宗元集》,中华书局1979年版,第1281页。
② 柳宗元《复杜温夫书》,同上书,第889页。
③ 柳宗元《送辛生下第序略》,同上书,第629页。
④ 柳宗元《与杨京兆凭书》,同上书,第791页。
⑤ 柳宗元《守道论》,同上书,第82页。
⑥ 柳宗元《闵生赋》,同上书,第58页。
⑦ 《孟子・公孙丑上》,杨伯峻《孟子译注》卷三,中华书局1988年版,第61页。
⑧ 柳宗元《与杨诲之第二书》,《柳宗元集》,第852页。
⑨ 《孟子・梁惠王上》:“不为者与不能者之形何以异?曰:挟太山以超北海,语人曰:‘我不能。’是诚不能也。为长者折枝,语人曰:‘我不能。’是不为也,非不能也。”杨伯峻《孟子译注》,第15页。
⑩ 柳宗元《守道论》,《柳宗元集》,第83页。
⑪ 《孟子・公孙丑上》,杨伯峻《孟子译注》卷三,第81页。

昔吾祖士师，生于衰周，与道同波，为世仪表。故直道而仕，三黜不去，孔氏称之。遗佚而不怨，厄穷而不悯，孟子赞之。①

《兴州江运记》论述兴修水利对国家的益处：

昔之为国者，惟水事为重。故有障大泽，勤其官而受封国者矣。西门遗利，史起兴叹。白圭壑邻，孟子不与。②

《寄许京兆孟容书》论证自古豪杰们敢于为遭到诽谤的人分辨是非：

自古贤人才士，秉志遵分，被谤议不能自明者，仅以百数。故有无兄盗嫂，娶孤女云挝妇翁者；然赖当世豪杰，分明辨别。卒光史籍。管仲遇盗，升为功臣；匡章被不孝之名，孟子礼之。③

以上列举的柳宗元对孟子观点的广泛征引、化用和总结评价，如果仅能说明是柳宗元对孟子一般层面上的了解，更多地体现在对孟子学说的继承的话；那么，他结合着孟子的一些观点而创作的诸多论文，则能进一步显示出柳宗元对孟子思想的深入研究，是对孟子思想的历史性发挥。因此，柳宗元对待孟子的态度表现其二，就是对孟子的一些观点进行研究性的探讨。

二、关于成圣问题

在对待圣人与凡人的问题上，柳宗元发挥了孟子“人皆可以为尧舜”的观点，主张圣人与凡人相同，打破圣人天命的神化思维，具有朴素唯物主义的观点。他的《观八骏图说》就专门探讨了这一问题：

古之书有记周穆王驰八骏升昆仑之墟者，后之好事者为之图，宋齐

① 《孟子》中多次评价柳下惠，分别见于《公孙丑上》《万章下》《告子下》《尽心上》《尽心下》。其中《公孙丑上》说：“柳下惠不羞污君，不卑小官；进不隐贤，必以其道；遗佚而不怨，阨穷而不悯。”杨伯峻《孟子译注》，中华书局1988年版，第84页。

② 《孟子·告子下》：白圭曰：“丹之治水也愈于禹。”孟子曰：“子过矣。禹之治水，水之道也，是故禹以四海为壑。今吾子以邻国为壑。水逆行谓之洚水——洚水者，洪水也——仁人之所恶也。吾子过矣。”杨伯峻《孟子译注》，第295页。

③ 《孟子·离娄下》：公都子曰：“匡章，通国皆称不孝焉。夫子与之游，又从而礼貌之，敢问何也？”孟子曰：“世俗所谓不孝者五：惰其四支，不顾父母之养，一不孝也；博弈好饮酒，不顾父母之养，二不孝也；好货财，私妻子，不顾父母之养，三不孝也；从耳目之欲，以为父母戮，四不孝也；好勇斗很，以危父母，五不孝也。章子有一于是乎？”杨伯峻《孟子译注》，第200页。

以下传之。观其状甚怪,咸若骞若翔,若龙凤麒麟,若螳螂然。其书尤不经,世多有,然不足采。世闻其骏也,因以异形求之。则其言圣人者,亦类是矣。故传伏羲曰牛首,女娲曰其形类蛇,孔子如倛头,若是者甚众。孟子曰:"何以异于人哉?尧舜与人同耳!"

今夫马者,驾而乘之,或一里而汗,或十里而汗,或数十里百里而不汗者,视之,毛物尾鬣,四足而蹄,龁草饮水,一也。推是而至于骏,亦类也。今夫人,有不足为负贩者,有不足为吏者,有不足为士大夫者,有足为者,视之,圆首横目,食谷而饱肉,絺而清,裘而燠,一也,推是而至于圣,亦类也。然则伏羲氏、女娲氏、孔子氏,是亦人而已矣。骅骝、白羲、山子之类,若果有之,是亦马而已矣。又乌得为牛,为蛇,为倛头,为龙、凤、麒麟、螳螂然也哉?然而世之慕骏者,不求之马,而必是图之似,故终不能有得于骏也。慕圣人者,不求之人,而必若牛、若蛇、若倛头之问,故终不能有得于圣人也。诚是天下有是图者,举而焚之,则骏马与圣人出矣。①

柳宗元批评《八骏图》把马画得"若龙凤麒麟,若螳螂然"的做法,也反对传说的伏羲牛首,女娲形类蛇,孔子倛头这样的不人不兽的说法,认为这些都是荒诞不经的。在他看来,马是因为体能的差异,才有了骏马与凡马的区别,但他们同样都是长有四个蹄子,要吃草喝水。同样的道理,圣人也与凡人一样,如果把圣人描绘成怪异之人,那就永远求不到圣人。所以,要寻求骏马,就要在平常的马群里求得,要求得圣人,也要在平凡的人群里寻找。

柳宗元这里提出的"伏羲氏、女娲氏、孔子氏,是亦人而已矣"的观点,就是要打破圣人天授的神秘,反对天命论。他在《贞符序》中还从正面论证了社会历史造就圣贤的过程:

孰称古初朴蒙空侗而无争,厥流以讹,越乃奋夺斗怒震动,专肆为淫威?曰:是不知道。惟人之初,总总而生,林林而群。雪霜风雨雷雹暴其外,于是乃知架巢空穴,挽草木,取皮革;饥渴牝牡之欲驱其内,于是乃知噬禽兽,咀果谷,合偶而居。交焉而争,睽焉而斗。力大者搏,齿利者啮,爪刚者决,群众者轧,兵良者杀。披披藉藉,草野涂血。然后强有力者出而治之,往往为曹于险阻,用号令起,而君臣什伍之法立。德绍者嗣,道怠者夺。于是有圣人焉曰黄帝,游其兵车,交贯乎其内,一统类,齐

① 柳宗元《观八骏图说》,《全唐文》卷五百八十四,中华书局1983年版,第5901页。

制量,然犹大公之道不克建。于是有圣人焉曰尧,置州牧四岳,持而纲之,立有德有功有能者,参而维之,运臂率指,屈伸把握,莫不统率。尧年老,举圣人而禅焉,大公乃克建。由是观之,厥初罔匪极乱。而后稍可为也。非德不树,故仲尼叙《书》:于尧曰"克明俊德";于舜曰"浚哲文明";于禹曰"文命祗承于帝";于汤曰"克宽克仁,彰信兆民";于武王曰"有道曾孙"。稽揆典誓,贞哉! 惟兹德实受命之符,以奠永祀。

后之妖淫嚚昏好怪之徒,乃始陈大电、大虹、玄鸟、巨迹、白狼、白鱼、流火之乌以为符。斯皆诡谲阔诞,其可羞也,而莫知本于厥贞。①

在这段论述中,柳宗元论证了从生民之初为了求生存与大自然的搏斗,到形成部落后为争夺利益的社会争斗。正是顺应这种历史的需求,"强有力者"才"出而治之","而君臣什伍之法立"。这样一来,有德有道者如黄帝、尧、舜、禹、汤等一些圣人就应运而生了。因此,他认为如果圣人的诞生真要有什么贞符的话,那么"惟兹德实受命之符",而绝非是那些"妖淫嚚昏好怪之徒"所宣扬的"大电、大虹、玄鸟、巨迹、白狼、白鱼、流火之乌以为符"。因此,他的结论就是"受命不于天,于其人,休符不于祥,于其仁。惟人之仁,匪祥于天,匪祥于天,兹惟贞符哉。未有丧仁而久者也,未有恃祥而寿者也"②。在《非国语上 · 料民》中他又指出:

吾尝言,圣人之道,不穷异以为神,不引天以为高,故孔子不语怪与神。君子之谏其君也,以道不以诬,务明其君,非务愚其君也。诬以愚其君则不臣。③

柳宗元的成圣观,虽然引孟子为论据,但是其内涵与所指却与孟子有所不同。孟子的"人皆可以为尧舜",是要鼓励人们以圣贤之人为榜样,加强自身的修养,积极践行儒家道德标准,是关于君子的立身修道之论。而柳宗元的圣人与人相同论,是反对董仲舒等人"推古瑞物以配受命"的天命观点,他强调的是,不管是帝王还是圣人,他们真正的受命之符只能是仁德。他针对董仲舒的"天人感应"说提出了"天人不相预"说,认为"生植与灾荒,皆天也;法制与悖乱,皆人也,二之而已。其事各行不相预"④,把自然现象的生长和

---

① 柳宗元《雅诗歌曲 · 贞符序》,《柳宗元集》,中华书局 1979 年版,第 31—32 页。

② 同上书,第 35 页。

③ 柳宗元《非国语上 · 料民》,同上书,第 1271 页。

④ 柳宗元《答刘禹锡天论书》,同上书,第 817 页。

灾害,和社会现象的治乱区分开来。由此看来,柳宗元的成圣观,在很大程度上是为其批判“君权神授”说,为其天人关系的唯物理论服务的。

三、关于利益问题

柳宗元关于利益问题的论述也与孟子的相关思想产生关联。柳宗元言“利”,能结合时代的经济发展,出于孟子而又超越孟子,提出自己独到的观点。如他的《吏商》就比较集中地体现了他的利益观。在这篇文章中,柳宗元设置了两种吏商进行对比。一种是“污吏之商”牟利的行为:“污吏以货商资同恶,与之为曹,大率多减耗,役佣工,费舟车,射时有得失,取货有苦良,盗贼水火杀夺焚溺之为患,幸而得利,不能什一二,身败禄夺,大者死,次贬废,小者恶,终不遂。”①他认为,污吏经商,倚仗其政治官势,欺诈百姓,垄断市场生意,即使获利,也不能维持长久,最终必然“身败禄夺”。另一种是“廉吏之商”的做法:“廉吏以行商,不役佣工,不费舟车,无资同恶减耗,时无得失,货无良苦,盗贼不得杀夺,水火不得焚溺,利愈多,名愈尊,身富而家强,子孙葆光。”②因此,他的观点就是“污吏之为商,不若廉吏之商,其为利也博”③。

柳宗元的《吏商》,实际是借商人获利来议论吏政。因为“廉吏”“修严洁白以理政,由小吏得为县,由小县得大县,由大县得刺小州,其利月益各倍。其行不改,又由小州得大州,其利月益三之一。其行又不改,又由大州得廉一道,其利月益之三倍,不胜富矣。苟其行又不改,则其为得也,夫可量哉?虽赭山以为章,涸海以为盐,未有利大能若是者”④。一个廉洁勤政之吏,从小县升到大县,从大县到小州,他的获利就会成倍增加,再从小州升到大州,从大州到道,获利就是三倍,如果他能始终如一保持廉洁品行,那么他所得到的就是无限的大利。柳宗元从利益的角度对为官之人提出廉洁清正的忠告,或者说他为了倡导官吏廉政,用利益作为诱导。为了申明自己的观点,柳宗元引孟子的观点进行辩论:

> 或曰:“君子谋道不谋富,子见孟子之对宋轻乎,何以利为也。”柳子曰:君子有二道,诚而明者,不可教以利;明而诚者,利进而害退焉。吾为是言,为利而为之者设也。或安而行之,或利而行之,及其成功,一也。吾哀夫没于利者,以乱人而自败也,姑设是,庶由利之小大登进其志,幸

---

① 柳宗元《吏商》,《柳宗元集》,中华书局 1979 年版,第 563 页。
② 同上书,第 564 页。
③ 同上书,第 563 页。
④ 同上书,第 564 页。

而不挠乎下,以成其政,交得其大利。吾言不得已尔,何暇从容若孟子乎？孟子好道而无情,其功缓以疏,未若孔子之急民也。①

柳宗元此文中所论及的“孟子之对宋牼乎,何以利为也”,出自《孟子·告子下》中孟子和宋牼的一段对话,其中谈论的核心就是关于“利”和“仁义”的问题:

宋牼将之楚,孟子遇于石丘,曰:“先生将何之?”曰:“吾闻秦、楚构兵,我将见楚王说而罢之。楚王不悦,我将见秦王说而罢之。二王我将有所遇焉。”曰:“轲也请无问其详,愿闻其指。说之将何如?”曰:“我将言其不利也。”曰:“先生之志则大矣,先生之号则不可。先生以利说秦楚之王,秦楚之王悦于利,以罢三军之师,是三军之士乐罢而悦于利也。为人臣者怀利以事其君,为人子者怀利以事其父,为人弟者怀利以事其兄,是君臣、父子、兄弟终去仁义,怀利以相接,然而不亡者,未之有也。先生以仁义说秦楚之王,秦楚之王悦于仁义,而罢三军之师,是三军之士乐罢而悦于仁义也。为人臣者怀仁义以事其君,为人子者怀仁义以事其父,为人弟者怀仁义以事其兄,是君臣、父子、兄弟去利,怀仁义以相接也,然而不王者,未之有也。何必曰利?”②

孟子反对宋牼在秦楚两国将要开战时用“利”去游说秦王和楚王,认为这样就会导致做大臣的怀着利益之心事其君,做儿子的怀着利益之心事其父,做弟弟的怀着利益之心事其兄,最终君臣、父子、兄弟都抛弃仁义,“怀利以相接”,以至于亡国。所以他劝说宋牼用“仁义”去游说秦、楚,而“何必曰利”。

《孟子》一书论及义利之辨的内容,还见于《梁惠王上》,在此文一开篇,孟子就对关心“利吾国”的梁惠王说:“王！何必曰利？亦有仁义而已矣。”接着他论述了仁义可使上下有序,但是利益却使人因不满足而争夺的道理:“苟为后义而先利,不夺不餍。未有仁而遗其亲者也,未有义而后其君者也。”③由于孟子多次明确地表示“何必曰利”,就引起后代对孟子的误解,“以为他只讲仁义而不讲利益,把‘利’与‘义’绝对地对立起来了”④。其实

① 柳宗元《吏商》,《柳宗元集》,中华书局1979年版,第564页。
② 《孟子·告子下》,杨伯峻《孟子译注》卷十二,中华书局1988年版,第280页。
③ 《孟子·梁惠王上》,杨伯峻《孟子译注》卷一,第1页。
④ 南怀瑾《孟子旁通》,《南怀瑾选集》第二卷,复旦大学出版社2008年版,第372页。

“孟子并不是不讲利，而是告诉梁惠王，纵使富国强兵，还都是小利而已；如从仁义着手去做，才是根本上的大吉大利”。“于是我们就可认识孟子，并不是那么迂腐的了。他并没有否定利的价值。他只是扩大了利的内涵，扩大了利的效用。”①

柳宗元上文中对官吏诱之以利，看似与孟子不言利的主张相悖，其实他并没有否认孟子言利，他甚至认为“孟子兼济之士，唯利万物之为谋”②。柳宗元在其《上湖南李中丞干廪食启》中对比了列子不授君粟和孟子的“取食于诸侯不以为非”的行为，认为列子是独任之士，是独爱自己，而孟子是兼爱之士，是以万物之利为目的：

> 某（柳宗元自称，笔者注）尝读列子书，有言于郑子阳者曰：“列御寇，盖有道之士也。居君之地而穷，君不好士使之然乎？”子阳于是以君命输粟于列子，列子不受。固常高其志。又读孟子书，言诸侯之于士曰，使之穷于吾地则赒之，赒之亦可受也。又怪孟子以希圣之才，命代而出，不卓然自异以洁白其德，取食于诸侯不以为非。断而言之，则列子独任之士，唯己一毛之为爱，故遁以自免；孟子兼济之士，唯利万物之为谋，故当而不辞。③

由此看来，柳宗元虽然以孟子的言利设辨，但他并没有否定孟子，而是对孟子言利思想有所发展。柳宗元把君子分为两类，他认为对于那种能从至诚达到明达的一类，即从认识本性来修道的，“不可教以利”；而对于那种从明达归于至诚的，即通过教化学习来修道的，则是“利进而害退”。柳宗元强调的以利诱之，是对那种“明而诚者”而言的。他明确表示，“庶由利之小大登进其志，幸而不挠乎下，以成其政，交得其大利”④。可以看出，柳宗元所言之大利，其实与孟子所言的治国安民得到天下的大利是一致的，只不过他们主张达到大利的途径有所不同。孟子是倡导从仁义入手追求大利，柳宗元则是直接用大利进行诱导，两人可谓殊途而同归。柳宗元认为孟子从倡导仁义入手是“功缓以疏”，因此他说“孟子好道而无情”，认为自己“何暇从容若孟子乎？”他所要的是针对社会现实，因势利导地解决社会问题，急民利之所急。

柳宗元的利益观对孟子的发展表现在：其一，他一反孟子表面上“何必

---

① 南怀瑾《孟子旁通》，《南怀瑾选集》第二卷，复旦大学出版社 2008 年版，第 373 页。
② 柳宗元《上湖南李中丞干廪食启》，《柳宗元集》，中华书局 1979 年版，第 904 页。
③ 同上。
④ 柳宗元《吏商》，同上书，第 564 页。

曰利”的遮掩,敢于大胆言利,公开地为官吏们算了一笔获取大利的细账,引导他们取之有道。其二,他倡导的“明而诚”者的获利观,符合了一般人对利益的普遍需求。南怀瑾在论述孟子的利义之辨时明确指出:

> 几千年来中国文化的整个体系,甚至古今中外的整个文化体系,没有不讲利的。人类文化思想包涵了政治、经济、军事、教育,乃至于人生的艺术、生活……没有一样不求有利的。如不求有利,又何必去学?做学问也是为了求利,读书认字,不外是为了获得生活上的方便或是自求适意。即使出家学道,为了成仙成佛,也还是在求利。小孩学讲话,以方便表达自己的意见,当然也是一种求利。仁义也是利,道德也是利,这些是广义的,长远的利,是大利。不是狭义的金钱财富的利,也不只是权利的利。①
>
> 从哲学的观点看,一切生物,都有一个共同的目标,就是“离苦得乐”。饥饿是苦,吃饱了则得乐。疾病是苦,医好了则乐。天气太热则苦,到树荫下乘凉,或到有冷气的房子里,全身清凉则乐。一切生物的一切行为动态,目的都在“离苦得乐”,也就是我们中国文化《易经》上的“利用安身”。②

南怀瑾关于人类无不求利的论断可谓精辟,这样看来,柳宗元的利益观反映了人们最本质的物质需要,也代表了中唐时期士人们对利益的认识,这一时期,人们的利益观是实际而辩证的。如曾为唐德宗宰相,与柳宗元同时的陆贽就有“名虚利实”的议论,他在《又论进瓜果人拟官状》中说:

> 夫立国之道,惟义与权,诱人之方,惟名与利。名近虚而于教为重,利近实而于德为轻,凡所以裁是非立法制者,则存乎其义。至于参虚实,揣轻重,并行而不伤,迭用而不悖,因众之欲,度时之宜,消息盈虚,使人不倦者,则存乎其权。专实利而不济之以虚名,则耗匮而物力不给;专虚名而不副之以实利,则诞谩而人情不趋。故国家之制赏典,锡货财,赋秩廪,所以彰实也;差品列,异服章,所以饰虚也。居上者必明其义,达其变,相须以为表里,使人日用而不知,则为国之权得矣。③

---

① 南怀瑾《孟子旁通》,《南怀瑾选集》第二卷,复旦大学出版社 2008 年版,第 373 页。
② 同上书,第 376 页。
③ 陆贽《又论进瓜果人拟官状》,《全唐文》卷四百六十九,中华书局 1983 年版,第 4797 页。

唐德宗曾出行,一路上有百姓进献果子胡瓜等,德宗欲得人心喜悦,打算给这些百姓授以虚官,陆贽持反对意见。他先后两次进状议论此事,表示他对虚名和实利的看法,即"诱人之方,惟名与利"。名与利要辩证地参互使用,如果单一地重利而不加以虚名,就会造成国家物力的耗匮,如果单一地重虚名而不辅以实际的利益,则会造成人情的诞谩。至于如何"参虚实,揣轻重",就要根据人们的欲望和时机来定夺。所以,他认为"爵位者,天下之公器,而国之大柄也。唯功勋才德,所宜处之"①,而"植瓜树果,多是野人贫者,所资唯在衣食,假以冗号,亦奚用焉?必欲使之欢欣,不如厚赏钱帛,人不失利,国不失权,各得所宜,两全其宝,何有不可"②。对于这些种植瓜果的农民而言,他们最实际的欲望就是衣食所需,所以陆贽认为给他们厚赏钱帛的实利,国家和这些农民就会各得其所。

陆贽还在其《论缘边守备事宜状》中论述了人们看待利益的常情:

> 夫人情者,利焉则劝,习焉则安,保亲戚则乐生,顾家业则忘死。故可以理术驭,不可以法制驱,此所谓镇守之兵也。夫欲备封疆,御戎狄,非一朝一夕之事,固当选镇守之兵以置焉。③

此外,他在《收河中后请罢兵状》中,又论述了天子要顺应百姓的利益欲望:

> 有天下而子百姓者,以天下之欲为欲,以百姓之心为心,固当遂其所怀,去其所畏,给其所求,使家家自宁,人人自遂。家苟宁矣,国亦固焉;人苟遂矣,君亦泰焉。
>
> 是以昔之圣王知生者人之所乐,而已亦乐之,故与人同其生,则上下之乐兼得矣;圣王知安者人之所利,而已亦利之,故与人共其安,则公私之利两全矣。④

陆贽认为,有利才可以劝诱,这是人之常情。所以,作为天子,要以"天下之欲为欲,以百姓之心为心",能给百姓其所求,让百姓能"遂其所怀""安人之所利",这样国家就稳固了,天子也就安泰了,公私之利就两全了。

---

① 陆贽《驾幸梁州论进献瓜果人拟官状》,《全唐文》卷四百六十九,中华书局 1983 年版,第 4796 页。

② 陆贽《又论进瓜果人拟官状》,《全唐文》卷四百六十九,第 4798 页。

③ 陆贽《论缘边守备事宜状》,《全唐文》卷四百七十四,第 4838 页。

④ 陆贽《收河中后请罢兵状》,《全唐文》卷四百七十二,第 4815 页。

陆贽作为唐代著名的有为宰相,他的利益观从当时百姓和国家的利益出发,是有针对性和实用性的。柳宗元同样是出于对国家和百姓利益的关怀,所以他的利益观与陆贽不谋而合,代表了当时士人阶层对利益的看法。可以看出,柳宗元以孟子的利益观为基点,结合唐代当时社会经济发展的实际,以及一般人对利益需求的普遍规律,修正了孟子"功缓以疏"的利益观,敢于公开大胆地谈论利益,并提出以利倡导为官以及经商的原则,是对孟子义利之辨观点的重要发展。

四、关于仁政问题

柳宗元从早期积极参加王叔文集团对弊政的改革,到后期贬为地方官勤政为民,始终都践行着儒家的仁政思想,这一思想的内核更多的也是继承于孟子。因为"仁政是孟子政治思想的核心","从思想渊源看,仁政是孔子仁学思想的继承与发展,作为儒家学说的传人,孟子把孔子仁学思想的精髓融合进自己的思想,并把它发展成为缓和日益尖锐的阶级矛盾、巩固封建地主阶级政权的政治纲领——仁政学说"。因此,"仁政学说实乃孟子思想体系中最重要的范畴"。① 柳宗元对孟子仁政思想的继承突出地表现在以下两方面。

第一,"利安元元"的民本思想。柳宗元在《寄许京兆孟容书》中表示他的志向说:"宗元早岁……立仁义,裨教化。过不自料,勤勤勉励,唯以中正信义为志,以兴尧、舜、孔子之道,利安元元为务。"②所谓"元元",即黎元百姓。柳宗元立志要行仁义,益教化,以谋黎民百姓的利益为务。他积极参与永贞革新,在做地方官时又劳心勤力,做了不少为民造福的好事,最后卒于柳州刺史任上,这是他一生实践这一政治主张的最好说明。

与"利安元元"的民本思想相联系,柳宗元又提出了"吏者人役"的政治主张。他在《送宁国范明府诗序》中盛赞范传真勤政爱民,因为范传真的为官原则是:

> 夫仕之为美,利乎人之谓也。与其给于供备,孰若安于化导。故求发吾所学者,施于物而已矣。夫为吏者,人役也。役于人而食其力,可无报耶?今吾将致其慈爱礼节,而去其欺伪凌暴,以惠斯人。③

---

① 董洪利《孟子研究》,江苏古籍出版社 2000 年版,第 39 页。
② 柳宗元《寄许京兆孟容书》,《柳宗元集》,中华书局 1979 年版,第 780 页。
③ 柳宗元《送宁国范明府诗序》,《全唐文》卷五百七十七,中华书局 1983 年版,第 5835 页。

柳宗元借范传真的口申明，出仕的最高境界是“利乎人”①，因此，官吏应该为百姓所役使，要给与百姓慈爱礼节，去其欺伪凌暴，惠及百姓。他后来在永州所写的《送薛存义序》中，再一次阐述了这种以民为本的思想：“凡吏于土者，若知其职乎？盖民之役，非以役民而已也。”他批评那些享受着百姓俸禄但却危害百姓的官僚：“今受其直怠其事者，天下皆然。岂惟怠之，又从而盗之。”并明确指出，对于这样的官吏，老百姓有权罢免并惩罚他们：“向使佣一夫于家，受若直，怠若事，又盗若货器，则必甚怒而黜罚之矣。以今天下多类此，而民莫敢肆其怒与黜罚者何哉？”②柳宗元把安民利民视为官吏的根本职责，为此，他甚至认为，一个人只要能安定生民之性，光复圣人之道，即使年龄不能长寿，但是他的道德精神却是可以永久的，那么他的生命价值就得到了充分的体现：

尝以君子之道，处焉则外愚而内益智，外讷而内益辩，外柔而内益刚；出焉则外内若一，而时动以取其宜当，而生人之性得以安，圣人之道得以光。获是而中，虽不至耇老，其道寿矣。③

所以他“不为方士所惑”，不认同当时人们“饵药可以久寿”的养生时尚，自己“仕虽未达”，却始终“无忘生人之患”。④ 柳宗元积极倡导的以生民为主的民本思想，明显是继承了孟子“民为贵，社稷次之，君为轻”的理论。但是，柳宗元对孟子又有发展之处，孟子“民为贵”的出发点是站在统治者的立场上，为统治者争取天下的统治权服务的，其最终目的是通过重视民生问题来巩固专制制度的统治基础。因此，他提出“民为贵，社稷次之，君为轻”后，又接着指出：“是故得乎丘民而为天子，得乎天子为诸侯，得乎诸侯为大夫。”⑤柳宗元“利安元元”的出发点则是站在百姓的立场上，要求统治阶层实实在在为生民的利益服务，要“利于人，备于事”⑥。因此他把官与民的统治与被统治关系，视为“役”与“主”的关系，官吏是受雇于民众的，这样一来，雇主（民众就）可以根据雇佣者（官吏）的表现，罢免、处罚雇佣者，在柳宗元这里，百姓成为了真正的主人。柳宗元因为长期在地方为官，他能深切地感受到百姓的苦痛，所以从他早期继承儒家思想立志要“利安元元”，到他后期提

① 笔者认为，柳宗元文中的“人”即是“民”，当为避唐太宗李世民之讳。
② 柳宗元《送薛存义序》，《柳宗元集》，中华书局 1979 年版，第 616 页。
③ 柳宗元《答周君巢饵药久寿书》，同上书，第 840 页。
④ 同上。
⑤ 《孟子·尽心下》，杨伯峻《孟子译注》卷十四，中华书局 1988 年版，第 328 页。
⑥ 柳宗元《时令论上》，《柳宗元集》，第 85 页。

出的"吏者人役"的具体主张,不仅是继承实践了孟子"民为贵""君为轻"的思想,还丰富发展了孟子的这一思想。

第二,尊贤使能的用人思想。人才的选拔与使用,是任何时代统治阶层都十分重视的问题。孟子在推行他的治国方略时,自然也会论及这一问题。如《孟子·梁惠王下》就有一段孟子对齐宣王谈论他的用人思想的记载:

> 孟子见齐宣王……王曰:"吾何以识其不才而舍之?"曰:"国君进贤,如不得已,将使卑逾尊,疏逾戚,可不慎与?左右皆曰贤,未可也;诸大夫皆曰贤,未可也;国人皆曰贤,然后察之;见贤焉,然后用之。左右皆曰不可,勿听;诸大夫皆曰不可,勿听;国人皆曰不可,然后察之;见不可焉,然后去之。左右皆曰可杀,勿听;诸大夫皆曰可杀,勿听;国人皆曰可杀,然后察之;见可杀焉,然后杀之。故曰,国人杀之也。如此,然后可以为民父母。"①

孟子认为,国君选择贤才,在不得已的情况下,会有"卑逾尊,疏逾戚"的情况,但是一定要慎重,只有"国人皆曰贤",然后考察他,见他确实是好,才可以任用他。在《公孙丑上》中他又强调,治理国家要"尊贤使能,俊杰在位,则天下之士皆悦,而愿立于其朝矣"②。

孟子"尊贤使能""卑逾尊,疏逾戚"的用人思想在柳宗元这里得到了很好的继承和发扬。柳宗元在《六逆论》中,对《左传》"隐公三年"所载"六逆之说",即"贱妨贵、少陵长、远间亲、新间旧、小加大、淫破义"展开评论。他认为,把"少陵长、小加大、淫破义"视为大逆不道可以,但是把"贱妨贵、远间亲、新间旧"也视为乱逆,就不合理了。因为"若贵而愚,贱而圣且贤,以是而妨之,其为理本大矣,而可舍之以从斯言乎?此其不可固也。夫所谓'远间亲,新间旧'者,盖言任用之道也。使亲而旧者愚,远而新者圣且贤,以是而间之,其为理本亦大矣,又可舍之以从斯言乎?"③柳宗元很明确地指出,如果"贵"者、"亲"者、"旧"者愚昧无能,而"贱"者、"远"者、"新"者圣贤能干,那么,后者就完全应该替代前者,这是"择君置臣之道,天下理乱之大本"。④ 可以看出,在用人思想上,柳宗元是旗帜鲜明地提倡任人唯贤,反对儒家的亲

---

① 《孟子·梁惠王下》,杨伯峻《孟子译注》卷二,中华书局 1988 年版,第 41 页。
② 《孟子·公孙丑上》,杨伯峻《孟子译注》卷三,第 77 页。
③ 柳宗元《六逆论》,《柳宗元集》,中华书局 1979 年版,第 95—96 页。
④ 同上书,第 96 页。

亲、尊尊等贵贱等级规范,是对孟子“尊贤使能”思想的大胆发扬。

与用人思想相联系,关于人的品格和才能问题,柳宗元也在孟子思想的基础上提出了自己的主张。他的《天爵论》就集中论证了这一问题:

柳子曰:仁义忠信,先儒名以为天爵,未之尽也。夫天之贵斯人也,则付刚健纯粹于其躬,倬为至灵,大者圣神,其次贤能,所谓贵也。刚健之气,钟于人也为志,得之者,运行而可大,悠久而不息,拳拳于得善,孜孜于嗜学,则志者其一端耳。纯粹之气,注于人也为明,得之者,爽达而先觉,鉴照而无隐,盹盹于独见,渊渊于默识,则明者又其一端耳。明离为天之用,恒久为天之道,举斯二者,人伦之要尽是焉。故善言天爵者,不必在道德忠信,明与志而已矣。①

柳宗元这里所谓的“先儒名以为天爵”,是指《孟子·告子上》中的一段话:

孟子曰:“有天爵者,有人爵者。仁义忠信,乐善不倦,此天爵也;公卿大夫,此人爵也。古之人修其天爵,而人爵从之。今之人修其天爵,以要人爵;既得人爵,而弃其天爵,则惑之甚者也,终亦必亡而已矣。”②

孟子认为,“仁义忠信,乐善不倦”是人必备的品格,这是天赐的爵位。孟子的这段议论旨在区别“古之人”和“今之人”修养的差异,进而批评“今之人”追逐“公卿大夫”这类社会爵位,却忽视了仁义忠信的品质,最终连社会之爵也保不住。

柳宗元之所以创作《天爵论》,是认为孟子对“天爵”内涵的阐述还不够充分。在他看来,一个贤能的人只具备“仁义忠信,乐善不倦”还不够,还要具备“刚健之气”和“纯粹之气”。“刚健之气”表现为人的“志”,“纯粹之气”表现为人的“明”。具备了“志”则能“运行而可大,悠久而不息,拳拳于得善,孜孜于嗜学”;具备了“明”则能“爽达而先觉,鉴照而无隐,盹盹于独见,渊渊于默识”。所以,他主张“善言天爵者,不必在道德忠信,明与志而已矣”。

很明显,柳宗元的《天爵论》是发展了孟子关于人的品格学说,如果说,孟子所谓的“天爵”主要指向人的道德范畴的话,那么,柳宗元所谓的“天爵”

① 柳宗元《天爵论》,《柳宗元集》,中华书局1979年版,第80页。

② 《孟子·告子上》,杨伯峻《孟子译注》卷十一,中华书局1988年版,第271页。

则主要指向人的能力范畴。他主张的是,一个仅有仁义忠信而缺乏恒久意志和"独见"之明的人是不足以成为圣贤的。只有"宣无隐之明,著不息之志""明之远迩,志之恒久",才能够"充之而弥六合,播之而奋百代"①,成就圣贤之事。但是,柳宗元并不是要否定道德的重要,他多次谈论仁义道德的重要性。如在《四维论》中说:

圣人之所以立天下,曰仁义。仁主恩,义主断。恩者亲之,断者宜之,而理道毕矣。蹈之斯为道,得之斯为德,履之斯为礼,诚之斯为信,皆由其所之而异名。②

在《时令论下》中又说:

圣人之为教,立中道以示于后。曰仁、曰义、曰礼、曰智、曰信,谓之五常,言可以常行者也。③

在《天爵论》中又强调:

道德之于人,犹阴阳之于天也;仁义忠信,犹春秋冬夏也。④

由此看来,柳宗元的《天爵论》不仅是对孟子"天爵"内涵的发展,也是对孟子"尊贤使能"之"能"的最好诠释。

五、柳宗元研究孟子的学术渊源

综上所述,柳宗元对孟子的研究,无论是成圣问题、利益问题、民本问题,还是尊贤问题,都突破了章句训诂之学,更多表现于对孟子思想和基本精神的关注和研究。柳宗元对孟子的学说有不少新的解释和发展,体现了中唐士人研究儒家经典新的学术方向,即结合时代特点,借助儒家经典的重新解释,从中寻求解决社会现实问题的良方。

柳宗元研究孟子的学术方法,受其老师陆质的影响很大。陆质是当时治《春秋》的著名学者,《旧唐书·陆质传》载:"陆质,吴郡人,本名淳,避宪宗名

---

① 柳宗元《天爵论》,《柳宗元集》,中华书局1979年版,第80页。
② 柳宗元《四维论》,同上书,第78页。
③ 柳宗元《时令论下》,同上书,第88页。
④ 柳宗元《天爵论》,同上书,第80页。

改之。质有经学,尤深于《春秋》,少师事赵匡,匡师啖助。助、匡皆为异儒,颇传其学,由是知名。”①陆质所师事的赵匡,曾倡导从科考制度上重视《孟子》,呼吁改革士人学习经学与现实乖隔的“所习非所用,所用非所习”现状,并提出了一套改革科举制的具体办法②,因此被时人称为“异儒”。从赵匡到陆质,他们对传统研习经学的方式都有强烈的批判精神,他们倡导学用结合,按自己的理解重新解释儒家经典,希望能从中获得对现实的启迪,为现实服务。柳宗元十分推崇陆质的学问和治学方法,在他为陆质做的墓表中,对老师给予了极高的赞誉,称其为“巨儒”:

> 孔子作《春秋》千五百年,以名为传者五家,今用其三焉。秉觚牍,焦思虑,以为论注疏说者百千人矣。攻讦狠怒,以词气相击排冒没者,其为书,处则充栋宇,出则汗牛马,或合而隐,或乖而显。后之学者,穷老尽气,左视右顾,莫得而本。则专其所学,以訾其所异,党枯竹,护朽骨,以至于父子伤夷。君臣诋悖者,前世多有之。甚矣,圣人之难知也!有吴郡人陆先生质,与其师友天水啖助洎赵匡,能知圣人之旨。故《春秋》之言,及是而光明。使庸人小童,皆可积学以入圣人之道,传圣人之教,是其德岂不侈大矣哉!
>
> 于是合古今,散同异,联之以言,累之以文。盖讲道者二十年,书而志之者又十余年,其事大备,为《春秋集注》十篇,《辩疑》七篇,《微指》二篇。明章大中,发露公器。其道以圣人为主,以尧舜为的,包罗旁魄,胶轕下上,而不出于正。其法以文武为首,以周公为翼,揖让升降,好恶喜怒,而不过乎物。既成,以授世之聪明之士,使陈而明之,故其书出焉,而先生为巨儒。③

柳宗元认为,在孔子作《春秋》以后,为其传者、论注、疏说者虽有上百千人,著书可谓汗牛充栋,但是“后之学者,穷老尽气,左视右顾,莫得而本”。而只有陆质与其师友啖助、赵匡,能够真正知圣人之旨,入圣人之道,传圣人之教。通过他们的传解,为普通的“庸人小童”学习“圣人之道”提供了便捷的途径,使人能真正把握“圣人之道”的真谛与精神。柳宗元还盛赞陆质等人的治学方法,“合古今,散同异”,“其道以圣人为主,以尧、舜为的”,“其法以文武为首,以周公为翼”,因此,称陆质为“巨儒”是名副其实的。

---

① 《旧唐书·陆质传》卷一百八十九下儒学下,中华书局 1975 年版,第 4977 页。
② 参见本书第二章第四节。
③ 柳宗元《唐故给事中皇太子侍读陆文通先生墓表》,《柳宗元集》,中华书局 1979 年版,第 208 页。

柳宗元在思想上坚信儒家学说,在治学方法却不死守章句,他说:"马融、郑玄者,二子独章句师耳。今世固不少章句师,仆幸非其人。"①因此他在理论上能发挥儒学的义理精神,在实践行动上能以圣人之"道"自任。他强调通经致用,认为一个真正的儒者,不是靠"说读"闻名的,而是要将儒道"施于事,及于物"。他在贬永州后所写的《送徐从事北游序》中,就告诫徐从事说:"得位而以《诗》、《礼》、《春秋》之道施于事,及于物,思不负孔子之笔舌。能如是,然后可以为儒。儒可以说读为哉!"②这种奉行儒道的义理精神,并将其付诸实践的理念,是柳宗元始终坚持的准则。在《与吕道州温论〈非国语〉书》中,他又指出:

> 近世之言理道者众矣,率由大中而出者咸无焉。其言本儒术。则迂回茫洋而不知其适;其或切于事,则苛峭刻核,不能从容,卒泥乎大道。甚者好怪而妄言,推天引神,以为灵奇,恍惚若化,而终不可逐。故道不明于天下,而学者之至少也。③

柳宗元不满于当时"言儒术者"迷失儒学之精神实质,而使"道不明于天下"的现状,他基于挽救"圣人之道翳"的强烈社会责任感,又想到自己"身编夷人,名列囚籍",担心"施乎事者无日",有着时不我待的强烈紧迫感。因此他"勇不自制",创作了六十七篇论文,命之曰《非国语》。并以当时李致用写《孟子评》遭人误解一事为引子,表明自己的《非国语》只要"不悖于圣道",即使被后人讪笑辱骂,也不会感到惭愧和遗憾:

> 往时致用作《孟子评》④,有韦词者告余曰:"吾以致用书示路子,路

---

① 柳宗元《答严厚舆秀才论为师道书》,《柳宗元集》,中华书局1979年版,第878页。

② 柳宗元《送徐从事北游序》,同上书,第660页。

③ 柳宗元《与吕道州温论〈非国语〉书》,同上书,第823页。

④ 柳宗元此处所记李致用著《孟子评》,新旧《唐书》文献皆无记载。但由此信息,也可知孟子在当时士人视野中的地位,孟子及其学说成为广大士人十分热衷探讨的对象。"致用"为李景俭,《旧唐书·李景俭传》载:"李景俭字宽中,汉中王瑀之孙。父褚,太子中舍。景俭,贞元十五年登进士第。性俊朗,博闻强记,颇阅前史,详其成败。自负王霸之略,于士大夫间无所屈降。贞元末,韦执谊、王叔文东宫用事,尤重之,待以管、葛之才。"中华书局1975年版,第4455页。

李景俭与柳宗元同为王叔文所重。柳宗元集中还有两篇文章中提到李景俭。其一为《亡友故秘书省校书郎独孤君墓碣》:"今记其知君者于墓:韩泰安平,南阳人。李行谌元固、其弟行敏中明,赵郡赞皇人。柳宗元,河东解人。崔广略,清河人。韩愈退之,昌黎人。王涯黄津,太原人。吕温和叔,东平人。崔群敦诗,清河人。刘禹锡梦得,中山人。李景俭致用,陇西人。严休复玄锡,冯诩人。韦词致用,京兆杜陵人。"《柳宗元集》,中华书局1979年版,第277页。其二为《处士段弘古墓志》:"陇西李景俭、东平吕温,高气节,尚道艺,闻其名,求见,大欢。"《柳宗元集》,第1391页。

子曰:'善则善矣,然昔人为书者,岂若是摭前人耶?'"韦子贤斯言也。余曰:"致用之志以明道也,非以摭《孟子》,盖求诸中而表乎世焉尔。"今余为是书,非左氏尤甚。若二子者,固世之好言者也,而犹出乎是,况不及是者滋众,则余之望乎世也愈狭矣,卒如之何?苟不悖于圣道,而有以启明者之虑,则用是罪余者,虽累百世滋不憾而恧焉!①

柳宗元除了通过"立言垂文"发挥孟子的精神外,更在于他得到机会之后能将孟子的民本精神等施事及物,真正做到了"能泽其民",为百姓之利而谋,为国家利益而呼。所以韩愈在《柳州罗池庙碑》中对柳宗元的政绩大加赞赏:

> 于是民业有经,公无负租;流逋四归,乐生兴事;宅有新屋,步有新船;池园洁修,猪牛鸭鸡,肥大蕃息;子严父诏,妇顺夫指;嫁娶葬送,各有条法;出相弟长,入相慈孝。先时,民贫,以男女相质,久不得赎,尽没为隶。我侯之至,按国之故,以佣除本,悉夺归之。大修孔子庙,城郭巷道,皆治使端正,树以名木。柳民既皆悦喜。②

要之,柳宗元对唐代孟子学的贡献,和韩愈的表现是有所不同的,韩愈是以孟子之后的道统继承者自居,较多地是在理论层面继承孟子;柳宗元则不仅在理论层面对孟子思想的义理精神有所发挥,同时他更多的是在实践层面继承并发展了孟子的思想。

第七节　皇甫湜与孟子

在中唐,对孟子予以较大关注的士人还有皇甫湜。皇甫湜"气貌刚质,为文古雅,恃才傲物,性复偏直"③,他的古文深得韩愈奇崛的风格,在当时颇有名声。刘禹锡曾在为柳宗元所作的文集序中认为,韩愈对柳文的评价——"雄深雅健似司马子长"十分得当,为证明自己的看法正确,刘禹锡就拉皇甫湜作联盟:"安定皇甫湜于文章少所推让,亦以退之言为然"。④ 可见刘禹锡

---

① 柳宗元《与吕道州温论〈非国语〉书》,《柳宗元集》,中华书局1979年版,第823页。
② 韩愈《柳州罗池庙碑》,《韩昌黎全集》,中国书店1994年版,第399页。
③ 《太平广记》卷二百四十四,中华书局1961年版,第1889页。
④ 刘禹锡《唐故尚书礼部员外郎柳君文集序》,《全唐文》卷六百零五,中华书局1983年版,第6111页。

是多么在意皇甫湜的意见。韩愈对他这位才思敏捷的朋友①也十分看重，当他因疾免去吏部侍郎时，曾对皇甫湜嘱托说："死能令我躬所以不随世磨灭者惟子，以为嘱。"②因此，韩愈的墓志铭和神道碑都是由皇甫湜撰写的。皇甫湜也自视很高，他在为前辈顾况所写的文集序中，曾借顾况之口，夸耀自己是当代的扬雄和孟子：

> 君字逋翁，讳况，以文入仕，其为人类其词章。常从韩晋公于江南为判官，骤成其磊落大绩。入佐著作，不能慕顺，为众所排，为江南郡丞累岁。脱縻无复北意，起屋于茅山，意飘然若将续古三仙，以寿九十卒。湜以童子见君扬州孝感寺，君披黄衫，白绢鞳头，眸子了然，炯炯清立，望之真白圭振鹭也。既接欢然，以我为扬雄、孟子，顾恨不及见。三十年于兹矣，知音之厚，曷尝忘诸？③

在文坛上德高望重的顾况把皇甫湜誉为扬雄和孟子，皇甫湜当然会十分得意，因此就视顾况为知音，对他的这个忘年交心怀感激，他宣称"自吾为《顾况集序》，未常许人"④。由此可见，皇甫湜对孟子是十分认同的。

一、皇甫湜对韩愈崇孟的理解和支持

皇甫湜对孟子的关注首先体现在，他很理解并支持韩愈对孟子道统之业的继承。从韩愈对皇甫湜的嘱托看，韩愈对自己名传后世有着强烈的主观期待，这与他"锐意钻仰，欲自振于一代"的理想是相一致的。前文已提及，韩愈创立儒学道统的学说和自振一代的理想，是直接继承了孟子"五百年必有王者兴"的思想。可以肯定的是，圣贤都是由后人挖掘塑造出来的，孔子的圣人地位主要得力于孟子，孟子言必称孔子，这是众所周知的。同样，孟子的圣贤地位又主要得力于韩愈。清人崔述在其《孟子事实录》中对此的议论更权威：

---

① 《新唐书·皇甫湜传》记载了他文思敏捷的逸事：皇甫湜被裴度"辟为判官，度修福先寺，将立碑，求文于白居易。湜怒曰：'近舍湜而远取居易，请从此辞。'度谢之。湜即请斗酒，饮酣，援笔立就。" 中华书局 1975 年版，第 5267 页。
李最欣《韩愈与皇甫湜关系辨正》认为：就态度而言，韩愈认皇甫湜为朋友，皇甫湜也认韩愈为朋友，当时人也以二人为朋友关系，从未见有谁认为二人是师弟子关系的；就事实而言，韩愈之于皇甫湜，不是业师，不是座主，不是举主，故二人不存在任何意义上的师弟子关系。参见《中州学刊》2009 年第 1 期。

② 皇甫湜《韩文公墓志铭》（并序），《全唐文》卷六百八十七，中华书局 1983 年版，第 7039 页。

③ 皇甫湜《唐故著作左郎顾况集序》，《全唐文》卷六百八十六，第 7026 页。

④ 《新唐书》卷一百七十六，中华书局 1975 年版，第 5268 页。

孔子虽圣人，无孟子以承之，则圣道之详不著。……是以韩子谓“孟子之功不在禹下”又谓“求孔子之道，当自孟子始”。诚然非虚语也。……孟子在战国时，人视之与诸子等耳。汉兴，始立于学官，然亦不久遂废，人亦不过以传记视之耳。自韩子出，极力推崇孟子，其书始大著于世。……非孟子则孔子之道不详，非韩子则孟子之书不著。①

可以说，韩愈深知后代对前人推重揄扬的要妙，因此，他对皇甫湜才有如此的嘱托。那么，我们就看看皇甫湜对韩愈的态度。在现存皇甫湜文集中，我们找不到他与韩愈之间往来交谊的直接资料，但是在皇甫湜的文章中，他几次提到了韩愈。如他的《答李生第三书》中引用韩愈的话说：

韩退之复张籍书曰：“顽然不入者，亲以言谕之，不入，则其观吾书，固将无所得矣。”生勖之而已。②

这是皇甫湜依据韩愈的说法来佐证自己的观点。他在《送简师序》中又借称赞简师，间接表达了对韩愈反佛的支持：

刑部侍郎昌黎韩愈既贬于潮，浮屠之徒，欢快以抃，师独愤起访余，求叙行以资适潮，不顾蛇山鳄水万里之险毒，若将朝得进拜而夕死可者。呜呼！悲夫吾绊，不得侣师以驰。③

简师是一名佛教徒，但是他“虽佛名，而儒其行，虽夷狄其衣服，而仁义其心”④。韩愈因谏佛骨表而遭贬潮州，在“浮屠之徒，欢快以抃”之时，简师却反其道而行，敢于奋起支持韩愈。简师的行为，令后代的洪迈在其《容斋随笔》中不免感叹：“予读其文，想见简师之贤，而惜其名无传于后世，故表而出之。”⑤皇甫湜又在《谕业》中，评价韩愈的文章说：

韩吏部之文，如长江秋注，千里一道，冲飙激浪，瀚流不滞，然而施诸灌溉，或爽于用。⑥

---

① 吴文治编《韩愈资料汇编》，中华书局1983年版，第1345页。
② 皇甫湜《答李生第三书》，《全唐文》卷六百八十五，中华书局1983年版，第7023页。
③ 皇甫湜《送简师序》，《全唐文》卷六百八十六，第7025页。
④ 同上书，第7025页。
⑤ 洪迈《容斋随笔》，上海古籍出版社1978年版，第114页。
⑥ 皇甫湜《谕业》，《全唐文》卷六百八十七，第7035页。

我们发现,在这些文章中,皇甫湜都是以官职或字号称呼韩愈的,但是,在韩愈去世后,皇甫湜为韩愈所撰写的《韩愈神道碑》和《韩文公墓志铭(并序)》中,都一律称呼韩愈为“先生”。“先生”是唐人用得比较慎重的一个称谓,它可以指称那些有学问之人、德高望重之人。笔者认为,这里的“先生”包含了皇甫湜对韩愈的尊敬。从皇甫湜对韩愈称呼的变化来看,皇甫湜对帮助韩愈实现“不随世磨灭”的愿望具有很强的责任感,所以,他由平常称呼字号官职,改为称呼“先生”。再从皇甫湜在墓志铭中对韩愈的评价看,他也很尽心地为韩愈能彪炳后世做着努力。

皇甫湜在《谕业》一文中曾对韩文做出了评价(上已引述),依据他所用的比喻和描述,主要是对韩文气势的肯定,同时他还指出韩文有不足之处,即“施诸灌溉,或爽于用”。这一评价可以说是持中的,并没有因为韩愈是他的朋友而一味地标榜。为此,有不少后代学者都替韩愈表示不平,如南宋洪迈云:“‘如长江秋注,千里一道,然施于灌激,或爽于用。’此论似为不知公(‘公’指韩愈,笔者按)者。”①清代王士禛也有同样的议论:“韩吏部文章,至宋始大显,其在当时,皇甫湜号为知公者,然其《谕业》一篇,备论诸家之文,不过曰‘韩吏部之文,如长江万里,一道冲飙激浪,瀚流不滞,然而施之灌溉,或爽于用’。若有微词,反不如李北海、贾常侍、陈谏议之流无贬词也。”②

但是,皇甫湜在为韩愈所写的墓志铭和神道碑中,对韩愈的文章和传承孔孟道统的贡献却是给予了无以复加的高度评价:

> 先生讳愈,字退之。乳抱而孤,熊熊然角,嫂郑氏,异而恩鞠之。七岁属文,意语天出。长悦古学,业孔子孟子,而侈其文。秀人伟生,多从之游,俗遂化服,炳炳烈烈,为唐之章。③

> 先生七岁好学,言出成文。及冠,恣为书以传圣人之道,人始未信。既发不掩,声震业光,众方惊爆,而萃排之。乘危将颠,不懈益张,卒大信于天下。先生之作,无圆无方,至是归工。抉经之心,执圣之权,尚友作者,跋邪觝异,以扶孔氏,存皇之极。知与罪,非我计。茹古涵今,无有端涯,浑浑灏灏,不可窥校。及其酣放,豪曲快字,凌纸怪发,鲸铿春丽,惊耀天下。然而栗密窈眇,章妥句适,精能之至,入神出天。呜呼极矣,后人无以加之矣,姬氏以来,一人而已矣!④

---

① 洪迈《容斋随笔》卷八,上海古籍出版社 1978 年版,第 108 页。
② 王士禛《池北偶谈》卷十五,袁世硕主编《王士禛全集》,齐鲁书社 2007 年版,第 3199 页。
③ 皇甫湜《韩愈神道碑》,《全唐文》卷六百八十七,中华书局 1983 年版,第 7037 页。
④ 皇甫湜《韩文公墓志铭》,同上书,第 7039—7040 页。

在传承孔孟之道“卒大信于天下”的道德功业上，皇甫湜认为韩愈堪称“俗遂化服，炳炳烈烈，为唐之章”；在言出成文的文学成就上，皇甫湜认为韩愈“茹古涵今，无有端涯，浑浑灏灏，不可窥校”，不论其“酣放”，还是其“栗密”，都是“姬氏以来，一人而已”。由此，我们不难看出，后来苏轼在其《潮州韩文公庙碑》中对韩愈“文起八代之衰，而道济天下之溺”①的评价，是有所出处的。韩愈有不少以文著称的朋友和弟子，而他却偏偏选择委托皇甫湜为其作碑铭，从皇甫湜在墓志铭中对韩愈的高度评价来看，韩愈把皇甫湜视为可传衣钵的同道还是很有眼光的。

二、夷惠之辩对孟子观点的发挥

夷惠是伯夷和柳下惠的并称，他们都是“孔子序列古之仁圣贤人”②，孔子多次评价伯夷为“古之贤人”③，在《论语·微子》篇中还将伯夷和柳下惠的行为进行了比较：

> 逸民：伯夷、叔齐、虞仲、夷逸、朱张、柳下惠、少连。子曰：“不降其志，不辱其身，伯夷、叔齐与！”谓“柳下惠、少连，降志辱身矣。言中伦，行中虑，其斯而已矣。”谓“虞仲、夷逸，隐居放言，身中清，废中权。我则异于是，无可无不可。”④

孔子认为，在古今被遗落的人才中，伯夷、叔齐是属于不动摇自己意志，不辱没自己身份的；柳下惠则是属于降低自己意志，屈辱自己身份，但是言语合乎法度，行为经过思虑的。孔子关于伯夷和柳下惠的评价，对孟子的影响最大，《孟子》中《公孙丑上》《滕文公下》《万章下》《告子下》《尽心下》等篇章中都有对伯夷和柳下惠处世方式的评论和区分。

孟子认为：“圣人，百世之师也，伯夷、柳下惠是也。”⑤他把伯夷、柳下惠及孔子都视为圣人，但是，由于这几个圣人的处事原则不同，孟子对他们的评价也各有区别。伯夷“目不视恶色，耳不听恶声。非其君，不事；非其民，不使。治则进，乱则退”，是清高；柳下惠“不羞污君，不辞小官。进不隐贤，必以其道。遗佚而不怨，阨穷而不悯”，是随和；孔子则是“可以处而处，可以仕而仕”，是随时。很显然，孟子最认同的还是孔子，他说孔子是集大成者。因

---

① 苏轼《潮州韩文公庙碑》，孔凡礼点校《苏诗文集》，中华书局 1986 年版，第 508 页。
② 《史记·伯夷列传》，中华书局 1963 年版，第 2121 页。
③ 《论语·述而》，杨伯峻《论语译注》，中华书局 1980 年版，第 74 页。
④ 同上书，第 209 页。
⑤ 《孟子·尽心下》，杨伯峻《孟子译注》卷十四，中华书局 1988 年版，第 329 页。

此，在《公孙丑上》中他又强调："伯夷隘，柳下惠不恭。隘与不恭，君子不由也。"①

中唐时期，士人结合着孟子的夷惠之论，发表了不少议论，显示出他们对人生的深刻思考，其中比较有代表性的就是皇甫湜的《夷惠清和论》。在这篇论文中，皇甫湜对"清""和"提出了自己的看法：

> 伯夷不降其志，不辱其身，非其君不事，非其民不使，乃至饿死而不顾，是以孟子谓之清。柳下惠辱其身，降其志，不羞污君，不辞小官，乃至三黜而不去，是以孟子谓之和。若校之圣人，则彼之所行，皆一方之士也。夫圣人之道，可以进则进，可以止则止，是天下之是，非天下之非，出挛拘之域，不凝滞于物，通塞若水，变化若龙，动之谓圣，静之谓道，非可以一善目，非可以一行称，安肯立恶人之朝，黜而不羞，耻武王之粟，饿而至死？故曰彼之所行，皆一方之士也。
>
> 即而评焉，在于清和，互有长短，请列而辨之。彼伯夷者，揭标表于不灭，蹈臣子之所难行，信道之笃，执之如山，嫉恶之心，恶之如鬼，清风所激，有心必动，此其所长也。至于传之泛爱，易之随时，圣人之权，济物之义，岂止未暇，亦将有妨。若柳下惠，辱己以求利物，洁身以事无道，唯斯人是哀，唯吾道是存，薰莸虽同，河济不杂，此其所长也。至于无道则隐，乱邦不居，而饮盗泉水，食不仁粟，垂傲物之迹，近宽身之仁，又君子所不由矣。则清和之用于与夺，为功均然，清之流，矫于前而激于后，使万年乱臣贼子惧，贪夫恶人耻，且众人之难为者也，和之迹，疑于往而敝于今，使夫偷苟之辈有容，贪利之徒得语，且众人之所易为者也。颜回曰："舜何人也。"孟子曰："谓其身不能，是贼其身夫。"然则士之率性饬躬，立志希古，当以圣人为准的，中庸为慕尚。力苟不足，宁中止焉。则清与和皆非通道，不可准则。若遁迹而辨，以矫俗为心，必不得已，愿附清者。②

皇甫湜把伯夷、柳下惠排除在圣人系列之外，认为他们的行为"互有长短"，都不过是"一方之士"而已。因为伯夷之"清"，虽然"揭标表于不灭，蹈臣子之所难行，信道之笃，执之如山，嫉恶之心，恶之如鬼，清风所激，有心必动，此其所长也"。而至于"泛爱""随时""济物"则是其短处，是"众人之难

---

① 《孟子·公孙丑上》，杨伯峻《孟子译注》卷三，中华书局 1988 年版，第 84 页。
② 皇甫湜《夷惠清和论》，《全唐文》卷六百八十六，中华书局 1983 年版，第 7029—7030 页。

为者"。[1] 柳下惠之"和",长处在于"辱己以求利物,洁身以事无道"。短处则在于"饮盗泉水,食不仁粟",是"众人之所易为者"。特别为当世的"偷苟之辈"和"贪利之徒"提供了榜样和依据。因此,"清与和皆非通道,不可准则"。

皇甫湜虽然认为"清"与"和"都不可准则,但他能辩证地分析并看待夷惠清和的长短之处。而当时执于一端的评论也不乏其人,这些主要集中于对伯夷行为的评价上。如韩愈写了《伯夷颂》,对伯夷的特立独行大加歌颂,是偏于肯定清高一端的:

> 士之特立独行,适于义而已。不顾人之是非,皆豪杰之士,信道笃而自知明者也。一家非之,力行而不惑者,寡矣;至于一国一州非之,力行而不惑者,盖天下一人而已矣;若至于举世非之,力行而不惑者,则千百年乃一人而已耳。若伯夷者,穷天地、亘万世而不顾者也。昭乎日月不足为明,崒乎泰山不足为高,巍乎天地不足为容也!当殷之亡,周之兴,微子贤也,抱祭器而去之;武王、周公,圣也,从天下之贤士,与天下之诸侯,而往攻之,未尝闻有非之者也。彼伯夷、叔齐者,乃独以为不可。殷既灭矣,天下宗周,彼二子乃独耻食其粟,饿死而不顾。由是而言,夫岂有求而为哉?信道笃而自知明也。今世之所谓士者,一凡人誉之,则自以为有余;一凡人沮之,则自以为不足。彼独非圣人,而自是如此。夫圣人乃万世之标准也。余故曰:若伯夷者,特立独行,穷天地、亘万世而不顾者也。虽然,微二子,乱臣贼子接迹于后世矣。[2]

在韩愈看来,武王、周公灭殷顺应了天下民意,他们固然都是圣人,但是伯夷、叔齐"独耻食其粟,饿死而不顾",则是"举世非之,力行而不惑者",是"信道笃而自知明者也"。如果没有他们的特立独行之影响,那么乱臣贼子在后代社会就会接连不断地出现,因此,韩愈以"昭乎日月""崒乎泰山""巍乎天地"对伯夷的行为予以了高度肯定和赞扬。

然而,在一个思想活跃的时代,我们总是能听到各种不同的声音。因此,伯夷的清高也不可能得到所有后人的认同。当时,李德裕的《夷齐论》就认为"夷齐之行,实误后人",是偏于否定一端的:

---

① 皇甫湜《夷惠清和论》,《全唐文》卷六百八十六,中华书局 1983 年版,第 7029 页。
② 韩愈《伯夷颂》,《韩昌黎全集》,中国书店 1994 年版,第 196 页。

昔夷齐不食周粟，饿于首阳之下，仲尼称其仁，孟轲美其德（孟子称："伯夷，圣人之清者。"），盖以取其节而激贪也。所谓周粟者，周王所赋之禄是也，谏而不从，不食其禄可矣。至于闻淑媛之言，辍飧薇蕨，斯可谓不智矣。夫薇蕨者，元气之所发生，四时之所顺成，日月之所烛，风雨之所育，周焉得而有之哉？若以粟者周人之播殖，则夷齐得非周人乎？反覆其道，尽未当理。然夷齐之行，实误后人。於陵仲子慕夷齐者也，乃至不义其兄之禄，洁则洁矣，仁岂然哉？厥后商洛四友，畏秦之酷，避秦之祸，岂止洁其身而已，然飧紫芝以为粮，饮清泉以为浆，终老南山，以养其寿，斯可谓仁智兼矣。①

李德裕完全否定了伯夷的行为，认为他们的行为是不明智的。并例举於陵仲子学习伯夷，以至于不义其兄之禄，来论证伯夷的行为对后代产生的负面影响。於陵仲子是《孟子·滕文公下》中记载的一个所谓廉洁之士。孟子对陈仲子持否定态度，认为像陈仲子这样的所谓廉洁操守，只有蚯蚓才可以做到。孟子对陈仲子等所谓廉洁之士的批评，是基于他倡导的君子必须积极用世有为的思想。一方面，他主张君子要有人格的独立与自尊；另一方面，在入世的实践中，孟子认为接人待物又要具有一定的灵活性，这就是中庸的原则在出处问题上的具体表现。

对比韩愈、皇甫湜、李德裕三人对伯夷的评价，可以看出，韩愈是偏于强调其特立独行的清高一端，李德裕则偏于强调其误导后人洁身自好的一端，只有皇甫湜能辩证地看待夷惠等人的作为，分析其长短之处，说明皇甫湜的思维本身就是合乎中庸之道的。因此，韦处厚《上宰相荐皇甫湜书》中对皇甫湜继承孟子、扬雄之道有很高的评价：

窃见前进士皇甫湜，年三十二，学穷古训，词秀人文，脱落章句，简斥枝叶。游百氏而旁览，折之以归正；囊六义以疾驰，讽之以合雅。苟坚其持操，不恐于嚣嚣之讪；修其践立，不诱于藉藉之誉。孟轲黜杨、墨之心，扬雄尊孔颜之志，形乎既立，果于将然。至于用心合论，操毫注简，排百氏之杂说，判九流之纷荡，摘其舛驳，趋于夷途，征会理轴，遣训词波，无不蹈正超常，曲畅精旨。②

① 李德裕《夷齐论》，《全唐文》卷七百八十，中华书局1983年版，第7268页。
② 韦处厚《上宰相荐皇甫湜书》，《全唐文》卷七百十五，中华书局1983年版，第7351页。

韦处厚本人也“通《五经》,博览史籍,而文思赡逸”①,他在唐文宗时曾为宰相。在这份推荐书中,韦处厚特别赞扬皇甫湜能够游于百家九流而排除杂说,有“孟轲黜杨、墨之心,扬雄尊孔颜之志”。

三、夷惠之辩的社会根源与中唐士人的处世态度

其实,中唐士人关于夷惠清和这种理论上的辩论,反映的是当时士人在人生价值取向上的社会时尚。经历了安史之乱巨大的社会动荡,中唐士人的思想更加朝着多元化发展,人生的价值取向也与之相关联,出现多元的倾向。“一部分人片面地发展盛唐人所追求的高洁人格,努力做一个圣贤之士:既然不能立功以兼济天下,就立德以影响天下,立言以垂训万世。他们自树道德名节,性格也由乐观通达转为愤激狷介。”“而另外一部分诗人则放弃了对高远的人生目标的追求,甘愿做一个凡俗之士,在凡俗中求得自由,性格也由浪漫转为闲适。”②

韩愈赞美伯夷特立独行的清高,代表的就是那些崇尚圣贤道德,追求名节的人生价值取向。他们要保持清高,就要反对圆通,韩愈曾做《通解》,就是批评当时人们向慕通达的风气。他以许由“高揖而辞尧”,龙逢“进尽其言,退就割烹”,伯夷“服食其葛薇,逃山而死”为例,先从正面表彰了他们三人的“独行”为后世师的公德,认为“让之教行于天下,许由为之师也”。“忠之教行于天下,由龙逢为之师也”。“义之教行于天下,由伯夷为之师也。是三人俱以一身立教,而为师于百千万年间;其身亡而其教存,扶持天地,功亦厚矣。”③接着,他又进一步从反面论证了他们如果耻于“独行”的结果:

> 向令三师耻独行,慕通达,则尧之日,必曰得位而济道,安用让为?夏之日,必曰长进而否退,安用死为?周之日,必曰和光而同尘,安用饿为?若然者,天下之人,促促然而争,循循然而佞,浑浑然而偷,其何惧而不为哉!是则三师生于今,必谓偏而不通者矣,其可不谓之大贤人者哉?呜呼,今之人其慕通达之为弊也!④

韩愈批评当时的所谓“通达”,必然导致天下形成“促促然而争,循循然而佞,浑浑然而偷”的不良社会风气。所以说,韩愈赞美伯夷的独行清高之

① 《旧唐书》卷一百五十九,中华书局 1975 年版,第 4182 页。
② 吴相洲《中唐诗文新变》,学苑出版社 2007 年版,第 30 页。
③ 韩愈《通解》,《全唐文》卷五百五十八,中华书局 1983 年版,第 5647 页。
④ 同上书,第 5647 页。

风,是代表着当时社会中一批追慕高尚道德的士人的心声的。

同样,李德裕否定伯夷的行为,反映的是那些崇尚通达自如,追求闲适自得的人生价值取向。李德裕虽然一生纠缠于党争的政治斗争之中,是以一个政治家的身份处世,但是,在他流传下来的诗作中,大量的内容却是追求适意之作。学界已成共识的是,诗歌相较于散文,是适合表达士人真实情感的一种文体。从这一角度而言,李德裕的诗歌最能显示出他内心的真实情绪。如其《洛中士君子多以平泉见呼,愧获方外之名,因以此诗为报,奉寄刘宾客》:"非高柳下逸,自爱竹林闲。才异居东里,愚因在北山。径荒寒未扫,门设昼长关。不及鸱夷子,悠悠烟水间。"①李德裕在诗题中表明,当时朋友们送给他一个方外之名"平泉",而在诗中,他也抒发了在悠悠烟水间自爱竹林的闲情。又如其《思山居一十首·春日独坐思归》:"壮龄心已尽,孤赏意犹存。岂望图麟阁,惟思卧鹿门。无谋堪适野,何力可拘原。只有容身去,幽山自灌园。"②也是表现他欲退朝归隐,过着那种"幽山自灌园"悠闲生活的愿望。《全唐诗》存李德裕诗一卷,其中像《思山居一十首》《春暮思平泉杂咏二十首》《思平泉树石杂咏一十首》《重忆山居六首》《忆平泉杂咏》十首等,内容多是吟咏他在平泉别墅的闲散生活,崇尚闲淡适意的情调,而这些诗作占据了他诗歌总量的绝大多数篇目。

中唐时期,面对现实的困惑,仕途的艰难,有相当一些士人不再选择高超和玄远,兼济天下这一理想光环对他们而言已失去了诱惑力,他们宁愿选择务实的独善其身。但是,对于独善其身的理解,他们也不同于孟子的原义。孟子在《尽心上》中阐述"穷则独善其身,达则兼善天下"时这样说道:

> 故士穷不失义,达不离道。穷不失义,故士得己焉;达不离道,故民不失望焉。古之人,得志,泽加于民;不得志,修身见于世。穷则独善其身,达则兼善天下。③

也就是说,士人在穷困时要不失掉义,得志时要不背离道。穷困时不失掉义,士人就能保持自己的操守;得志时不背离道,就不会使百姓失望。得志时,施给人民恩泽;不得志时,修养品德立身于世。显然,孟子所说的"独善",是倡导人们当不能兼济天下时,要以自己的善性、人格和言论去影响世人。

---

① 《全唐诗》,中华书局1984年版,第5404页。
② 同上书,第5401页。
③ 《孟子·尽心上》,杨伯峻《孟子译注》卷十三,中华书局1988年版,第304页。

在对孟子关于兼济和独善思想的理解上,中唐有的士人还存在着一定的误读。如李宗闵就曾专就孟子的有关学说提出质疑,撰写了《随论上下篇》,他在序中说:

宗闵读孟轲书,至于王霸之说,未尝不叹曰:“嗟乎!知其时之可者,不知时之不可者也。”即牛鼎之事,未尝不叹曰:“嗟乎!知其身之不可,不知其身之可也。”于是退而著《随论》上下篇,因明王霸之所以兴废,进退之所由同异,且以解执事者之云尔。①

孟子在与他的学生万章谈论进退问题时,曾否认伊尹通过自己当厨师来向商汤求职,以及百里奚通过卖身给秦人喂牛而向秦穆公求职之事②,他认为这都是传说过程中好事的人编造出来的。在孟子看来,伊尹进退行事都以尧舜的“义”和“道”为准则,他一开始拒绝汤的聘币,是为了守尧舜之道;后来主动找到汤,以“伐夏救民”的“天下之重”自任,是为了推行尧舜之道。所以“圣人之行不同也,或远,或近;或去,或不去;归洁其身而已矣”。③ 同样,百里奚知道虞国国君不会接受谏议,就不去劝谏虞君,而是离开虞国到秦国去辅佐秦穆公,使秦穆公名扬天下,像这样贤明的人,是不可能做不明智之事的。孟子对传说的“伊尹以割烹要汤”“百里奚自鬻于秦养牲”“以要秦缪公”之说进行驳斥,一方面是为这些圣贤澄清人格,另一方面也标示了他的处事原则,即选择时机积极入世。从孟子对伊尹和百里奚出与处的分析看,孟子绝不是要引导人们洁身自好,而是要倡导人们以“道”为准则,认准机遇,积极用世。

但是,在李宗闵的《随论下》中,却把孟子的观点误解为孟子在倡导“人之相率独其善”:

客有曰:“或言伊尹负鼎,百里奚饭牛,而孟轲非之,曰未闻枉己而直人者也。又曰圣人之行不同,洁其身而已矣。又可信乎?”宗闵曰:非也。圣人以枉道为耻,以屈道为辱,不以屈身为辱。唯守其道,故虽辱其身而进焉,非其道,故洁其身而退焉。进退岂有他,唯道所在而已矣。天生圣人者,孰为然哉?为行天下之大道也。立天下之大教也,利天下之人民也。故天下有不由其道者,圣人忧也;天下有不知其教者,圣人忧

① 李宗闵《随论上下篇》并序,《全唐文》卷七百一十四,中华书局1983年版,第7331页。

② 参见《孟子·万章上》,杨伯峻《孟子译注》卷九,中华书局1988年版,第230页。

③ 同上书,第225页。

也;天下之人民有不宁者,圣人忧也。圣人之职也如此,圣人之忧也如此。①

是故水受浊以濯物,不伤其清;石受磨以利物,不磷其坚;君子屈已以教人,不害其义。呜呼!进取之士,诚能察伊尹颜渊之所以进退,思仲尼执鞭亦为,观大《易》动静不失其时,后匹夫之果其行,无忘兼济之道,则虽有甚于牛鼎之耻,吾将歌诵之不暇,又何讥焉!若果孟轲之言,则人之相率独其善而已矣,恶能理天下哉!②

李宗闵认为,圣人的使命和职责就是要行道、立教、利民,因此,进与退都以守道为准则。“守其道”,即使“辱其身”也要进取;“非其道”,则可以“洁其身”而退。不难看出,李宗闵的观点其实和孟子并不矛盾,他主张圣人君子要“无忘兼济之道”,积极进取,这与孟子的思想在本质上是一致的。只是因为对孟子否认“牛鼎之耻”的误解,才导致他认为“轲之言过矣,所恶夫干进务入者,惧其为利也”。③

同样,中唐士人有的把“独善其身”理解为明哲保身,避害远祸。如白居易在其《与元九书》中就申明说:

古人云:“穷则独善其身,达则兼济天下。”仆虽不肖,常师此语。大丈夫所守者道,所待者时。时之来也,为云龙,为风鹏,勃然突然,陈力以出;时之不来也,为雾豹,为冥鸿,寂兮寥兮,奉身而退。进退出处,何往而不自得哉。故仆志在兼济,行在独善,奉而始终之则为道,言而发明之则为诗。谓之“讽谕诗”,兼济之志也;谓之“闲适诗”,独善之义也。故览仆诗者,知仆之道焉。④

可以看出,白居易所阐述并奉行的“独善”,是要学习雾豹和冥鸿的远祸避害,是“奉身而退”。虽然他申明“兼济之志”和“独善之义”都是他的所守之道,但是,他的“独善”之道已与孟子有了差别。因为,在白居易的思想中,“明哲保身亦道也,巢许得之;求仁杀身亦道也,夷齐得之。虽殊时异致,同归于一揆矣”⑤。所以,白居易与李德裕一样,并不赞同夷、齐的作为,他们认为

① 李宗闵《随论下》,《全唐文》卷七百一十四,中华书局1983年版,第7332页。
② 同上书,第7333页。
③ 同上。
④ 白居易《与元九书》,顾学颉校点《白居易集》,中华书局1979年版,第964页。
⑤ 白居易《礼部试策五道》其二,《全唐文》卷六百六十九,第6807页。

商山四皓的选择倒更加务实有用。白居易在酬答元稹而作的《答〈四皓庙〉》中就发表了这样的见解：

天下有道见，无道卷怀之。此乃圣人语，吾闻诸仲尼。矫矫四先生，同禀希世资。随时有显晦，秉道无磷缁。……勿高巢与由，勿尚吕与伊。巢由往不返，伊吕去不归。岂如四先生，出处两逶迤。何必长隐逸，何必长济时。由来圣人道，无朕不可窥。卷之不盈握，舒之亘八陲。①

巢父和许由的退隐，伊尹和吕尚的进取，在白居易看来都是偏执的，而只有四皓"出处两逶迤"符合他的价值观。在崇尚通达圆融，追求出处两相宜的士人看来，伯夷叔齐的行为未免过于迂执，所以他们并不认同夷齐的作为。但是，他们的通达与孟子所主张的权变也不相同，孟子批评陈仲子的所谓廉洁的做法，是提倡在积极入世的前提之下的权变，并非是白居易等人所主张的"无道卷怀之"的避世。

然而，不管是对孟子思想的误读，还是曲解，抑或是正确的阐发，都反映了中唐士人试图从孟子思想中获取依据和资源的思维和努力，而这一切归根结底，还是因为中唐社会现实导致士人的人生价值观不同，对待出处的看法和人生道路的选择就表现出明显的差异，反映在思想理论上的见解也就有霄壤之别，这一时期，人们关于夷惠清和之辩的社会根源也就在于此。

四、中唐士人的出处观对诗坛的作用

中唐诗坛的多姿多彩和新变，历来人们多举元白和韩孟两大诗派为代表，对于这两大诗派，学者们不断地从多种角度去探寻其特色及其形成原因②。中唐士人们对于人生出处理论的探讨，以及由此变得十分丰富的思想界，对当时诗坛的影响也受到了不少学者的关注。而笔者以为，中唐士人在理论上的夷惠清和之辩，对这两个诗派的形成有着较为直接的促动作用。

其一，中唐诗坛思辨性特点的增强，在很大程度上是缘于或者得益于士人们这种理论辨析的。学界普遍认为，韩孟诗派特别是韩愈诗歌的议论化倾

① 白居易《答〈四皓庙〉》，顾学颉校点《白居易集》，中华书局 1979 年版，第 44 页。

② 有代表性的论文如陈贻焮《从元白和韩孟两大诗派略论中晚唐诗歌的发展》，见《唐诗论丛》，湖南人民出版社 1980 年版，第 325—404 页；余恕诚《变奏与心源——韩诗大变唐诗的若干剖析》，《江淮论坛》1990 年第 3 期；葛晓音《从诗人之诗到学者之诗——论韩诗之变的社会原因和历史原因》，见《汉唐文学的嬗变》，北京大学出版社 1990 年版，第 140—155 页；专著中论及此类内容的如孟二冬《中唐诗歌之开拓与新变》，北京大学出版社 1998 年版；吴相洲《中唐诗文新变》，学苑出版社 2007 年版等。

向突出，其实，在白居易的诗作中，尤其是数量居多的闲适诗，议论化的特点也十分显明。白居易在诗歌中所热衷议论的内容，又大多是围绕着出处问题而展开的。他时常纠结于“豪华肥壮”和“饱暖安闲”之间，对于功与名，富与贵，贤与愚，贵与贱，清与浊，进与退，荣与利，长寿与短命，神道与物理等人生问题，反复思量斟酌，并把这些心思毫无保留地通过诗歌表现出来。因此，在他大量的闲适类诗歌中，白居易始终议论表达着一个中心观点，就是知足保和，进退适宜。而这一思想的背后，常常有伯夷的陪衬。白居易经常拿伯夷做自己行为的参照对象，进而表达他对自己生活状态的满足感。如：

> 豪华肥壮虽无分，饱暖安闲即有余。行灶朝香炊早饭，小园春暖掇新蔬。夷齐黄绮夸芝蕨，比我盘飧恐不如。①

又如：

> 贤愚贵贱同归尽，北邙冢墓高嵯峨。古来如此非独我，未死有酒且酣歌。颜回短命伯夷饿，我今所得亦已多。功名富贵须待命，命若不来知奈何。②

白居易在享用着从小园采摘的“新蔬”和“香炊早饭”的时候，想到伯夷等高洁之士为了保持自己的名节而只能靠着芝蕨等野菜充饥的生活，经过理性的权衡比较，他更加不能认同伯夷式的人生选择。当然，白居易选择了知足保和，他并不是没有内心的矛盾，他也向往着贤圣的名节，只是他更加务实，更加重视现实生活的享受，因此，对比伯夷等人的选择和生活，他偶尔也会感到惭愧。如他在《题座隅》中清楚地分析了自己“手不任执殳，肩不能荷锄。量力揆所用，曾不敌一夫。幸因笔砚功，得升仕进途”③的能力后，对已经拥有的“历官凡五六，禄俸及妻孥。左右有兼仆，出入有单车。自奉虽不厚，亦不至饥劬”④的现状很满足。而想到伯夷等古代贤人饿殍的命运，又不免深感惭愧：“虽贤亦为幸，况我鄙且愚。伯夷古贤人，鲁山亦其徒。时哉无奈何，俱化为饿殍。念彼益自愧，不敢忘斯须。平生荣利心，破灭无遗余。”⑤在《首夏》诗中，他也“自问一何适，身闲官不轻。料钱随月用，生计逐日营。

---

① 白居易《履道西门二首》其一，顾学颉校点《白居易集》，中华书局1985年版，第831页。
② 白居易《浩歌行》，同上书，第227页。
③ 白居易《浩歌行》，同上书，第141页。
④ 同上。
⑤ 白居易《题座隅》，同上书，第141页。

食饱惭伯夷，酒足愧渊明。寿倍颜氏子，富百黔娄生。有一即为乐，况吾四者并。所以私自慰，虽老有心情”①。惭愧归惭愧，当白居易面对现实时，他不会像伯夷那样为名节而自苦，而是更愿意像柳下惠那样“遗佚而不怨，厄穷而不悯”②地随和处世。白居易一直努力追求的就是“清浊不相伤”，“进退不相妨”③的调和，因此，他以“中隐”来概括这种人生态度与选择：

> 大隐住朝市，小隐入丘樊。丘樊太冷落，朝市太嚣喧。不如作中隐，隐在留司官。似出复似处，非忙亦非闲。不劳心与力，又免饥与寒。终岁无公事，随月有俸钱。君若好登临，城南有秋山。君若爱游荡，城东有春园。君若欲一醉，时出赴宾筵。洛中多君子，可以恣欢言。君若欲高卧，但自深掩关。亦无车马客，造次到门前。人生处一世，其道难两全。贱即苦冻馁，贵则多忧患。唯此中隐士，致身吉且安。穷通与丰约，正在四者间。④

显然，丘樊的冷落和朝市的嚣喧，都不是白居易想要的。只有“中隐”才能够优游于出与处、忙于闲、穷与通、丰与约之间，在两端之间找到平衡。这是白居易在参照了不少前人的经验后为自己的人生选择的理想之路，这条道路，就接近于柳下惠的随和。这正如钱穆所言：“秦汉以下，政治组织日形庞大，规制日形细密，人事日形复杂，伯夷一流在中国重视不衰。然能为伯夷者日少，亦可说竟无其人。伊尹一流，在政治上亦甚难表现。霍光追法伊尹，废昌邑王，在中国历史上殊不一二见。但霍光亦岂能望伊尹。唯如柳下惠之和，乃在中国政治史上最占重要，为绝不可少之多数。中国政治之长治久安，历数千年，和之一德，最值称道。任与清，皆出其下。亦因中国人天性最能和，而和之为功亦更大。柳下惠之为人，虽若出伊尹伯夷之下，而其影响则犹远在伊尹伯夷之上。”⑤

可以说，在中唐之前，像白居易这样大量地在诗歌中议论进退出处的现象还不多见。白居易把前人在实践中逐渐探索出来的和光同尘的道路，经过反复地权衡比较，终于总结出了“中隐”的理论。这不仅为后世士人在人生出处的选择上树立起了一个标杆，也因在诗歌中大量议论此类内容凸显了诗歌的理性思辨色彩，从这一意义上说，中唐诗人关于夷惠的理论辨析，对诗坛

---

① 白居易《首夏》，顾学颉校点《白居易集》，中华书局 1985 年版，第 658 页。

② 柳宗元《送从兄偁罢选归江淮诗序》，《柳宗元集》，中华书局 1979 年版，第 631 页。

③ 白居易《郊陶潜体诗》其十六，顾学颉校点《白居易集》，第 108 页。

④ 白居易《中隐》，同上书，第 490 页。

⑤ 钱穆《孟子论三圣人》，《晚学盲言》下篇，广西师范大学出版社 2004 年版，第 494 页。

的影响是不可忽视的。

其二，元白尚坦易、韩孟尚奇警的诗歌风格追求，在很大程度上源于他们对夷惠不同的认知态度。如上所述，以韩愈为代表的一些士人赞同伯夷的清高，这与他"性方道直，介然有守，不交势利"①的人品气度相关。韩愈"忠犯人主之怒，而勇夺三军之帅"②，崇尚不同流俗，特立独行，其耿介和刚毅个性构成了他充盈的盛气。这种盛气流露在诗歌中，自然不会以平和的方式表现出来。可以说，韩愈这种耿介之盛气与其诗歌中追求奇警的风格有着十分密切的关系。

我们不否认韩愈有平实晓畅的诗作，但是这些作品数量并不多。韩愈的多数诗歌皆以气力驱使，不论是写景状物，还是寄赠抒情，都能以气势贯注字里行间，在诗歌中取尽珠玑，鞭驱险句，结构全篇，进而产生了瘦硬的艺术效果，形成笔力崚嶒健倔、雄奇纵恣、浑灏流转的特点。如其《谒衡岳庙遂宿岳寺题门楼》：

> 五岳祭秩皆三公，四方环镇嵩当中。火维地荒足妖怪，天假神柄专其雄。喷云泄雾藏半腹，虽有绝顶谁能穷。我来正逢秋雨节，阴气晦昧无清风。潜心默祷若有应，岂非正直能感通。须臾静扫众峰出，仰见突兀撑青空。紫盖连延接天柱，石廪腾掷堆祝融。森然魄动下马拜，松柏一径趋灵宫。粉墙丹柱动光彩，鬼物图画填青红。升阶伛偻荐脯酒，欲以菲薄明其衷。庙令老人识神意，睢盱侦伺能鞠躬。手持杯珓导我掷，云此最吉余难同。窜逐蛮荒幸不死，衣食才足甘长终。侯王将相望久绝，神纵欲福难为功。夜投佛寺上高阁，星月掩映云朣胧。猿鸣钟动不知曙，杲杲寒日生于东。③

诗歌记述作者拜谒衡岳庙的所见所感，从秋雨隐晦到清空峰出的外景，到谒寺时粉墙丹柱鬼物图画的内象，韩愈一气呵成，一股粗豪之气灌注其间。同时他有意选择地荒、阴气、突兀、腾掷、森然、妖怪、神柄、鬼物、猿鸣等非常意象组句，使得诗作在豪雄之外又平添险怪之象。因此，黄震评其有"恻怛之忱，正直之操"，潘德舆赞其"高心劲气，千古无两"。④ 又如他的《和虞部卢四酬翰林钱七赤藤杖歌》（元和四年作），表现赤藤杖的不凡来历："共传滇

① 白居易《韩愈比部郎中史馆修撰制》，顾学颉校点《白居易集》，中华书局 1985 年版，第 1162 页。
② 苏轼《潮州韩文公庙碑》，吴文治《韩愈资料汇编》，中华书局 1983 年版，第 146 页。
③ 钱仲联集释《韩昌黎诗系年集释》，上海古籍出版社 1984 年版，第 277 页。
④ 同上书，第 282 页。

神出水献,赤龙拔须血淋漓。又云羲和操火鞭,暝到西极睡所遗。”①可谓造语怪奇,笔力天纵。即便是在一些平常春景的书写中,韩愈也多重在感发。如其《感春五首》(分司东都作)其五:

辛夷花房忽全开,将衰正盛须频来。清晨辉辉烛霞日,薄暮耿耿和烟埃。朝明夕暗已足叹,况乃满地成摧颓。迎繁送谢别有意,谁肯留恋少环回。②

写春景但不以妍辞丽句着意于春的色相,而是议论感慨,透示出一种骨鲠之气。又如《芍药》:

浩态狂香昔未逢,红灯烁烁绿盘龙。觉来独对情惊恐,身在仙宫第几重。③

此诗刻画春天芍药花开的热烈情状,用了“浩态狂香”四个字来形容,让人读后感觉到了一种鲜花盛开的猛烈之气,前人评价这四字特奇,“生造得妙”④,而这“生造”即是韩愈式的主观感发。

同时,韩愈也特别推奖那些能以豪气驾驭文章的时辈的创作,他在《赠崔立之评事》中,对崔立之作诗敏捷,因此往往存在“蛟螭杂蝼蚓”似的大小不齐与不工的现象,有着善意的调侃,但是他指出崔立之诗赋的“郁怒”和“遒紧”特点,以及与其“才豪气猛”的个性的联系却是深中肯綮的。在《酬司门卢四兄云夫院长望秋作》中,韩愈认为正是因为卢云夫有狂气,才令他的审美嗜好与流俗不同。而其望秋诗作,即使是因为要避免谤谗而故作“低抑”,也已经属于“惊绝”之作了。倘若能“乘酣骋雄怪”的话,那么造化也要为之惊叹的。可以肯定的是,韩愈对他人的这些诸如锐气、猛气、狂气等精神气是以一种认同的态度加以赞赏的,同时,由这种精神气所决定的或“郁怒”或“遒紧”或“雄怪”的诗风,也是韩愈所推重的。⑤

与韩愈因耿介个性所产生的盛气相反,白居易则更多地表现出一种和气,这种和气与他对伯夷行为的否定,更倾向于柳下惠的随和心性不无关系。除了白居易早期那些少量辞质、言直、事核的讽喻诗之外,在白居易追求“独

---

① 钱仲联集释《韩昌黎诗系年集释》,上海古籍出版社1984年版,第711页。
② 同上书,第732页。
③ 同上书,第949页。
④ 同上。
⑤ 参见本章第三节“韩愈诗歌与孟子”中第三部分。

善”的大量诗作中,我们随处可见他的和气表现。

他或者经常享受着大自然四时的和气,在初春的正月:“何处春暄来,微和生血气。气熏肌骨畅,东窗一昏睡。是时正月晦,假日无公事。”①在日犹长的初秋:“仰看晚山色,俯弄秋泉光。青松系我马,白石为我床。常时簪组累,此日和身忘。旦随鹓鹭末,暮游鸥鹤旁。机心一以尽,两处不乱行。谁辨心与迹,非行亦非藏。”②在杲杲日出的冬天:“负暄闭目坐,和气生肌肤。初似饮醇醪,又如蛰者苏。外融百骸畅,中适一念无。旷然忘所在,心与虚空俱。”③可见,白居易不仅陶醉于四月的清和天气,在任何季节任何境况下他都可以感受到和气的状态。

他或者在月出鸟栖的寂静空林中,心境悠闲地弹着素琴,体味心中的平和。如《清夜琴兴》:

> 月出鸟栖尽,寂然坐空林。是时心境闲,可以弹素琴。清泠由木性,恬淡随人心。心积和平气,木应正始音。响余群动息,曲罢秋夜深。正声感元化,天地清沉沉。④

又如《好听琴》:

> 本性好丝桐,尘机闻即空。一声来耳里,万事离心中。清畅堪销疾,恬和好养蒙。尤宜听三乐,安慰白头翁。⑤

或者在日暮心绪无所依落的时候,吟咏朋友的新诗而体悟心平气和,如《祗役骆口驿,喜萧侍御书至,兼睹新诗,吟讽通宵,因寄八韵》:

> 日暮心无憀,吏役正营营。忽惊芳信至,复与新诗并。是时天无云,山馆有月明。月下读数遍,风前吟一声。一吟三四叹,声尽有余清。雅哉君子文!咏性不咏情。使我灵府中,鄙吝不得生。始知听韶濩,可使心和平。⑥

---

① 白居易《春寝》,顾学颉校点《白居易集》,中华书局1985年版,第132页。
② 白居易《朝回游城南》,同上书,第126页。
③ 白居易《负冬日》,同上书,第220页。
④ 白居易《清夜琴兴》,同上书,第103页。
⑤ 同上书,第517页。
⑥ 同上。

或者在病中，从与亲朋旧友命运的比较中得到内心的平和，如《寄同病者》：

> 三十生二毛，早衰为沉疴。四十官七品，拙宦非由他。年颜日枯槁，时命日蹉跎。岂独我如此，圣贤无奈何。回观亲旧中，举目尤可嗟。或有终老者，沉贱如泥沙。或有始壮者，飘忽如风花。穷饿与夭促，不如我者多。以此反自慰，常得心平和。寄言同病者，回叹且为歌。①

总之，白居易时时处处都能够“忘荣知足委天和”②，在这样的处世心态之下，他的作品中充满着“天时方得所，不寒复不热。体气正调和，不饥仍不渴”③的自适，以及“省躬审分何侥幸，值酒逢歌且欢喜”④的自足。自适与自足的情感与内容决定了白诗坦易的风格，正如韩愈气盛与不平决定了其诗歌的奇警风格一样，圆通和气与坦易，方直耿介与奇警，二者相互表里，也可谓是一种自然天成。于此，我们在中唐士人对夷惠清和的理论辨析中，可以清楚地看出他们所选择的不同处世态度与方式，以及由此对诗歌风格形成的显明促动作用。

五、皇甫湜的心性观对孟子的继承

皇甫湜关注孟子的思想还体现在他对心性理论的看法上。孟子的性善说可以说是中唐孟子学思潮中被讨论得最热的话题之一。韩愈和李翱对此都有重要撰述，前面我们也已经做了讨论。皇甫湜也专门创作了《孟子荀子言性论》。

孟子主张性善，荀子主张性恶，自从两人的学说产生以来，后代一向把他们的理论对立起来，各自从不同角度支持一方。但是，皇甫湜从调和孟子和荀子的角度出发，认为他们关于人性的理论虽然“皆一偏之论”，但是最终的目的都是为了“辅教化尊仁义”，因此，他们是“殊趋而一致，异派而同源”。之所以会出现异门的现象，主要是因为他们“思有所未至，明有所不周”导致的：

> 何以明之？孟子以为恻隐之心，人皆有之，是非之心，人皆有之，性

---

① 顾学颉校点《白居易集》，中华书局1985年版，第115页。
② 白居易《吟四虽》（杂言），同上书，第666页。
③ 白居易《洛阳有愚叟》，同上书，第675页。
④ 白居易《吟四虽》（杂言），同上书，第666页。

之生善，由水之趋下，物诱于外，情动于中，然后之恶焉，是劝人汰心源返天理者也。荀子曰："人之生不知尊亲，长习于教，然后知焉；人之幼不知礼让，长习于教，然后知焉。"是劝人黜嗜欲求善良者也。一则举本而推末，一则自叶而流根，故曰二子之说，殊趋而一致，异派而同源也。虽然，孟子之心，以人性皆如尧舜，未至者斯勉矣；荀卿之言，以人之性皆如桀跖，则不及者斯怠矣。《书》曰："唯人最灵。"《记》曰："人生而静，感于物而动。"则孟之言，合经为多益，故为贤乎。①

皇甫湜对孟子和荀子的人性理论分析可谓透辟，而相较之下，他是倾向孟子之言的。

皇甫湜对人心和人性有自己明确的认识，除了撰写《孟子荀子言性论》这篇论文外，他还在《寿颜子辨》一文中大谈人心之性。他认为在天地万物之间，"人"是"最灵者"，而"人之中为心"，"心"又是作为"人"的中心。人虽有圣愚之分，但是他们的禀赋在最初是一样的：

夫心犹水也，水清则挠而浊者不存，存则不清；心犹镜也，镜明则尘埃不止，止则不明。圣与愚，受于初一也，圣人莹其心而窒其诱，是以能照天下之理，故其心清而定，愚者负其心而薄于外，是以闭天下之理，故其心尘而结。清而定者，离其质也，玲珑乎太虚之中，动而合，则为文王仲尼，顺而安，则必始终天地。尘而结者，离其质也，狂攘兮太虚之中，转而合于有，则为禽为兽，其于人也，为愚为凡。②

在这里我们不难看出，皇甫湜对人性的看法与孟子的人性本善论有着明显的承继性。从最初"受于初一"的禀赋，到现实中的文王、仲尼之圣与凡愚之辈的分野，区别的关键就在于，圣人能够让自己的心保持清莹恒定而不受外界的诱惑，凡愚之辈的心则被外在世尘所蒙结。基于对人性的这种认识，皇甫湜认为孟子的性善论相比荀子的性恶论是"合经为多益，故为贤乎"，这就属于情理之中了。

要之，皇甫湜对孟子的态度是持中的，他没有像韩愈那样一味地尊孟，而是理性地看待孟子、荀子等各家的思想。他常常是在客观辩证地分析问题之后，再表明自己的倾向。如在清、和问题上，他选择倾向于清高。在心性问题上，他更倾向于孟子。在中唐孟子学思潮中，皇甫湜这种持中的态度，可以说

① 皇甫湜《孟子荀子言性论》，《全唐文》卷六百八十六，中华书局1983年版，第7032页。

② 皇甫湜《寿颜子辨》，《全唐文》卷六百八十七，第7033页。

代表了大多数士人的立场,即希望能够从孟子的思想和理论的重新解读和挖掘中,为解决现实问题找到历史依据。虽然他们像韩愈一样,还没有能够或者说无法做到构建起自己完整的理论体系,但是,不论对孟子的思想是认同的,还是否定的,都同样是一种关注,这种广泛性关注,远远超过了初盛唐士人。无疑地,中唐时期这种孟子学的热潮,是伴随着儒学复兴而出现的,也可以说,因为韩愈影响的孟子学热潮构成了中唐儒学复兴的重要内容。士人们对于理论的关注,使得中唐的思想界变得丰富起来。中唐文坛和诗坛的多姿多彩,尤其是其思辨性特点的增强,在很大程度上是缘于或者得益于士人们这种理论思考的。

第四章　晚唐孟子学

——皮日休尊孟的延续阶段

第一节　晚唐孟子学概述

晚唐的孟子学是对中唐孟子学的延续。这一时期士人对孟子的研究，上承中唐韩愈发起的尊孟运动，下启北宋政治变革所带来的孟子升格运动，是孟子在唐宋时期地位提升过程中重要的一环。

晚唐文人关注孟子之风也很盛行，他们或在作品里引用孟子的观点，或对其言行进行评价，对于孟子游说各国以求实现其政治抱负的生平经历，多持同情的态度。如罗隐诗有"未知邹孟子，何以奉梁王"①的忧虑，徐铉也感叹："故有道无时，孟子所以咨嗟。有君无臣，郑公所以叹恨。"②对孟子政论的引用评价也较多，牛希济在《治论》中引用："孟子曰：'父母妻子，对之饥寒，而不为非，未之有也。'诚哉是言。"③司空图《答孙郃书》中征引孟子"不为也，非不能也"的观点："韩吏部激李桂州之不行，责阳道州无勇，虽致二贤适自困，亦何救于大患哉？其所为者，或奋而不顾，匹夫匹妇，亦可为之，孟子所谓非不能也。"④薛廷珪在《授膳部郎中知制诰钱珝守中书舍人制》中通过孟子之口表彰虞舜的善言善行："孟子不云：'虞舜闻一善言，见一善行，若决江河，沛然莫之能御也。'"⑤这些都表明了孟子在晚唐时期受到士人广泛的重视。

除了引用之外，亦有不少士人对《孟子》中的命题进行详细阐述。如王叡在其《三惑论》中，借助孟子"推恩足以保四海，不推恩不足以保妻子"⑥，"故君视臣如手足，则臣视君如腹心"⑦的观点，对"惑于财"的统治者进行了抨击，他告诫他们："小则亡身破家，大则辱先灭国。聚鹿台之钱，积巨桥之

---

① 罗隐《雪中怀友人》，《全唐诗》，中华书局 1984 年版，第 7581 页。
② 徐铉《御制杂说序》，《全唐文》卷八百八十一，中华书局 1984 年版，第 9212 页。
③ 《全唐文》卷八百四十五，第 8879 页。
④ 《全唐文》卷八百七十，第 8488 页。
⑤ 《全唐文》卷八百三十七，第 8809 页。
⑥ 《孟子·梁惠王上》，杨伯峻《孟子译注》卷一，中华书局 1988 年版，第 16 页。此处只取孟子文大意，不严格遵循原文。
⑦ 《孟子·离娄下》，杨伯峻《孟子译注》卷八，第 186 页。

粟,剖胎拾卵,惟利是求,盗璧攫金,刑戮不惧。而又必厚于己而薄于人,则义不及于宗亲,恩不加于左右,如此必不得人心而失众情。"①对那些唯利是图、掠夺财物的国君进行了尖锐地批评。

乾宁年间进士程晏在《穷达志》中将孟子与商鞅进行对比,表明"君子宁小穷而大达,小人宁小达而大穷"②的观点。他认为孟子虽不为诸侯所容,却始终坚持"正路",所以"孟子大达",而商鞅虽然因其改革之术让秦国强大起来,却将秦国引入"盗蹊",是以"卫鞅大穷"。结合作者当时所处环境,可以知道此文是作者有感而发,既在激励自己也在提醒世人遵奉儒家正道,只有这样,才可为君子之道。

杜牧作为晚唐文坛的主要人物之一,他对孟子的态度在一定程度上代表了晚唐时期士人对孟子的看法。一方面,在韩愈大力推崇孟子影响下而形成的晚唐孟子学氛围,为杜牧关注孟子提供了外部的学术环境;另一方面,深厚的儒学家传为杜牧研究孟子提供了坚实的内在学缘基础。杜牧将孟子和孔子并提,肯定了孟子的地位,并对孟子的命运表示同情和理解。他往往能结合现实问题,发挥孟子思想的精神。他在《上周相公书》中论证大儒应该懂得用兵,善于用兵的道理,就完全继承了孟子"天时不如地利,地利不如人和"的思想;他的"三治"说,则出于孟子心性说和诚信说,对士人的修身养性提出了具体要求和标准。

杜牧关注孟子,但并不迷信孟子,他对孟子的态度是辩证的。他的《三子言性辩》就对孟子的有些学说提出了质疑。杜牧对孟子研究和关注的这一特点,在一定程度上也反映出晚唐儒学的发展趋势,即结束以章句、训诂为主要特征的汉学,转向以义理为主的宋学。

此外,杜牧的散文也受孟子沾溉。其内容的灵感不少得之于孟子思想,其艺术表现也多取法于孟子散文。首先,杜牧的政论文议论纵横,这一文风特点颇受孟子散文的影响。其次,杜牧散文善于运用层层推演的表现手法,这也得益于孟子散文议论说理的特点。

晚唐后期,皮日休对唐代孟子学的建树最引人注目。他真正接过了韩愈尊孟的旗帜,并且高举着这面旗帜进行大力倡导。首先,皮日休极力尊崇和褒扬韩愈。如果说,孟子地位的提升主要得力于韩愈倡导的话,那么,韩愈地位的提高,可以说主要得力于皮日休的尊崇。他模仿韩愈的"五原"创作了"十原",在思想上继承和发扬韩愈对孟子的尊崇。其次,他上书强烈要求有司将孟子列入科考内容,把孟子之文,视为经传,可谓是具有胆识和见识的。

① 王叡《三惑论》,《全唐文》卷七百二十五,中华书局1984年版,第7472页。
② 程晏《穷达志》,《全唐文》卷八百二十一,第8650页。

从整个孟子学思想史看,他的这一倡议,是从杨绾首倡《孟子》入科,经中唐韩愈尊孟,到北宋《孟子》终于被列入科考的一个重要关接点。

与皮日休交谊甚密的陆龟蒙也对孟子的许多观点颇有认同。他谨遵孔孟之道,贫困而不"言利",并写作了《象耕鸟耘辨》,赞同孟子"尧舜与人同"的观点。陆龟蒙对孟子的重视程度不如皮日休,但是他扬孟抑荀的态度却很明确。尽管他承认荀子和孟子一样都是大儒,然而经过比较,他还是认为孟子胜于荀子。

这一时期,还产生了研究孟子的专著——林慎思的《续孟子》。在唐代,除《孟子》的注本之外,林慎思的《续孟子》是唯一现存的孟子研究专著,因此,《续孟子》成为唐代孟子学研究的重要资料,林慎思也因其儒学造诣成为晚唐重要的思想家。林慎思的《续孟子》在体例上大致模仿《孟子》,分上下两卷,共十四篇,所谓的"续",是对孟子思想的个别解读。

尽管林慎思在《续孟子》中针对晚唐现实提出了疗救药方,但是,地位不显,身处乱世,他的治国方略也挽救不了晚唐的颓势。不过,他的续孟努力,不仅在内容上丰富了晚唐孟子学的学术研究,上承中孟下启北宋,在形式上,也为宋代孟子学以意说经,开启了无限法门。

第二节　杜牧与孟子

杜牧作为晚唐文坛的主要人物之一,他对孟子的态度在一定程度上代表了晚唐时期士人对孟子的看法,因此,考察杜牧对孟子的态度,对于我们了解晚唐学术动态,把握杜牧散文成就的特点和渊源都有一定裨益。

一、中晚唐孟子学环境与杜牧的家学传统

杜牧对孟子的兴趣首先是缘于中唐以来韩愈崇孟给士林带来的学术风气影响。韩愈深厚的儒教学养,及其欲自振一代道统的抱负和理想,为他崇孟奠定了坚实的学缘基础。他以孟子的君臣之论反对藩镇分裂,以孟子的心性说为排佛的思想武器,其目的都是为了巩固大一统的封建君主秩序,维护国家的统一,为中唐存在的各种社会问题提供疗救的药方。① 由于韩愈在文坛的引领地位,他对孟子的热捧引起了中晚唐士人对孟子的普遍关注,也推动了士林研究孟子的学术风气。如林简言在他的《上韩吏部书》中,就表达了要跟从韩愈学习圣人之道的强烈愿望。林简言把韩愈比作唐代的孟子,在

① 参见兰翠《韩愈尊崇孟子探因——兼论唐人对孟子的接受》,《烟台大学学报》2011 年第 2 期。

他看来，如果一个追求儒学之业的士子，遇到了同时代有像孟子一样的大儒——韩愈，但他却不能跟随韩愈闻道学习，将是一件十分可惜的憾事。

当时不仅是后学之士对孟子感兴趣，与韩愈年辈相当的士人也是如此。柳宗元对那些向他求教的晚辈介绍自己的学习体会和文章写作经验时，就很诚恳地向他们推荐要读孟轲书："大都文以行为本，在先诚其中。其外者当先读六经，次《论语》、孟轲书，皆经言。"①有的士人甚至有感于孟子被"今之君子，多好其书"，而为荀子鸣不平，当时的杨倞就因此特为《荀子》作注。"倞以末宦之暇，颇窥篇籍。窃感炎黄之风，未洽于圣代。谓荀、孟有功于时政，尤所耽慕。而《孟子》有赵氏《章句》，汉氏亦尝立博士，传习不绝。故今之君子，多好其书。独《荀子》未有注解，亦复编简烂脱，传写谬误。虽好事者时亦览之，至于文义不通，屡掩卷焉。"②韩愈为振兴儒学道统而推重孟子，这一学术风气对士人思想的影响一直延续到后代。在晚唐，皮日休曾上《请韩文公配飨太学书》，认为韩愈"得孔道巍然而自正"，是"身行其道，口传其文，吾唐以来，一人而已"。"今之文人千百世之作，释其卷，观其词，无不裨造化，补时政，系公（指韩愈）之力也。"③因此建议朝廷将韩愈增加在"二十二贤之列"，配飨太学。不仅如此，他还上呈了《请孟子为学科书》，建议将孟子之学列为科举考试科目之一。皮日休认为孟子之文"能汲汲以救时补教为志"，因此"伏请命有司去庄列之书，以孟子为主。有能精通其义者，其科选视明经"。④

杜牧身处晚唐这样一种学术氛围之中，他虽然没有像皮日休那样大张旗鼓地尊韩崇孟，但是他对韩愈的文学成就和地位也是很敬仰的。如他在《读韩杜集》中说道："杜诗韩集愁来读，似倩麻姑痒处抓。天外凤凰谁得髓，无人解合续弦胶。"⑤此诗前两句借"麻姑搔痒"之典，形象地表达出了杜牧在忧愁之时阅读杜甫诗歌和韩愈文章时内心产生的舒适酣畅、痛快淋漓之感，这是他与杜甫、韩愈这样伟大的文学前辈心灵相通和感情共鸣的结果。后两句又用"续弦胶"之典，感叹无人能得杜诗韩笔的精髓。"续弦胶"典出东方朔的《十洲记》，其中记载，凤麟洲在西海之中，洲四面有弱水环绕，鸿毛不浮，不可越也。洲上有凤麟数万，各各为群，亦多仙家，煮凤喙及麟角合煎作胶，

① 柳宗元《报袁君陈秀才避师名书》，《全唐文》卷五百七十五，中华书局 1983 年版，第 5816 页。
② 杨倞《荀子序》，《全唐文》卷七百二十九，第 7521 页。
③ 皮日休《请韩文公配飨太学书》，《全唐文》卷七百九十六，第 8349 页。
④ 皮日休《请孟子为学科书》，《全唐文》卷七百九十六，第 8350 页。
⑤ 吴在庆《杜牧集系年校注》，中华书局 2008 年版，第 248 页。

名之为续弦胶,此胶能续弓弩已断之弦。① 这两句诗中其实也隐含着杜牧是以杜甫韩愈继承者自命的意思。杜牧还在《冬至日寄小侄阿宜诗》中称赞韩愈:"李杜泛浩浩,韩柳摩苍苍。近者四君子,与古争强梁。"②李白、杜甫的诗歌,韩愈、柳宗元的散文,是唐代文学的代表,这是经过了历史的淘洗,得到后代公认的。杜牧率先将他们的成就相提并论,并充分肯定加以赞扬,这既显示出杜牧对韩柳文学成就的仰慕,也显示了他评价前辈文学成就的卓越识见。杜牧对韩愈的这份敬仰之情,让他对韩愈所尊崇的孟子也产生了不少兴趣。

如果说,韩愈大力推崇孟子影响下的晚唐孟子学氛围,为杜牧关注孟子提供了外部的学术环境的话,那么,深厚的儒学家传则为杜牧研究孟子提供了坚实的内在学缘基础。杜牧生长于崇尚儒学的世家,他的祖父杜佑位至宰相,对他的影响可谓最大。杜佑"性嗜学,该涉古今,以富国安人之术为己任"③,所著《通典》是我国第一部记述典章制度的通史,学术价值极高。唐宪宗曾称杜佑为"国之元老",表彰他是"岩廊上才,邦国茂器;蕴经通之识,履温厚之姿,宽裕本乎性情,谋猷彰乎事业。博闻强学,知历代沿革之宜;为政惠人,审群黎利病之要"④。杜牧对他祖父杜佑的儒教学养十分骄傲,他在为别人撰写墓志铭时也不忘表彰自己祖父的学问,如在为灞陵处士骆峻所写的墓志铭中,杜牧称赞骆峻有治国之才,"每长短校量今古富人强国之术",曾得到其祖父杜佑等人的优礼肯定:"我烈祖司徒岐国公、赵国公李公,当贞元、元和时,儒学术业冠天下,每与处士语,未尝不嗟叹其才,恨其尚壮不可屈以仕,优礼接之。"⑤杜牧认为,在贞元、元和年间,其烈祖司徒岐国公杜佑的儒学术业冠绝天下,足见其自豪之情。同时,他也对自己能够继承儒教的家学传统颇为自负。他在《上李中丞书》中曾说:"某世业儒学,自高、曾至于某身,家风不坠,少小孜孜,至今不怠。"⑥

这样的家学教养,把杜牧涵养成了一个"刚直有奇节,不为龊龊小谨,敢论列大事,指陈病利尤切至"⑦的有为之士。他十分景仰孔子,在《书处州韩吏部孔子庙碑阴》中,杜牧认为"天不生夫子于中国,中国当何如?曰不夷狄

---

① 参见杜牧《读韩杜集》集评,吴在庆《杜牧集系年校注》,中华书局 2008 年版,第 249 页。
② 杜牧《冬至日寄小侄阿宜诗》,同上书,第 80 页。
③ 《旧唐书》卷一百四十七,中华书局 1975 年版,第 3982 页。
④ 同上书,第 3981 页。
⑤ 杜牧《唐故灞陵骆处士墓志铭》,陈允吉校点《樊川文集》,上海古籍出版社 1984 年版,第 141 页。
⑥ 同上书,第 183 页。
⑦ 《新唐书》卷一百六十六,中华书局 1975 年版,第 5093 页。

如也”①。如果没有孔子，中国将会是百家纷纭，是非不明，争论不已的局面，对孔子思想的巨大影响作用予以了充分的肯定：“傥不生夫子，纷纭冥昧，百家斗起，是己所是，非己所非，天下随其时而宗之，谁敢非之。纵有非之者，欲何所依拟而为其辞。是杨、墨、骈、慎已降，百家之徒，庙貌而血食，十年一变法，百年一改教，横斜高下，不知止泊。”②而孔子的伟大就在于“有天地日月为之主，阴阳鬼神为之佐，夫子巍然统而辩之，复引尧、舜、禹、汤、文、武、周公为之助，则其徒不为劣，其治不为僻”③。

因此，杜牧忠实地奉行仁义忠信之道，他认为“仁义礼乐，文行忠信，积此八者，以为成人”④。一个人的安身立命是如此，一个国家的治理和官吏选拔也当是如此：“为国家者，使教化通流，无敢辄有不由我而自恣者。其取吏无他术也，无异道也，俱止于仁义忠信、智勇严明也。”⑤他关心“治乱兴亡之迹，财赋兵甲之事，地形之险易远近，古人之长短得失”⑥。针对当时“盗起圆二三千里，系戮将相，族诛刺史及其官属，尸塞城郭，山东崩坏，殷殷焉声振朝廷”的世情，有感于“使将兵行诛者，则必壮健善击刺者，卿大夫行列进退，一如常时，笑歌嬉游，辄不为辱”⑦的颓靡世风，批评朝廷中卿大夫们“以为山东乱事，非我辈所宜当知”⑧的观念是“亡失根本”。所以他创作了一系列讨论兵策的文章，如《罪言》《原十六卫》《战论》《守论》等，并注《孙子》，希望能恢复儒者重视兵事的传统。杜牧不仅处处以儒家的处事原则和道德标准要求自己，还经常称颂那些能奉行儒家仁义之道的士人。如他称赞李戡“尽明《六经》书”，“所著文数百篇，外于仁义，一不关笔”⑨。评价高元裕：“为政以德，行已惟仁，信而履之，服而乐之。”⑩评价苏涤：“行冠人伦，爵高天秩，仁义礼乐之是务，克伐怨欲之不行，翱翔禁闱，出入讽议。”⑪歌颂牛僧孺的政绩：“六年仁政讴歌去，柳远春堤处处闻。”⑫可以看出，深厚的儒学家传对杜牧的影响是很大的。

---

① 杜牧《书处州韩吏部孔子庙碑阴》，吴在庆《杜牧集系年校注》，中华书局2008年版，第681页。
② 同上。
③ 同上。
④ 杜牧《裴休除礼部尚书裴谂除兵部侍郎等制》，陈允吉校点《樊川文集》，上海古籍出版社1984年版，第254页。
⑤ 杜牧《注孙子序》，同上书，第150页。
⑥ 杜牧《上李中丞书》，同上书，第183页。
⑦ 杜牧《注孙子序》，同上书，第151页。
⑧ 同上。
⑨ 杜牧《唐故平卢军节度巡官陇西府君墓志铭》，同上书，第137页。
⑩ 杜牧《高元裕除吏部尚书制》，同上书，第252页。
⑪ 杜牧《崔璪除刑部尚书苏涤除左丞崔玙除兵部侍郎等制》，同上书，第253页。
⑫ 杜牧《寄牛相公》，同上书，第83页。

杜牧对孟子的关注,一方面受晚唐士林研究孟子的外部学术环境的熏染,另一方面有儒学家传的内在深厚学缘基础。因此,他对孟子的学说和命运都有自己的见解。

二、杜牧认为孔孟并重

杜牧将孟子和孔子并提,肯定了孟子的地位,并对孟子的命运表示同情和理解。杜牧的《杜秋娘诗》是一首著名的表现女性题材的长诗,诗中叙述了金陵女子杜秋一生"四朝三十载"的坎坷不幸,把杜秋的个人生活经历与中唐风云变幻的历史背景相结合,对这个弱女子寄予了深切的同情。并由杜秋这一女子的遭遇,联想到士林的命运,抒发了世事沧桑,人生无常的感叹:

> 女子固不定,士林亦难期。射钩后呼父,钓翁王者师。无国要孟子,有人毁仲尼。秦因逐客令,柄归丞相斯。安知魏齐首,见断箦中尸。给丧蹶张辈,廊庙冠峨危。珥貂七叶贵,何妨戎虏支。苏武却生返,邓通终死饥。主张既难测,翻覆亦其宜。地尽有何物,天外复何之。指何为而捉,足何为而驰。耳何为而听,目何为而窥。己身不自晓,此外何思惟。因倾一樽酒,题作杜秋诗。愁来独长咏,聊可以自怡。①

杜牧这里列举了历史上诸多的贤能之士,如周朝的吕望,春秋时的管仲,秦朝的李斯,汉朝的金日磾、苏武等,他们多是命运穷通难卜,仕途沉浮不定的。而其中的"无国要孟子,有人毁仲尼"将孔子和孟子的坎坷不遇相提并论,对孟子的学说不被当时诸侯国采纳,孔子不免受到人诽谤的遭遇表示了同情。这里一方面蕴含着杜牧对孔子和孟子成就的赞扬和地位的肯定,另一方面,也反映了在杜牧的观念中,他是把孔孟视为同等重要的圣贤之辈的。

这种将孔孟连类并列的现象,虽然自东汉赵岐注《孟子》以来就有所体现,但也只是个别学者的做法。如东汉马融作的《长笛赋》(并序)中,曾出现了"温直扰毅,孔孟之方也"②的"孔孟"之称。由晋入宋的何承天在其诗作《上邪篇》中有"承平贵孔孟,政弊侯申商"③的感叹。在唐代,由韩愈崇孟的学术倡导后,孔孟并称的现象才稍显增多,如权德舆的《送三从弟长孺擢第后归徐州觐省序》中说:"每思孔孟不惑不动心之言,以为元龟,而未能也。"④

---

① 杜牧《杜秋娘诗》,吴在庆《杜牧集系年校注》,中华书局2008年版,第47页。

② 马融《长笛赋》(并序),李善注《文选》卷十八,中华书局1983年版,第253页。

③ 何承天《上邪篇》,逯钦立辑校《先秦汉魏晋南北朝诗》,中华书局1984年版,第1208页。

④ 权德舆《送三从弟长孺擢第后归徐州觐省序》,《全唐文》卷四百九十二,中华书局1983年版,第5022页。

他在《唐赠兵部尚书宣公陆贽翰苑集序》中又说："蜚蝗竟天，农稷不能善稼；奔车覆辙，孔孟亦废规行。"①皮日休则在其《文中子碑》中，以"孔孟"的道德和学问比况王通的儒学成就："较其道与孔孟，岂徒然哉！设先生生于孔圣之世，余恐不在游夏之亚也，况七十子欤？惜乎德与命乖，不及睹吾唐受命而殁。"②可见，在中晚唐不少士人的思想观念中，孟子与孔子的地位是基本等同的，而杜牧将孟子与孔子并列，正是这一时期士人肯定孟子地位意识的反映。

三、杜牧对孟子思想的继承与发挥

杜牧对孟子的学说有不少继承乃至发挥之处，他不像前人那样直接引述孟子的原文，往往是结合现实问题，发挥孟子思想的精神。如他在《上周相公书》中论证大儒应该懂得用兵，并善于用兵的道理，就完全继承了孟子"天时不如地利，地利不如人和"的思想：

> 伏以大儒在位，而未有不知兵者，未有不能制兵而能止暴乱者，未有暴乱不止而能活生人、定国家者，自生人已来，可以屈指而数也。……安有谋人之国，有暴乱横起，戎狄乘其边，坐于庙堂之上曰："我儒者也，不能知兵。"不知儒者竟不可知兵乎，竟可知兵乎？长庆兵起，自始至终，庙堂之上，指踪非其人，不可一二悉数。
>
> 高宗朝，薛仁贵攻吐蕃，大败于大非川。仁贵曰："今年岁在庚午，不当有事于西方，此乃钟、邓伐蜀，身诛不返。"昨者诛讨党羌，征关东兵用于西方，是不知天道也。边地无积粟，师无见粮，不先屯田，随日随饷，是不知地利也。两汉伐虏，骑兵取于山东，所谓冀之北土，马之所生，马良而多，人习骑战，非山东兵不能伐虏。昨者以步战骑，百不当一，是不知人事也。天时、地利、人事，此三者皆不先计量短长得失，故困竭天下，不能灭朴樕之虏，此乃不学之过也。不教人之战，是谓弃之，则谋人之国，不能料敌，不曰弃国可乎！③

杜牧认为，一个真正的儒者，是不可以不懂得用兵的，不懂用兵就不能制止暴乱，不能制止暴乱就不能安民治国。他针对晚唐当时用兵失误的几次教

---

① 权德舆《唐赠兵部尚书宣公陆贽翰苑集序》，《全唐文》卷四百九十二，中华书局 1983 年版，第 5034 页。

② 皮日休《文中子碑》，《全唐文》卷七百九十九，第 8388 页。

③ 杜牧《上周相公书》，陈允吉校点《樊川文集》，上海古籍出版社 1984 年版，第 177 页。

训,批评当权者不懂得“天时、地利、人事”,不能事先计量三者的短长得失,而导致了“困竭天下,不能灭朴橄之虏”的结局。杜牧这篇文章里虽然没有直接提到孟子,但是他所论证的“不知天道”“不知地利”“不知人事”的用兵三个层次,无疑是继承了孟子的相关思想。孟子在《公孙丑下》中论说道:

> 孟子曰:“天时不如地利,地利不如人和。三里之城,七里之郭,环而攻之而不胜。夫环而攻之,必有得天时者矣;然而不胜者,是天时不如地利也。城非不高也,池非不深也,兵革非不坚利也,米粟非不多也;委而去之,是地利不如人和也。故曰:域民不以封疆之界,固国不以山溪之险,威天下不以兵革之利。得道者多助,失道者寡助。寡助之至,亲戚畔之;多助之至,天下顺之。以天下之所顺,攻亲戚之所畔;故君子有不战,战必胜矣。”①

孟子的观点固然是通过攻战中天时、地利、人和三种条件的对比,强调人心所向的重要性,而杜牧的“天时、地利、人事”内涵与孟子不尽相同,但是其思想渊源无疑则是来自与孟子。又如杜牧的《送卢秀才赴举序》,论证了如何培养人的德行修养问题:

> 治心、治身、治友,三者治矣,有求名而名不随者,未之闻也。治心莫若和平,治身莫若兢谨,治友莫若诚信。友治矣,非身治而不能得之;身治矣,非心治而不能致之。三者治矣,推而广之,可以治天下,恶其求成进士名者而不得也?况有千人皆以圣人为师,眠而食,一无其他,唯议论是司。三人有私,十人公私半,百人无有不公者,况千人哉。古之圣贤,业大事钜,道行则不肖惧,道不行则不肖喜,故有不公。今进士者,业微事细,如成其名,不肖未所喜惧,宁不公耶?故取之甚易耳。②

杜牧此文提出了修身养性的“三治”方法,即“治心、治身、治友”,并主张“治友”必须先要“治身”,“治身”则先须“治心”。如果“三者治矣,推而广之,可以治天下”。他进一步指出,治心要和平,治身要兢谨,治友要诚信。杜牧的“三治”说,是对孟子关于道德修养学说的发挥。《孟子·尽心上》提出了“尽心知性”“存心养性”的观点:

---

① 《孟子·公孙丑下》,杨伯峻《孟子译注》卷四,中华书局1988年版,第86页。
② 杜牧《送卢秀才赴举序》,陈允吉校点《樊川文集》,上海古籍出版社1984年版,第153页。

> 孟子曰："尽其心者，知其性也。知其性，则知天矣。存其心，养其性，所以事天也。殀寿不贰，修身以俟之，所以立命也。"①

孟子所说的"尽心"和"存心"，是要倡导人们穷尽自己的善良本心，并养护好这种善良本心，这样就可以知晓天道自然，并不违逆天道自然了。他认为这是一个人修养自身、安身立命的方法。此外，《孟子·离娄上》提出了"诚"的概念，以及"信于友"的观点：

> 孟子曰："居下位而不获于上，民不可得而治也。获于上有道，不信于友，弗获于上矣。信于友有道，事亲弗悦，弗信于友矣。悦亲有道，反身不诚，不悦于亲矣。诚身有道，不明乎善，不诚其身矣。是故诚者，天之道也；思诚者，人之道也。至诚而不动者，未之有也；不诚，未有能动者也。"②

孟子的看法是：要使自己有"诚"的办法，首先要明白什么是善，由"善"可以达"诚"。"诚"是天然的道理，追求"诚"是做人的道理。人们只要能诚实无伪，就能"悦亲"，进而"信于友""获于上"，治于民。

可以看出，杜牧的"三治"说，是出于孟子心性说和诚信说的，但是，他又比孟子的学说更加简明易懂。如果说孟子的学说因为其指向了"天道"，是属于形而上层面的，是理论层面的；那么，杜牧则是形而下层面，是实践层面的。他贯通融会孟子的思想，通过"治友、治身、治心"三个层面的递进操作，对士人的修身养性提出了具体要求和标准，是带有普遍性和实用性的。三者如果都做到了，那么对士人求成进士这样具体的微业细事也是具有实用价值的。

四、杜牧对孟子思想的质疑

杜牧关注孟子，但并不迷信孟子，他对孟子的态度是辩证的。一方面，杜牧对孟子的思想有所继承和发挥，另一方面，他对孟子的有些学说也勇于质疑。如其《三子言性辩》就最具代表性：

> 孟子言人性善，荀子言人性恶，杨子言人性善恶混。曰喜、曰哀、曰惧、曰恶、曰欲、曰爱、曰怒，夫七者情也，情出于性也。夫七情中，爱、怒

---

① 杨伯峻《孟子译注》卷十三，中华书局1988年版，第301页。

② 杨伯峻《孟子译注》卷七，第173页。

> 二者,生而能自。是二者性之根,恶之端也。乳儿见乳,必拿求,不得即啼,是爱与怒与儿俱生也,夫岂知其五者焉。既壮,而五者随而生焉。或有或亡,或厚或薄,至于爱、怒,曾不须臾与乳儿相离,而至于壮也。君子之性,爱怒淡然,不出于道。中人可以上下者,有爱拘于礼,有怒惧于法。世有礼法,其有逾者,不敢恣其情;世无礼法,亦随而炽焉。至于小人,虽有礼法,而不能制,爱则求之,求不得即怒,怒则乱。故曰爱、怒者,性之本,恶之端,与乳儿俱生,相随而至于壮也。凡言性情之善者,多引舜、禹;言不善者,多引丹朱、商均。夫舜、禹二君子,生人以来,如二君子者凡有几人?不可引以为喻。丹朱、商均为尧、舜子,夫生于尧、舜之世,被其化,皆为善人,况生于其室,亲为父子,蒸不能润,灼不能热,是其恶与尧、舜之善等耳。天止一日月耳,言光明者,岂可引以为喻。人之品类,可与上下者众,可与上下之性,爱怒居多。爱、怒者,恶之端也。荀言人之性恶,比于二子,荀得多矣。①

这是杜牧讨论人性问题的一篇论文。在儒家先哲中,孔子没有提出系统的人性理论,孟子首倡"性善"说,他关于人性的理论,遂成为儒家传统文化中一个被热衷讨论的问题。荀子便直接针对孟子"性善"论提出了"性恶"论,东汉的扬雄则主张"性善恶混"。杜牧综合前人的人性理论,大胆发表自己的见解,他不同意孟子的性善说,也不认同荀子和扬雄对人性的分析,认为他们的理论基础不具有普遍性:"凡言性情之善者,多引舜、禹,言不善者,多引丹朱、商均。"但是"舜、禹二君子,生人以来,如二君子者凡有几人?"因此不能"引以为喻"。他把人的性和情区分开来,在喜、哀、惧、恶、欲、爱、怒七情中,又拈出爱、怒二者,认为这是人与生俱来之性,爱、怒之情因此成为"性之根,恶之端也"。

虽然杜牧不赞同孟子、荀子、扬雄关于人性的论说,但是相比较而言,他还是比较倾向于荀子的性恶说,认为荀子的性恶说更接近于人的七情之性。杜牧对人性问题的讨论,还是受中唐韩愈崇孟学术风气的影响。韩愈有著名的《原性》篇,他在董仲舒人性论的基础上,提出了"性三品"说,认为"性"是人与生俱来的,分上中下三个品级,由仁、礼、信、义、智五个要素构成。韩愈推重孟子,重新提出儒家人性论,对中晚唐的学术影响很大,李翱、皇甫湜都先后有文章专论人性,杜牧的《三子言性辩》也是这股学术思潮影响下的产物。他所说的七情,与韩愈《原性》中的七情完全一样。并且,杜牧也把人性

---

① 陈允吉校点《樊川文集》,上海古籍出版社 1984 年版,第 106 页。

分为三个层次，即“君子”之性、“中人”之性和“小人”之性，这明显是基于韩愈“性三品”的理论。虽然杜牧关于人性的理论建树不大，但是，从他对孟子等相关学说的研究中，我们依然能看到他对孟子思想的关注。

从以上的分析中，我们看到，不管杜牧是赞同孟子学说，对其继承与发挥，还是不认同其学说，对其质疑，都是将其学说的义理或精神作为探讨的内容，并结合着时代的社会现实，发表自己的观点。杜牧对孟子研究和关注的这一特点，在一定程度上也反映出晚唐儒学的发展趋势，即结束以章句、训诂为主要特征的汉学，转向了以义理为主的宋学。

五、杜牧散文对孟子的继承

杜牧在思想上以儒家为主导，在政治、军事、道德、学术、文学等方面发表了不少有助于教化，有益于民生和人生的见解。这些见解和成就，显示了他在晚唐这一历史时期一个大家的风范。而这种风范又主要是通过他的散文表现出来的。杜牧的散文内容丰富，感情充沛，“上猎秦、汉、魏、晋、南、北二朝，逮贞观至长庆数千百年，兵农刑政，措置当否，皆能采取前事，凡人未尝经度者。若绳裁刀解，粉画线织，布在眼见耳闻下”①。艺术手法多姿多彩，标志着晚唐散文创作的一个高峰。如上所述，杜牧的散文在内容上对孟子的相关学说或者继承发挥，或者质疑问难，其中有不少的灵感得之于孟子的思想。在艺术表现上，他的散文也同样有许多取法孟子散文的地方。

首先，杜牧的政论文议论纵横，这一文风特点颇受孟子散文的影响。孟子散文在先秦诸子散文中独树一帜，他刚烈的性格，敏锐的思想，犀利的语言，形成了议论风发，气势磅礴的鲜明艺术个性和独特文风，这早已为学界所公认。杜牧因生于儒学世家，又怀抱“岂为妻子计，未去山林藏。平生五色线，愿补舜衣裳”②的济世安民志向，他虽然也明白并希望自己的言论能够“思中道”，不以“辞语迂险，指射丑恶”③，但是，面对晚唐社会内忧外患日益恶化的局势，杜牧往往抑制不住强烈的感情，总免不了“因激切之言，而望道行事治”④。这种激烈情绪，就构成了杜牧散文的纵横之气。尤其是他的一系列论兵言事的政论文，都充盈着澎湃的激情和积极用世的强烈自信。杜牧在《上知己文章启》中就直言不讳地说明激发自己创作文章的社会根由：

① 裴延翰《樊川文集序》，陈允吉校点《樊川文集》，上海古籍出版社1984年版，第2页。
② 杜牧《郡斋独酌》，同上书，第8页。
③ 杜牧《与人论谏书》，同上书，第184页。
④ 同上书，第185页。

> 往年吊伐之道未甚得所，故作《罪言》。自艰难来始，卒伍佣役辈，多据兵为天子诸侯，故作《原十六卫》。诸侯或恃功不识古道，以至于反侧叛乱，故作《与刘司徒书》。处士之名，即古之巢、由、伊、吕辈，近者往往自名之，故作《送薛处士序》。宝历大起宫室，广声色，故作《阿房宫赋》。①

可见，杜牧的散文多是有感于社会现象而不得不发的胸臆之言。又如在《罪言》中，他针对当时朝廷"吊伐之道，未甚得所"的现实，慷慨激昂地议论国家大事以及天下战势，提出了"上策莫如自治""中策莫如取魏""最下策为浪战，不计地势，不审攻守是也"②的用兵主张，纵横捭阖，颇有孟子散文纵横雄辩的风格。在《战论》中，他又一针见血地指出当时朝廷兵事政策的"五败"，第一是军队"不搜练之过"，第二是军备上"不责实科食之过"，第三是战后的"赏厚之过"，第四是"轻罚之过"，第五是指挥权"不专任责成之过"③。并以宪宗元和间以及穆宗长庆初的兵祸为例，说明"五败"的后果。一方面，杜牧对兵事有深刻的研究，他曾自信地表示，他"所注《孙武》十三篇，虽不能上穷天时，下极人事，然上至周、秦，下至长庆、宝历之兵，形势虚实，随句解析"④。另一方面，他又有知无不言，言无不尽的用世使命感，认为"古之政有不善，士传言，庶人谤"，而自己所发之论，"亦且将书于谤木，传于士大夫，非偶言而已"。⑤ 因此，他在论列天下兵事政事时都能批评切实，有的放矢，理足而气盛，有舍我其谁的气概，这就决定了他的这类散文犀利俊爽、纵横豪逸的文风。如果说，杜牧的这种文风是承接了先秦诸子散文传统的话，那么孟子的论辩和自信应是杜牧最受益的传统。

其次，杜牧散文善于运用层层推演的表现手法，这也继承了孟子议论说理的特点。我们可以试举几例对比，先看杜牧的散文：

如《注孙子序》：

> 兵者，刑也，刑者，政事也，为夫子之徒，实仲由、冉有之事也。
>
> 为国家者，使教化通流，无敢辄有不由我而自恣者。其取吏无他术也，无异道也，俱止于仁义忠信、智勇严明也。苟得其道一二者，可以使之为小吏；尽得其道者，可以使之为大吏。故用力少者，其吏易得也，功

---

① 杜牧《上知己文章启》，陈允吉校点《樊川文集》，上海古籍出版社 1984 年版，第 241 页。
② 杜牧《罪言》，同上书，第 86 页。
③ 杜牧《战论》，同上书，第 91 页。
④ 杜牧《上周相公书》，同上书，第 177 页。
⑤ 杜牧《战论》，同上书，第 93 页。

易见也；用力多者，其吏难得也，功难就也。止此而已，无他术也，无异道也。自三代已降，皆由斯也。①

从“兵”到“刑”再到“政事”，然后导出这是孔夫子弟子之事。在论证官吏之道时，也是采用此法，从“小吏”到“大吏”，从“功易见”到“功难就”，层层进推，说明吏治“无他术”“无异道”的道理。

再如《守论》：

大抵生人油然多欲，欲而不得则怒，怒则争乱随之。是以教笞于家，刑罚于国，征伐于天下，此所以裁其欲而塞其争也。②

从一般人的“多欲”本性，到欲望不足而生怒，进而到产生的争乱，最后阐明要“裁其欲而塞其争”的观点。不难看出，杜牧很擅长这种层层递进的说理方式。这种阐述方式的特点就在于，观点简明，推理的进路明晰，由此及彼，缜密无缝，使人无法找到辩驳的空间。我们再看孟子的散文：

如《公孙丑上》卷三：

孟子曰：“尊贤使能，俊杰在位，则天下之士皆悦，而愿立于其朝矣；市，廛而不征，法而不廛，则天下之商皆悦，而愿藏于其市矣；关，讥而不征，则天下之旅皆悦，而愿出于其路矣；耕者，助而不税，则天下之农皆悦，而愿耕于其野矣；廛，无夫里之布，则天下之民皆悦，而愿为之氓矣。信能行此五者，则邻国之民仰之若父母矣。率其子弟，攻其父母，自有生民以来未有能济者也。如此，则无敌于天下。无敌于天下者，天吏也。然而不王者，未之有也。”③

孟子在这段文章中指出了执政者无敌于天下的五条原则后，开始层层推理，从“能行此五者”到“无敌于天下”，再到“天吏”而王天下，结论的推出过程环环相扣，周密无间。又如：

夫志，气之帅也；气，体之充也。夫志至焉，气次焉；故曰：“持其志，无暴其气。”④

---

① 杜牧《注孙子序》，吴在庆《杜牧集系年校注》，中华书局2008年版，第782页。

② 杜牧《守论》，同上书，第655页。

③ 《孟子·公孙丑上》，杨伯峻《孟子译注》卷三，中华书局1988年版，第77页。

④ 同上书，第62页。

孟子曰:“人有恒言,皆曰‘天下国家’。天下之本在国,国之本在家,家之本在身。”①

孟子曰:“事,孰为大?事亲为大。守,孰为大?守身为大。不失其身而能事其亲者,吾闻之矣。失其身而能事其亲者,吾未之闻也。孰不为事?事亲,事之本也。孰不为守?守身,守之本也。”②

此类推论方式,在孟子散文中的运用是十分娴熟的,也因此形成了孟子散文脉络分明,层次清晰,有条不紊,逻辑严密的行文特点。从上述例文的对比中可以看出,杜牧的政论散文在这一特点上是颇得孟子真传的。当然,杜牧的散文题材丰富,除此类说理议论外,还有记叙传记等,因此,其艺术特点也是多方面的。并且,他善于博取众家之长,其中得益于韩柳之文的优秀经验也不少,对此,学者们如吴在庆等前辈已有充分的探讨③,在此不再赘述。

综上所述,杜牧不仅对孟子思想观点有较大的关注,在其散文创作中也有对孟子散文风格的学习。杜牧对孟子的这种比较理性的态度,也代表了晚唐士人对孟子的一般态度。在韩愈尊孟影响下,晚唐孟子学的学术氛围,对杜牧能够成就为当时一个有思想、有识见、诗文兼擅的大家,是十分有帮助的。

第三节 皮日休、陆龟蒙与孟子

皮日休,两唐书没有为他立传。在辛文房的《唐才子传》中有如此记载:“字袭美,一字逸少,襄阳人也。隐居鹿门山,性嗜酒,癖诗,号‘醉吟先生’,又自称‘醉士’;且傲诞,又号‘间气布衣’,言己天地之间气也。以文章自负,尤善箴铭。”④皮日休出身寒微,早年追求功名,咸通八年(867)进士及第,后任太常博士,出为毗陵副使。黄巢起义入长安称帝,皮日休曾任翰林学士,卒因不明。虽然新旧《唐书》中关于皮日休的生平事迹记载很少,但是,在晚唐思想领域,皮日休可谓是一个重要人物,尤其是他对晚唐孟子学的贡献,更加值得重视。赵翼《陔余丛考》曰:“宋人之尊孟子,其端发于杨绾、韩愈,其说畅于日休也。”⑤《四库全书总目提要》“皮子文薮”曰:“今观集中书、序、论、辨诸作,亦多能原本经术,其《请孟子立学科》、《请韩愈配享太学》二书,在唐

① 《孟子·离娄上》,杨伯峻《孟子译注》卷七,中华书局 1988 年版,第 167 页。
② 同上书,第 179 页。
③ 参见吴在庆《杜牧与韩柳古文运动》,《固原师专学报》1988 年第 4 期。
④ 傅璇琮主编《唐才子传校笺·皮日休》第三册,中华书局 2002 年版,第 497 页。
⑤ 赵翼《陔余丛考》卷四“尊孟子”条,商务印书馆 1957 年版,第 79 页。

人尤为卓识，不得谨以词章目之。"①其中就隐含着对皮日休思想成就的肯定。

一、皮日休的救世理想是他尊孟的现实基础

皮日休生活在一个令人绝望的末世，"时值末年，虎狼放纵，百姓手足无措，上下所行，皆大乱之道"。他"性冲泊无营，临难不惧"②，特别是在早年，充满着况世的热情。在他为了行卷所编撰的文集《皮子文薮》中，我们常常可以看到他的济世理想和强烈愿望。如《奉酬崔璐进士见寄次韵》中表达自己"有心匡皇符"的理想壮志：

> 伊余幼且贱，所禀自以殊。弱岁谬知道，有心匡皇符。意超海上鹰，运蹋辕下驹。纵性作古文，所为皆自如。③

再如《七爱诗》组诗中对初唐名相房玄龄、杜如晦的赞颂：

> 吾爱房与杜，贫贱共联步。脱身抛乱世，策杖归真主。纵横握中算，左右天下务。肮脏无敌才，磊落不世遇。美矣名公卿，魁然真宰辅。黄阁三十年，清风一万古。巨业照国史，大勋镇王府。遂使后世民，至今受陶铸。粤吾少有志，敢蹑前贤路。苟得同其时，愿为执鞭竖。④

对中唐以守边屡立战功的大将李晟的赞美：

> 吾爱李太尉，崛起定中原。骁雄十万兵，四面围国门。一战取王畿，一叱散妖氛。乘舆既反正，凶竖争亡魂。巍巍柱天功，荡荡盖世勋。仁于曹孟德，勇过霍将军。丹劵入帑藏，青史传子孙。所谓大丈夫，动合惊乾坤。所谓圣天子，难得忠贞臣。下以契鱼水，上以合风云。百世必一乱，千年方一人。吾虽翰墨子，气概敢不群。愿以太平颂，题向甘泉春。⑤

正如皮日休在《七爱诗》序中所说："吾之道，时耶，行其事也，在乎爱忠

---

① 萧涤非、郑庆笃整理《皮子文薮》附录，上海古籍出版社1981年版，第247页。
② 傅璇琮主编《唐才子传校笺·皮日休》第三册，中华书局2002年版，第502页。
③ 皮日休《奉酬崔璐进士见寄次韵》，萧涤非、郑庆笃整理《皮子文薮》，第142页。
④ 皮日休《七爱诗·房杜二相国》，同上书，第104页。
⑤ 皮日休《七爱诗·李太尉》，同上书，第104页。

矣。不时也,行其事也,以在乎爱忠矣。苟有心歌咏者,岂徒然哉?"①他对前贤的歌咏赞美,并非是出于文人闲来徒然的无病呻吟,而是要为自己的人生树立一种典范。房玄龄和杜如晦都是贫贱出身,且身处乱世,他们辅佐唐太宗建立了不世之功,名传青史。他们的身世和所处的时代都与皮日休有相似之处,皮日休选择他们加以赞美就是情理之事。李晟在中唐藩镇作乱时具有戡定之功,唐宪宗称誉他是"间代英贤,自天忠义,迈济时之宏算,抱经武之长材,贯以至诚,协于一德"②。他的忠诚也是体现在国家"屯难之际"。皮日休表示,不论时机如何,他都会以他们为榜样。

很显然,皮日休渴望乱世中出现真正的圣天子,真正的宰辅大臣,真正的骁勇忠将。而作为一个有志向的"翰墨子",他的使命和责任就是为当时的衰败之世寻找一条救世之道。他在《正俗》中表达愿望说:"吾欲以明哲之性辨君臣之分兮,定文物之数。吾欲以正讦之道兮,进忠贤而退奸竖。吾欲以醇醲之化兮,反当今而为往古。吾欲以忖度之志兮,定觚圆而反规矩。"③他作《鹿门隐书》六十篇,多讥切谬政,是一种救世的表现,他倡导弘扬韩愈和孟子的思想也是这种救世的表现。

二、从尊韩到尊孟

皮日休对唐代孟子学的贡献,就在于他真正接过了韩愈尊孟的旗帜,并且高举着这面旗帜进行大力倡导。韩愈生前曾嘱托皇甫湜不要让自己"随世磨灭",而到了晚唐,这一使命就被皮日休很负责任地主动继承了下来。如果说,孟子地位的提升主要得力于韩愈首倡的话,那么,我们也可以说,韩愈地位的提高,主要得力于皮日休的尊崇。清人李松寿在《重刊宋本文薮序》中对此评价十分得当:"韩子之能超轶荀、扬,而上配孟子,虽经程、朱、欧、苏诸公表章论定,即谓其议,实自皮子开之,可也。"④当然,皮日休对韩愈的尊崇和褒扬,不仅仅是出于历史的使命感,更主要的是缘于对现实的责任感。与皮日休有着金兰之交的陆龟蒙,曾在《奉和袭美酬前进士崔潞⑤盛制见寄因赠至一百四十言》中称道皮日休继承韩愈之道的贡献:

> 孔圣铸颜事,垂之千载余。其间王道乖,化作荆榛墟。天必授贤哲,为时攻翦除。轲雄骨已朽,百代徒趑趄。近者韩文公,首为开辟锄。夫

① 皮日休《七爱诗序》,萧涤非、郑庆笃整理《皮子文薮》,上海古籍出版社 1981 年版,第 104 页。
② 《旧唐书·李晟传》卷一百三十三,中华书局 1975 年版,第 3676 页。
③ 皮日休《正俗》,萧涤非、郑庆笃整理《皮子文薮》,第 12 页。
④ 《重刊宋本文薮序》,同上书,第 246 页。
⑤ "潞"当为"璐",《全唐诗》卷六百三十一收崔璐诗一首,即与皮日休相互酬答之作。

> 子又继起，阴霾终廓如。搜得万古遗，裁成十编书。①

陆龟蒙与皮日休相互唱和多年，彼此是十分了解的知音。他在此诗中实际也列出了一个儒学道统的序列，即从孔子到孟子，再到韩愈，皮日休又继韩愈而起。

皮日休尊崇韩愈主要表现在两个方面，其一，他模仿韩愈的“五原”创作了“十原”。在《十原系述》中，他表明其创作缘由说：“夫原者，何也？原其所自始也。穷大圣之始性，根古人之终义，其在十原乎？呜呼！谁能穷理尽性，通幽洞微。为吾补三坟之逸篇，修五典之堕策，重为圣人之一经者哉？”②在韩愈《原道》《原性》《原毁》《原人》和《原鬼》的基础上，皮日休又写作了《原化》《原宝》《原亲》《原己》《原弈》《原用》《原谤》《原刑》《原兵》《原祭》十篇，以探究“圣人之始性”，宗经补典，穷理尽性。皮日休的“十原”，探究的都是带有普遍性质的社会问题或者是古今事理，他以儒学的道德观念为标准，从理论层面对这些广泛涉及人们的生活但是又超越具体事情的“理”和“性”进行阐述，“文贵穷理，理贵原情”③，体现了他试图在理论上有所建树的尝试。

皮日休模仿韩愈，不仅表现在形式上，关键是在思想上对韩愈尊孟的继承和发扬。韩愈借助孟子的心性理论排佛，皮日休也主张要行“圣人之化”，必先排除“西域之教”。他在“十原”的首篇《原化》中说：

> 或曰：“圣人之化，出于三皇，成于五帝，定于周、孔。其质也，道德仁义；其文也，诗书礼乐。此万代王者未有易是，而能理者也。至于东汉，西域之教，始流中夏。其民也，举族生敬，尽财施济，子去其父，夫亡其妻，蚩蚩嚚嚚，慕其风蹈其梱者，若百川荡滉不可止者，何哉？所谓圣人之化者，不曰化民乎？今知化者，唯西域氏而已矣。有言圣人之化者，则比户以为嗤。岂圣人之化，不及于西域氏邪？何其戾也如是！”曰：“天未厌乱，不世世生圣人，其道则存乎言，其教则在乎文。有违其言，悖其教者，即戾矣。古者杨、墨塞路，孟子辞而辟之，廓如也。故有周、孔，必有杨、墨，要在有孟子而已矣。今西域之教，岳其基，溟其源，乱于杨、墨也甚矣。如是为士，则孰有孟子哉？千世之后，独有一昌黎先生，露臂瞋视，诟之于千百人内。其言虽行，其道不胜。苟轩裳之士，世世有

---

① 陆龟蒙《奉和袭美酬前进士崔潞盛制见寄因赠至一百四十言》，《全唐诗》卷六百一十八，中华书局1985年版，第7118页。

② 皮日休《十原系述》，萧涤非、郑庆笃整理《皮子文薮》，上海古籍出版社1981年版，第21页。

③ 同上书，第2页。

昌黎先生,则吾以为孟子矣。①

皮日休认为,圣人以仁义道德教化天下之民,他们的"道则存乎言""教则在乎文",诗书礼乐则是其化民的载体或者方式。但是自东汉以后,由于西域佛教的流传,遮蔽了圣人之言。为了正圣人之言,前有孟子辟杨墨,后有韩愈力排"西域之教",韩愈和孟子一样,其功劳都在维护圣人之道的正统。"文公之文,蹴杨、墨于不毛之地,蹂释、老于无人之境,故得孔道巍然而自正"②,所以,皮日休理直气壮地表示,如果有谁能够做到像韩愈那样的"轩裳之士",他就将其视为孟子。

其二,上书倡议将韩愈配飨太学,将《孟子》列为学科书,试图通过制度层面提高孟子和韩愈的地位。皮日休是一个十分清醒的思想家,他不仅看到了当时王权对安民的关键作用,而且他也知道,要实现自己的理想,必须借助于统治集团特别是王权的力量。因此,他接连上书,极力为孟子和韩愈做宣传。其《请孟子为学科书》说:"夫孟子之文,粲若经传。天惜其道,不烬于秦。自汉氏得之,常置博士,以专其学。故其文,继乎六艺,光乎百氏。真圣人之微旨也。"③因此,如果不是"好邪惮正""嗜浅鄙奥",就应该对孟子这样"道拘乎正,文极乎奥"的经典予以足够地重视。在皮日休看来,当时的科举取士制度存在"诱善也虽深,而悬科也未正"④的缺陷,他不喜欢庄子、列子之类的"荒唐"文章,因为"庄、列之文,荒唐之文也。读之可以为方外之士,习之可以为鸿荒之民。有能汲汲以救时补教为志哉?"⑤"救时补教",这就是皮日休尊崇孟子的根本之所在。无疑地,他视孟子思想为挽救时局、教化民性的良药,也深信如果能按照自己的设想,通过引领士风的科考内容的调整和改革,一定能达到他救时补教的效果。因此,他上书恳请有司"去庄、列之书,以孟子为主。有能精通其义者,其科选,视明经"。他甚至立下了誓言,如果实行这一制度而达不到其理想的效果,即"儒道不行,圣化无补",那么"则可刑其言者",自己愿意受到处罚。

与呼吁将《孟子》列为科考内容的举措相联系,皮日休又上书呼吁请将韩愈配飨太学。他坚持着同样的尊崇标准,即除了对圣人之道的继承以外,主要是于时有补。他说:"圣人之道,不过乎求用。用于生前,则一时可知也;

---

① 皮日休《原化》,萧涤非、郑庆笃整理《皮子文薮》,上海古籍出版社 1981 年版,第 21 页。
② 皮日休《请韩文公配享太学书》,同上书,第 88 页。
③ 皮日休《请孟子为学科书》,同上书,第 89 页。
④ 同上。
⑤ 皮日休《请孟子为学科书》,同上书,第 89 页。

用于死后，则百世可知也。”[①]在尊崇圣人之道的序列中，韩愈之文就是“无不裨造化，补时政”的。缘于此，他认为韩愈对圣人之道是“身行其道，口传其文，吾唐以来，一人而已”[②]。韩愈对传承先圣之道有如此之大功劳，死后却不能配飨于孔子之侧，皮日休认为这是当时典礼的失误。因此，强烈呼吁为韩愈订立配飨之位，这样一来，“天下以文化，未必不由夫是也”。[③]

无论是孟子学说“救时补教”的“圣化”天下，还是韩愈之文“补时政”的“以文化”天下，都是对圣人之道的延续。所以，皮日休树立起孟子和韩愈这两面旗帜，是期望借助封建帝国的制度层面，以实现他用圣人之学教化天下、经世救国的理想。

自汉代以来，孟子没落的其中一个原因是不受朝廷重视，不被统治阶层所接受，这与孟子“轻君”的思想有明显关系。《孟子·梁惠王下》中记载，齐宣王问孟子曰：“汤放桀，武王伐纣，有诸？”孟子对曰：“于传有之。”曰：“臣弑其君，可乎？”曰：“贼仁者谓之贼，贼义者谓之残，残贼之人，谓之一夫。闻诛一夫纣矣，未闻弑君也。”[④]孟子的“诛残贼”的思想，否定了可以“一传万代”的皇族美梦，“民为贵，社稷次之，君为轻”[⑤]是将人民的地位摆到了君王之上。君王如果实行暴虐的统治，人民是有理由将其推翻的。孟子的这一思想显然与汉至唐门阀士族特权思想相抵触，所以皮日休认为孟子没落的一个原因，就是“以汤武为逆取者，其不读孟子”[⑥]。统治者的这种狭隘思想导致《孟子》在教科书上的败选，也影响了时人对孟子思想体系的整体性把握。

但是，皮日休的呼声并没有引起统治者丝毫的注意。在皮日休之前，杨绾也曾上书呼吁将《孟子》列为科考书目，虽然建议最后未被统治者采纳，但是得到唐代宗的极大重视，郑重地召集大臣对其建议进行讨论。然而，在皮日休所生活的晚唐，时事情势都与杨绾那时大不相同了，此外，皮日休的身份地位也远不如杨绾，所以他的声音很自然地就被湮没在乱世之中了。

三、皮日休对孟子民本思想的继承

民本思想是孟子推行仁政的核心，皮日休对孟子民本思想的继承和发扬是他政治思想中最闪光的部分。皮日休时刻怀着忧民之心，他的文章“皆上

---

① 皮日休《请韩文公配飨太学书》，萧涤非、郑庆笃整理《皮子文薮》，上海古籍出版社 1981 年版，第 87 页。
② 同上书，第 88 页。
③ 同上。
④ 《孟子·梁惠王下》，杨伯峻《孟子译注》卷二，中华书局 1988 年版，第 42 页。
⑤ 《孟子·尽心下》，杨伯峻《孟子译注》卷十四，第 328 页。
⑥ 皮日休《请孟子为学科书》，萧涤非、郑庆笃整理《皮子文薮》，第 89 页。

剥远非，下补近失，非空言也”。他“虑民道难济，作《河桥赋》，念下情不达，作《霍山赋》”。① 他的《忧赋》也是在“见南蛮不宾，天下征发，民力将毙”的情况下，“乃为赋以见其志”②的。他担忧“功作非宜，夺民农时。我簠不粢，我黍阻饥”，还担忧“头会箕敛，关征市赋。民之胥怨，无所赴诉”。③ 他祭祀风雨神灵，也是因为“苟祀之至，民被其利。祀之不至，民受其祸”④。皮日休对民生如此具体细致的牵念，并非是出于一般的抨击时政之弊，而是出于他心系民生的深切关怀。

然而，皮日休对待“民”的态度表面看似有些矛盾，有时他对“民”似乎颇有微词，如《鹿门隐书六十篇》其二说道：

民之性多暴，圣人导之以其仁；民性多逆，圣人导之以其义；民性多纵，圣人导之以其礼；民性多愚，圣人导之以其智；民性多妄，圣人导之以其信。若然者，圣人导之于天下，贤人导之于国，众人导之于家。后之人反导为取，反取为夺，故取天下以仁，得天下而不仁矣。取国以义，得国而不义矣。取名位以礼，得名位而不礼矣。取权势以智，得权势而不智矣。取朋友以信，得朋友而不信矣。尧、舜导而得也，非取也，得之而仁；殷周取而得也，得之亦仁。吾谓自巨君、孟德已后，行仁义礼智信者，皆夺而得者也。悲夫！⑤

在这篇短文中，皮日休对民性的确有颇多贬低，民性多暴、多逆、多纵、多愚、多妄，民性似乎一无是处。但是，我们仔细分析不难看出，他在这里使用的是对比衬托的手法⑥，为了突出圣人仁、义、礼、智、信的引导之功，必须把民性设为圣人之性的对立面，否则，就无法充分显示出圣人的存在价值。这样一来，民性就必然是与仁、义、礼、智、信对立的另一端——暴、逆、纵、愚、妄了。当然，皮日休这样论说民性的最终目的，是在于批判讽刺后代违背先圣的传统，“反导为取，反取为夺”的不道德行为。因此看来，皮日休此处对民性的贬低，并非是真正的用意，而是一种论说的技巧，是为了最终的讽刺需

① 皮日休《文薮序》，萧涤非、郑庆笃整理《皮子文薮》，上海古籍出版社 1981 年版，第 2 页。
② 同上书，第 3 页。
③ 皮日休《忧赋》，同上书，第 6 页。
④ 皮日休《破山龙堂记》，同上书，第 240 页。
⑤ 皮日休《鹿门隐书六十篇》其二，同上书，第 92 页。
⑥ 皮日休在其《鹿门隐书六十篇》中最擅长使用的论证方法就是对比法，如其十一：“古之官人也，以天下为己累，故己忧之。今之官人也，以己为天下累，故人忧之。”其二十五：“古之隐也，志在其中。今之隐也，爵在其中。”其三十六：“圣人行道而守法，贤人行法而守道，众人侮道而货法”等。

要。这样，我们对他经常关心民生，讽刺告诫统治者的做法就不难理解了。

在皮日休的思想中，圣人一直是他心目中的至高境界，他的这个圣人系列的大致组成是：尧、舜、周文王、周公、孔子、孟子等。如皮日休在《原谤》中说“尧舜大圣也”①；在《补泓战语》中说“文王圣人之至也”②；在《请行周典》中说“周公、圣人也”③；在《鹿门隐书六十篇》其七中说：“圣人，天也，非修而至者也。夫知道，然后能修，能修，然后能圣。且尧为唐侯，二十而以德盛；舜为鳏民，二十以孝闻。焉在乎修哉？后稷之戏，必以艺殖；仲尼之戏，必以俎豆。焉在乎修哉？盖修而至者，颜子也，孟轲也。”④

但是，皮日休树立圣人的目的，主要是呼吁后世的国君要以先圣们为楷模来安民。在封建的君主统治下，国君就是民众的主宰，因此，国君的圣贤与否，是与民众的命运休戚相关的。皮日休最理想的国家治理模式就是国君能达到圣人的境界。在他看来，尧、舜、周文王等都是达到圣人境界的国君，而树立圣人国君这一榜样的最终目的又是为了民众。他多次强调古代圣贤对“民”的关怀，他说：“日休闻古之圣贤无不欲有意于民也。”⑤又说：“圣人务安民，不先置不仁，以见其仁焉；不先用不德，以见其德焉。”⑥圣人的责任就是要“有意于民”，要以“仁”“德”安民。因此他断言：“不以尧、舜之心为君者，具君也。不以伊尹、周公之心为臣者，具臣也。”⑦他还软硬兼施地劝谏国君：

> 天之利下民，其仁至矣。未有美于味而民不知者；便于用而民不由者；厚于生而民不求者。然而暑雨亦怨之，祁寒亦怨之。己不善而祸及，亦怨之；己不俭而贫及，亦怨之。是民事天，其不仁至矣。天尚如此，况于君乎？况于鬼神乎？是其怨訾恨讟莁倍于天矣。有帝天下，君一国者，可不慎欤？故尧有不慈之毁，舜有不孝之谤。殊不知尧慈被天下，而不在于子，舜孝及万世，乃不在于父。呜乎！尧、舜，大圣也，民且谤之。后之王天下，有不为尧、舜之行者，则民扼其吭，捽其首，辱而逐之，折而族之，不为甚矣。⑧

---

① 皮日休《原谤》，萧涤非、郑庆笃整理《皮子文薮》，上海古籍出版社1981年版，第26页。
② 皮日休《补泓战语》，同上书，第52页。
③ 皮日休《请行周典》，同上书，第62页。
④ 皮日休《鹿门隐书六十篇》其七，同上书，第93页。
⑤ 皮日休《移元征君书》，同上书，第85页。
⑥ 皮日休《秦穆谥缪论》，同上书，第48页。
⑦ 皮日休《鹿门隐书六十篇》其三十，同上书，第96页。
⑧ 皮日休《原谤》，同上书，第26页。

在这篇小短文中，皮日休先是采用欲扬先抑的说理技巧对国君进行诱导劝说。他将“天”之“仁”和“民”之欲望对立起来，为劝谏国君谨慎治民设置铺垫。再以尧、舜这样的圣君遭遇为例证，为国君谨慎治民树立标杆。民对于至仁的“天”和尧、舜圣君，尚且有所不满，那么，一国之君就更要警醒了。这段诱导劝说，看似是站在国君的立场上批评民性，然而，皮日休越是强调民性的难以满足，越是要对国君提出更高的要求。实质上，他对民性的“抑”，是为了进一步高标准要求国君这一推理的需要。接下来，他就毫不客气地告诫国君，“有不为尧、舜之行者，则民扼其吭，捽其首，辱而逐之，折而族之，不为甚矣”。

这样看来，皮日休赞美圣人是从正面引导国君，为他们树立安民的榜样，是以软的手段要求国君，而他的贬民则是从反面假设的现象，目的是对国君提出警告，是以硬的手段要求国君。这样的软硬兼施，其目的都是希望国君能够为民谋利益。所以，不管是颂圣也好，表面上的贬民也罢，其落脚点都是站在民众的立场上。当然，皮日休始终把安民的希望寄托于国君一身，这是他的历史局限，我们今天也不能苛求于他。

四、皮日休对社会教化的重视

有一点值得我们注意，皮日休为推尊孟子和韩愈的两次上书，都提到对时世的教化问题。作为一个翰墨之士，要挽救衰落的时世，他所能做到的最好选择可能就是大力倡导以圣人之道教化天下。他在《鹿门隐书》其十四中就主张说：

> 天有造化，圣人以教化裨之；地有生育，圣人以养育裨之；四时有信，圣人以诚信裨之；两曜有明，圣人以文明裨之。噫！裨于天地者，何独圣人？虽禽兽昆虫云物，亦不能自顺其化。麟凤，裨于祥瑞也；蛟龙，裨于润泽也；昆虫，裨于地气也；云物，裨于天候也，而况于圣人乎？①

圣人从天地四时日月中获得裨益启发，因而社会有了教化、养育、诚信和文明的规范。天地之间，连禽兽昆虫云物都尚且不能“自顺其化”，又何况是人。因此，皮日休十分重视教化的社会作用。其中，学校教育又是实现教化的重要途径之一。他在《移成均博士书》中就论述了国家设庠序用于教化的重要性：

---

① 皮日休《鹿门隐书六十篇》其十四，萧涤非、郑庆笃整理《皮子文薮》，上海古籍出版社 1981 年版，第 94 页。

> 夫居位而愧道者，上则荒其业，下则偷其言。业而可荒，文弊也；言而可偷，训薄也。故圣人惧是浸移其化。上自天子，下至子男，必立庠以化之，设序以教之。犹歉然不足。①

由于认识到教化对于传承圣人之道、维系社会秩序的重要作用，皮日休对当时的教育问题十分关注。在教育内容上，他请求将《孟子》列为科考必修书目就是一个大胆的革新意见，同时，他对当时的教育方法也感到不满意。他甚至认为，当时太学的教育方法和教育效果，反而不如佛道教授生徒的传授方法："西域氏之教其徒，日以讲习决释其法为事。视吾之太学，又足为西域氏之羞矣。"②他觉得在代表着国家最高教育水平的太学，对六经的"讲习之功与决释之功"日渐淡薄，这是导致整个社会"其文弊""其训薄"的主要原因。"然则今之讲习之功与决释之功，不啻半矣。其文得不弊乎？其训得不薄乎？"③所以，他建议太学生们对经典要精于讲读训释，"年持六籍，日决百氏"。对于盛典，要"洞知大晓"，这样一来，即使不能"大发儒风"，也可以"不苟于禄位"。

同时，皮日休还树立起一个教育家典范王通的形象，他在《文中子碑》中大力赞美文中子王通。他认为王通最大的贡献就是"于陈隋之间，以乱世不仕，退于汾晋。序述六经，敷为《中说》，以行教于门人"④。而且王通的弟子显赫一时，完全可与孟子的门人媲美："孟子之门人，有高第弟子公孙丑、万章焉。先生则有薛收、李靖、魏徵、李勣、杜如晦、房玄龄。孟子之门人，郁郁于乱世；先生之门人，赫赫于盛时。"⑤薛收、李靖、魏徵、李勣、杜如晦、房玄龄，他们或能文或能武，都是在初唐建立了不朽功勋的宰臣，因此，皮日休歌颂道："先生门人，为唐之祯。差肩明哲，接武名卿。未逾一纪，致我太平。"⑥

五、皮日休对孟子修身养性理论的发挥

皮日休不仅针对学校的教育制度，有自己明确的见解，他对于士人日常的修身养性，乃至家庭教育，也发表了不少的议论，其内容大体不离儒学的核心与本质，有的则是对孟子思想的直接继承。这些也都构成了皮日休以儒道

---

① 皮日休《移成均博士书》，萧涤非、郑庆笃整理《皮子文薮》，上海古籍出版社 1981 年版，第 90 页。
② 同上。
③ 同上。
④ 皮日休《文中子碑》，同上书，第 35 页。
⑤ 同上。
⑥ 同上。

教化天下不可或缺的内容。如在《原亲》中,他赞同孟子提倡的“易子而教”,反对当时家庭教育中“伤爱毁性”的做法:“能嗣其亲,不曰子乎？吾观夫今之世,诲其子者,必槚肌搒骨,伤爱毁性以为教。呜呼！孟子所谓古者易了而教,诚有旨欤？不能教其子者,是遗其身者也;不能得其亲者,是舍其族者也。”①他又创作《六箴》,集中论述了他关于身心道德修养的重要思想。

对于个人的修身养性,皮日休十分重视人心的作用。他在《原己》中说:“能以心求道者,不曰己乎？能以心为天子、为诸侯、为贤圣者,不曰己乎？”②在《六箴序》中,他拿封建的国家体制结构来比拟人的身心:

> 皮子尝谓心为己帝,耳目为辅相,四支为诸侯。己帝苟不德,则辅相叛,诸侯乱。古之人,失天下,丧家国者,良由是也。帝身且不德,能帝天下乎？能主家国乎？因为心、口、耳、目、手、足箴,书之于绅。安不忘危,慎不忘节,穷不忘操,贵不忘道。行古人之事,有如符节者,其在六箴乎？③

封建的国家体制是皇帝至高无上,所有的辅相和诸侯都要听命于皇帝。皮日休把人心比作一国之帝,耳目和四肢比作辅相和诸侯。耳目等器官服从于“心”,就像辅相和诸侯服从于皇帝一样。他认为,人心又是宇宙大化的精纯所在,“大化之精,孕之曰‘人’。大纯之灵,形之曰‘心’,心由是君,身由是臣。中既龃龉,外乃纷纶。耳厌闻义,目恶睹仁。手持乱柄,足践祸门”④。一个人“心”之“德”如果不好,那么他的德行就不可能好。中心龃龉了,耳、目、手、足也就乱了。正如一个皇帝如果没有道德,这个国家就不会治理好一样。皮日休的这个比拟,其实也隐含着他对帝王治政的告诫。

探讨人体器官的各自功能,并将人心与执政相联系,是源自孟子的相关理论。孟子在与他的学生公都子讨论道德层面的“大人”和“小人”的区别时,曾这样说:

> “从其大体为大人,从其小体为小人。”曰:“钧是人也,或从其大体,或从其小体,何也?”曰:“耳目之官不思,而蔽于物。物交物,则引之而已矣。心之官则思,思则得之,不思则不得也。此天之所与我者。先立

① 皮日休《原亲》,萧涤非、郑庆笃整理《皮子文薮》,上海古籍出版社1981年版,第23页。
② 皮日休《原己》,同上书,第24页。
③ 皮日休《六箴序》,同上书,第55页。
④ 皮日休《心箴》,同上书,第55页。

乎其大者,则其小者不能夺也。此为大人而已矣。”①

孟子这里所谓的“大体”与“小体”,就是将人的器官分成不同的等级,耳目等器官属于“小体”,因为它们不会思考,所以就容易被外物蒙蔽;“心”这个器官属于“大体”,它的功能是思考,是上天赐予人类的。如果“心”这一主要器官树立起来了,那么其他耳目之类的次要器官就不会受外物的诱夺,这样就可以成为“大人”君子了。孟子对人体器官功能的区分,就是以“心”为主导,让耳目服从于“心”的。“心”对于一个人是如此重要,因此,“养心”就显得十分关键。孟子又谈道:“养心莫善于寡欲。其为人也寡欲,虽有不存焉者,寡矣;其为人也多欲,虽有存焉者,寡矣。”②孟子认为,减少求利的欲望是养心修性的最好办法。一个欲望少的人,即使他的善心有所丧失,也是很少的;一个欲望多的人,他的善心即使有所保存,也一定是很少的。

“养心”对于个人而言,可以“知天”而“事天”③,这是一个人安身立命的根本。对于国君而言,则是能否得天下的大问题。因此,孟子又将“心”与国家治理联系起来:

孟子曰:“人皆有不忍人之心。先王有不忍人之心,斯有不忍人之政矣。以不忍人之心,行不忍人之政,治天下可运之掌上。”④

有“不忍人之心”,才会有“不忍人之政”,有“不忍人之政”,那么治理天下就会像在手掌中玩弄东西那么容易。同样的道理,要想得到天下,就需得到民心。孟子认为:“桀纣之失天下也,失其民也。失其民者,失其心也。得天下有道:得其民,斯得天下矣。得其民有道:得其心,斯得民矣。”⑤可见,不论是国君的“不忍之心”,还是民众之心,都是治国的关键所在,这就是孟子所阐述的人心与执政关系的道理。

皮日休的《六箴》,虽然其中关于“心”的基本思想继承了孟子的理论,但是他比孟子更加细致具体地规范了人的身体各器官的职责。如《口箴》对“口”的规范:“出为忠臣,言则及君。入为孝子,言则及亲。非君与亲,则宜

① 《孟子·告子上》,杨伯峻《孟子译注》卷十一,中华书局1988年版,第270页。
② 《孟子·尽心下》,杨伯峻《孟子译注》卷十四,第339页。
③ 《孟子·尽心上》:“尽其心者,知其性也。知其性,则知天矣。存其心,养其性,所以事天也。夭寿不贰,修身以俟之,所以立命也。”杨伯峻《孟子译注》卷十三,第301页。
④ 《孟子·公孙丑上》,杨伯峻《孟子译注》卷三,第79页。
⑤ 《孟子·离娄上》,杨伯峻《孟子译注》卷七,第171页。

默云。”①反对谤讪之言，猜毁之言，佞媚之言，间谍之言，并要“无嗜于酒，酒能乱国。无嗜于味，味能败德。以道为饮，以文为食”②。《耳箴》中对“耳”的规范是：“勿恃己善，不服人仁。”不沉溺于“郑声”“美谈”，要拒妄愚，近贤聪，“勿听他富，荧惑乃志。勿闻他贵，堕坏乃义”③。“目”则要将“古之忠臣，古之孝子”④纳入眼中。手则“勿执乱权，勿树贼子。勿秉非道，勿持非理。勿挤孤危，勿援奸宄。慎握吾操，俾直于矢。慎杖吾心”⑤。“足”则应“居必择地，行必依贤。勿践乱阶，勿履利门”⑥。等等。皮日休对心、口、耳、目、手、足的这些高标准的具体规范，总体而言都是依照儒家的仁义道德来约束自己，虽然其目的是为了自我的修身养性，但是，他对社会的教化作用也是不容忽视的。可以说，皮日休这种十分具体的修身养性理论，是对孟子心性学说的一次极大拓展与发挥。而他这些关于尊儒崇教，重视社会教化和士人身心修养的观点，也构成了他比较系统的教化理论。

六、皮日休与韩愈尊孟的差异

尽管皮日休追随韩愈尊孟崇孟，但是，他对孟子的尊崇与韩愈还是有所不同的。其一，他敢于上书强烈要求有司将《孟子》列入科考内容，把孟子之文，视为经传，可谓是具有胆识和见识的。他对圣人之道的尊崇，以及对无德君臣的批判都比韩愈更加直接，更加激烈，也更加执着与彻底。韩愈虽有谏佛骨的激烈，但仅限于一时，不久他就向皇帝上书请罪请求宽宥。当然，作为封建的臣子，这样做也许是出于惯例或无奈，然而，韩愈也因此成为后人诟病其立场摇摆的重要理由。其二，虽然皮日休与韩愈尊孟的目的都是为了挽救当时的社会弊端，但是，韩愈多是试图从孟子的学理上找到治世救世的依据，而皮日休则主张“求用”圣人之道，更多的是试图在实用方面做努力。因此，他在提倡改革学校教育以及个人修养方面发表的看法就更加具体。

皮日休与韩愈尊孟的差异，一方面是缘于他们所处时代的不同。韩愈所处的中唐，虽然经历了安史之乱，但整个社会处在重整皇纲、革新振兴的中兴氛围中，人心思治。皮日休生活在动荡的末世，国势衰微，危机重重，他目睹民不聊生的社会现实，情绪无法不激烈；另一方面，也缘于他们的身世和仕途地位不同。侯外庐在他主编的《中国思想通史》中就认为，韩愈在当时庶族

---

① 皮日休《口箴》，萧涤非、郑庆笃整理《皮子文薮》，上海古籍出版社 1981 年版，第 56 页。
② 同上。
③ 皮日休《耳箴》，同上书，第 56 页。
④ 皮日休《目箴》，同上书，第 57 页。
⑤ 皮日休《手箴》，同上书，第 57 页。
⑥ 皮日休《足箴》，同上书，第 57 页。

地主集团和豪族地主集团的政治斗争中,“他是在依违两者的矛盾中,而实际依附于豪族地主集团,而与庶族地主集团对立”①。但是皮日休比韩愈要寒微得多,两《唐书》中没有为他立传,从点滴的生平资料中可知他出身卑微,没有显赫的家世,并且相貌不佳。他虽然进士及第,却不完全是因为他的才华,而在很大程度上是得益于他的皮姓属于僻姓。宋人钱易《南部新书》丙卷记载说:“大中以来,礼部放榜,岁取三二人姓氏稀僻者,谓之色目人,亦谓曰榜花。”②唐宣宗大中年号自公元 847 年起,皮日休在其后的唐懿宗咸通八年(867)榜末及第,又据唐代笔记小说《玉泉子》记载,皮日休曾遭到他同年的蔑视戏弄。及第后的皮日休也只是官至著作郎、太常博士,不久就遇黄巢起兵,后下落不明。因此,皮日休的经历和地位决定了他始终是站在寒士的立场上,发表他的见解和主张。

虽然皮日休尊孟的大声呼吁没有得到统治者的回应,他尊圣重儒的思想和建议也在大厦将倾的乱世中显得有些徒劳,但是,从整个孟子学思想史看,他却是从杨绾首倡《孟子》入科,经中唐韩愈尊孟,到北宋《孟子》终于被列入科考的一个重要关接点。《重刊宋本文薮序》评价得好:“皮子起衰周后千余年,当韩子道未大光之时,独能高出李伯泰、司马君实诸公所见,而创其说,继李汉、皇甫持正诸人,而力致其尊崇。非知孟、韩之深,而具有知言知人之识者,能乎?”③皮日休以一个寒士的笃诚,为孟子和韩愈呼吁呐喊,他的努力在不久以后的宋代就有了明显的结果。因此说,他是唐宋之交重要的思想家毫不为过。鲁迅在《小品文的危机》中,称赞皮日休的小品文没有忘记天下,“是一塌胡涂的泥塘里的光彩和锋芒”④。笔者以为,皮日休散文中如果没有其执着的崇儒尊圣内涵,那么这“光彩和锋芒”一定是会逊色不少的。

七、皮日休散文对孟子的继承

依笔者看来,皮日休散文的“光彩和锋芒”除了有充沛的崇儒尊圣内涵,还得益于他善于辩驳的笔法和风格。如果说,崇儒尊圣的内涵更主要地决定了他散文“光彩”一面的话,那么,“锋芒”的一面则主要来源于他的善于驳辩和犀利之风。皮日休散文善于驳辩和犀利的特点,虽然是他广泛学习前人的结果,但是这一特点,得自于孟子散文的风格更多一些。

孟子散文特点是学界讨论较多的话题,在此不多赘述。但是他的辩说特

① 侯外庐主编《中国思想通史》第四卷(上),人民出版社 1995 年版,第 320 页。
② 钱易《南部新书》,黄寿成点校,中华书局 2002 年版,第 34 页。
③ 《重刊宋本文薮序》,萧涤非、郑庆笃整理《皮子文薮》附录,上海古籍出版社 1981 年版,第 246 页。
④ 鲁迅《小品文的危机》,《鲁迅选集》第一卷,四川人民出版社 1983 年版,第 487 页。

点最为突出,关于散文的辩难体,罗根泽在1950年代中期发表的《先秦散文发展概说》中认为是韩非子所“独创”。1980年代后,有研究者认为其“独创”者应为《孟子》。如张惠仁《孟子——我国古代辩对散文的开元者》,就从文体的角度考察了孟子的论辩艺术。认为《孟子》的论辩篇什,“把辞章艺术与严密的逻辑推理揉而为一”,形成了“以反驳艺术见长的辩对散文”,孟子以他“量多质高的辩对散文驰名一时”,而“辩对散文,是一种反映人们逻辑思维成果的文体,它以证明、反证明、推理的逻辑方法,阐明基本观点”,主要是“以问对、答辩的方式展开文章,它的针对性较其他‘论’、‘说’体,要求更高,它以驳论为主要的或突出的论证方法”。①

皮日休散文驳辩的特点首先表现在其驳论式的命题上,从他现存散文的题目看,他的驳论文的题目虽然用词丰富多样,但是写法和目的却都是相似的,就是结合着当时的社会现实,对已有观点或事实的驳论。如《晋文公不合取阳樊论》《非沈约齐纪论》《补大戴礼祭法文》《鄙孝议上篇》《鄙孝议下篇》《内辨》《反招魂(并序)》《补泓战语》《惑雷刑》《斥胡建》《诮庄生》《春秋决疑十篇》等。这些作品,在驳辩的用词上力求多样性,“非”“不合”“鄙”“惑”“斥”“诮”“疑”“反”“补”等词语的巧妙运用,显示了皮日休在驳辩文体写作命题上的用心。

其次,皮日休的立论性命题散文也多是采用驳辩式的方式创作的。除了上述这些可以直接看出驳辩特点的论题,在他的立论性散文中,他也能以驳论方式说理。他或者是先提出正面观点,再列出反面意见进行辩驳,如《原用》:

> 尧为诸侯,非求为天子也,挚之民用之。舜为鳏民,非求为天子也,尧之民用之。或曰:“挚善,亦尧乎?”曰:“亦尧而已矣。”曰:“挚与尧,其民俱舍之,则善恶奚分耶?”曰:“挚固不仁矣,尧固仁矣。尧仁如是,民尚慕舜,况有君恶于挚?君道不如尧,焉得民用哉?”故曰:“圣人不求用而民用之,求用而圣人不用之”曰:“若是,则孔子奚不用鲁?”曰:“用之则鲁化,不用之天下奚化?”②

在此文中,皮日休先以尧、舜为例,提出“圣人不求用而民用之”的观点,再以设问方式提出不同观点,进而围绕着这一不同观点展开辩说。《原谤》

---

① 聂永华《百年〈孟子〉散文艺术研究之回顾与前瞻》,《郑州大学学报》(哲学社会科学版)2002年第3期。

② 皮日休《原用》,萧涤非、郑庆笃整理《皮子文薮》,上海古籍出版社1981年版,第25页。

也使用了相似的论辩方法。他先以“天之利下民,其仁至矣。未有美于味而民不知者,便于用而民不由者,厚于生而民不求者”①的观点开篇,接着笔锋一转,指出与之相反的一种现象,即“民事天,其不仁至矣”。这就是百姓对上天“暑雨亦怨之,祁寒亦怨之,己不善而祸及,亦怨之,己不俭而贫及,亦怨之”的现实,所以“尧有不慈之毁,舜有不孝之谤”。② 这样为下一步论说国君谨慎治国张本。

皮日休的立论式散文更多的则是直接以相反观点开端,再展开自己的论辩。如《相解》:

> 今之相工,言人相者,必曰:“某相类龙,某相类凤,某相类牛马。某至公侯,某至卿相。”是其相类禽兽则富贵也。噫!立形于天地,分性于万物,其贵者,不过人乎。人有真人形而贱贫,类禽兽而富贵哉?将今之人,言其貌类禽兽则喜,真人形则怒。言其行类禽兽则怒,真人心则喜。③

对于当时流行的“相类禽兽则富贵”的相面术,皮日休在一开篇就表示了明确的批评态度,他认为由于这些“相者”的错误导向,人们产生“貌类禽兽则喜,真人形则怒”的看法十分荒谬。他赞扬圣人“见人知其贤愚,见国知其治乱”,从而提出“以圣贤之道,自相其心”的主张。④

在《鹿门隐书六十篇》中,这种论辩方式皮日休运用得最为娴熟,他常常以假设的疑问开端,如其四:

> 或曰:“圣人见一善必汲汲慕之。夫丹朱、商均虽曰不肖,岂便毒于豺虎哉?何其嗣之远也。且善足以保身,不足以保天下。”噫!丹朱、商均苟非尧舜之子,一身且不保,况天下哉?毁人者,自毁之,誉人者,自誉之。夫毁人者,人亦毁之,不曰自毁乎?誉人者,人亦誉之,不曰自誉乎?⑤

其五:

---

① 皮日休《原谤》,萧涤非、郑庆笃整理《皮子文薮》,上海古籍出版社1981年版,第26页。
② 同上。
③ 皮日休《相解》,同上书,第63页。
④ 皮日休《相解》,同上书,第64页。
⑤ 皮日休《鹿门隐书六十篇》其四,同上书,第92页。

或曰："神农牛首，蜚仲鸟身，信乎哉？"曰："非形也，象也。夫枭羊猰貐，尚犹类人，况圣贤也哉？"①

其六：

或曰："夏禹为黄熊，信乎哉？"曰："非也，感也。夫简狄吞鸟卵而生契，姜嫄履大迹而产稷，是也。当禹之母梦熊而生耳。不然者，禹诚是熊，吾以圣人为罔象也。"②

在皮日休的散文中，这样的论述方式可谓俯拾皆是。在孟子散文中，与孟子展开对话者是实有其人，相比之下，虽然皮日休散文中与之对话者常常是虚设，但是他的这一论辩方式，却更加凸现了其散文的驳辩特点。

皮日休善于驳辩的特点和短小精悍的三言两语，又决定了其散文的犀利之风。学界多把皮日休的散文视为讽刺类小品文，讽刺类小品文所具备的要件之一就是它的尖锐性，皮日休散文源自于对那个腐败混乱时代的讥刺和鞭挞，他酣畅淋漓地抒发自己的激愤之情，已经不是孔子式的"温柔敦厚"，也明显地突破了"发乎情，止乎礼义""为尊者讳"等的儒家传统思想，而更接近于孟子式的气势凌人和尖锐犀利。

孟子在论辩时，常常理直气壮地把对话一方逼到无言以对的地步，如《梁惠王下》中孟子与齐宣王的一段对话：

孟子谓齐宣王曰："王之臣有托其妻子于其友而之楚游者，比其反也，则冻馁其妻子，则如之何？"王曰："弃之。"曰："士师不能治士，则如之何？"王曰："已之。"曰："四境之内不治，则如之何？"王顾左右而言他。③

又如《公孙丑下》中与士大夫孔距心的一段对话：

孟子之平陆，谓其大夫曰："子之持戟之士，一日而三失伍，则去之否乎？"曰："不待三。""然则子之失伍也亦多矣。凶年饥岁，子之民，老

---

① 皮日休《鹿门隐书六十篇》其四，萧涤非、郑庆笃整理《皮子文薮》，上海古籍出版社 1981 年版，第 93 页。
② 同上。
③ 《孟子·梁惠王下》，杨伯峻《孟子译注》卷二，中华书局 1988 年版，第 40 页。

羸转于沟壑，壮者散而之四方者，几千人矣。”曰：“此非距心之所得为也。”曰：“今有受人之牛羊而为之牧之者，则必为之求牧与刍矣。求牧与刍而不得，则反诸其人乎？抑亦立而视其死与？”曰：“此则距心之罪也。”①

与齐宣王对话时，在孟子的步步进逼之下，齐宣王只能“顾左右而言他”，扯开话题，无法面对孟子了。在与平陆地方长官孔距心的对话中，孟子也是通过由小到大，由浅入深的类比，逼得孔距心不得不承认自己的失职。孟子咄咄逼人，恣行无阻的对话方式构成了他散文的磅礴犀利气势。此外，孟子散文行文利落，多用短句，在文风上也强化了其犀利气势。

皮日休的散文可谓深得孟子的这种真传，他有时用寓言式的类比，来达到讽刺的目的。如《惑雷刑》：

彭泽县，乡曰黄花，有农户曰逢氏，田甚广，己牛不能备耕，尝僦他牛以兼其力。逢氏之猾恶，为一乡之师焉。得他牛，则昼役夕归，箠耕于烈景，笞耨于晦冥，未尝一息容其殆。忽一日，猝雷发山，逢氏震死。日休曰：“逢氏之猾恶，天假雷刑，绝其命，信矣。夫生民之基，不过乎稼穑之功，皆不为是畜之力哉？则天之保牛，齐乎民命也，宜矣。今逢氏苦其力，天则震死。如燕、赵无赖少年，椎之以私享，烹之以市货，法不可戢，刑不可威。则天之保牛，皆不降于雷刑哉？则逢氏之死，吾不知是天地也。”②

皮日休这篇小短文是借心术猾恶的逢氏遭雷击致死一事，来暗讽当时的君王，不能惩恶除奸，拯救百姓于水火之中。文中的逢氏及燕赵无赖少年，很自然地让人联想到那些盘剥百姓的贪官；而辛勤耕种劳作的牛，又让人想到以稼穑为生的劳苦百姓；使用雷刑以惩奸治恶的“天”，则暗喻君王。

再如《悲挚兽》，皮日休借助农夫俘获老虎的经过，说明“骄傲未足于心，而刑祸已灭其属”的道理，讽刺社会上那些得位而骄的现象：

汇泽之场，农夫持弓矢，行其稼穑之侧，有苕顷焉，农夫息其傍。未久，苕花纷然，不吹而飞，若有物娭。视之，虎也。跳踉哮㘎，视其状，若有所获负，不胜其喜之态也。农夫谓虎见己，将遇食而喜者。乃挺矢匿

① 《孟子·公孙丑下》，杨伯峻《孟子译注》卷四，中华书局1988年版，第94页。
② 皮日休《惑雷刑》，萧涤非、郑庆笃整理《皮子文薮》，上海古籍出版社1981年版，第65页。

形,伺其重媄。发,贯其腋,雷然而踣。及视之,枕死麕而毙矣。意者谓获其麕,将食而媄,将媄而害。日休曰:"噫! 古之士,获一名,受一位,如已不足于名位而已,岂有喜于富贵,媄于权势哉? 然反是者,获一名,不胜其骄也;受一位,不胜其傲也。骄傲未足于心,而刑祸已灭其属。其不胜任,与夫获死麕者几希! 悲夫! 吾以名位为死麕,以刑祸为农夫,庶乎免于今世矣。"①

在此文中,皮日休以"死麕"类"名位",以"农夫"类"刑祸",以老虎类那些骄其名利的士人。皮日休的这些小散文皆是以浅显的事例说明深刻的道理,寄寓尖锐的讽刺。相对而言,这类风格还有一些意味深长的委婉成分,但这不是他的主体风格。皮日休散文的最大特色,也是其主要风格则是三言两语,像匕首,像尖刀,以判断式的语气单刀直入,寸铁而杀人。如《读〈司马法〉》:

古之取天下也以民心,今之取天下也以民命。唐、虞尚仁,天下之民从而帝之。不曰取天下以民心者乎? 汉、魏尚权,驱赤子于利刃之下,争寸土于百战之内,由士为诸侯,由诸侯为天子,非兵不能威,非战不能服,不曰取天下以民命者乎? 由是编之为术,术愈精而杀人愈多,法益切而害物益甚。呜呼! 其亦不仁矣。蚩蚩之类,不敢惜死者,上惧乎刑,次贪乎赏。民之于君,由子也,何异乎父欲杀其子,先绐以威,后啖以利哉? 孟子曰:"我善为阵,我善为战,大罪也!"使后之君于民有是者,虽不得土,吾以为犹土也。②

皮日休开篇就以判断式的断语指出古人取得天下与今人的不同之处,即以"民心"得天下和以"民命"得天下的不同。在这篇文章中,皮日休不仅在思想内容上继承孟子的仁治观点,在笔法与风格上更得孟子散文的个中三昧。孟子主张以仁义治国,他多次强调并宣传:"国君好仁,天下无敌焉。"③皮日休就继承了孟子的非战思想,批评统治者"驱赤子于利刃之下,争寸土于百战之内",为了争权夺利,置百姓的性命于不顾的罪行,而把"善阵""善战"视为"大罪"。

这篇文章语言简洁干练,篇幅短小精悍,字字句句都透着的皮日休的痛

① 皮日休《悲挚兽》,萧涤非、郑庆笃整理《皮子文薮》,上海古籍出版社 1981 年版,第 66 页。
② 皮日休《读〈司马法〉》,同上书,第 62 页。
③ 《孟子·尽心下》,杨伯峻《孟子译注》卷十四,中华书局 1988 年版,第 325 页。

恨和抗议。尤其是开头毫不留情的古今对比判断，把矛头直指当时最高封建统治者。其犀利之风，很典型地体现了皮日休的散文特色。

皮日休以犀利的批评，表现他对当时封建统治下黑暗政治和社会弊病的不满，最集中地体现在他的《鹿门隐书六十篇》中。他认为："古之官人也，以天下为己累，故己忧之；今之官人也，以己为天下累，故人忧之。"①"古之隐也，志在其中。今之隐也，爵在其中。"②"古之决狱，得民情也，哀。今之决狱，得民情也，喜。哀之者，哀其化之不行；喜之者，喜其赏之必至。"③"古之用贤也为国，今之用贤也为家。"④"古之置吏也，将以逐盗。今之置吏也，将以为盗。"⑤他常常以质直的语言，一针见血地指出古今的种种不同，对当时社会弊端的抨击可谓尖锐而大胆。

皮日休散文突出的这种的驳辩性和犀利锋芒，除了有接受孟子影响的因素外，他自身的性格也是一个关键原因。"皮日休始终处于弱者地位，因此他具有先天性的弱者文化心理——叛逆性。"⑥皮日休赞扬主体的特立"独行"，他曾作《独行》说道：

> 士有洁其处，介其止于世者。行以古圣人，止以古圣人，不顾今之是非，不随众之毁誉。虽必不合于禄利，适乎道而已矣。要以今是我之非，我非今之是。彼知于我者，闻毁适足誉；不知我者，闻誉适足毁。昧然不顾其是非毁誉者用之。呜呼！士之道，得不顾其是非毁誉者用之，则天下之治，不啻半于淳古矣。今之所誉者，处以古圣人，以今达者，闻是则进，闻非则退。有爱者闻毁而疏之。有不合者闻誉而洽之。故道不加于世，业鲜异于众。则其人贸贸于禄利，蚩蚩于朝廷，望天下之治，不啻于淳古也，难矣哉！⑦

要做一个独行者，就是要"不顾今之是非，不随众之毁誉"，不能以合乎禄利为标准，要以"适道"为标准。要敢于同"今之是非"相抗衡。这种独立的与世叛逆基于他一生郁郁不得志的不满之情，他把古代的"道"作为心目中的真理目标，执着地追求着。他认为"去四蔽，用四正"，就能常行君子之

---

① 皮日休《鹿门隐书六十篇》其十一，萧涤非、郑庆笃整理《皮子文薮》，上海古籍出版社 1981 年版，第 94 页。
② 皮日休《鹿门隐书六十篇》其二十七，同上书，第 96 页。
③ 皮日休《鹿门隐书六十篇》其三十九，同上书，第 97 页。
④ 皮日休《鹿门隐书六十篇》其五十七，同上书，第 99 页。
⑤ 皮日休《鹿门隐书六十篇》其五十九，同上书，第 99 页。
⑥ 赵棚鸽《皮日休的〈诗经〉阐释》，《河北师范大学学报》（哲学社会科学版）2009 年第 5 期。
⑦ 皮日休《独行》，萧涤非、郑庆笃整理《皮子文薮》，第 53 页。

道,即“见贤不能亲,闻义不能伏,当乱不能正,当利不能节。此之谓四蔽。道不正不言,礼不正不行,文不正不修,人不正不见。此之谓四正”①。“去六邪,用四尊”则能“处乎世”“免乎谤”:

> 谏未深而谤君,交未至而责友,居未安而罪国,家不俭而罪岁,道不高而凌贵,志不定而羡富。此之谓六邪也。自尊其道,尧、舜不得而卑也。自尊其亲,天下不得而诎也。自尊其己,孩孺不得而娱也。自尊其志,刀锯不得而威也。此之谓四尊也。②

可见,皮日休的叛逆独行,不仅令他鞭挞了当时社会的种种腐败与弊端,也让他竖起了君子道德的标杆,使他成为了晚唐时期思想领域的先觉者。

八、陆龟蒙对孟子的评价

在晚唐,皮日休对孟子的尊崇并非是孤掌独鸣,当时《孟子》已引起士人们很大地关注。与皮日休交谊甚密的陆龟蒙也“自小读六经,孟轲、扬雄之书,颇有熟者”③,他对孟子的许多观点也颇有认同。陆龟蒙在为自己写的小传《甫里先生传》中就这样描述自我:“先生性野逸无羁检,好读古圣人书。探六籍,识大义。……先生贫而不言利。问之,对曰:‘利者商也,人既士矣,奈何乱四人之业乎?且仲尼孟轲氏之所不许。’”④他虽然贫困但不“言利”,认为“言利”是商人的事情,更主要的原因是孔子和孟子不许“言利”,言外之意就是表明自己谨遵孔孟之道。在《自怜赋》中,陆龟蒙感叹自己“首蓬隆以半散,肢棘瘠而枯疏”的现实窘况后,无法排解“天难致问,道竟何如”的满腔愤懑,最后表示要服膺于孟子,认为“孟子之言得矣,尽信不如无书”。⑤ 对于成圣的看法,他也赞同孟子“尧舜与人同”的观点,并结合着自己亲自耕种的经历和生活体验,对传说的“舜象耕鸟耘”发表辨言:

> 世谓舜之在下也,田于历山。象为之耕,鸟为之耘,圣德感召也如是。余曰:斯异术也,何圣德欤?孔子叙书,于舜曰“濬哲文明”,圣德止于是而足矣,何感召之云云乎?然象耕鸟耘之说,吾得于农家。请试辨之。吾观耕者行端而徐,起坺欲深。兽之形魁者无出于象,行必端,履必

① 皮日休《鹿门隐书六十篇》其四十五,萧涤非、郑庆笃整理《皮子文薮》,上海古籍出版社1981年版,第98页。
② 皮日休《鹿门隐书六十篇》其四十八,同上书,第98页。
③ 陆龟蒙《复友生论文书》,《全唐文》卷八百,中华书局1983年版,第8403页。
④ 陆龟蒙《甫里先生传》,《全唐文》卷八百一十,第8420页。
⑤ 陆龟蒙《自怜赋》,《全唐文》卷八百,第8393页。

深。法其端深，故曰象耕。耘者去莠，举手务疾而畏晚。鸟之啄食，务疾而畏夺。法其疾畏，故曰鸟耘。试禹之绩，大成而后荐之于天。其为端且深，非得于象耕乎？去四凶恐害于政，其为疾且畏，非得于鸟耘乎？不然，则雷泽之渔，河滨之陶，无一感召何也？岂圣德有时而不德耶？孟子曰："尧舜与人同耳。"而好事者张以就其怪，怪非圣人之意也。①

舜在被后人圣化的过程中，被赋予了不少神奇的色彩，自然会衍生出许多离奇的传说，其中的象为之耕，鸟为之耘，就是证明舜的圣德感召力的一个传说故事。但是，陆龟蒙根据自己在隐居地甫里的劳动实践，对所谓的"象耕鸟耘"作出了全新的解释。即"象耕"是因为农民耕地时"行必端，履必深。法其端深，故曰象耕"；而"鸟耘"是因为"耘者去莠，举手务疾而畏晚。鸟之啄食，务疾而畏夺。法其疾畏，故曰鸟耘"。由此，陆龟蒙不仅纠正了长期以来好事者对舜的神化，解除了舜的神秘光环，将其还原为真实的圣人面目，还总结出了"深耕疾耘"的耕作原则，对我国农业技术也是一大贡献。

出于对孟子思想的了解和赞同，陆龟蒙也不免感慨当时的学者对孟子知之不深。在《蟹志》中，他借江南之蟹的习性比喻"义"和"智"。认为蟹"穗而朝其魁"，是近于"义"；"舍沮洳而之江海，自微而务著"，是近于"智"。进而批评时人"不知孟轲荀杨氏之道"：

蟹，水族之微者。其为虫也有籍，见于《礼》经，载于《国语》……考于易象为介类，与鳖刚其外者，皆乾之属也。周公所谓旁行者欤？参于药录食疏，蔓延乎小说，其智则未闻也。……蟹始窟于沮洳中，秋冬交必大出，江东人云："稻之登也，率执一穗以朝其魁，然后从其所之。蚤夜觱沸，指江而奔。渔者纬萧承其流而障之，曰'蟹断'，断其江之道焉尔。然后扳援越轶，遯而去者十六七。既入于江，则形质寖大于旧。自江复趋于海，如江之状，渔者又断而求之。其越轶遯去者又加多焉。既入于海，形质益大，海人亦异其称谓矣。"呜乎！穗而朝其魁，不近于义耶？舍沮洳而之江海，自微而务著，不近于智耶？

今之学者，始得百家小说，而不知孟轲荀杨氏之道。或知之，又不汲汲于圣人之言，求大中之要，何也？百家小说，沮洳也。孟轲荀杨氏，圣人之渎也。六籍者，圣人之海也。苟不能舍沮洳而求渎，由渎而至于海，是人之智反出水虫下，能不悲夫？吾是以志夫蟹。②

① 陆龟蒙《象耕鸟耘辨》，《全唐文》卷八百零一，中华书局1983年版，第8412页。
② 陆龟蒙《蟹志》，同上书，第8414页。

陆龟蒙把孟荀扬雄之言比喻成通往圣人之“海”的“渎”，而“百家小说”是泥沼“沮洳”。他认为士人们如果不能舍弃“沮洳”，沿着“孟轲荀杨氏”这条圣人之“渎”通往圣人之道，那么，他们的智力反不如一只蟹子。

陆龟蒙对孟子的重视程度虽然不如皮日休，但是他扬孟抑荀的态度却很明确。尽管他承认荀子和孟子一样都是大儒，然而经过比较，他还是认为荀子不如孟子。他的《大儒评》说道：

> 世以孟轲氏、荀卿子为大儒，观其书不悖孔子之道，非儒而何？然李斯尝学于荀卿，入秦干始皇帝，并天下，用为左丞相。一旦诱诸生，聚而坑之。复下禁曰：“天下敢有藏百家语，诣守尉烧之。偶语诗书者弃市。”昔孔子之于弟子也，自仲由冉求以下，皆言其可使之才。及其仁，则曰“不知也”。斯闻孔子之道于荀卿，位至丞相，是行其道得其志者也，反焚灭诗书，坑杀儒士，为不仁也甚矣。不知不仁，孰谓况贤？知而传之以道，是昧观德也。虽斯具五刑，而况得称大儒乎？吾以为不如孟轲。①

从荀子的学生李斯“焚灭诗书，坑杀儒士”的行为，推论至他们的“不仁”，而“仁”正是孟子继承发扬孔子之道的核心思想。为儒而不仁，这是陆龟蒙断言荀子不如孟子的最本质所在。

由皮日休、陆龟蒙等晚唐士人对孟子的重视，我们不难看出，在当时动荡的时势中，晚唐思想学术并没有因此而停止，相反，衰落的现实更激发了他们的救世热忱。现实的刺激，加上传承文化的历史使命，一些士人的呐喊之声会更加响亮。晚唐以皮日休为代表的士人的尊孟思想就是这种颓世响亮的呐喊。他的嗣音一直传到北宋，在整个宋代激起了更大尊孟和声，从此，中国思想史上尊孟的声浪则很少停歇。

第四节　林慎思与孟子

在唐代，除《孟子》的注本之外，林慎思的《续孟子》是现存唯一的孟子研究专著，因此，《续孟子》成为唐代孟子研究的重要资料，林慎思也因其儒学造诣成为晚唐重要的思想家。萧公权的《中国政治思想史》就将林慎思与韩愈、柳宗元并列，并为其单列一节论述其思想成就②。文献中关于林慎思的

① 陆龟蒙《大儒评》，《全唐文》卷八百零一，中华书局 1983 年版，第 8413 页。

② 见萧公权《中国政治思想史》，第十二章“韩愈”“柳宗元”“林慎思”，第四节“林慎思”，辽宁教育出版社 1998 年版。

生平资料比较少，两《唐书》没有他的传记材料，《全唐文》卷八百零二林慎思小传载："慎思字虔中，长乐人，咸通中进士，复中宏词科，历校书郎，水部郎中，万年县令。黄巢入长安，迫以伪官，不屈，骂贼死。"①林慎思对儒学很专注，他"所学周公仲尼之道，所言尧舜禹汤文武之行事也"②。大约在唐懿宗咸通六年左右，他创作了《伸蒙子》和《续孟子》③。

一、林慎思续《孟子》的目的

林慎思为何独续《孟子》一书，而不续其他儒家学者之书？这一问题，林慎思在其《续孟子序》中有所说明："孟子书先自其徒记言而著，予所以复著者，盖以孟子久行教化，言不在其徒尽矣，故演作《续孟》。"④对此，《崇文总目》解释说："慎思以为《孟子》七篇非轲著书，而弟子共记其言，不能尽轲意，因传其说，演而续之。"⑤除了这一学术原因外，笔者以为林慎思选择续孟子，主要是出于他借孟子"引事以明理"，来实现他救治当时社会问题的愿望。他曾在仕途不遇之时，"退栖槐里，著《儒范》七篇"，然而"辞艰理僻，不为时人所知"。又"尝与二三子辨论兴亡，敷陈古今"。⑥ 巧合的是，就在林慎思作《续孟子》的前一两年，皮日休曾上书《请孟子为学科》，《唐会要》卷七十七《贡举下》载："咸通四年二月，进士皮日休上疏，请以孟子为学科。……疏奏，不答。"⑦我们现在无法考证当时与林慎思"辨论兴亡"的"二三子"是何许人，但是，在前后如此接近的时间内，两位士人都对孟子倾注了很大的热情，至少可以说明他们是英雄所见略同，即认为孟子的思想可以为挽救晚唐的颓败现实提供借鉴，也说明他们认识到孟子的思想对于儒学的发展具有重要的价值，从而标示了孟子在当时的思想及学术界，具有相当重要的地位。

林慎思的《续孟子》在体例上大致模仿《孟子》，分上下两卷，共十四篇。分别是《梁大夫一》《梁襄王二》《乐正子三》《公都子四》《高子五》《公孙丑六》《屋庐子七》《咸邱蒙八》《齐宣王九》《万章十》《宋臣十一》《庄暴十二》《彭更十三》《陈臻十四》。同时，他在行文中主要采用对话问答的论辩方式，

---

① 林慎思小传，《全唐文》卷八百零二，中华书局1983年版，第8433页。

② 林慎思《伸蒙子序》，同上书，第8433页。

③ 林慎思《伸蒙子序》："大唐咸通六年二月四日，长乐林慎思虔中自序。"《全唐文》卷八百零二。《续孟子》的创作时间，文献无记载，学者多认为是在他中试以前，即唐咸通十年(869)前寓居长安时所著。

④ 林慎思《续孟子序》，《全唐文》卷八百零二，第8433页。

⑤ 林慎思《续孟子》附录，《丛书集成新编》第18册，台湾新文丰出版公司1986年版，第169页。

⑥ 林慎思《伸蒙子序》，《全唐文》卷八百零二，第8433页。

⑦ 《唐会要》卷七十七，中华书局1955年版，第1402页。

以故事、寓言等设喻，来阐明道理，文风也颇类《孟子》。但是，林慎思对《孟子》的“续”功，更多的是用在对孟子某些学说的阐释或者解读上。《孟子》各章中论说的内容十分丰富，但是《续孟子》的各篇都是仅就一个问题展开议论，在篇幅上比孟子要少得多，笔者作了一下粗略的统计，《续孟子》的字数大约有三千八百多字，大致为《孟子》的十分之一，因此，所谓的“续”，只是对孟子个别思想的解读。

然而，林慎思选择解读《孟子》中的何种内容则能反映出他的思想，我们不妨对他“续”孟子十四篇的主要内容作一下盘点。

《梁大夫一》解读的核心问题是义利之辨，提出了“王移厚利之心而在仁义，移薄仁义之心而在利，则上下移矣”的观点。

《梁襄王二》围绕“敬慎威仪，维民之则”的问题展开，提出了“王苟能恩信，来其民，必先以容仪，正其身”的观点。

《乐正子三》解读的是“与民同乐”的问题，提出了“与民同者，均役于民，使民力不乏；均赋于民，使民用常足。然后君有余而宴乐，民有余而歌咏”的观点。

《公都子四》解读的是居官守职的问题，提出了“谏于王而不用，致为臣而去”的观点。

《高子五》解读的是大臣的政治主张是否真正受国君重用的问题，提出“受王之禄，居王之室，王终不能(用)矣。是媒吾身以得罪于王”的观点。

《公孙丑六》讨论的是如何辨别真假现象的问题，提出了“君子周防其身”的观点。

《屋庐子七》讨论的是下属的作为影响上司声誉的问题，隐含着国君有责任管理好下属的观点。

《咸邱蒙八》解读的是关于舜的至孝问题。认为，为了突出舜的至孝，上天有意设置让舜“不生于帝裔，而生于庶人，不事于常父，而事于瞽叟”。这样树立起舜至孝的典型，以“率天下之为人子者”，而让“瞽叟之恶”，来“戒天下之为人父者”。

《齐宣王九》讨论的是国君如何识别人才贤与不肖的问题。提出了“在禄以诱之，劳以处之”“用之而已矣”的观点。

《万章十》讨论的是道德与才能的问题，推而衍之就是“道”与“技”的问题。认为，“道”与“技”的关系犹如“山者狩，水者渔，皆捕于物也。善捕于物。使狩反于水，必能为渔焉；渔反于山，必能为狩焉”。即“道”相通，“技”也可以互通。

《宋臣十一》讨论的是如何施政安民的问题。提出“以恩乐于民，不知民乐为惰。民惰则何取乎?”的观点。

《庄暴十二》解读禹的孝德问题,认为“禹之孝在乎天下,而不在乎一家”,以此来解释“鲧遭舜殛,禹受舜禅”与孝道的矛盾。

《彭更十三》解读进言献策“自造自俟”问题,对传统的“善医者不自造他户”“善相者不自俟他颜”提出质疑,主张大臣要主动以仁引导国君。

《陈臻十四》讨论的是认识事物的方法问题。提出“以其大而举之,不以其小而废之”的观点。用哲学上的认识论来看,就是不能用绝对的眼光去看待事物。林慎思以孟子弟子陈臻设问:“尧有天下,皆谓比屋可封,然而四凶在庭,亦可封邪?纣有天下,皆谓比屋可诛,然而三仁在侧,亦可诛邪?”孟子以“举目于洪海,必曰‘水弥天’矣。虽旁有洲岛,岂能废弥天之言乎?驰心于巨岳,必曰‘势接霄汉’矣,虽上隔空虚,岂能废接霄汉之言乎”①作比,指出人们在认识事物,表达观点时“以其大而举之,不以其小而废之”的习惯。

二、林慎思的理政思想对孟子的继承

综合林慎思在《续孟子》十四篇中所探讨的问题,我们可以归纳出,他对国君提出关于治国方面的问题有六篇,分别是《梁大夫一》《梁襄王二》《乐正子三》《屋庐子七》《齐宣王九》《宋臣十一》。对臣子们提出的相关问题有三篇,分别是《公都子四》《高子五》《彭更十三》。讨论孝道的问题有两篇,分别是《咸邱蒙八》《庄暴十二》。其他内容三篇。由此可见,他对国君如何按照儒家思想治国最为关注。上述六篇中,既涉及治国的基本理念问题如义利之辨,又涉及具体的施政方略和政策问题,如国君的威仪,对人才的使用,安民、乐民的政策等。可以说,这是林慎思结合对孟子相关思想的解读,为晚唐国家治理开出的理想药方,或者说是对国君治国提出的要求。如《乐正子三》和《宋臣十一》两篇,都从民生的立场对国君提出理政要求。《宋臣十一》先设宋臣所言国工的抚民政策,再加以评论:

> 孟子问宋臣曰:“子之王于民何如?”曰:“抚之。”曰:“何以抚邪?”曰:“民未及歉,则开廪以赈之,不使民歉也;民未及寒,则散帛以给之,不使民寒也。”孟子曰:“吁!子之王曾不若鲁民也。”……“以恩乐于民,不知民乐为惰。民惰则何取乎?”②

---

① 林慎思《续孟子·陈臻十四》,《丛书集成新编》第18册,台湾新文丰出版公司1986年版,第171页。

② 林慎思《续孟子·宋臣十一》,同上书,第171页。

这段假借孟子和宋臣的对话,实际反映出林慎思的理政思想。他认为,国君为政需要了解民情,需要行大德,而不是小恩小惠,即要能够公平地实施纲纪法度,使全体人民都能得到好处。否则,用施小恩来使民快乐,不仅理不好政,还会导致百姓的懒惰。又如《乐正子三》阐述孟子"与民同"的观点,林慎思解读的结果是,"与民同"不能教条地理解成让百姓都与君王过同样的生活:

> 乐正子见孟子曰:"吾国之君,常耽酒嗜音。俾俗不治。克欲以治道谏之,夫子何以教克?"孟子曰:"鲁君耽嗜,与民同之,则其庶几乎?"他日,鲁平公备樽罍之器,陈金石之音。乐正子曰:"君独好此,致鲁俗不治。不若与民同之,则其庶几乎?"平公遂召致鲁民,卒命樽罍俱执,使金石咸奏。鲁民大酣。他日俗益不治。乐正子复见孟子,告之。孟子曰:"吾昔教子谏鲁君耽嗜,与民同之。君反若是,贻民之怨,岂谓与民同邪?且禽必栖于木,鱼必泳于川,使易禽于笼,孰若木之安乎?移鱼于沼,孰若川之乐乎?民居鲁国,若禽之在木,鱼之在川也。鲁君耽嗜,召民于侧,是犹易禽于笼,移鱼于沼也。使民且恐且惧,岂暇耽嗜而同于君乎?吾所谓与民同者,均役于民,使民力不乏;均赋于民,使民用常足。然后君有余而宴乐,民有余而歌咏。夫若此,岂不谓与民同邪?"①

鲁平公理解的"与民同"就是"命樽罍俱执,使金石咸奏",让"鲁民大酣",和他一样地享乐,结果不但是"鲁俗不治",社会风气反而更加恶劣。鲁平公的做法说明有些人对孟子的"与民同"存在着误解。因此,林慎思借孟子之口郑重申明,"所谓与民同者",是"均役于民,使民力不乏;均赋于民,使民用常足"。只有让百姓人人都能感到"不乏"与"常足",国君才有闲暇宴乐,百姓也可以歌咏而乐了。可见,林慎思所阐述的安民思想,都是希望统治者能从根本上解决百姓的生计问题,而不是仅做做表面文章。因此,萧公权说林慎思"不复斤斤于治标之具体方案,而针对苛政作意味深长之抗议"②。

在封建时代,君与臣不仅是社会关系中十分重要的两个阶层,也是决定国家治理盛衰的关键。国君对于一国或一朝之政固然起着主要作用,大臣们对国家也肩负着应有的重要责任。因此,林慎思在《续孟子》中,除了对国君提出诸多应尽职责的要求外,还对臣子的职责发表了不少意见。对于封建时

① 林慎思《续孟子·乐正子三》,《丛书集成新编》第18册,台湾新文丰出版公司1986年版,第169页。

② 萧公权《中国政治思想史》,辽宁教育出版社1998年版,第386页。

代的臣子们而言,最主要的责任就是向国君献计献策,辅佐国君治国理政。对此,林慎思对大臣们提出的要求是:一要居官守职;二要让国君真正接受自己的主张,否则,就要无功不受禄;三要积极主动地引导国君。这里既包括了大臣的任职态度问题,也涉及了方法问题。林慎思认为,做臣子的职责是要主动向国君提出建议,特别是在发现君主昏庸之时。在《彭更十三》中,他主要表达的就是这种观点:

> 孟子居休,叹曰:"天富吾道,不使齐王用吾。岂吾之过欤?"彭更曰:"夫子何为急急乎?且善医者,不自造他户。必待媒而后行;善相者,不自俟他颜,必待求而后动。自造他户,虽善医,人不得不疑;自俟他颜,虽善相,人不得不贱矣。今夫子不为齐王用,岂不由自造自俟,而使疑且贱乎?"孟子曰:"噫!汝之言蔽矣。夫路有囊金,迷于夜而不止者,将入寇盗之境,非有仁人导而出之,不能免其害矣。今齐王昏昧,若迷于夜也,寇盗之害将生,乱亡无日矣。吾非不仁之人,安能忍其害生,不导之而出邪?所以急急于齐王,岂以求用为心哉?然而王不用吾所道,是以叹也。讵同医相之心,而怀其利乎?"①

林慎思这里是借孟子和弟子彭更的对话,阐明了向君王推行仁道不同于医者和相者之心的观点。医者和相者不能"自造他户""自俟他颜",即主动地为他人服务,否则就容易被人怀疑和轻视,所以,他们"必待媒而后行""必待求而后动"。但是,向昏昧的君主推行仁政,就需孜孜以求,这与医相求利之心是完全不同的。

有了这种积极主动的态度,还要让国君真正接纳自己的主张,而不是仅仅让国君做做纳贤的姿态,自己则徒有虚名地接受俸禄。林慎思以孟子拒绝接受齐王俸禄一事阐述了这一观点:

> 孟子将去齐。高子曰:"王欲授夫子室,夫子舍之而去。然王意于夫子不为不厚矣。夫子或缺所以,王必补之。今何为不止?"孟子曰:"吾尝观齐王之意也,先有执雅乐之器进于王,王始重之。使奏而未尝乐也。后有执靡声之器进于王,王始轻之,使奏而未尝舍也。然而执雅乐之器者,王虽未弃,王终不能用矣。是执雅声以得罪于王也。今吾以王之未弃也,若受王之禄,居王之室,王终不能矣。是媒吾身以得罪于王

① 林慎思《续孟子·彭更十三》,《丛书集成新编》第18册,台湾新文丰出版公司1986年版,第171页。

也。不亦甚乎？吾幸去，何适而不遇哉？孔子曰：'邦有道，谷；邦无道，谷，耻也。'"①

孟子通过观察齐王重雅乐之器，而不重雅乐之声这件事情，看出齐王尽管不排斥自己，但是最终却不会采用自己的政治主张。在这种情形下，孟子是不会"受王之禄，居王之室"的，所以他要离开齐国。林慎思所设置的这一故事，对大臣而言，就是提出无功不受禄的要求。他的这一主张，在《公都子四》中也有所体现。公都子向孟子询问说："吾闻诸齐人言，蚳鼃所以谏于王而不用，致为臣而去。是夫子之谋邪？"孟子对曰："然。"这一段对话，是对孟子"吾闻之也，有官守者，不得其职则去；有言责者，不得其言则去"②观点的继承。

要之，林慎思的《续孟子》是借用《孟子》的表现形式，表达他复兴儒学、匡世救俗的强烈愿望。他按照儒家义理，主要对君与臣这两个阶层的职责提出原则性的要求，可以说是抓住了治国的关键。但是，处在晚唐的懿僖乱世，昏君污吏薄仁义而厚利益，社会的颓败已成不可挽回之势。而林慎思官职不高，才志不显，即使开出的救世药方是有效的，最终也无法挽救唐朝灭亡的结局。不过，他的续孟，却成为晚唐孟子学史上闪亮的一环，不仅在思想上丰富了晚唐孟子学的内容，有承前启后之功，在形式上也为宋儒的订正经文和以意说经，开启了无限法门。

---

① 林慎思《续孟子·高子五》，《丛书集成新编》第18册，台湾新文丰出版公司，1986年版，第170页。

② 《孟子·公孙丑下》，杨伯峻《孟子译注》卷四，中华书局1988年版，第96页。

第五章　唐代《孟子》注本

第一节　唐代《孟子》注本概述

唐代关于《孟子》的注本见于著录的有三种，分别是陆善经的《孟子注》、张镒的《孟子音义》和丁公著的《孟子手音》。从数量上看，“唐代的几部著作与宋以后研究《孟子》的专著相比是微不足道的，但与魏晋南北朝和隋相比，则可谓极一时之盛了”①。这三种《孟子》注本，产生于盛唐到中唐时期，是与孟子在唐代地位的逐渐提升有密切关联的。陆善经主要生活于玄宗朝，他参与了盛世修典的重大工程，是《大唐开元礼》和《唐六典》的编撰者之一。正是在这样的学术氛围中，他独具只眼对《孟子》进行了注释。陆善经的《孟子注》删除了汉代赵岐注孟中的章旨部分，在释义方面有一些奇异创说，尽管他的工作避免不了存在一些瑕疵，但是作为唐代第一部对《孟子》予以注释的著作，陆善经结束了此前唐人仅仅是靠引述《孟子》的个别语句来传播孟子思想的方式，开唐人注孟的首创之功。

张镒生活于代宗和德宗朝时期，据《唐会要》记载，张镒的《孟子音义》完成于唐德宗建中元年(780)，可以推断，他大约是在唐代宗朝开始的这一撰写工作。而在此前不久，张镒的至交杨绾曾向代宗上书将《孟子》列为兼经，增入科考内容中②。可以看出，这一阶段士人对孟子的关注度是很高的。张镒在仕途上政绩显著，在其管辖治理的范围内，大力倡导经学教育，位至宰相后，提携奖掖儒学之辈，深得代宗和德宗的信任。他的《孟子音义》以注音为主，兼能释义，是唐代第一部为《孟子》注音的著述。伴随着其政治地位的不断上升，他的《孟子音义》在当时的士林中影响或许会比较广泛。

丁公著历宪宗、穆宗、敬宗、文宗四朝，他仕途通达，尤其受穆宗的器重。他德行和学问兼擅，知行如一，在当时堪为士林楷模。丁公著和韩愈生卒年相差无几，他的《孟子手音》产生的时期与韩愈尊孟而大力倡导孟子的思想基本同步，显示出孟子在中唐这一阶段在士林地位的显著提升。《孟子手

---

① 董洪利《孟子研究》，江苏古籍出版社 1997 年版，第 184 页。

② 《唐会要》卷七十六：代宗宝应二年“七月二十六日，礼部侍郎杨绾奏贡举条目曰：‘又《论语》、《孝经》皆圣人深旨，《孟子》亦儒门之达者，其学官望兼习此三者，共为一经，其试如上’”，上海古籍出版社 1991 年版，第 1652 页。

音》以注音为主,与陆善经、张镒不同的是,丁公著不仅为《孟子》注音,还为赵岐注文的内容注音。同时,在释义方面也比陆善经注和张镒注更为详赡,被学界认为是最能代表唐代《孟子》注本成就的一种。

遗憾的是,唐代的这三种《孟子》注本均已散佚,现在我们所能见到的都是根据清人马国翰辑佚的。马国翰在《玉函山房辑佚书》经编孟子类中,分别辑录了陆善经《孟子注》一卷、张镒《孟子音义》一卷以及丁公著《孟子手音》一卷。而马国翰辑佚的依据则是北宋孙奭的《孟子音义》,孙奭在其《孟子音义》中,对唐人这三种《孟子》注本都作了部分引述,由此,我们可以稍稍见识并了解一下唐人的《孟子》注本了。

第二节　陆善经与《孟子注》

一、陆善经行历与著述

陆善经两《唐书》中无传,其生平事迹史料记载很少,只零星见载于《旧唐书》卷二十六《礼仪志六》中关于禘祫二礼[①],《新唐书》卷五十七《艺文志一》中关于《御刊定礼记月令》[②],卷五十八《艺文志二》中关于《六典》《开元礼》[③]等资料。此外,《新唐书》卷五十九《艺文志三》著录陆善经注《孟子》七卷,《宋史》卷二百五十《艺文志四》及晁公武《郡斋读书志》也有同样书目著录。

陆善经事迹及其著述在国内没有引起人们的足够重视,然而在日本却得到学界的充分肯定。陆善经的著述或因其子陆珽出使日本所携带,或由当时日本的遣唐使所载回国。因此,保存在日本的资料较多。9 世纪末日本的藤

① 《旧唐书》卷二十六:"开元六年秋,睿宗丧毕,祫享于太庙。自后又相承三年一祫,五年一禘,各自计年,不相通数。至二十七年,凡经五禘、七祫。其年夏禘讫,冬又当祫。……礼部员外郎崔宗之驳下太常,令更详议,令集贤学士陆善经等更加详核,善经亦以其议为允。"中华书局 1975 年版,第 997—999 页。

② 《新唐书》卷五十七:《御刊定礼记月令》一卷(集贤院学士李林甫、陈希烈、徐安贞、直学士刘光谦、齐光乂、陆善经、修撰官史玄晏、待制官梁令瓒等注解),中华书局 1975 年版,第 1434 页。

③ 《新唐书》卷五十八:《六典》三十卷(开元十年,起居舍人陆坚被诏集贤院修"六典",玄宗手写六条,曰理典、教典、礼典、政典、刑典、事典。张说知院,委徐坚,经岁无规制,乃命毋煚、余钦、咸廙业、孙季良、韦述参撰。始以令式象《周礼》六官为制。萧嵩知院,加刘郑兰、萧晟、卢若虚。张九龄知院,加陆善经。李林甫代九龄,加苑咸。二十六年书成),中华书局 1975 年版,第 1477 页。

《开元礼》一百五十卷(开元中,通事舍人王喦请改《礼记》,附唐制度,张说引喦就集贤书院详议。说奏:"《礼记》,汉代旧文,不可更,请修贞观、永徽五礼为《开元礼》。"命贾登、张烜、施敬本、李锐、王仲丘、陆善经、洪孝昌撰缉,萧嵩总之),中华书局 1975 年版。

原佐世据当时皇家及中央各公务机关所藏的汉籍实录编纂了《本朝见在书目》,著录了陆善经的八种著作:分别为《周易注》八卷,《周诗注》十卷,《古文尚书注》十卷,《三礼注》三十卷,《春秋三传注》三十卷,《论语注》六卷,《列子注》八卷,《孟子注》七卷。

虞万里的《唐陆善经行历索隐》对陆善经的行历考论挖掘得十分详细。虽然早在1930年代,向宗鲁就有《书陆善经事》,汶廑有《补唐书陆善经传》①,但是,正如虞万里所言:“觉余所得资料及所推论,多有为二先生所无而足可抉隐阐微者。”根据虞万里的梳理,陆善经的行历大致如下:

> 陆善经,或名该,善经其字也。其先世为晋太常卿陆始之裔。高祖敬,唐苏州刺史陆孜兄。吴郡吴县人。约生于武则天久视元年以前。熟谙经史、小学。曾官河南府仓曹参军。开元十七、八年,中书令、集贤殿学士萧嵩荐与王仲丘等共纂《大唐开元礼》,二十年书成。迁集贤院直学士。嵩又荐与贾登、李锐等修国史,未就。张九龄知院,荐修《唐六典》。二十四年,李林甫代九龄为中书令、集贤殿大学士,陈希烈代九龄判集贤院事,命善经与学士徐安贞、直学士刘光谦、齐光乂等同注《御刊定月令》。除集贤院学士。二十七年,太常议三祫五禘之礼,礼部员外郎崔宗之驳之。林甫令善经更加详核,善经允太常议,诏从之。天宝初,迁国子司业。三年,贺知章归隐会籍,上与群臣饯于东路之青门,自赋诗以赠行。善经亦预而和焉。五年八月,为饶州刺史李良代撰《荐〈蒙求〉表》。先是,东宫卫佐冯光震注《文选》,以迂解贻讥萧嵩。开元二十年,令王智明、李玄成及善经注之。嵩罢相,王、李迁官,功竟不就。善经学问湛深,遂独竣其事。书不传,然唐季选学家萃李善、五臣及钞、音诀并善经之注为一书,颇存其说。稿随遣唐使东渡扶桑,幸存残帙,得留鸿爪,世人宝之。②

此外,虞万里还据《广韵》辑出陆善经著有《字林》,因欲有别于吕忱书,故称《新字林》;又据晁公武《郡斋读书志》和陈振孙《直斋书录解题》所录,断定陆善经续增了梁元帝的《古今同姓名录》;据日本水泽利忠搜辑日本古本《史记》中有关陆善经注而成的《陆善经史记注佚文拾遗》,推断陆善经还著

---

① 向宗鲁《书陆善经事》收入屈守元《昭明文选杂述及选讲》,天津古籍出版社1988年版,汶廑《补唐书陆善经传》收入《说文月刊》1940年第二卷合订本,参见虞万里《榆枋斋学术论集》,江苏古籍出版社2001年版,第805页。

② 虞万里《榆枋斋学术论集》,第803—804页。

有《史记注》(或称《史记决疑》)若干卷;据《大唐新语·著述》考证出陆善经著《文选注》;据湖南《平江县志》及《独异志》辑出陆诗二首,其一为天宝三年奉和唐玄宗《送贺知章归四明》诗而作,陆诗云:

> 至贵不忘初,辞荣返旧居。霓裳因宠锡,鹤驾欲凌虚。丹禁倾三事,青门祖二疏。函关遇真隐,应演道家书。①

其二为陆善经游湖南,寓居汨罗芭蕉寺所作的《寓汨罗芭蕉寺》:

> 寒泉泻破青山腹,青山不改寒泉绿。幽人一派泉石心,倚溪著此数椽屋。窗外飘喷万斛珠,枕边玲珑一片玉。山间金龙啸欲飞,洞底银蟾清可掬。敲磬愁惊晓鹭眠,停经坐看昏鸦浴。香浮茗雪滋肺腑,响入松涛震崖谷。清净耳聆绝弦琴,广长舌相无生曲。客来坐此亦忘归,溪南溪北千竿竹。②

综上,不难见出陆善经不仅是一位经学大师,他博通经史,遍注群经,还称得上是一位诗人。不过,从现存诗作看,他的成就还主要表现在经学方面。他除了参加当时朝廷组织的《六典》《开元礼》等集体编撰工作外,还有颇为丰富的个人著述,只可惜这些著作未能保存下来。

二、陆善经的《孟子注》

陆善经的《孟子注》因清人马国翰的辑佚,让我们今天还可以稍稍窥视一斑。马国翰在《玉函山房辑佚书》经编《孟子》类中,辑录了陆善经的《孟子注》一卷。其序曰:"《孟子》陆氏注一卷,唐陆善经撰。……《崇文总目》云:'善经以轲书初为七篇,因删去赵岐章指与其注之繁重者,复为七篇。'孙奭《孟子正义》云:'自陆善经以降,其训说虽小有异同,而咸归宗于赵氏。'今佚惟孙奭音义引之,辑录一卷。"③由此可知,马国翰对陆善经《孟子注》的辑佚,所依据的是宋人孙奭《孟子音义》中引述陆注的所有部分。笔者将马国翰的辑佚与孙奭《孟子音义》④作了对照,马国翰所辑陆善经《孟子注》的16条,即

① 转引自虞万里《榆枋斋学术论集》,江苏古籍出版社2001年版,第798页。
② 同上书,第797页。
③ 马国翰《玉函山房辑佚书》版本为清光绪九年(1883)长沙嫏嬛馆刊本,《丛书集成三编》,台湾新文丰出版公司1997年版。下同。
④ 孙奭《孟子音义》版本为《丛书集成新编》,台湾新文丰出版公司影印《粤雅堂丛书》本,1986年。下同。

为孙奭所引用陆注的16处。李峻岫著《汉唐孟子学述论》时推断，“因《孟子音义》以诠释字音为主，而陆善经注重在释义，故《孟子音义》中引用不多”①。而笔者以为，个中原因可能不限于此。

孙奭《孟子音义》成于宋真宗大中祥符年间，据《四库全书总目提要》卷三十五所载，此书是因为“唐陆德明《经典释文》于群经皆有《音义》，独阙《孟子》”，因此孙奭奉敕而撰。孙奭《孟子音义序》说明其编撰依据是以汉代赵岐注为本，然后“参考旧注，采诸儒之善，削异说之烦，证以字书，质诸经训，疏其疑滞，备其阙遗，集成音义二卷”。② 孙奭所谓的“旧注”，就是指除汉代赵注之外的唐代陆善经注，以及张镒《孟子音义》和丁公著《孟子手音》二书。在孙奭看来，唐代“自陆善经以降，其所训说，虽小有异同，而共宗赵氏”，但是张镒和丁公著的工作都存在明显的缺憾：“二家撰录俱未精当，张氏则徒分章句，漏略颇多；丁氏则稍识指归，讹谬时有。”③可见，在唐人注孟的成果中，孙奭唯一没有意见的就是陆善经的注释了。因此，宋晁公武在其《郡斋读书志》卷十中著录《孟子音义》二卷时就断言：“孙奭等采唐张镒、丁公著所撰，参附益其阙。古今注《孟子》者，赵氏之外，有陆善经。奭等以赵注为本，其不同者，时时兼取善经。如谓‘子莫执中’为‘子等无执中’之类。大中祥符间书成，上于朝。”④晁公武所谓的“其不同者，时时兼取善经”，即指孙奭在比较了诸家注孟之后，“采诸儒之善”，取用了陆善经与赵岐“小有异同”的部分。这种采纳，或许是如马国翰所推测：“录其不同者，以备参考乎？”抑或是缘于孙奭对陆善经不同于赵注的诠释有相当的认可度。

考察孙奭《孟子音义》中对陆善经注孟的引述情况，我们发现孙奭在大部分情况下不引述他人的注解，只单纯引用陆善经的注释，共有11处，兹列举如下：

《公孙丑上》“无是，馁也”条，陆注曰：“言以道义配之则充塞，无是，馁也。”

《滕文公下》“为之诡遇”条，陆注曰：“诡遇，诡计以要禽也。”

《告子上》“性犹湍水也”条，陆注曰：“湍，波流也。”

《尽心上》“夫君子所过者化，所存者神”条，陆注曰：“言君子所过人者在于政化，存其身者，在于神明。”

《尽心上》“盎于背”条，陆注曰：“盎于背如负之于背。”

---

① 李峻岫《汉唐孟子学述论》，齐鲁书社2010年版，第304页。

② 孙奭《孟子音义》，《丛书集成新编》第39册，台湾新文丰出版公司1986年版，第188页。

③ 同上。

④ 晁公武《郡斋读书志》，孙猛校证，上海古籍出版社1990年版，第417页。

《尽心上》"子莫执中"条,陆注曰:"言子等无执中。"

《尽心上》"孟子曰:'柳下惠不以三公易其介'"条,陆注曰:"介,为特立之行。"

《尽心上》"有达财者"条,陆注曰:"达财,周恤之,一本作'才',以有善才就开其性理也。"

《尽心上》"中道而立,能者从之"条,陆注曰:"能者从之,当勤求也。"

《尽心下》"被袗衣"条,陆注曰:"袗,衣之美者。"

《尽心下》"近圣人之居,若此其甚也,然而无乎尔,则亦有乎尔",陆本原文与今本有所不同,今本为"近圣人之居,若此其甚也,然而无有乎尔,则亦无有乎尔"。陆注曰:"孟子意自以当之,邹鲁相邻,故曰'近圣人之居','无乎尔,有乎尔',疑之也。此意以况绝笔于获麟也。"

孙奭除单独引述陆注的情况外,将陆注与赵岐注同列的有2条:

《梁惠王上》"为长者折枝"条,赵注曰:"折枝,按摩,折手节解罢枝也。"陆注曰:"折枝,折草树枝。"

《公孙丑下》"有私龙断焉"条,赵注曰:"龙断,谓堁断而高者。"陆注曰:"龙断谓冈垄断而高者。"

将陆注与丁公著注同列的有3条:

《告子下》"然后知生于忧患而死于安乐也"条,丁注曰:"知,音'智',注同。"陆注曰:"知,如字,云言忧患者以生全,安乐者得死亡也。"

《尽心上》"变其彀率"条,丁注曰:"率,循也,谓彀张其弩,又当循其射道,令必中于表。"陆注曰:"率,法也。"

《尽心上》"君子引而不发,跃如也"条,丁注曰:"跃如,犹言卓尔。"陆注曰:"跃如,心愿中也。"

由此我们似乎可以推断,孙奭采用陆注的可能性多数是因为认同陆善经的一些奇异创说,因此,只单独取陆注而不再罗列他人之说。然而对于那些可备一说、用于参考的见解,孙奭则将陆注与他人同列。

从现存马国翰辑录的佚文看,陆善经的注孟有不少合理的创说。如《公孙丑下》"有私龙断焉",陆注曰:"龙断谓冈垄断而高者。"释"龙"为"冈垄",比赵注①的"堁断而高者"更为精准;又如《滕文公下》中对"诡遇"的解释,陆注曰:"诡遇,诡计以要禽也。"此解比之赵注的"横而射之曰诡遇",更便于对上下文的理解。焦循《孟子正义》中引《白氏六帖·执御篇》释"诡"为"谲也",这与陆注的意思,即指使用计谋,不依法驾驭射禽一致;再如,《尽心

① 赵岐注版本为《四部丛刊初编》经部《孟子十四卷》,上海商务印书馆,上海涵芬楼影印清内府藏宋刊本,1912年。

下》:"舜之饭糗茹草也,若将终身焉。及其为天子也,被袗衣,鼓琴,二女果,若固有之。"一段中释"袗衣",陆注曰:"袗,衣之美者。"赵注:"袗,画也。黼黻絺绣也。"焦循《孟子正义》引任大椿《深衣释例》云:"《孟子》:被袗衣,鼓琴。赵岐注:袗,画也。黼黻絺绣也。夫鼓琴,宴居时也。舜于养老朝燕,仅服白布深衣,而宴居则服黼黻絺绣,非所以明质,故袗衣当非画衣也。"又引段玉裁《说文解字注》云:"《衣部》:袗,禅衣也。一曰盛服。"①由此可见,关于"袗衣"的释义,陆注较赵注更合理明了一些。

同时,陆善经注孟也存在望文生义的误解之处。其中最为后人诟病的就是《梁惠王上》中对"折枝"的诠释。东汉赵岐和刘熙注孟都释"折枝"为"按摩"意,但是陆善经创为新说,释为"折草树枝"意,这一新解,也被朱熹的《孟子集注》予以采纳。而其后的学者们对陆善经的这一新解多持否定意见,如焦循《孟子正义》、周广业《孟子四考》等②。又如《尽心上》中对"盎于背"的解释,赵岐释此句为"盎视其背而可知,其背盎盎然盛",陆善经释为"盎于背如负之于背",将"盎"解释为盆缶等器物。

以上陆善经这两条解释的差误,都源于不明假借之学,仅依字词的本意为训。孟子所言"为长者折枝"之"枝",实通肢体之"肢";至于"盎于背"之意,联系其"仁义礼智根于心,其生色也睟然,见于面,盎于背,施于四体,四体不言而喻"③的上下文,"盎"字实通"泱"字。

尽管有此瑕疵,陆善经的《孟子注》依然有其重要地位。据孙奭记述,它应是唐代第一部为《孟子》作注的著作。陆善经注孟的这一作为,在《孟子》并未引起经学界重视的盛唐时期,确实有着独树一帜的意义。他重视《孟子》的独到识见,在其后不仅就有了嗣音,这就是杨绾和赵匡上书代宗,建议将《孟子》增列为科考书目的热切呼吁。因此,陆善经注孟,对于在盛唐士人中倡导传播孟子的思想,应当会起到积极推动的作用。

第三节　张镒与《孟子音义》

一、张镒行历与著述

张镒,字季权,一字公度,苏州人,两《唐书》皆有传。张镒父亲曾为朔方节度使,他因此靠门荫授左卫兵曹参军,至德宗建中二年(781),累官拜中书

---

① 焦循《孟子正义》,中华书局 1987 年版,第 967 页。
② 参见李峻岫《汉唐孟子学述论》,齐鲁书社 2010 年版,第 304 页。
③ 《孟子·尽心上》,杨伯峻《孟子译注》卷十三,中华书局 1988 年版,第 309 页。

侍郎、平章事。张镒事母谨孝,为官清正宽简,材裕忠懿,深受代宗、德宗信任。"大历中,有司条天下牧守课绩,唯定与常州刺史萧复、豪州刺史张镒为理行第一。"①建中三年(782),"以两河用兵,诏省薄御膳及皇太子食物,镒因奏减堂餐钱及百官稟奉三分一,以助用度"②。建中四年(783)春,他受命与吐蕃宰相尚结赞同盟于清水。为迎接德宗出幸奉天,他罄家赀将自献行在,后被曾事朱泚的营将李楚琳所杀。《新唐书·忠义传》共列忠义功臣"武德功臣十六人,贞观功臣五十三人,至德功臣二百六十五人"③,张镒名列其中。宣宗大中初,诏张镒与马周、褚遂良、娄师德、陆象先、张九龄、郭元振、房琯、张巡、许远、南霁云、张镐等三十七人画像,续图凌烟阁。

张镒的交游圈子多为以德行著名的醇儒之士,《旧唐书·张镒传》载他"交游不杂,与杨绾、崔祐甫相善"④,《新唐书·张镒传》也评他"不妄交游,特与杨绾、崔祐甫善"⑤。崔祐甫和杨绾都属贞直儒者,崔祐甫性情刚直,无所容受,遇事不回,"家以清俭礼法,为士流之则"⑥,累迁中书舍人。杨绾"素以德行著闻,质性贞廉",他"好学不倦,博通经史,九流七略,无不该览,尤工文辞,藻思清赡。而宗尚玄理,沉静寡欲,常独处一室,左右经书,凝尘满席,澹如也。含光晦用,不欲名彰,每属文,耻于自白,非知己不可得而见。早孤家贫,养母以孝闻"⑦。杨绾在代宗朝曾极力呼吁改革科举制度,建议将《孟子》增列为科考内容。从张镒与杨绾对孟子的尊崇态度看,他们的确是志相同而道相合的。

因为尊儒,所以张镒主张维护等级制度,倡导社会教化。建中三年正月,郭子仪之婿太仆卿赵纵因其奴仆告发,被判下狱,朝廷却将其奴仆留于内侍省。张镒认为此类判决将会导致社会"悖慢成风",因上《论奴仆告主疏》,其中说道:

> 伏见赵纵为奴所告下狱,人皆震惧,未测圣情。贞观二年,太宗谓侍臣曰:"比有奴告其主谋逆,此极弊法,特须禁断。假令有谋反者,必不独成,自有他人论之,岂藉其奴告也?自今已后,奴告主者皆不受,尽令斩决。"由是贱不得干贵,下不得陵上,教化之本既正,悖乱之渐不生。

① 《旧唐书》卷一百八十五下,中华书局1975年版,第4826页。作者按:"豪"当为"濠"。
② 《新唐书》卷一百五十二,中华书局1975年版,第4830页。
③ 《新唐书》卷一百九十一,第5512页。
④ 《旧唐书》卷一百二十五,第3545页。
⑤ 《新唐书》卷一百五十二,第4829页。
⑥ 《旧唐书》卷一百一十九,第3437页。
⑦ 《旧唐书》卷一百一十九,第3429页。

为国之经，百代难改，欲全其事体，实在防微。……今赵纵非叛逆，奴实奸凶，奴在禁中，纵独下狱，考之于法，或恐未正。将帅之功，莫大于子仪；人臣之位，莫大于尚父。殁身未几，坟土仅干，两婿先已当辜，赵纵今又下狱。设令纵实抵法，所告非奴，才经数月，连罪三婿。录勋念旧，犹或可容，况在章程，本宜宥免。陛下方诛群贼，大用武臣，虽见宠于当时，恐息望于他日。太宗之令典尚在，陛下之明诏始行，一朝偕违，不与众守，于教化恐失，于刑法恐烦，所益悉无，所伤至广。臣非私赵纵，非恶此奴，叨居股肱，职在匡弼，斯昌大体，敢不极言。①

这篇疏文写得有理有情，可谓情理兼擅。理即为唐太宗朝制定的“奴告主者皆不受，尽令斩决”的刑法，并由此形成的“贱不得干贵，下不得陵上”的社会教化；情则为希望朝廷念赵纵岳丈郭子仪之旧，因郭子仪的“将帅之功”和“尚父”②的“人臣之位”，不应在他死后坟土稍干之际，就对其子婿施以刑法。张镒认为自己身为股肱大臣，有辅弼国家治理、匡正社会教化的责任，因此才极言上疏。他的上疏得到唐德宗的认可，“上深纳之”，于是改判了对赵纵的处罚，只是将其左迁而已。

张镒不仅忠正刚直，还积极推广经学教育，提携奖掖儒学之辈。代宗大历五年(770)，他出任濠州刺史，在当地治政清简，“乃招经术之士，讲训生徒，比去郡，升明经者四十余人”③。在寿州刺史任上，当“颇勤儒学”的少年陆贽拜谒他时，他对陆贽大加称赏，“请结忘年之契。及辞，遗贽钱百万”④；而陆贽其后的被重用，被西方史学家认为是唐代历史的一个重要关节点：“陆贽的任命和两名宦官的身负重任，标志着八世纪后期开始了一个最重要的政治发展——所谓内廷的势力的增长。”⑤当张镒身为宰相时，对出身于名儒之家的后学蒋乂，“见而奇之，乃署为集贤小职”⑥。他本人亦致力于儒学经典的研究，著述颇丰，《新唐书·艺文志》载其著有《三礼图》九卷、《五经微旨》十四卷、《孟子音义》三卷。此外，《全唐文》卷四百三十二存其《论奴仆告

① 张镒《论奴仆告主疏》，《全唐文》卷四百三十二，中华书局1983年版，第4391页。
② 《旧唐书》卷十二记载，大历十四年加郭子仪号尚父，中华书局1975年版，第320页。
③ 《旧唐书》卷一百二十五，第3545页。
④ 《旧唐书》卷一百三十九，第3791页；《全唐文》卷四百九十三，第5032页，权德舆《唐赠兵部尚书宣公陆贽翰苑集序》亦载此事。
⑤ 〔英〕崔瑞德编《剑桥中国隋唐史》，中国社会科学院历史研究所译，中国社会科学出版社1990年版，第590页。
⑥ 《旧唐书》卷一百四十九：“蒋乂字德源，常州义兴人也。祖瑰，太子洗马，开元中弘文馆学士。父将明，累迁至左司郎中、国子司业、集贤殿学士、副知院事，代为名儒。而乂史官吴兢之外孙，以外舍富坟史，幼便记览不倦。……宰相张镒见而奇之，乃署为集贤小职。再迁王屋尉……充太常礼院修撰。贞元九年，转右拾遗，充史馆修撰。”第4026页。

主疏》《与吐蕃盟文》两篇散文。

二、张镒的《孟子音义》

据《唐会要》卷三十六"修撰"条记载,张镒的《孟子音义》约成书于建中元年(780):"建中元年十月,濠州刺史张镒《五经微之》十四卷、《孟子音义》三卷,上之。"孙奭《孟子音义序》曰:孟子"其书由炎汉之后盛传于世,为之注者,则有赵岐、陆善经,为之音者,则有张镒、丁公著"①。由此可见,张镒的《孟子音义》三卷不仅是唐代第一部为《孟子》注音的著述,而且也是汉代以后最早为《孟子》注音的著述。张镒《孟子音义》现存马国翰辑佚一卷,见《玉函山房辑佚书》经编孟子类第五帙卷四十八。马国翰在其序中介绍说:"孙序讥其'徒分章句,漏略颇多'。今就所采者录之,以存古说。至于补缀缺遗,则固有孙书在也。"②马国翰悉数辑录了孙奭在其《孟子音义》中所采用的张注,共94条。

从马国翰辑佚的内容看,张镒《孟子音义》的注音特点,其一是简洁干练,多数情况不作冗长的考证。如《梁惠王上》中,"放辟邪侈"条,张注曰:"侈,尺氏切。""是罔民也"条,注曰:"罔,如字。"《梁惠王下》中,"盖《徵招》《角招》是也"条,注曰:"招,音韶,下同。"《公孙丑上》中,"非所以内交于孺子之父母也"条,注曰:"内,音纳。"等等。但也有少数注音引述字书以证其本,如《尽心上》中,"如其自视欿然"条,张注曰:"欿,音坎。《字林》云:'欲得也。'今详此义,内顾不足而有所然也。"又如"皞皞如也"条,张注曰:"皞,与昊同,《说文》:胡老切,义与浩同,古字通用。"分别引述《说文》和《字林》等字书训诂,使字义句意更加明晰。然而这种引述有时也不免有画蛇添足之嫌,如《尽心下》"貉稽"条,张注曰:"貉,亡百切,《说文》云:'北方人豸种也。'"此条引述的《说文》内容,就不如赵岐注"貉,姓"准确。

其二,张镒在注音的同时,还注重对行文进行释义,且比赵岐解释的文意更加明了。如《梁惠王下》"睊睊胥谗"条,张注曰:"睊,古县切,侧目视貌。言睊睊然,怒目相嫉而相谗也。"比较赵岐注"睊睊,侧目相视"的解释准确而细致。又如《离娄上》"治人不治"条,张注曰:"上直之切,将理之义也。下直吏切,已理之义也。"区分了两个"治"的读音与意义,而赵注则未就此句加以解释。再如《告子下》"其趋一也"条,张注曰:"趋,读如趣,言其趣向正道无异也。"比较赵注"所履者一也"释义更加明晰。同上"訑訑,

① 孙奭《孟子音义》,《丛书集成新编》第39册,台湾新文丰出版公司1986年版,第188页。

② 马国翰《玉函山房辑佚书》第五帙第5册,第194页,《丛书集成三编》,台湾新文丰出版公司1997年版。

予既已知之矣”条，张注曰：“訑，吐禾切，盖言辞不正欺罔于人，自夸大之貌。”赵注曰：“自足其智不嗜善言之貌。”相对而言，张注也比赵注释义更清晰一些。

其三，张镒在注音之余，还做了一些勘误工作。如《公孙丑下》“沈同”条，张注曰：“沈，音审，或作沉，误。”赵注：“沈同，齐大臣。”《滕文公上》“昼尔于茅”条，张注曰：“茅，或作苗，误也。”赵注：“茅为茅草。”“放辟邪侈”条，张注曰：“侈，诸本作移，误也。”赵本也作“侈”。同时，张镒还对赵岐章指予以勘误，如《梁惠王上》中“孟子见梁惠王篇”，赵岐章指曰：“君臣集穆”，张镒认为“集穆”当作“辑穆”等。

总之，张镒《孟子音义》的注释工作，是在陆善经注孟之后，唐代学者对孟子的又一种重要研究成果。上述据《唐会要》载，张镒是在濠州刺史职位上完成的这一著作，这一阶段，正是张镒仕途的上升时期。在濠州刺史任上，他当时被考核为“理行第一”，同时，他在当地广招经术之士，教授生徒，培养了四十多位明经出身的士人。虽然文献中关于《孟子音义》影响与传播的相关记载很少，但是我们可以由此推断，张镒对《孟子》的重视，与他重视经学教育是相辅相成的。同时，他的《孟子音义》也会随着他仕途的不断升迁以及地位的显赫，在相当的范围内影响着广大士人的思想与行为，这对稍后以韩愈为代表的儒者高举孟子大旗，在意识形态领域倡导儒学无疑起到了十分重要的辅助作用。

第四节 丁公著与《孟子手音》

一、丁公著行历与著述

丁公著，字平子，苏州吴郡人。历宪宗、穆宗、敬宗、文宗四朝，其祖父辈虽无宦迹，但丁公著好学慕道，二十一岁以《五经》及第，授集贤校书郎。他曾因辞官侍亲以及父丧哀毁至甚，受到宪宗的表彰：“丁公著辞官侍亲，不顾荣利，高行至性，人伦所称。今执丧致毁，又闻过礼，其所请旌表门闾宜依。仍委本州刺史亲自慰问，并量给粟帛。”①《旧唐书》将其列为“孝友”系列。丁公著的才学和高行深得李吉甫的赏识，经他推荐，丁公著充皇太子及诸王侍读。唐穆宗即位后，丁公著因其侍读的身份得到重用，《资治通鉴》载元和十五年(820)，“穆宗即位于太极殿东序。是日，召翰林学士段文昌等及兵部郎中薛放、驾部员外郎丁公著对于思政殿。放，戎之弟；公著，苏州人；皆太子

① 唐宪宗《旌前集贤殿校书郎丁公著诏》，《全唐文》卷六十，中华书局1983年版，第644页。

侍读也。上未听政,放、公著常侍禁中,参预机密,上欲以为相,二人固辞”①。另在白居易所撰授职制文中亦可看出穆宗对丁公著的重视:

敕:尚书右丞韦绶等:朕在东宫时,先皇帝垂慈圣之德,念予冲蒙,选端士通儒,使讲贯今古。自礼乐刑政,暨君臣父子之道,博我约我,日就月将,俾予今不至墙面,克荷丕训,大扬耿光,实绶、放、公著之力也。故朕嗣位,未逾时月,或自郡邸,或自省署,征擢宠用为丞郎给事。官虽超拜,职亦俱举。师道光而心愈让,人爵贵而心益恭。宜更褒升,重酬辅导。以绶精粹辩博,有先儒之风,可作秩宗;以放端明慎重,行君子之道,可居宪部;以公著检敬规度,得有司之体,可贰冬官。呜呼!贞百工,平五刑,典三礼,皆重任清秩,予无爱焉。盖欲表二三子道不虚行,而明予一人德无不报也。绶可礼部尚书,放可刑部侍郎,公著可工部侍郎,余并如故。②

丁公著一生仕途通达,他曾在朝廷历任兵部、吏部侍郎,礼部尚书、翰林侍讲学士等职,在地方任浙西、浙东观察使以及河南尹等职③。但是他“清俭守道,每得一官,未尝不忧色满容”④。他秉承儒道规范,先侍读于穆宗,后佐政于穆宗,对引导抑制当时官吏宴饮的奢靡之风起到了关键的作用。《太平御览》卷一百一十四“穆宗文惠皇帝”条记载:

改元长庆。内外文武及致仕官三品已上赐爵一级,二月丙子,上观杂伎乐于麟德殿,欢甚,谓给事中丁公著曰:“比闻外间公卿士庶时有欢宴,盖时和民安,甚慰予心。”公著对曰:“诚有此事。然臣之愚见,风俗如此,亦不足嘉。百司庶务,渐恐劳烦圣虑。”上曰:“何至于是?”对曰:“夫宾宴之礼,务达诚敬,不继以淫。故诗人美乐且有仪,璘异屡舞,前代名士,良辰宴聚,或清谈赋诗,投壶雅歌,虽以杯酌献酬,不至于乱。国家自天宝以后,风俗奢靡,宴席以喧哗沉湎为乐,而居重位、秉大权者,优杂倨肆于公吏之间,曾无愧耻。公私相效,渐以成俗,由是物务多废。独

① 《资治通鉴》卷二百四十一,中华书局1986年版,第7777页。

② 白居易《韦绶从右丞授礼部尚书,薛放从工部侍郎授刑部侍郎,丁公著从给事中授工部侍郎,三人同制》,顾学颉校点《白居易集》,中华书局1979年版,第1045页。另,《全唐文》卷三百六十六载贾至《授韦绶礼部尚书薛放刑部侍郎丁公著工部侍郎等制》,当误。

③ 丁公著的任职行历可参见傅璇琮《唐翰林学士传论》(晚唐卷),辽海出版社2007年版,第37页。

④ 《旧唐书》卷一百八十八,中华书局1975年版,第4937页。

圣心求理,安得不劳宸虑乎!陛下宜颁训令,禁其过差,则天下幸甚。”时上荒于酒乐,公著因对讽之,颇深嘉纳。[①]

在这段记载中,丁公著指出当时风俗奢靡,公卿士庶宴饮以喧哗沉湎为乐,以至于物务荒废,委婉地规谏穆宗不要耽于酒乐,并建议圣上能颁布禁令,制止这种淫乐之风,得到穆宗的采纳。到敬宗朝,丁公著的才学再度受到重视,“宝历二年六月,敬宗降诞日,御三殿,特诏兵部侍郎丁公著、太常少卿陆亘与繁等三人抗浮图道士讲论”[②]。他知行如一,妻子早逝后不蓄妓妾,不好声乐,堪为士林楷模,及卒,朝廷为之废朝一日,天下共惜之。

丁公著的著作据《新唐书·艺文志》和《旧唐书·丁公著传》记载有《礼志》十卷、《皇太子诸王训》十卷,《宋史·艺文志》又著录其《孟子手音》一卷。

二、丁公著的《孟子手音》

《孟子手音》著书的具体时间不确定,因何名为“手音”,也无史料资证。《清史稿·艺文志》著录为“唐丁公著《孟子音》一卷”,并注明马国翰辑。现存《孟子手音》见马国翰《玉函山房辑佚书》经编孟子类第五帙卷四十八,共辑二百一十四条[③]。在三种唐人注《孟子》的著述中,这是马国翰辑佚最多的一部。其序曰:“孟子丁氏手音一卷,唐丁公著撰。……旧新唐书志均未载之,《宋史·艺文志》有丁公著《孟子手音》一卷,盖唐志遗之也。今佚惟孙奭《音义》载其说,据以辑录。……孙序谓丁氏稍识指归,伪谬时有。今观所引,颇详考证,足与赵注相发明。则经芟削之余,所存者固皆醇义也。”[④]由此可知,第一,马国翰所辑《孟子手音》内容全部为孙奭《孟子音义》引用部分。第二,孙奭认为丁公著《孟子手音》缺憾较多,即其所谓“稍识指归,伪谬时有”,马国翰则认为丁注精醇,即其所谓“颇详考证,足与赵注相发明”。第三,马国翰推究丁注精醇的原因是经过了孙奭的芟削,因此,我们今天所见的《孟子手音》应是经孙奭过滤后的精华部分。

《孟子手音》顾名思义是以注音为主,其注音的突出特点,第一是在反切或直音的基础上,增加了注明音调,其中也包括对赵岐注文内容的注音,从而使得音义更加明确。如《梁惠王上》“然而不王者”条,丁注曰:“王,去声,下文以意读之。”《公孙丑下》“然而不胜者”条,赵岐注:“然而城有不下”,丁注

① 《太平御览》第2册,河北教育出版社1994年版,第122页。
② 《旧唐书》卷一百三十,中华书局1975年版,第3624页。
③ 参见李峻岫《汉唐孟子学述论》,齐鲁书社2010年版,第308页。
④ 马国翰《玉函山房辑佚书》第五帙第5册,第222页,《丛书集成三编》,台湾新文丰出版公司1997年版。

曰："下，去声，后注下士同。"《滕文公上》"陈良之徒陈相"条，丁注曰："相，去平并通。"同章"饔飧而治"条，赵岐注："当身自具其食"，丁注曰："当，去声。"同章"放勋曰：劳之来之"条，丁注曰："劳、来并去声。"《离娄上》"涕出而女于吴"条，丁注曰："女，去声，以女妻人曰女。"等等。

第二，丁公著在注音时还特别注明古今假借现象。如《公孙丑上》"由反手也"条，丁注曰："'由'义当作'犹'，犹，如也，古字借用耳。下文由弓人、由矢人义同。"《滕文公上》"师死而遂倍之"条，丁注曰："'倍'义当作'偝'，古字借用耳。"《滕文公下》"匪厥玄黄"条，丁注曰："'匪'厥当作'篚'，篚以盛贽币。此作'匪'，古字借用。"此外，丁公著还对赵岐"章指"中的内容注明假借现象，如《离娄上》"不仁者可与言哉？"章，赵岐章指曰："如临深渊战战恐慄也。"丁注曰："战战恐栗，义当作'慄'，古字借用。"①《离娄下》"子产听郑国之政"章，赵岐章指曰："重民之道，平政为首。人君由天，天不家抚。"丁注曰："人君由天，天不家抚。'由'义当作'犹'，犹如也，古字通用。"

《孟子手音》虽以注音为主，但是在释义方面则比陆善经注和张镒注更为详赡。首先，丁公著擅长引用诸家字书来释义。与张镒仅限于引述《说文》《字林》不同，丁公著所引用的字书十分广泛，其中包括《尔雅》《广雅》《方言》《玉篇》《纂文》《埤苍》《开元文字音义》《声类》等。如《公孙丑上》"若将浼焉"条，丁注曰："浼，亡旦切。《说文》曰：'汙也。'《方言》曰：'东齐之间谓汙曰浼。'"此注同时引《说文》与《方言》以证字义，并对地方方言有所介绍。《滕文公上》"或相倍蓰"条，丁注曰："蓰，音师，从竹下徒。《开元礼文字音义》②曰：'倍为半，倍而益之'。又音洒，山绮切。《史记》作'倍洒'，徐广曰：一作五倍曰蓰。"此注同时引用《开元文字音义》和《史记》为释义佐证。《尽心上》"孩提之童"条，赵岐注："在襁褓知孩笑可提抱者也。"丁注曰："襁褓，纪享切。《说文》：'负儿衣也。'《博物志》曰：'织缕为之，广八寸，长一尺二寸，以负小儿于背上。'下音保。《声类》曰：'褓者，小儿被子也。'"此注同时引述了《说文》《声类》以及《博物志》来诠释"襁褓"。

其次，丁公著承继着赵岐注"证以经传"的传统，擅长引述经传典籍来释义。其中引证的典籍有《尚书》《周礼》《王制》《论语》《庄子》《史记》以及

---

① 以上三条实属丁公著将古今字和假借字混同，"倍"与"偝"，"匪"与"篚"，"栗"与"慄"，不属假借字，李峻岫《汉唐孟子学述论》第314页所论颇详，可资参考。另，《四部丛刊》本赵岐《孟子章句》原作"恐慄"，此或为丁所见版本与现存不同。

② 《开元礼》和《开元文字音义》分别为两部典籍。《开元礼》又称《大唐开元礼》，《旧唐书·礼仪志》卷二十一载。唐德宗时将其立于官学，成为科举考试必读之书。《旧唐书·丁公著传》载："年二十一，《五经》及第。明年，又通《开元礼》，授集贤校书郎。"中华书局1975年版，第4936页。《新唐书·艺文志》卷五十七著录"玄宗《开元文字音义》三十卷"，中华书局1975年版，第1451页。此处或为丁公著误写。

《诗经》类的《毛诗》《韩诗》等等。如在《梁惠王上》开篇，丁公著就加按语曰："《史记》：梁惠王，魏武侯之子，名罃。"《离娄上》"离娄之明"条，赵岐注："黄帝亡其元珠。"①丁公著按："《庄子》以元珠喻元妙之道耳，非实其珠也。"此处以《庄子·天地》篇黄帝遗玄珠为证。同篇"诗云：不愆不忘"条，赵岐注："《大雅》嘉乐之篇。"丁公著按："《诗》作《假乐》，'假'音'暇'，'乐'音'洛'。"此处以疏证《诗经·大雅》篇名。同篇"名之曰幽厉"条，赵岐注："厉王流于彘。"丁公著按："《史记》：周厉王立三十年，暴虐侈傲，国人谤王。王杀谤者。十四年，民莫敢言，道路以目。二年，乃袭王，王奔彘。"此处引述《史记·周本纪》内容以疏证，不过内容与《史记》原文有出入。《尽心上》"莫非命也"条，赵岐注："命有三名。"丁公著按："此三命事出《孝经援神契》。"此处点明赵注的出处。

再次，丁公著还擅长详释史实、名物、习俗等。除了上述引证《史记》中的内容外，如《梁惠王下》"故大王事獯鬻"条，丁公著对"獯鬻"作了很详尽的解释："上音熏，下音育。夏曰'獯鬻'，商曰'鬼方'，周曰'猃狁'，秦汉曰'匈奴'，魏曰'突厥'。"指出不同时代的不同称谓。《离娄下》"晋之《乘》，楚之《梼杌》"条，丁注对"乘"和"梼杌"的释义也较详备："乘音剩，晋名《春秋》为《乘》者，取其善恶无不载。""梼杌，恶兽名也。楚谓《春秋》为《梼杌》者，在记恶而兴善也。"指出不同诸侯国对《春秋》的不同称谓，此说为焦循《孟子正义》所引用。又《告子下》"五霸者"条，丁公著按："先儒说五霸不同。"他在赵岐注五霸以齐桓、晋文、秦穆、宋襄和楚庄之称外，又提供一说为：夏伯昆吾、商伯大彭、豕韦、周伯齐桓、晋文。此说为朱熹《孟子集注》所引用。又《尽心下》"两马之力与"条，丁注曰："古人驾车，以两马轨谓限之辙迹也。孟子意言城门限迹切深，以日久远，为车所轹多故也。岂是一时两马驾车而过之使然？"此处用古代驾车习俗来诠释孟子"城门之轨，两马之力与"的比拟，就十分贴切。

《孟子手音》自然也避免不了有所疏误，如信伪为真，有多处征引伪《古文尚书》以勘误等。但是比较来看，"丁公著的《孟子手音》是唐代《孟子》三家注中注释最为详赡，亦较为精审的一个注本，可以说代表了唐代注释《孟子》的最高成就"②。丁公著和韩愈同处一个时代，生卒年相差无几，虽然我们今天从史料中看不出他们是否有过交往，但在韩愈大力倡导宣传孟子思想的同时，丁公著对《孟子》进行了精心地注音与释义，这或许不是历史的偶合。可以想见，在同一个历史时期，一方面有韩愈在思想和理论领域标举孟

---

① "元珠"当为"玄珠"，此为避讳。

② 李峻岫《汉唐孟子学述论》，齐鲁书社 2010 年版，第 315 页。

子这面儒学大旗，一方面有丁公著在注疏训诂的领域音释《孟子》，二者即使不存在相互呼应、相互促动的主观意图，也足以证明中唐这一阶段孟子在士林中地位的显著提升。

从后世《孟子》著名注本对丁注的引述看，丁公著《孟子手音》的地位和影响也值得重视。丁注是在汉代赵注的基础上，广征典籍对《孟子》进行较为详细的注释，这一方式，为后代注孟提供了典范，以至于后世学者注孟时踵事增华，注释越来越详赡。宋初孙奭的《孟子音义》就唐人注本中采选丁注最多，其后朱熹的《孟子集注》、焦循的《孟子正义》和阮元的《孟子注疏》等都采纳了丁注的一些观点，这不仅显示了丁公著注孟在孟子学发展史上的重要地位，也显示出唐人的《孟子》注本在孟子学发展链条上的不可或缺性。

结 语

唐代孟子学是继汉代孟子学之后,为宋代孟子升经奠定重要基础的阶段。经历了秦代的焚书坑儒,汉代的儒学重新开始兴盛。司马迁在《史记·儒林列传》中这样评说:“故汉兴,然后诸儒始得修其经艺,讲习大射乡饮之礼。”①随着儒学的兴起,孟子及其著书在汉代也受到重视,汉文帝时曾一度将《孟子》与《论语》一道立于学官,设置了传记博士。赵岐《孟子题辞》称:“汉兴,除秦虐禁,开延道德,孝文皇帝欲广游学之路,《论语》、《孝经》、《孟子》、《尔雅》皆置博士。”②

据《隋书·经籍志》记载,两汉时期,《孟子》的注本有三种,分别是郑玄《孟子注》七卷、刘熙《孟子注》七卷,赵岐《孟子注》十四卷。又据《后汉书·儒林传》记载,东汉章帝时,有程曾《孟子章句》③。此外,高诱《吕氏春秋·序》也自言“正《孟子章句》”之事。这样,汉代对于《孟子》的注解就有五家,但是完整流传至今的只剩下赵岐一家。赵岐的《孟子章句》以训诂为主,不仅对后代研究孟子产生了很大影响,也成为学者研究汉代孟子学的珍贵资料。除了对章句的注疏,赵岐还发明了“章指”的体例,在孟子每章之后概括其大旨,令后学可以分章寻求旨意,因此,赵岐的《孟子章句》还兼及义理的阐发④。

汉代学者不仅从章句训诂方面对《孟子》进行研究,还就孟子对儒学的贡献以及孟子的思想予以评价。如杨雄《法言·吾子》说:“古者杨、墨塞路,孟子辞而辟之,廓如也。”⑤肯定了孟子维护儒家正统的贡献。司马迁则认为:“自孔子卒后,七十子之徒散游诸侯,大者为师傅卿相,小者友教士大夫。……然齐鲁之间,学者独不废也。于威、宣之际,孟子、荀卿之列,咸遵夫

---

① 《史记·儒林列传序》,中华书局 1963 年版,第 3117 页。

② 赵岐《孟子题辞》,焦循《孟子正义》卷一,沈文倬点校,中华书局 1987 年版,第 17 页。

③ 《后汉书·儒林列传》:“程曾字秀升,豫章南昌人也。受业长安,习《严氏春秋》,积十余年,还家讲授。会稽顾奉等数百人常居门下。著书百余篇,皆《五经》通难,又作《孟子章句》”,中华书局 1973 年版,第 2581 页。

④ 参见赵庆伟《孟学的演进及其时代特色》,《中南民族大学学报》2006 年第 5 期。

⑤ 杨雄《法言·吾子》,《诸子集成》(七),团结出版社 1996 年版,第 354 页。

子之业而润色之,以学显于当世"①。班固也说:"自孔子后,缀文之士众矣,唯孟轲、孙况、董仲舒、司马迁、刘向、扬雄,此数公者,皆博物洽闻,通达古今,其言有补于世。"②这些都是对孟子学说显于当时所做出的客观肯定。赵岐更是给与孟子高度的揄扬。他认为《孟子》不仅在内容上"包罗天地,揆叙万类,仁义道德,性命祸福,粲然靡所不载"③。而且孟子的思想对于各阶层人士都具有重要的实用价值:"帝王公侯遵之,则可以致隆平,颂清庙;卿大夫士蹈之,则可以尊君父,立忠信;守志厉操者仪之,则可以崇高节,抗浮云。"因此他认为孟子"可谓直而不倨,曲而不屈,命世亚圣之大才者也"。④

经历了魏晋南北朝时期孟子学的式微(这一时期孟子学的发展,相对汉代有所衰退,主要成就还是在注疏方面,如晋代綦毋邃的《孟子》注),唐代孟子学的发展为宋代《孟子》由子部升入经部以及后代孟子学的繁盛打下了很好的基础。

唐代孟子学虽然在《孟子》注疏上成就不多,仅有陆善经的《孟子注》、张镒的《孟子音义》和丁公著的《孟子手音》三种。但是自唐代中叶韩愈崇孟开始,孟子逐渐受到士人的重视,不仅有刘轲的《翼孟》和林慎思的《续孟子》等对孟子思想和圣人之旨的专门研究,更主要的是在中晚唐士人中,研究孟子的思想成为一种学术风气。中晚唐一些重要士人如韩愈、柳宗元、皇甫湜、李翱、李德裕、李宗闵、杜牧、皮日休、陆龟蒙等都对孟子的思想予以了评论。中晚唐士人对孟子的兴趣,无疑受到韩愈尊孟的影响。而韩愈的尊孟,是在中唐儒释道三教相互制衡发展的情况下,从思想和学术的领域,希望能够从孟子的思想和理论的重新解读和挖掘中,为解决现实问题找到历史依据。韩愈创立儒学道统的学说和自振一代儒学的理想,就是直接继承了孟子"五百年必有王者兴"的思想。中唐佛教的兴盛,在一定程度上成为韩愈尊孟的重要反作用力。正因为韩愈尊孟是基于解决社会问题的现实需要,所以,这一时期的孟子学就能够突破传统的章句之学,主要地是从义理上对孟子的思想与精神进行讨论。

中晚唐孟子学的这一发展趋势,在宋代得到了很好的传承。随着政治上的变革以及理学的勃兴,两宋的孟子学著述可谓盛况空前,孟子的地位显著提高。宋代的孟子学,总体特点是通过注疏、解说和考辨等形式,进行"义理"阐发。其中最有代表性并产生巨大影响的当属朱熹。朱熹治学谨严,长

---

① 《史记》卷一百二十一,中华书局1963年版,第3116页。
② 《汉书》卷三十六,中华书局1964年版,第1972页。
③ 赵岐《孟子题辞》,焦循《孟子正义》卷一,沈文倬点校,中华书局1987年版,第13页。
④ 同上。

于哲学思辨,他研究孟子的著作就有《孟子集注》《孟子精义》《孟子要略》《孟子或问》《孟子问辨》等。宋代以后,孟子在儒学中的经典地位就再也没有被撼动过。可以说,从中唐韩愈尊孟开始,这种由士人在民间学术层面上发起的对孟子的关注,到宋代最终变成了封建国家的意志,《孟子》终于被列入了科考范围①,并逐渐从子学上升为经学。可以推断的是,如果没有唐人对孟子长期的学术讨论,孟子地位的提升就不会在宋代如此迅速地实现。因此,我们认为,唐代孟子学的发展,成为宋代以后《孟子》经典化的重要奠基。

---

① 杜泽逊《〈孟子〉入经和〈十三经〉汇刊》,《文献学研究的回顾与展望》,台湾学生书局2002年版。

主要参考及征引文献

著　作

B

[汉]班固《汉书》,中华书局,1962 年版。

[唐]白居易《白居易集》,顾学颉校点,中华书局,1979 年版。

C

曹尧德《孟子传》,花山文艺出版社,1992 年。

[宋]晁公武《郡斋读书志》,孙猛校证,上海古籍出版社,1990 年。

陈伯海《唐诗学引论》,东方出版中心,1996 年。

陈贻焮《杜甫评传》,上海古籍出版社,1982 年。

陈贻焮主编《增订注释全唐诗》,文化艺术出版社,2001 年。

陈贻焮《唐诗论丛》,湖南人民出版社,1980 年版。

陈寅恪《金明馆丛稿初编》,生活・读书・新知三联书店,2001 年。

陈寅恪《唐代政治史述论稿》,上海古籍出版社,1997 年。

陈植锷《北宋文化史述论》,中国社会科学出版社,1992 年。

〔英〕崔瑞德《剑桥中国隋唐史》,中国社会科学院历史研究所译,中国社会科学出版社,1990 年。

D

戴兆国《心性与德性:孟子伦理思想的现代阐释》,安徽人民出版社,2005 年。

邓广铭《邓广铭治史丛稿》,北京大学出版社,1997 年。

丁福保《历代诗话续编》,中华书局,1983 年版。

[清]董诰等《全唐文》,中华书局,1983 年版。

董洪利《孟子研究》,江苏古籍出版社,1997 年。

[唐]杜甫《杜诗详注》,[清]仇兆鳌注,中华书局,1979 年版。

[唐]杜甫《杜诗镜铨》,[清]杨伦笺注,上海古籍出版社,1980 年版。

[唐]杜牧《樊川文集》,陈允吉校点,上海古籍出版社,1984 年。

[唐]杜佑《通典》,中华书局,1988 年版。

F

[刘宋]范晔《后汉书》,中华书局,1973 年版。

范文澜《中国通史》,人民出版社,1986 年版。
冯契《中国古代哲学的逻辑发展》,上海人民出版社,1995 年版。
冯友兰《中国哲学史》,中华书局,1947 年版。
傅璇琮《唐代科举与文学》,陕西人民出版社,1986 年。
傅璇琮《唐才子传校笺》,中华书局,2002 年。
傅璇琮《唐代诗人丛考》,中华书局,2003 年。
傅璇琮《唐翰林学士传论》(晚唐卷),辽海出版社,2007 年。

G

[明]高棅《唐诗品汇》,上海古籍出版社,1982 年版。
葛晓音《汉唐文学的嬗变》,北京大学出版社,1995 年。
葛晓音《诗国高潮与盛唐文化》,北京大学出版社,1998 年。
葛晓音《唐诗宋词十五讲》,北京大学出版社,2003 年。
葛兆光《中国禅思想史——从 6 世纪到 9 世纪》,北京大学出版社,1995 年。
葛兆光《中国思想史》,复旦大学出版社,2001 年。
郭朋著《中国佛教思想史》,福建人民出版社,1994 年。
郭预衡《中国散文史》,上海古籍出版社,2000 年。

H

[唐]韩愈《韩昌黎诗系年集释》,钱仲联集释,上海古籍出版社,1984 年。
[唐]韩愈《韩昌黎全集》,中国书店出版,1994 年版。
[清]何文焕《历代诗话》,中华书局,1982 年版。
贺荣一《孟子之王道主义》,北京大学出版社,1993 年。
[宋]洪迈《容斋随笔》,上海古籍出版社,1978 年版。
侯外庐《中国思想通史》,人民出版社,1995 年版。
胡适《中国哲学史大纲》,上海古籍出版社,1997 年版。
胡适《中国中古思想史长编》,安徽教育出版社,1999 年版。
[明]胡震亨《唐音癸签》,上海古籍出版社,1981 年版。
黄俊杰《中国孟学诠释史论》,社会科学文献出版社,2004 年。
黄绳《从文学的角度看〈孟子〉》,广东教育出版社,1992 年。

J

[唐]贾公彦《周礼注疏》,《十三经注疏》,中华书局,1980 年版。
[唐]贾公彦《仪礼注疏》,《十三经注疏》,中华书局,1980 年版。
[清]焦循《孟子正义》,中华书局,1987 年。
〔美〕江文思、〔美〕安乐哲编《孟子心性之学》,社会科学文献出版社,2005 年。
[清]纪昀等《景印文渊阁四库全书》,台湾商务印书馆,1986 年版。

K

康有为《孟子微》,中华书局,1987 年版。
康有为、梁启超等著,董洪利、方麟选编《孟子二十讲》,华夏出版社,2008 年。
[唐]孔颖达等《周易正义》,《十三经注疏》,中华书局,1980 年版。
[唐]孔颖达等《尚书正义》,《十三经注疏》,中华书局,1980 年版。
[唐]孔颖达等《毛诗正义》,《十三经注疏》,中华书局,1980 年版。
[唐]孔颖达等《礼记正义》,《十三经注疏》,中华书局,1980 年版。
[唐]孔颖达等《春秋左传正义》,《十三经注疏》,中华书局,1980 年版。

L

[北宋]李昉等《太平广记》,中华书局,1961 年版。
[北宋]李昉等《太平御览》,河北教育出版社,1994 年版。
[唐]李白《李太白全集》,[清]王琦注,中华书局,1985 年版。
逯钦立辑校《先秦汉魏晋南北朝诗》,中华书局,1984 年版。
李峻岫《汉唐孟子学述论》,齐鲁书社,2010 年。
[唐]李林甫《唐六典》,陈仲父校点,中华书局,1992 年。
[唐]林慎思《续孟子》,浙江人民出版社,影印扫叶山房《百子全书》本,1984 年。
刘鄂培《孟子大传》,清华大学出版社,1998 年。
刘培桂《孟子与孟子故里》,中国文史出版社,2001 年。
[后晋]刘煦等《旧唐书》,中华书局,1975 年版。
[唐]刘知幾《史通》,黄寿成校点,辽宁教育出版社,1997 年。
[唐]柳宗元《柳宗元集》,中华书局,1979 年版。
鲁迅《鲁迅选集》,四川人民出版社,1983 年。
罗宗强《隋唐五代文学思想史》,上海古籍出版社,1986 年。

M

[清]马国翰《玉函山房辑佚书》,《丛书集成三编》,台湾新文丰出版公司,1997 年。
孟二冬《登科记考补正》,北京燕山出版社,2003 年。
孟二冬《中唐诗歌之开拓与新变》,北京大学出版社,1998 年版。

N

南怀瑾《孟子旁通》,复旦大学出版社,2008 年。

O

[宋]欧阳修、宋祁《新唐书》,中华书局,1975 年版。

P

[清]彭定求等《全唐诗》,中华书局,1984 年版。
[唐]皮日休《皮子文薮》,萧涤非、郑庆笃整理,上海古籍出版社,1981 年。
[清]皮锡瑞《经学历史》,周予同注释,中华书局,1981 年版。

Q

[北宋]钱易《南部新书》,黄寿成点校,中华书局,2002 年。
钱穆《晚学盲言》,广西师范大学出版社,2004 年。
钱锺书《谈艺录》,中华书局,1984 年。
乔象钟、陈铁民《唐代文学史》,人民文学出版社,1995 年。
屈守元《昭明文选杂述及选讲》,天津古籍出版社,1988 年。
曲春礼《孟子传》,文化艺术出版社,1996 年。
漆侠《宋学的发展和演变》,河北人民出版社,2002 年。

R

[清]阮元《十三经注疏》,中华书局,1980 年版。

S

[宋]司马光《资治通鉴》,中华书局,1986 年版。
[汉]司马迁《史记》,中华书局,1963 年版。
[宋]宋敏求《唐大诏令集》,中华书局,2008 年版。
[北宋]孙奭《孟子音义》,《丛书集成新编》,台湾新文丰出版公司,1986 年。

T

[元]脱脱《宋史》,中华书局,1977 年版。
汤用彤《隋唐佛教史稿》,河北人民出版社,2000 年。
唐长孺《魏晋南北朝隋唐三论》,武汉大学出版社,1992 年。

W

汪习波《隋唐文选学研究》,上海古籍出版社,2005 年。
[唐]王勃《王子安集注》,蒋清翊[清]注,上海古籍出版社,1995 年。
[清]王夫之等,丁福保编《清诗话》,上海古籍出版社,1978 年版。
[宋]王溥《唐会要》,上海古籍出版社,1991 年版。
王其俊《亚圣智慧——孟子新论》,山东人民出版社,1996 年。
[清]王琦《三家评注李长吉歌诗》,上海古籍出版社,1998 年版。
王轩《孟子家世》,中国文史出版社,1991 年。

王泽宣《孟子的论辩艺术》,济南出版社,1996 年。
[唐]魏徵等《隋书》,中华书局,1982 年版。
闻一多《唐诗杂论》,傅璇琮导读,上海古籍出版社,1998 年。
[唐]吴兢《贞观政要》,上海古籍出版社,1978 年版。
吴文治《韩愈资料汇编》,中华书局,1983 年。
吴相洲《中唐诗文新变》,学苑出版社,2007 年。
吴在庆《杜牧集系年校注》,中华书局,2008 年。
吴宗国《唐代科举制度研究》,辽宁大学出版社出版,1992 年。

X

萧公权《中国政治思想史》,辽宁教育出版社,1998 年版。
[梁]萧统《文选》,[唐]李善注,中华书局,1983 年版。
徐明霞《杨炯集卢照邻集》,中华书局,1980 年。
徐鹏《孟浩然集校注》,人民文学出版社,1998 年。
徐洪兴《孟子直解》,复旦大学出版社,2004 年。

Y

[汉]杨雄《法言》,《诸子集成》,团结出版社,1996 年。
杨伯峻《孟子译注》,中华书局,1988 年版。
杨伯峻《论语译注》,中华书局,1980 年版。
杨国荣《孟子评传:走向内圣之境》,广西教育出版社,1994 年。
[唐]杨士勋《春秋穀梁传注疏》,《十三经注疏》,中华书局,1980 年版。
杨泽波《孟子评传》,南京大学出版社,1998 年。
杨泽波《孟子性善论研究》,中国人民大学出版社,2010 年。
[清]叶燮《原诗》,人民文学出版社,1979 出版。
叶程义《礼记正义引书考》,台北义声出版社,1981 年版。
[清]永瑢等《四库全书总目》,中华书局,1965 年。
袁世硕《王士禛全集》,齐鲁书社,2007 年。
[宋]俞文豹,张宗祥校订《吹剑录》,古典文学出版社,1958 年版。
虞万里《榆枋斋学术论集》,江苏古籍出版社,2001 年。

Z

张奇伟《亚圣精蕴:孟子哲学真谛》,人民出版社,1997 年。
[汉]赵岐《孟子章句》,《四部丛刊初编》,上海商务印书馆,上海涵芬楼影印清内府藏宋刊本,1912 年。
[汉]赵岐,孙奭疏《孟子注疏》,《十三经注疏》,中华书局,1980 年版。
[清]赵翼《陔余丛考》,栾保群、吕宗力校点,河北人民出版社,1990 年。

赵昌平《孟子:旷世的真言》,上海古籍出版社,1997 年。

赵昌平《孟子·人性的光辉》,上海古籍出版社,2008 年。

郑杰文《中国墨学通史》,人民出版社,2006 年。

[南宋]朱熹《四书章句集注》,《新编诸子集成》,中华书局,1983 年。

邹县政协文史资料委员会编《孟子家世》,中国文史出版社,1991 年。

论　　文

B

白长虹《〈五经正义〉及其研究综述》,《鞍山师范学院学报》2007 年第 2 期。

C

查屏球《盛唐经学的窘境——论开、天文化特点与经学发展关系》,《中国文化研究》2000 年秋卷。

陈允吉《论唐代寺庙壁画对韩愈诗的影响》,《复旦学报》(社会科学版)1983 年第 1 期。

程方平《唐末五代的经学教育和儒学经典的流传》,《教育评论》1990 年第 2 期。

D

邓小军《新儒学本体——人性论的建立——韩愈人性思想研究》,《孔子研究》1993 年第 2 期。

董治安、王佩增《孟子的"仁政"思想及其在中国古代文学史上的影响》,《文史哲》1978 年第 6 期。

杜泽逊《〈孟子〉入经和〈十三经〉汇刊》,《文献学研究的回顾与展望》,台湾学生书局出版,2002 年 3 月。

F

方介(台湾)《韩愈〈对禹问〉析义——兼论韩愈与孟子政治理念之歧异》,《汉学研究》11 卷 1 期,1993 年 6 月。

方介(台湾)《韩愈〈伯夷颂〉析论》,《唐代文化研讨会论文集》,文史哲出版社,1991 年 7 月。

G

高明峰《论韩愈、李翱的经学成就》,《齐鲁文化研究》第六辑 2007 年。

郜同麟《〈春秋左传正义〉引经研究》,浙江大学,中国古典文献学专业,2008 年硕士论文。

葛晓音《论唐代的古文革新与儒道演变的关系》,《中国社会科学》1987 年第 1 期。

葛晓音《论初唐的女性专权及其对文学的影响》,《中国文化研究》1995 年秋卷。

顾建国《张九龄研究》,南京师范大学,中国古代文学专业,2006 年博士论文。

H

何诗海《唐代经学与文章之学》,《浙江学刊》2009 年第 1 期。

黄牡航《论唐代的经学和史学考试》,《华南师范大学学报》(社会科学版)1998 年第 5 期。

J

焦桂美《唐代明经科人才的经学贡献》,《北方论丛》2012 年第 3 期。

焦桂美《唐代进士科人才经学贡献述论》,《管子学刊》2012 年第 3 期。

贾发义《韩愈、李翱的道统说和性情论》,《四川大学学报》(哲学社会科学版)2010 年第 2 期。

L

兰翠《从唐人墓碑文看士女风尚及社会教化》,《齐鲁学刊》2007 年第 4 期。

兰翠《韩愈尊崇孟子探因——兼论唐人对孟子的接受》,《烟台大学学报》2011 年第 2 期。

兰翠《〈孟子〉的传记文学特征——兼论对韩愈〈张中丞传后叙〉的影响》,《齐鲁学刊》2011 年第 6 期。

兰翠《韩愈尊孟对其诗歌创作的影响探析》,《文学遗产》2012 年第 1 期。

李葆华《林慎思〈续孟子〉对孟子的解读》,《北方论丛》2005 年第 3 期。

李传印《孟子在唐宋时期社会和文化中地位的变化》,《中国文化研究》2001 年第 3 期。

李金坤《唐代科举考试与〈文选〉》,《人文杂志》2003 年第 2 期。

李金坤《孔颖达〈毛诗正义〉对经学与诗学的贡献》,《江苏大学学报》(社会科学版) 2007 年 5 期。

李小山《李翱生平与思想新论》,西北大学,中国古代文学专业,2009 年博士论文。

李伏清《论柳宗元与儒学复兴》,华东师范大学,中国哲学专业,2008 级博士论文。

李福标《皮日休散体文管窥》,《西北大学学报》(哲学社会科学版)2000 年第 4 期。

梁瑞《浅论魏徵的儒学思想及其实践》,云南师范大学,中国古代史专业,2006 年硕士论文。

梁涛、杨海文《20 世纪以来的孟学史研究》,《文史哲》2012 年第 6 期。

吕武志(台湾)《杜牧散文所呈现之思想》,台湾《师大学报》第 38 期,1993 年。

吕武志(台湾)《杜牧散文之写作艺术》,台湾《师大学报》第 39 期,1994 年。

M

马萃泽《〈五经正义〉引〈说文〉考》,《吉林师范大学学报》(人文社会科学版)2005 年第5期。

孟二冬《韩孟诗派的创新意识及其与中唐文化趋向的关系》,《中国社会科学》1989年第6期。

N

聂永华《百年〈孟子〉散文艺术研究之回顾与前瞻》,郑州大学学报(哲学社会科学版)2002年第3期。

P

彭国忠《从科场之诗(试律诗)看〈文选〉对唐代科举的影响》,《中国中古文学研究——中国中古(汉—唐)文学国际学术研讨会论文集》2004年。

S

宋鼎宗《韩愈"扬孟抑荀"说》,《成功大学中文学报》1996年第4期。

孙福国《〈五经正义〉引〈说文〉研究》,山东师范大学,汉语言文字学专业,2007年硕士论文。

孙昌武《试论柳宗元"生人之意"的社会思想》,《文学评论丛刊》第5辑,1980年。

W

吴荣政《刘知幾〈史通〉评述书目考》,《湘潭大学学报》1993年第3期。

吴夏平、邹尤《唐代经学统一的制度性保障》,《贵州文史丛刊》2008年第1期。

吴在庆《杜牧与韩柳古文运动》,《固原师专学报》1988年第4期。

王绍东《孔颖达在文献注释方面的成就探析》,《内蒙古大学学报》(人文社会科学版)2001年第4期。

王贞《孔颖达与〈五经正义〉研究述略》,《中国史研究动态》2012年第1期。

王国轩《皮日休与晚唐儒学》,《孔子研究》1989年第1期。

王士祥《论唐代省试赋的宗经特征》,《中州学刊》2010年第1期。

X

徐洪兴《唐宋间的孟子升格运动》,《中国社会科学》1993年第5期。

许逸民《论隋唐"〈文选〉学"兴起之原因》,《文学遗产》2006年第2期。

Y

杨逊《略论唐代孟学复兴的历史背景和封建统治思想的演变》,《湘潭大学社会科学学报》2001年第4期。

杨泽波《二十世纪孟子研究中"西学化倾向"的发展和趋势》,《传统文化与现代化》1999年第3期。

杨乃乔、李丽琴《唐代经学阐释学与两种文学观念的悖立——兼论〈五经正义〉的阐释学方法与原则》,学术月刊 2009 年第 4 期。

余恕诚《变奏与心源——韩诗大变唐诗的若干剖析》,《江淮论坛》1990 年第 3 期。

于海平《柳宗元民本思想述论》,《东南文化》2004 年第 4 期。

Z

张国刚《略论唐代学术史的时代特征》,《史学月刊》2003 年第 6 期。

张靖伟《〈尚书正义〉引书考》,上海社会科学院,中国古代史专业,2011 年硕士论文。

张鹏飞《唐人试律诗诗题取用〈文选〉诗赋原句或李善注解比勘——〈昭明文选〉在唐代科举诗中的应用发微之一》,《湖北师范学院学报》(哲学社会科学版)2010 年第 3 期。

张勇《论柳宗元的孔子观及其时代意义》,《孔子研究》2008 年第 6 期。

赵庆伟《孟学的演进及其时代特色》,《中南民族大学学报》2006 年第 5 期。

赵棚鸽《皮日休的〈诗经〉阐释》,《河北师范大学学报》(哲学社会科学版)2009 年第 5 期。

周淑萍《宋代孟子升格运动与宋代儒学转型》,《史学月刊》2007 年第 8 期。